平田知久
Hirata Tomohisa

ネットカフェの社会学

日本の個別性をアジアから開く

慶應義塾大学出版会

序　言

本書の基底となるフィールド調査が行われ始めた二〇一〇年、および調査が佳境を迎えた二〇一一年は、T・バーナーズ＝リーがR・カイリューらと、後の「ワールドワイドウェブ World Wide Web」の直接の原型となるハイパーテキストプロジェクトという構想を具体化させ、世界で初めてのウェブサイトである「http://info.cern.ch/」を設立してから、ほぼ二〇年にあたる年だった。

バーナーズ＝リーらによる「発明」は、その当初は専門知のリンケージをより容易にすることが目的であったが、世界全体の情報環境を一変させるものになった。現在では専門知に留まらず、市井の様々な情報が別の様々な情報に接続され、人々がそれらにアクセスすることによって、爆発的な政治的・経済的な効果を生み出すに至っている。私たちは、そのような劇的な変化の時代として、この四半世紀を語ることも可能であろう。

論文の冒頭に、研究の端緒となる年号を記すことは、特にそれがフィールド調査を含むものであるならば別段珍しいものではない。だが、ここで改めて研究の端緒となった年号を記載したのは、現在「インターネット」と呼ばれるものの存在を、もう一度振り返っておくために必要だと考えたからだ。そしてそれは、この書物のもとになった博士学位請求論文が「現在の日本」において提出されたこととも無関係ではない。すなわち先の年号は、二〇一一年三月一一日、日本の東北地方を襲った未曾有の震災、そしてその余波として人類史上最大規模と言っていい原子力災害を経験した後のこの日本という国で、インターネットというものを考えるということと無関係ではありえない。

先に説明したような出自を持ち、そこから二〇年の歳月をかけて変転してきたインターネットは、二〇一一年の震災において、決定的に重要でありかつ決定的に皮肉なものであったと言える。なぜなら、この震災の被災者にとって、もっとも早く復旧し、彼ら／彼女らの生存のために必要な情報を供給したメディアは、初期のインターネットの展開としての Twitter や facebook といったSNSであったにもかかわらず、ワールドワイドウェブの当初の目的、――すなわち、原子核を筆頭とする人類の科学的英知を結集させること――、としては原子力災害を鎮静化させるために有効に機能したとはとても言い難く、むしろ流言蜚語を含む様々な混乱をもたらした。

このような指摘によって、筆者は当時の「批判」を行いたいわけではない。実際、東日本大震災の当日に海外でフィールド調査を行っており、インターネット環境の問題や肉体の疲労などの様々な理由から、震災の二日後に関西国際空港に降り立った後になってようやく、震災の実態を知ることになった筆者には、当時のことに関する批判に参与する権利が欠けているように思われてならない。むしろここで指摘したいことは、情報を収集するための技術の意味は、それを用いる人々とそれが用いられる場所を取り巻く社会的環境によって、様々にかたちを変えるものだ、という至極ありふれた事実である。本書はこの単純な事実を、「インターネットカフェの比較」という方法を用いながら示したものである。

ネットカフェの社会学　目次

凡例

◆「　」は強調、文中の引用文、論文・資料のタイトルの挙示、インフォーマントの回答の指示のために用いた。

◆（　）は補足、引用文献・資料の挙示のために用いた。

◆〔　〕は外国語の原文の表記、会話文や引用文に対する筆者の補足のために用いた。

◆『　』は日本語文献のタイトルの挙示のために用いた。

◆本書で用いられる国家および国家に準ずる行政単位とそれぞれの首都（圏）・都市圏の略称は以下のとおりである。なお、本書における「国家に準ずる行政単位」とは、(1)パスポートの通用範囲、(2)独自の通貨発行、の二点をもって定義している。

日本国……日本
大韓民国〔Republic of Korea〕……韓国
・ソウル特別市〔Seoul Special City〕……ソウル
中華人民共和国〔People's Republic of China〕……中国
・北京市〔Beijing Municipality〕……北京
・天津市〔Tianjin Municipality〕……天津
・上海市〔Shanghai Municipality〕……上海
中華民国〔Republic of China, Taiwan〕……台湾
・台北市〔Taipei City〕……台北
・新北市（台北県）〔New Taipei City, Taipei Country〕……新北
・桃園市（桃園県）〔Taoyuan City, Taoyuan Country〕……桃園
香港特別行政区〔Hong Kong Special Administrative Region〕……香港
シンガポール共和国〔Republic of Singapore〕……シンガポール

フィリピン共和国〔Republic of the Philippines〕……フィリピン
・マニラ首都圏〔Metropolitan Manila〕……マニラ
タイ王国〔Kingdom of Thailand〕……タイ
・バンコク都市圏〔Bangkok Special Administrative Area〕……バンコク

◆各国の通貨表記については、韓国ウォンをＫＲＷ、中国元をＣＮＹ、台湾ドルをＴＷＤ、香港ドルをＨＫＤ、シンガポールドルをＳＧＤ、フィリピンペソをＰＨＰ、タイバーツをＴＨＢ、アメリカドルをＵＳＤと略した。なお、為替レートは上下するため、参考値として世界銀行と連邦準備制度の提供するデータから二〇一一年の平均レートを、日本円を基軸として記す。

一ＫＲＷ＝〇・〇七二円、一ＣＮＹ＝一二・三三円、一ＴＷＤ＝二・七一二円、一ＨＫＤ＝一〇・二四円
一ＳＧＤ＝六三・四三円、一ＰＨＰ＝一・八四〇円、一ＴＨＢ＝二・六一六円、一ＵＳＤ＝七九・七〇円

◆数字表記については、可読性の観点から、基本的には本文、引用文を問わずすべての数字を漢数字に統一した（参考文献・資料の出版年と頁数、図表番号と図表内の数値、本書の章節番号と註番号を除く）。加えて、「千」、「百」、「十」の単位表記の省略、「万」以上の単位表記の付加という統一も行っている。

◆本書で示されるインフォーマントの名前は基本的に仮名を用い、その際、民族や出身国に関係なく、「当人が本書で言及される際の各国の一文字＋アルファベット順」というかたちで表記した。例えば、日本のネットカフェに関する考察で言及されるインフォーマントであれば、当人の民族や出身国にかかわらず「ＪＡ、ＪＢ、ＪＣ……」と表記され、韓国は「ＫＡ」から、中国は「ＣＡ」から、台湾（TaiWan）は「ＷＡ」から、香港は「ＨＡ」から、シンガポールは「ＳＡ」から、フィリピンは「ＰＡ」から、タイは「ＴＡ」から、それぞれ順に仮名を振っている。また年齢に関しては二〇一一年を基準に表記した。

◆註は各章ごとに1から順に番号を振り、本書の末尾にまとめた。

◆オンライン上の資料を指示するＵＲＬについては、すべて二〇一八年一二月五日にアクセスしたものであり、表記の煩雑さを避けるために参考文献・資料の一つ一つに対してアクセス日時を記載することは避けた。

序章　アジアのインターネット利用の比較と方法的問題

1　アジアのデジタルディバイドとネットカフェ――統計的問題

本書の大部において論じられるのは、東アジア・東南アジアの首都圏と都市圏、すなわち東京、ソウル、北京、上海、天津、香港、台北、シンガポール、マニラ、バンコクのインターネットカフェ（以下、ネットカフェと略記）における人々のインターネット利用、およびパーソナルコンピューター（以下、パソコンと略記）利用のあり方であり、それは二〇〇九年一二月から二〇一二年三月にかけて筆者が行ったフィールド調査、インタビュー調査[*1]を中心として、各種統計データや新聞報道、先の二つの調査から得られた主題に関する研究書や論文の分析をもとになされる。

このような研究が試みられた理由は、東アジア・東南アジアのネットカフェの利用状況を探究したかったというよりは、むしろ世界のインターネット利用動向の中にあるアジアのそれを探究しようとする過程で、ネットカフェに着目する必要性に駆られたことにある。つまり、世界の中にあるアジアのインターネット利用とは何かを考え、そしてそれを論じようと思えば、どうしてもネットカフェに着目せざるをえなかったということである。ここでは本書の序章として、筆者がネットカフェに着目せざるをえないと考えるに至った理由を、現代のインターネットに関するいくつかの既存の研究アプローチとの差として示すことにしたい。その過程で、本書が採用するインターネット利用の考究に関する方法論が自ずと明らかになるだろう。

本節ではまずインターネット利用に関する統計的アプローチについて検討を加えてみよう。各国統計や各種国際統計を参照・総合して、世界のインターネットの普及率を測定しているインターネットサイトである「インターネット世界統計（Internet World Stats）」が提示する数値に従えば、先のネットカフェ調査の期間の半ば過ぎである二〇一一年三月時点の全世界のインターネットユーザー数は約二〇億九五〇〇万人、同時点での世界の総人口の約三〇％であった。なお、同統計によれば、二〇一五年六月末時点での世界のインターネットユーザー数は約三二億七〇四九万人であり、それは同時点の世界の総人口の約四五％（平田 2016）にあたり、二〇一六年六月時点での世界のインターネットユーザー数は約三六億一一三六万人であり、同時点での世界の総人口の約四九％となる[*2]（Internet World Stats 2016）。

このデータが示す（比較的単純な）数値だけでも、一般的に言われるような「インターネットが世界を覆った」という言明は、改めて問いに付されなければならないことが分かる[*3]（平田 2016）。とはいえ、先の言明の不正確さを取り除くかたちで「インターネットが世界を覆いつつある」と言い換えたとしても、問題はより複雑なものへと姿を変えるだけである。つまり、覆いつつあるとはどこを指すのか、またそれはどのようなタイムスパンで語っているのか、そして何よりどのように覆われつつあるのか、などといった、様々な問われるべき論点や課題が提出されることになる。

なお、このような論点や課題は、単に地域を限定するのみでは解決することはできない。例えば、「日本で毎日インターネットを利用する」と言われる場合、それが一時間なのか一〇時間なのか、あるいは一時間商取引を行うのか一〇時間延々と数ＧＢあるファイルをいくつもダウンロードし続けるのかでは、インターネット利用の内実は異なり、さらに日本で毎日一時間（ないしは一〇時間）インターネットを利用することと、中国で毎日一時間（ないしは一〇時間）インターネットを利用することとは、本当に同じものとみなしてよいか、といった課題が発生することになるからだ。

それゆえ、インターネット利用に関するデータは、地域のみならず利用様態や主題をかなり限定して、やっと意味のあるものになる。だが、おそらく意味のあるものとなったインターネット利用に関するデータとは、例えば商取引や動画閲覧、あるいは情報収集といった、人々の特定の行動に内包され、それのみしか説明できないインターネット利用のデータだと考えるべきだろう。それゆえ、このような論点や課題を突き詰めると、先の「インターネット世界統計」のサイトでも議論されているとおり、そもそも「インターネットユーザーとは誰か」(Internet World Stats 2018) という問題にまで至る。

インターネット利用を測定する、ないしは予測する前に、我々はまず次のような基本的な問いに答えねばならない。インターネットユーザーとはいったい誰だろうか。この単純に思われるような問いに対する答え方は、調査をする企業、アナリスト、コンサルタント、そしてその他の情報元で完全にばらばらである。

国際電気通信連合(International Telecommunication Union, ITU)は、インターネットユーザーの定義を次のように述べている。過去三〇日間でネットワークを利用した二歳以上の者。これに対して、アメリカ合衆国商務省(The US Department of Commerce)ではインターネットユーザーは次のように定義される。三歳以上でインターネットを「目下のところ利用している」者。中国互連网絡信息中心(China Internet Network Information Center, CNNIC)のインターネットユーザーの定義は次のようなものだ。六歳以上の中国公民で、少なくとも一週間に一時間はインターネットを利用している者。

市場調査を行う人々や市場調査機構は独自の定義を用いている。例えば、ニールセン・オンライン(Nielsen Online)は報告書の中で、インターネットユーザーについての二つのかたちを示している。一つは「アクティブなインターネットユーザー」であり、それは過去一か月の間に少なくとも一度はインターネットを閲覧した者と定義される。もう一つはもちろん、全世界〔the total universe〕で見積もられる、国や地域、あるいは都市のインターネットユーザーである。

(Internet World Stats 2018)

この引用に見られるインターネットおよびインターネットユーザーに関する定義の「ばらばらさ」や「不一致」は、

人々のインターネット利用について「どの程度、どのような長さ、どのような頻度をもって測定するのか」という基準を設けることができない、ということを示しているように思われる。そのため、インターネット世界統計では、インターネットユーザーについて、「(1)インターネット接続を利用できるところにすぐに向かうことができ、かつ(2)ウェブ技術を利用するために必要とされる基本的な知識を持つ人々」(Internet World Stats 2018)という最広義の定義を採用している。だがもちろん、この定義ですら「インターネットを利用するために必要とされる基本的な知識とはどのようなものか」、という問いから派生する様々な諸論点を免れることはできない。

例えば、東京都に住むある親が、自分の六歳の子どもに「何か危ないことがあったらすぐに連絡してくるように」とiPhoneを持たせたとしよう。初めてのスマートフォンに喜ぶ子どもが電源を入れ、起動した画面をタップすると「東京都☀／☁(晴れところにより曇り)」、「降水確率一〇%」、「二〇℃(現在の気温)」、「二四℃／一九℃(最高気温／最低気温)」が表示される。

このとき、この子どもは、インターネットを利用するために必要とされる基本的な知識を持っていると言えるだろうか。もし持っているとするならば、それは単に電源を入れる知識とどのように異なるのか。他方で持っていないとするならば、次のような状況とどのように異なることになるのだろうか。つまり、東京在住のある若者が、Windowsを搭載したパソコンに電源を入れ、デスクトップからInternet Explorerのアイコンをダブルクリックし、デフォルトホームのMSNが表示され、先の子どもが見たものとほぼ同じ「東京の天気」を確認する、という状況である。このように考えれば「ウェブ技術を利用するために必要とされる知識」ということも、それがいったい何を意味するのか、にわかに決定しがたくなるだろう。

ここまで述べてきたことは、インターネット利用を統計的に把握し、統計学的に処理することに関する障壁である。端的に言えば、「インターネット利用」というものは、数量的に把握するにはあまりに漠然としすぎているため、そもそもいかなる特性を測ることがインターネット利用の内実を示したことになるのかが特定できないのだ。

とはいえ、このような確認から、インターネット世界統計を含め、インターネット利用に関する統計データがおしなべて意味をなさないと結論することは早計である。なぜならそこには、インターネットユーザーを何とか指し示そうとした痕跡、すなわちインターネットユーザーを指し示す反作用として、インターネットユーザーではない者の数が指し示されているからだ。このような言わば「非インターネットユーザー」を中心に数値を眺め、それとの関係で「インターネットユーザー」を捉えることによって、「インターネットユーザーとは誰か」に関する定義を宙吊りにした上で、統計の強みがもっとも発揮されるマクロレベルでの非インターネットユーザーの増減（とインターネットユーザーの増減）がどのように起こっているのかを示すことが可能になる。

非インターネットユーザーを中心にインターネット利用を考えるとは、例えば、先に挙げたインターネット世界統計の(1)と(2)の定義を、次のように読み換えてみるということだ。つまり、インターネットユーザーとは、[1]インターネット接続を利用できるところにすぐに向かうことができない、もしくは[2]ウェブ技術を利用するために必要とされる基本的な知識を持たない、という二つの条件の双方を何らかのかたちで克服した人々のことである、と。このように見れば、[1]の条件にある非インターネットユーザーとは、P・アットウェルが論じた「パソコン・インターネットへのアクセス」への困難としての「一次のデジタルディバイド」に対応しており、[2]の知識に関する条件は、「パソコン・インターネット利用」の困難としての「二次のデジタルディバイド」に相当することになる（Attwell 2001）。なお、本書ではデジタルディバイドという言葉を、様々な割合でインターネットユーザーと非インターネットユーザーが存在するという事実、すなわちインターネットユーザーと非インターネットユーザーが存在し、その割合は様々な要因から変動が起こるが、それらが存在し続けているということを指し示すために用いる。[*4]

上の考え方から、インターネット世界統計の二〇〇〇年、二〇〇五年、二〇一一年、二〇一六年のデータ、人口推定値としてアメリカ合衆国統計局（United States Census Bureau）のデータを用い[*5]、各大陸別の地域人口数と非インターネットユーザー数を示せば、図1のようになる。

このグラフから推し量ることができるのは、非インターネットユーザーの減少傾向にはいくつかのパターンがあることである。まず、ヨーロッパ、北米、オセアニアといった多くの先進国を含むところでは、二〇一六年時点を最小

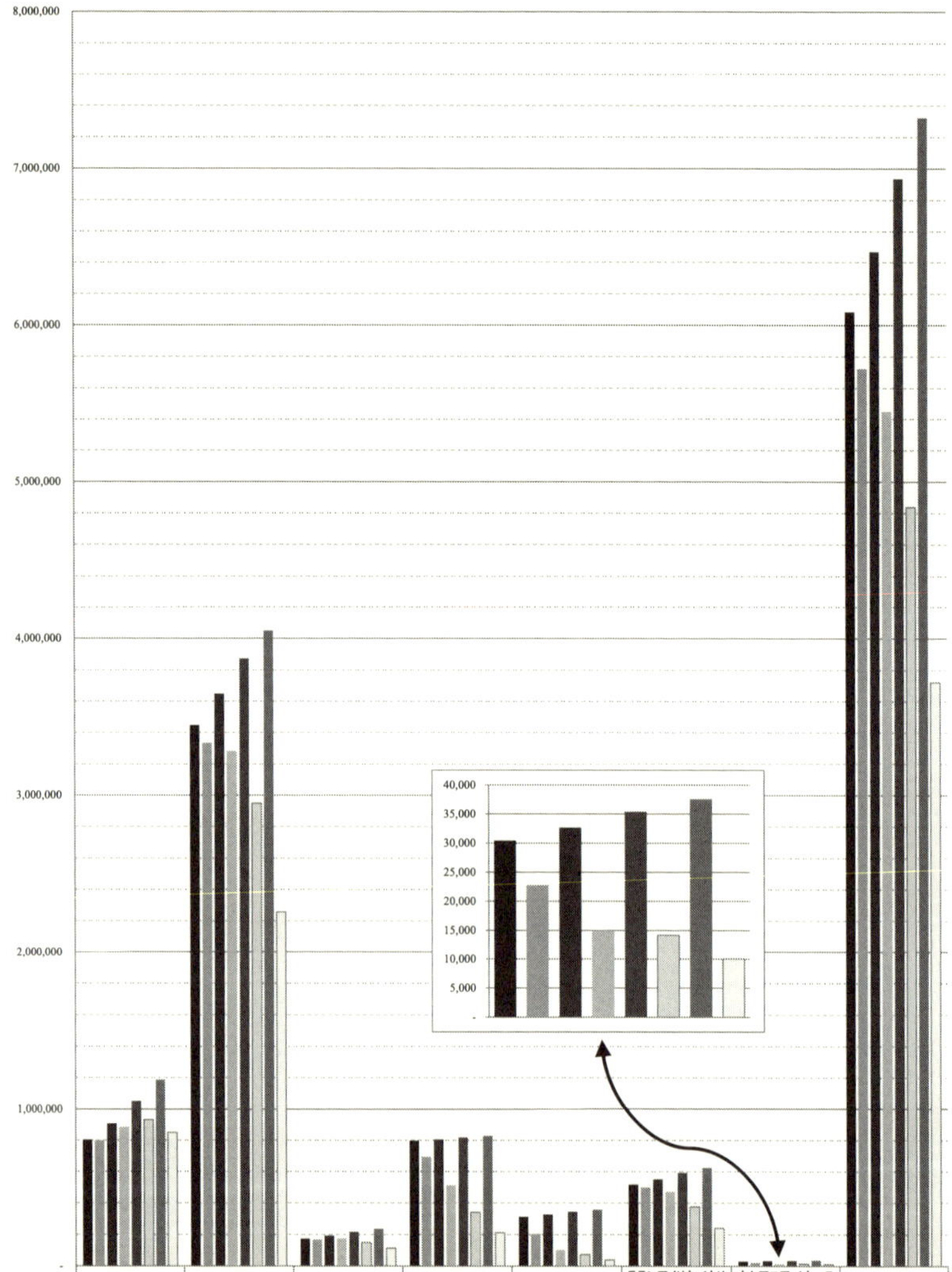

	アフリカ	アジア	中東	ヨーロッパ	北アメリカ	ラテンアメリカ／カリブ	オセアニア／オーストラリア	合計
■2000年 総人口	802,723	3,448,574	173,533	797,393	313,388	518,454	30,421	6,084,486
■2000年 非インターネットユーザー	798,209	3,334,271	168,248	694,297	205,291	500,385	22,801	5,723,502
■2005年 総人口	907,536	3,647,234	192,714	804,665	328,033	553,664	32,659	6,466,505
■2005年 非インターネットユーザー	884,687	3,282,963	174,510	514,543	102,341	474,151	14,968	5,448,163
■2011年 総人口	1,051,359	3,871,892	218,060	817,994	345,882	593,573	35,386	6,934,146
□2011年 非インターネットユーザー	932,749	2,949,562	149,506	341,780	73,816	377,634	14,092	4,839,139
■2016年 総人口	1,187,604	4,049,087	236,487	827,946	359,492	624,995	37,575	7,323,186
□2016年 非インターネットユーザー	848,321	2,256,923	114,111	212,966	39,425	240,244	10,034	3,722,024

図1　各大陸別の地域人口数と非インターネットユーザー数（2000, 2005, 2011, 2016）＊人数の単位は1,000人（Internet World Stats 2005, 2007, 2016; United States Census Bureau 2018; Vila and Fraiz Brea 2012）

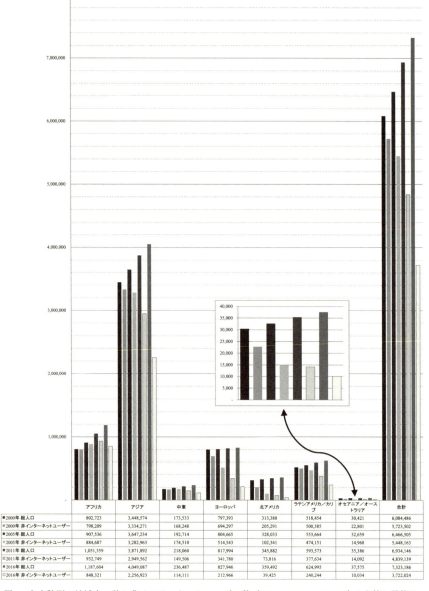

値とする逆放物線のかたちで、非インターネットユーザーの減少が起こっている。次に、アフリカや中東といった発展途上国を多く含むところでは、人口増加とともに非インターネットユーザー数もいったん増加し、ある段階で非インターネットユーザー数が減少に向かう。最後に、アジアと中南米といったところでは、二〇〇〇年時点を最大値とする放物線状に非インターネットユーザーの減少が起こっている。[*6] なお、このような傾向性自体は、アフリカを除いては、本書の調査が行われた二〇〇九年一二月から二〇一二年三月に至るまでの間でも、十分に確認できることである。

このことを踏まえて、先のグラフからも明らかな世界の非インターネットユーザー数の減少傾向と各大陸別の地域のそれとの関係を見るならば、次の二つのことが言えるだろう。

まず、単純だが重要なものとして、すべての大陸別の地域の二〇〇五〜二〇一六年の期間において、以前の段階からの人口増加分よりも非インターネットユーザー数の増加分が少ないということから、――それが必需に駆られたものであろうとも、何らかの余裕が生まれたためであろうとも、あるいは強い目的志向を持ったものであろうとも、それほど明確な志向を持たずに周囲に流されただけのものであろうとも――、全体として、人々は自らが非インターネットユーザーからインターネットユーザーへと転換することを基本的には肯定してきたこと、換言すれば人々のインターネット利用に対するニーズが存在したことが確認できる。次に、二〇〇〇〜二〇〇五年にかけて、世界の非インターネットユーザー数の減少を牽引したのがヨーロッパ、北米、オセアニアであるとすれば、二〇〇五〜二〇一一年にかけて（そして二〇一六年に至るまで）、世界の非インターネットユーザー数の減少を牽引したのがアジアと中南米、わけても莫大な人口を有するアジアだということである。

実際、二〇〇〇〜二〇一六年まで、つねに世界の人口の五〇％以上を占めてきたアジアは、先に言及した図が示すとおり、多数の非インターネットユーザーを抱えてきたが、急速な人口増加に抗してその数を減少させてきた。具体的な数値で言えば、二〇〇〇年時点の非インターネットユーザー数は約三三億三四二七万人（同年のアジアの総人口の約九六・六九％）であり、二〇〇五年時点でもその数は約三二億八二九六万人（同年のアジアの総人口の約九〇・〇一％）

である。その後、二〇一一年になると非インターネットユーザー数は約二九億四九五六万人（同年のアジアの総人口の約七六・一八％）にまで減少し、二〇一六年にはその数は約二二億五六九二万人（同年のアジアの総人口の約五五・七四％）に至る。[*7] そしてこのことは、——正確を期せば「二〇〇五年以降の」という限定が付けられるべきだが——、世界の潮流ともおおむね合致する。

よって、統計的な示唆から、アジアの非インターネットユーザーに着目すれば、世界の非インターネットユーザーのことを考えることができ、そしてその否定としてのインターネットユーザーの考えることができるのだ、と言うことができる。事実、二〇一六年時点にあっても、世界人口のほぼ半数の三七億二二〇二万人（五〇・八三％）を占める非インターネットユーザーのうちの六〇・六四％にあたる二二億五六九二万人は、アジアに暮らす人々である。本書が「アジア」に着目する理由は、まずもってこの点に由来するが、ここで確認した世界の非インターネットユーザーとアジアのそれとの関係から、世界の傾向をアジアに見るということの意味をさらに詳述することができる。それは、アジアという地域が、二〇〇〇〜二〇一六年にかけて、——二〇〇〇〜二〇〇五年の非インターネットユーザーの全体に占める割合が二％増加したことを除けば[*8]——、世界人口の観点からも非インターネットユーザーの観点からも、ほとんどその割合を変えていないということである。この「割合の変わらなさ」とは、換言すれば世界の人口動向と非インターネットユーザー数の動向との関係が、アジアのそれとがおおむね合致している、ということに他ならない。

他方で、その他の大陸別の地域の動向については様々な変化が見られる。もっとも分かりやすいものは、アフリカの非インターネットユーザー数の全体に占める割合の約一五年での増加と、それに対応する（アジアを除く）アフリカ以外の大陸別の地域におけるその割合の段階的な減少である。なお、アフリカの非インターネットユーザーの割合の増加が意味することを正確に言い表せば、「アフリカは地域内の強い人口増加傾向に抗するかたちで、非インターネットユーザーを減らすことができていない」ということになるだろう。アフリカの非インターネットユーザーの総数は、二〇一一〜二〇一六年にかけて、確かに減少しているが、その減少傾向が他の地域に比べて相対的に緩やかであるため、世界の非インターネットユーザー全体に対する割合は、――非インターネットユーザーの数が増加していた二〇〇〇～二〇一一年にかけてと同様に――、増加することになる。

以上のように、非インターネットユーザーの減少傾向の度合いには大陸別の地域差が存在する。全世界の九四・〇七%の人々が、いまだ非インターネットユーザーであった二〇〇〇年においては、ある意味では当然であるが、各地域の人口の割合と各地域の非インターネットユーザーの割合はほぼ同じであったが、そこから各地域の中で減少傾向の度合いに差が生じ、現在の状態に至ったのだ。

では、このような事実としてのデジタルディバイドが、世界的な潮流として大陸別の地域間の差を持ちつつ徐々に解消されつつあるとき、それはどのようなかたちで起こっているのだろうか。そして、その問題とはいかなるものか。統計的観点から世界のインターネット利用を見たときに導かれるこれらの問いに答えることが、本書の大きな目的である。そしてこのような問いを発するとき、本書がアジアに着目する理由をさらに明確にすることができる。というのは、ここまでアジアを除くその他の大陸別の地域に関する世界の動向として確認してきたことが、アジア各国や各地域間において再現されているように見えるからだ。

その一つの指標として、ＩＴＵとTaiwan Network Information Center（TWNIC）が提供するアジア各国／各地域の「インターネット家庭普及率」を、本書のネットカフェ調査の計画と実施の直後までの期間（二〇〇二年、二〇〇七～二〇〇八年、二〇一〇～二〇一一年）に絞って、図2に示しておこう。

ここで注記しておけば、アジア各国／各地域のインターネット家庭普及率に着目する理由は、「すぐに向かうことができるインターネット接続を利用できる場所」としては、その維持のためのコストの側面、そしてインターネット接続を可能にする社会インフラの整備の側面から、人々にとってもっとも障壁が高く、それゆえここで示されている数値は非インターネットユーザー数として示してきたものに近いと考えられるからである。また、この表では併せて、インターネット普及の観点から言えば情報先進国と言ってよい北欧五ヶ国（デンマーク、フィンランド、アイスランド、ノルウェー、スウェーデン）のインターネット家庭普及率の平均値、アフリカ大陸にある国々のインターネット家庭普

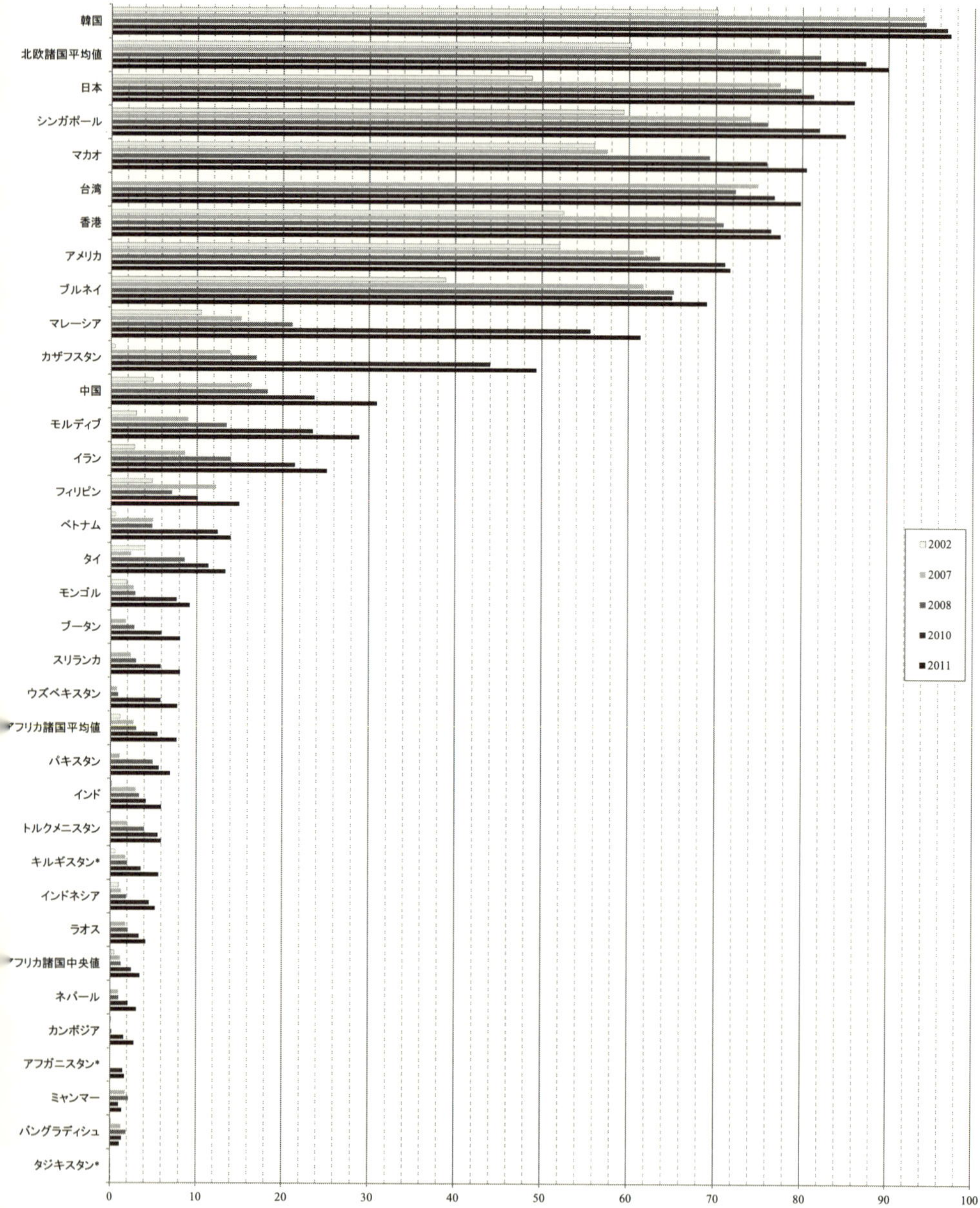

図 2　アジア各国／各地域のインターネット家庭普及率（2002, 2007-8, 2010-11）* これら三ヶ国は参考値（ITU 2009, 2010, 2011, 2012, 2013; TWNIC 2014）

及率の平均値と中央値、アメリカ合衆国のインターネット家庭普及率の値を、参考のために載せている。

アジアには北欧五ヶ国の平均やアメリカ合衆国に近いインターネットの家庭普及率を持ち続けてきた国や地域（韓国、日本、シンガポール、台湾、マカオ、香港、ブルネイ）がある。他方、アジアの人口の多くを占める中国が三〇・九％という数値であるものの、アジア第二〜四位の人口を誇るインド、インドネシア、パキスタンは、二〇一一年のグラフを参照すれば、アフリカ諸国の平均である七・七四％を下回る六％、五・三％、七％という数値となっている。また、二〇一一年に実測されたインターネット家庭普及率ではアジアで最低の一・一％であるバングラディシュは、アジアで第五位の人口を持つ国である。そして、バングラディシュを含め、二〇一一年時点のアフリカ諸国の中央値である三・五％を下回る国々が、アジアには六ヶ国存在する。さらに、東南アジアの経済新興国とされるフィリピン、ベトナム、タイといった国々でも、それぞれのインターネット家庭普及率は一五％、一四％、一三・四％に留まる。[*9]

それゆえこの図から読み取れることは、アジアでは、世界の情報先進国と同様の水準で、家庭でインターネットが利用できない状態を急激に克服できた国や地域がある一方、アフリカ諸国を例とするような発展途上国と同等の水準でその克服が微増に留まった国や地域が存在するということである。

以上のような世界の大陸別の地域間におけるデジタルディバイドが、アジア各国／各地域間のそれに反映されており、段階的な解消傾向にありつつもアジア各国／地域内においてデジタルディバイドが存続している状況[*10][*11]という関係性は、世界のインターネット利用をアジアに見ることの妥当性を補強するものとなるだろう。換言すれば、アジアは世界のインターネット利用の大きな認識枠組みを提供してくれる地域なのだ。

そして、このような認識（枠組み）から、具体的なインターネット利用（デジタルディバイドの解消、あるいは非インターネットユーザーがインターネットユーザーになるそのあり方、とも換言できる）を分析するためには、少なくともアジア各国／各地域に通底して存在し、各国／各地域間の比較に耐えうるような、インターネット利用のあり方が発現する場所が要請されることになる。

このことは、人々のインターネット利用を人々のデジタルディバイドの解消から考える際に、必然的に導かれる。

なぜなら、デジタルディバイドには、少なくとも現時点で（十全なかたちで）はインターネットやパソコンに接続できていない状態にあるという含意があり、それが解消されている状態に至るという場合には、何らかの状態的変化が人々に起こることとともに、人々のそのような状態の変化を感知しうる空間や場所も併せて想定されていることになるからだ。あるいは次のように考えてもよい。デジタルディバイドが解消される際の手法が、人々の意識とインターネットが「直結」することではない限り、それは何らかの具体的な場所を占めざるをえないのである、と。

よって、先に言及した「家庭」という場所は、ここ数年来のアジアの、そして世界の非インターネットユーザーを介したインターネットユーザーの動向を認識するためには格好の場所であるが、インターネット利用のあり方（デジタルディバイドの解消のあり方）が発現する場所として分析の対象とするには、まったくそぐわない場所であると言える。なぜなら、アジア全体で見た場合に、家庭という場所はある特定の国や地域においては多数のインターネットユーザが育まれるが、他方で、別の多くの国や地域においては、非インターネットユーザーが非インターネットユーザーのままであり続ける可能性が高いからである。

そこで、本書が着目するのが、ネットカフェという場所である。次節では、なぜネットカフェが、アジア各国／各地域に通底し、各国／各地域間の比較に耐えうるような、（デジタルディバイドの解消という意味での）インターネット利用のあり方が発現する場所として分析の対象に資するのかを検討し、その強みと限界について論じていくことにしたい。

2　各国のインターネットとネットカフェ——比較社会学的問題

ネットカフェがなぜ、アジア各国／各地域に通底して存在し、各国／各地域間の比較に耐えうるような、デジタルディバイドの解消のあり方が発現する場所だと言えるのか、——これが前節の最後に導かれた問いであった。実はこの問いは「一般化可能な」という意味で操作的な定義をネットカフェに与えることによって、ほぼ解決する。ここで言う「一般化可能な」とは、人によって様々なイメージがあり、様々な国や地域で異なった姿を見せるネットカフェを、それが成立する上で必要な条件を総合する、という意味であり、そのような総合にはどうしても定義をなす者（ここでは筆者）の「操作」が含まれる。それゆえ、以下ではネットカフェの定義に加え、筆者がどのようなことを念頭に置いて操作を加えたのかを併記する。

以上のいくぶん細かい注釈の上で、本書では、ネットカフェを「少なくともパソコンとインターネット接続とを完備し、それらを利用する環境を含めて比較的安価に提供することを目的とするような、その周囲にいる人々が基本的に自由に出入りできる商業店舗」と定義する。本書がネットカフェをこのように定義する理由は、――この理由こそが上に述べた筆者の「操作」であるが――、例えば図書館や公民館におけるパソコン・インターネット提供などのサービスや、空港利用者やホテル、ゲストハウスの顧客のためのパソコン・インターネットといった、目的の全く異なる別のサービスを享受することが、パソコンとインターネットにアクセスするための条件になっているものから、ネットカフェを区別するためである。

この定義をもって、本節の冒頭で再掲した問いに答えるとすれば、まずネットカフェはその定義から理解できるとおり、「比較的安価に」パソコンやインターネットを提供する場所であり、アジア各国／各地域内の基本的な物価やそこで提供される付加サービスの種類などによって価格差が出るものの、利用者の金銭的な障壁が非常に低い場所だからである、という回答になるつまり、ネットカフェは各国の非インターネットユーザーがインターネットユーザーになりやすく、また自らのニーズを不十分には満たさないパソコン・インターネット環境しか持たない人々が、そこで自らのニーズを満たしやすい場所なのだ。[*12]

加えて、人々がネットカフェを何らかのニーズに則って利用することのみならず、ネットカフェ自体がある国や地域に内在する具体的な場所であるということを踏まえれば、そこは利用者の経済的・文化的・政治的背景はもちろん、それが存在する国や地域の経済的・文化的・政治的背景がある程度反映される場所だと言える。これら二つのネットカフェの特性、すなわち、アジアのどのような国や地域においても非インターネットユーザーがインターネットユーザーに容易に転換しうる場所であること、そしてある国や地域におけるそのような転換が「いかなるかたちで起こっているのか」が他の国や地域のそれとの差として現れる比較可能な場所であることは、本書の分析の対象に資すると言えるだろう。それゆえ、アジア各国／各地域間の比較に耐えうる場所という論点からも明らかだが、本書が採用する基本的な視座とは社会学、わけても「比較社会学」[*13]である。

ただし、ネットカフェを先のようなかたちで定義することによって、本書が拠って立つ比較社会学という視座にはいくつかの条件が加わる。以下ではこのことを、先のネットカフェの定義から展開される三つの論点を提起し、それぞれから「研究の手法」、「研究の中心的主題」、「研究の課題」という条件が導かれることをもって示す。

まず、先のネットカフェの定義から、本書では一〇〇台を超えるパソコンを揃えるものから、わずかな数のパソコンだけを提供しているものまでを、すべてネットカフェとして射程に収めることになり、経営形態やその維持の観点からすれば、これら二つの店舗は個別に論じられるべきだという見解もありうる。また、この定義によれば、パソコンとインターネット接続を提供することと並行して、有償無償を問わない様々な付加サービスを提供している商業店舗もネットカフェとして扱われる。その場合、ネットカフェを利用する人々のニーズを探れば、実はパソコンとインターネット接続よりも後者の付加サービスを求めているという場合もあるだろう。

これらの問題は、本書のネットカフェに対する定義の幅広さから想定されるものであり、これらが提起される意図は、前記の定義ではネットカフェに対する精密な考証ができないのではないか、という疑義だと言える。だが、本書としては、むしろこれらの疑義は積極的な意味に捉えなおされるべきだと考える。というのは、例えば、一〇〇台を超えるパソコンを揃えるネットカフェと三台のパソコンしかないネットカフェとでは、それぞれが存立する経済的・文化的・政治的背景が異なり、対象とする顧客層も違う可能性があるからこそ、どちらもネットカフェとして存続しているのであり、「人々がどのようなかたちでインターネットユーザーになるか」を問う本書では、むしろそのような差異にこそ注目し、そのことを多様なネットカフェのあり方として考察するべきだからである。また、定義に関する「操作」について論じたとおり、付加サービスを利用することがインターネットを利用することの条件にならない限り、本書ではそれを「付加サービスとともにあるインターネット利用」として捉え、そのようなインターネット利用が形成される経済的・文化的・政治的背景を考察するべきである。

以上のことは、本書の比較社会学という視座においてなされるべき研究の手法として、フィールド調査とインタビュー調査を必須のものとして要請する。というのも、本書で明らかにされるべきは、人々が非インターネットユーザーからインターネットユーザーになった状態のみならず、彼ら／彼女らがインターネットユーザーとなるそのあり方なのであり、それがどのような背景のもとで成立しているのかを、ネットカフェのあり方とともに観察し、描写することが目指されるからだ。

次に、ネットカフェに対するこのような広い定義は、調査の範囲を拡大させることになるが、アジア各国／各地域のすべてのネットカフェについて、それらの文化的・経済的・政治的背景を踏まえた上でのフィールド調査・インタビュー調査を行うことは、アジア横断的に多くの研究者が参画するような大規模なプロジェクトが形成されない限り、端的に言って不可能である。実際、本章の冒頭にあげたとおり、ネットカフェのフィールド調査・インタビュー調査については、その範囲が東アジア・東南アジア諸国の首都圏と都市圏に限定されている。

このような、どちらかと言えば消極的な調査範囲の限定は、実践的な問題以上に、調査が開始された地理的な条件、および時期的な条件が大きい。

ここでの地理的な条件とは、この調査が東アジアの日本で開始され、その他の東アジアの主要都市については網羅的にネットカフェにおける人々のインターネット利用を把握し、そこから徐々に他のアジア地域へと展開していくという考え方で調査地を広げたため、結果的には各国の地方都市や南アジアにまで手が及んでいない、というものである。他方、時期的な条件とは、調査が開始される時点で利用できたデータの制限によるものである。特に、東南アジアの主要都市の選択については、ネットカフェについての本格的な調査計画を立案した二〇〇九年に入手できたITUのデータから、まずは二〇〇七年時点でのパソコン・インターネットの家庭普及率がもっとも高く、また民族混成国家であるシンガポールが、東アジアの情報先進国／先進地域（日本、韓国、香港、台湾）との比較から第一の候補となり、次に二〇〇二年と二〇〇七年とを比較した場合に、パソコンの家庭普及率が一〇％以上伸びていた上位二ヶ国（ITU 2009）であり、インターネットの家庭普及率が一二・三％、二・四％と差のあったフィリピンとタイの首都圏が選択された。[*14]

ただし、二〇〇九年の調査の開始時には十分には考慮できていなかったが、アジア各国／各地域での調査を首都圏や都市圏に限定したとしても、ネットカフェを対象とすることで、本書は実質的に首都圏や都市圏の範囲を超える研究となった。その理由は、アジアの「都市化（Urbanization）」（United Nations, Department of Economic and Social Affairs, Population Division 2015）のことを考えればむしろ当然の帰結だが、地方あるいは海外から首都圏と都市圏に流入してきた人々のためのネットカフェというものが、調査の対象となったすべてのアジアの首都圏と都市圏に存在したからだ。それゆえ、アジア各国／各地域の首都圏と都市圏のネットカフェにおいては、当該国／地域の地方の実情や利用者の出身国の実情について、間接的かつ限定的にではあるものの、フィールド調査・インタビュー調査で得られる知見が多数あり、[*15]以下の章を先取りして言えば、特に情報先進国／先進地域においては、海外から当該国を訪れた人々についての調査こそが、考究の中心となることも珍しくない。

以上のことは、本書の比較社会学という視座において取り扱われるべき研究の中心的主題として「人々の移動」と「人々の移動が惹起するアジアの各国／各地域の社会構造」をもたらす。まず、人々の移動という主題については、アジア各国／各地域の首都圏と都市圏のネットカフェを調査の対象とする場合には、ほぼ自動的と言ってよいかたちで問われるべきものとなることは、すでに述べたとおりである。そして、ある国や地域のネットカフェにおいて、移動する人々のデジタルディバイドが解消されるとするならば、「それがなされるのはなぜネットカフェであって他の場所ではないのか」という問題に触れざるをえず、このことは、移動する人々の、(a)移動元の社会構造（そもそもなぜ移動することになったのか）、(b)移動先の社会構造（なぜアジア各国／各地域の首都圏や都市圏に向かうことになるのか）、(c)移動する人々の移動先での立ち位置（移動先で何をすることになるのか、そしてそのときネットカフェは人々にどのように関わっているのか）についての考究を促すことになるだろう。当然先にも述べたとおり、ここでの(a)から(c)が一国内で

表1　人口100人あたりの携帯電話登録数（2002, 2007-2014）（ITU 2009, 2010, 2011, 2012, 2013, 2014, 2015）

	2002	2007	2008	2010	2011	2012	2013	2014
日本	47.7	82.7	87.2	97.4	105.7	108.7	115.2	120.2
韓国	68.4	90.7	95.5	105.4	108.5	109.4	111.0	115.5
フィリピン	19.6	64.6	75.5	85.7	99.3	105.5	104.5	111.2
タイ	16.3	79.1	90.6	103.6	111.6	127.3	138.0	144.4
アメリカ	48.9	85.2	85.7	89.9	95.3	96.0	95.5	98.4
ガボン	21.2	82.2	89.6	106.9	154.5	179.5	214.8	210.4

起こる場合もあり、そのことはある国における都市と地方の関係についての考究を促すことになる。

最後に、ここまでの議論を踏まえた上で、改めて本書がなすネットカフェの定義に立ち返るときに、次のような疑問を提起しうる。デジタルディバイドが解消される場所は、何もネットカフェに限ったものではないのではないか。例えば、人々の携帯電話やスマートフォンによるインターネット利用に注目すれば、むしろあらゆる「場所」を研究の対象としうるのではないか。また、携帯電話やスマートフォンは、それが「移動通信機器」というカテゴリーに属するものであるとすればなおのこと、移動する人々のインターネット利用（デジタルディバイドの解消）についての本来的な研究対象だと考えることができるのではないか。

この問題については、部分的には本書にとっての純粋な限界として受け取らざるをえず、携帯電話やスマートフォンを含めた移動通信技術を中心とする「世界のインターネット利用」が考究されるべきであり、もちろん現在進行形で多様な観点からの研究が実践されている。ただし、本書のここまでの議論を踏まえれば、それは非常に困難な作業となることはすでに明らかだ。というのは、携帯電話やスマートフォンは、そもそも「個人普及率」のみから何かを考えることをほとんど不可能にしているからである。

例えば、表1は、ITUが提供するデータから、日本、韓国、タイ、フィリピンにおける人口一〇〇人あたりの携帯電話登録数を、二〇〇二年と二〇〇七〜二〇一四年の期間で示したものである。なお表1では、参考としてアメリカ合衆国の値と、二〇一四年時点のアフリカ諸国の中でもっとも携帯電話登録数が多いガボンの数値を併記した。

予備知識がなければ、これらの数値が何を意味しているのかを推し量るのは容易ではないだろう。現時点で仮説的に言えることは、これらの数値には各国の人口一〇〇人あたりの固定電話登録数がある程度関係している可能性があるということである。例えば、二〇一四年時点でのその数値は、フィリピンは三・一、タイは八・五、ガボンは一・〇、日本は五〇・一、韓国は五九・五、アメリカ合衆国は四〇・一（ITU 2015）となっており、ここから既存の固定電話のネットワークがなく、その代わりに携帯電話が普及した国々と、既存の固定電話のネットワークがあり、それに加えて携帯電話が普及した国々（もしくは段階的に置き換わっている国々）、との差として、表1の数値を理解することができる。

ただし、一〇〇人あたりの携帯電話登録数は、それを用いたインターネット接続とはそれほど関係しない。例えば、二〇一四年時点の人口一〇〇人あたりのモバイルブロードバンド登録数は、フィリピンが二八・〇、タイが七九・九、ガボンが〇・〇であり、その他の国は一〇〇％に近いかそれ以上の値である（ITU 2015）。[*16]

加えて、携帯電話（スマートフォン）については、そもそも何をもって「登録」とみなすかということに関して、議論の余地がある。例えば、アフリカや東南アジアでは携帯電話（スマートフォン）の多くはプリペイドＳＩＭ（料金前払いＳＩＭ）が利用されているため、その登録数はＳＩＭカードの販売枚数のうちでアクティブなものが算出されていると考えられる。そのとき、アクティブの度合いを比較的緩く取ればその利用者の総数は増え、確かに人々に広く移動通信機器が行き渡っている実態は把握できる。だが、広く行き渡ることと、それがいかなるかたちで利用されているかは、インターネットの普及率のときと同様に別問題であり、日本のように多くの人がポストペイドＳＩＭ（料金後払いＳＩＭ）を用いている国や地域との比較が困難になる。他方で、アクティブの度合いを比較的厳しく取れば、このこととは逆の問題が発生することになるだろう。[*17]

そして何より、人口一〇〇人あたりの固定電話登録数やモバイルブロードバンド登録数などとの関係についての説明を経由してのみ、人口一〇〇人あたりの携帯電話登録数の数値が相応の意味を持つということは、「移動通信技術を中心とする世界のインターネット利用」が、固定電話やモバイルブロードバンドの普及に関する各国／各地域の経済的・文化的・政治的背景との相互関係の史的展開として描かれなければならないことを示している。それゆえそのような研究には、アジアを含む世界各国／各地域のメディア・インフラ史と、このような史的関係を総体として把持するための認識枠組が、――それはもはや広大な「アジアのメディア史」のようなものとして構築せざるをえないが――、欠かせないことになるだろう。[*18] デジタルディバイドが解消される場所を「限らない」場合に立ち現れるのはこのような研究領野であり、それは今後数十年という期間をかけてなされるべきものであるように思われる。

そして、本書でなされるアジアのネットカフェに関する考究は、ここで述べたアジアのメディア史の中でも、相応の位置を占めることになるはずだ。なぜなら、以下の章でも確認するとおり、比較的安価にパソコンやインターネットを提供するネットカフェは、少なくともアジア各国／各地域においてパソコンやインターネットの「導入」の役割を担ってきた経緯があり、それぞれの国や地域における導入の経緯の差は、ネットカフェが各国／各地域の首都圏や都市圏のどのような場所に集中し、その内部空間がどのように編成され、機器としてどのようなものが提供されているのか、ということのうちに痕跡として発見できるからである。これらのことは、以下の章で示唆されることになるが、このような意味で、ネットカフェはアジア各国／各地域において通底して存在しており、後続するアジアのメディア史の部分を担うものとしても企図されているのである。

3　研究手法――マッピング・フィールドワーク・インタビュー・言説分析

以上の議論を踏まえた上で、改めて本書が東アジア・東南アジアのネットカフェ調査において用いた具体的な研究手法をまとめておきたい。なお、これらの手法については、基本的にどの国や地域でも共通して用いたものであるが、例外的に一国（一都市）だけは、このような調査と並行して言説分析によるネットカフェの分析も行っている。そのような言説分析を必要としたのは日本（東京）であるが、第Ⅰ部第1章から第3章を先取りするかたちで言えば、日本のネットカフェのフィールド調査、インタビュー調査、そしてネットカフェに関する言説分析から示される課題は、本書の各章を架橋するものとなる。そして、第Ⅰ部第4章から第6章では、そのような課題を踏まえた上での、日本のネットカフェとアジアのネットカフェの架橋のために、アジア各国／各都市のネットカフェがモノグラフ的に紹介され、第Ⅱ部第7章から第13章ではそのようなイントロダクションを受けた、アジア各国／各都市のネットカフェの分析がなされる。

(1)各都市におけるネットカフェのマッピング調査

まず、本書の研究では、アジア各国／各地域の首都圏と都市圏において、ネットカフェのマッピング調査を行った。ここまでの議論からも容易に予測できることであるが、ネットカフェは各都市で均質に分布しているわけではなく、また必ずしも都市内の人口分布に従って分布しているわけでもない。

それゆえ、――多くの場合概算値とならざるをえないが――、各都市のネットカフェの総数から各都市のネットカフェ密度を割り出した上で、ネットカフェの離合集散の実態を明らかにし、各々の都市において、ネットカフェがいかなる社会的文脈の中で存立しているかについての基本的な情報を得た。またその過程で、国勢調査を始めとする、考察を行う各都市の基本的なデータについても参照している。

(2)各都市におけるネットカフェのフィールド調査

次に、本書の研究では、各都市二〇店舗程度のネットカフェにおいてフィールド調査を行った。調査内容は、パソコンの性能（その中でも特にCPU、RAM、Video Card といった、パソコン上でのアプリケーションソフトの作動に直接影響を及ぼすもの）、パソコンに敷設されたデバイス（スピーカー、ヘッドフォン、ヘッドセット、ウェブカム、プリンタなど）の有無とそれらの店舗での提供のされ方、パソコンのオペレーティング・システム（以下、OSと略記）とその言語、インストールされているアプリケーションソフト、インターネット通信速度、店舗内のパソコンの総数およびそれらの配置の様態、利用料金、パソコン・インターネット利用に併せて提供される付属サービス、店内および店外に掲示された広告や注意書きなどである。なお、本書の記述としては、つねにこれらすべてに言及するわけではなく、人々のネットカフェにおけるインターネット利用（デジタルディバイドの解消）という観点から、その特性を説明するために必要なものを提示する。

これらの情報は、――むろん店舗側から提示され、顧客となる人々は基本的にはそれを変更することはできないという制約はあるものの――、ネットカフェにおいてパソコンやインターネットが利用されている（デジタルディバイドが解消されつつある）とき、それはどのようなかたちで起こっているのか、そして、その問題とはいかなるものかを、ネットカフェという商業店舗において考える上で必須のものであると言える。なぜなら、例えばパソコンの性能やその付属デバイス、パソコンのOSやアプリケーションソフトなどについては、ネットカフェが基本的に利潤を追求する商業店舗であるということから、顧客層やニーズを想定した機種の選別やカスタマイズがなされ、さらにインターネット接続速度の管理などが行われているからだ。

また、店舗内のパソコンの総数とそれらの配置の様態、そして利用料金については、店舗側が自分たちの開くネットカフェという場所の特性、想定される顧客層とそのニーズ、そして店舗の限られたスペースとの関係から案出したものであると考えれば、このような情報にも注意が向けられてしかるべきである。特にパソコンの配置に関しては、各都市の法律や規制の影響を多分に受ける。次章を先取りするかたちで言えば、日本のネットカフェの「個別ブース」は、様々な法律や規制の微細な解釈に基づく構造をとっているが、これと同じようなことが本書で扱う各都市でも散見される。さらに、パソコン・インターネット利用にかかわるもの以外の付属サービスや、掲示された広告や注意書きは、店舗が想定している顧客層、店舗に課せられた法律や規制、そして、店舗が共有してもらいたいと考える規範などが、直接的／間接的に記されたものとして、注目すべきものである。

以上、かなり硬い言い回しで述べてきたが、ここに述べてきたフィールド調査とは、比喩的に言えば、「ネットカフェという場所がある形態をとって現れていること」に耳を傾けることに他ならない。特にネットカフェに設置されたパソコンについては、それがそもそも単なる「技術そのもの」であるからこそ、ある社会的背景を持つものとして立ち現れてくることになるだろう。そして、このような観点からすれば、ネットカフェを研究の主題とする時点で、そもそも「技術が人々の行為のあり方や社会を変える」という単純な意味での技術決定論はまったく採用に値しない仮説となる。先に挙げてきた様々なモノとしての技術は、それら単体として見れば「技術そのもの」であるが、それがネットカフェという場所に置かれることによって、純粋な「技術そのもの」と呼ぶことができなくなる。このことは、技術がつねに、ある場所において人々に利用されるものである以上、必然的にそうあらざるをえないのだ。

(3)各都市のネットカフェにおけるインタビュー調査

さらに、本書の研究では、(1)と(2)の調査を踏まえた上で、ネットカフェの店員あるいは店舗のオーナーとネットカフェのユーザーに対して半構造化インタビューを実施した。半構造化インタビューの基本となる質問項目は、次の表2に掲げたとおりである。インタビューについては、日をまたぐような場合を除いては、特段アポイントメントを取ることなく、ネットカフェ内で声をかけるかたちで筆者の素性と簡単な調査目的（「アジアのネットカフェの利用の調査をしている」や「パソコンを持っていない／ネットカフェに来てパソコンやインターネットを使いたい人の調査をしている」など）を告げた上で、対話形式の調査を実施し、基本質問項目を拡張させるかたちで、すべての項目を尋ねた場合は各人最低一時間、長いもので約三時間にわたる聞き取りを行った。また、日本とシンガポールを除く各都市でのインタビューでは、基本的に通訳補助の助けを借りている。

なお、本書で彼ら／彼女らのインタビュー内容を用いる際には、前提として仮名を用い、彼ら／彼女らが公開を希望しないと述べた情報については、それがどのような理由からのものであろうとも、また、いかなる基本情報であろうとも本文には記載していない。というのは、以下に触れることであるが、各国／各地域のネットカフェに関する法律や規制に抵触するおそれのある内容が含まれるからだ。

このようなインタビュー方法を用いる際の問題として、インタビューに割きうる時間がインフォーマントのその

表2　基本質問表

1．従業員（店主）に対する質問項目

・あなたの年齢、出身地、現在住んでいる地域は？
・あなたがアルバイトであるならば、普段は何をしているのか？
・いつからこの店で働き始めたのか？（この店はいつ開業したのか？）
・あなたの月収はいくらか？（この店の月収（年収）はいくらか？）
・勤務時間は何時間ぐらいか？
・この店は何時から何時まで営業しているのか？
・店を営業するために政府にどのような届出が必要か？
・この店の経営戦略は？
・なぜインターネットカフェで働き始めようと思ったのか（なぜインターネットカフェを開業しようと思ったのか？）
・顧客はどのような人が多いのか（学生？社会人？子ども？）？
・客の迷惑な振る舞いは何か？
・いつ頃からインターネットを使い始めたのか？
・いつ頃からインターネットカフェを使い始めたのか？
・パソコンは家にあるか？あるとすれば何台持っているか？
・普段はインターネットで何をしているか？
・インターネットカフェは良い所だと思うか悪い所だと思うか？ or インターネットカフェに良いイメージを持っているのか悪いイメージを持っているのか？
・パソコン（インターネット）の子どもに対する影響
・インターネットカフェは近年増えているか減っているか？
・インターネットカフェはこの都市に残り続けると思うか？

2．顧客に対する質問項目

・あなたの年齢、職業、出身地、現在住んでいる地域は？
・いつ頃からインターネットを使い始めたのか？
・いつ頃からインターネットカフェを使い始めたのか？
・パソコンは家にあるか？あるとすれば何台持っているか？
・家のパソコン（インターネット）利用方法は何か？
・インターネットカフェのパソコン（インターネット）の利用方法は何か？
・今日はインターネットカフェに何をするために来たのか？
・他の客の迷惑な振る舞いは何か？
・インターネットカフェは良い所だと思うか悪い所だと思うか？ or インターネットカフェに良いイメージを持っているのか悪いイメージを持っているのか？
・パソコン（インターネット）の子どもに対する影響
・インターネットカフェは近年増えているか減っているか？
・インターネットカフェはこの都市に残り続けると思うか？

時々の状況に依存するため、すべての質問に答えてもらうことができない場合があった。だが、彼ら／彼女らがネットカフェにおいてインターネットユーザーに「なる」背景や、人々をインターネットユーザーにする場所を「提供する」背景をつぶさに把握するためには、この手法が堅守されるべきだと筆者は考えた。それゆえ、総数としてはすべての都市で二〇名前後の人々にインタビューを行ったが、本書で採用できたのはそれよりも少ない数になる。ただし、本研究におけるインタビューの重要度は、既存のフィールド調査に付随するインタビュー調査に比べて相対的に小さい。というのも、先の(1)と(2)の調査で得られる知見は、それ自体で店舗や顧客のおおよその基本情報を把握するのに十分なものであり、さらにそれらに付け加えられるべき「背景の詳細」を、インタビューによって補完したことになるからである。

このことは、裏を返せば、調査が自らそのようになってしまうほどに各都市のネットカフェは多様であり、またそこで提供されているパソコンやインターネットは、経済的・文化的・政治的色彩を帯びている、ということでもある。例えば、以下でも見るように、他国へと移動する人々が集まるようなネットカフェで、オンラインゲームのことについて聞くことは、意味がないばかりか、ときにインタビューの質を損ねる結果となる。なぜなら、彼ら／彼女らが、現代のオンラインゲームをそのネットカフェで行っているか否かは、ネットカフェのパソコンにオンラインゲームがインストールされているかどうか、またオンラインゲームが求めるパソコンの性能に、当該ネットカフェのパソコンが合致しているか否かを確認すれば分かることだからである。

このような観点からすれば、ネットカフェを研究の主題とする時点で、「社会が技術の利用のあり方を規定する」という技術の利用に対する社会的要因のみの強調は、あまりに雑駁なものであると言わざるをえない。その理由の根底には、パソコンがカスタマイズ可能であるという比較的単純な事実がある。ただし、それに留まらずパソコンは、基本的なソフトウェアのインストールなどを始めとして、——積極的に志向される場合もそうでない場合も——、ユーザーの利用様態に合わせてその作動様式が変更される（カスタマイズされる）のでなければ、究極的には「電気が流れ、演算結果が表示されるただの筐体」に過ぎないものになる。[*19] そして、パソコンとは、ある人の利用様態としてカスタマイズされた結果として、「二〇年前の状態が最も適している」ということが十分想定されるメディア技術であり、このような事態は、東アジア・東南アジアのネットカフェではまったく珍しいことではない。

もちろん、個人のパソコンやインターネットの利用方法は、多くの場合社会的な影響を受けていることは確かである。だが、パソコンやインターネットの利用のあり方を規定しているのは、まずもっては人々のニーズであり、人々のニーズが社会的な影響を受けることで、間接的に技術のあり方を決めていると考えるべきであるように思われる。

(4) 日本（東京）のネットカフェに関する言説分析と各都市の法規制文書についての読解

日本（東京）のネットカフェは、それがこの言葉とともにはじめて社会に登場した一九九五年には、現在のような形態ではなかった。加えて、現在の日本（東京）のネットカフェは、本書で扱う各都市のネットカフェと比較して、決定的に特殊な形態をとっており、過去の形態は現在のネットカフェには非常にわずかな部分にしか残されていない。

それゆえ、少なくとも日本（東京）のネットカフェは、歴史的なスパンで変容してきた場所として把握する必要があり、本書ではこのような対象の歴史的変遷を捉えるための「比較」として、「ネットカフェとは、かくかくしかじかのものである」という名指し、あるいはその名指しに付随する語りの量的蓄積がもっとも豊富なメディアとして新聞に着目し[*20]（三三六頁の註20を参照）、その言説を分析する。[*21] さらに、こちらは、すべての都市のネットカフェの記述について用いた手法でもあるが、当該都市のネットカフェやその利用者に関連する書籍、論文、新聞記事、さらに過去のパソコン・インターネット環境といったメディア技術の史的展開に関する資料を踏まえて、調査や言説分析で得られた知見を補強し、日本（東京）については、現代の日本のネットカフェに至る過程を素描する。

なお、本書における資料の読み方で、方法論に関わる部分について述べておけば、本書では各都市のネットカフェ、およびネットカフェの経営者（従業員）や利用者に関連する法律文書や規制文書については、店舗の存続のために店側が順守するルール、という側面を見ると同時に、ネットカフェという場所に往来する人々の民意がある程度反映されたものとして、これを読み解く。

まず、各都市のネットカフェやネットカフェの経営者（従業員）には、その開店場所や業務形態、顧客の年齢に合わせた入店時間などについて、様々な規制が設けられていることが大半である。そしてそのような規制は、厳密に守られていたり、逆に十分には守られてはいなかったりするものの、――特に後者のような事例が散見しうるからこそ、本書ではネットカフェを「基本的にその周囲にいる人々が自由に出入りできる」ものとして扱うことができるのであるが――、総じてネットカフェが各都市で存続するための前提条件となっている。つまり、このような法律や規制に明白に違反するネットカフェは存続できないということである。

他方でそのような法律や規制は、程度の違いこそあれ、ネットカフェを経営する人々、そしてそこに顧客として来る人々、さらにはその周囲に暮らす人々との関係についての民意がある程度反映されたものとなっている。むろん、このような法律や規制についての考え方に異論を持つ人もいるだろう。曰く「それらは民意よりもむしろ権力や権威の代弁者である」、あるいは、もう少し穏当なものとしては「人々はそれらの存在の意図を知らず、それに従っているだけだ」などである。

これらの意見については、その可能性を完全に否定することはできない。ただしそのように言えるのは、このような法律や規制に、人々が何らかの強制力をもって完全に従わされているか、あるいはそのような法律や規制に従うことが、人々に排他的に選好されている場合に限られる。

だが、むしろこれらのことはまれである。その証左として、例えばインタビュー調査でネットカフェの子どもに対する影響を尋ねたときに、多くの人々が様々な文脈から「良くもあり悪くもある」という意見を、ときには法律や規制に抗すかたちで答えていることを挙げておくことができる。その上で、ネットカフェに関わる法律や規制が成立しているのだとすれば、それらにはある程度の民意が反映していると考えても、差し障りのない事態だろう。

他方、概してこのような法律や規制には「抜け道」ができる。そして、その抜け道に対応するかたちで、新たなネットカフェの利用方法が生み出される。もちろん、このような実践はそれ自体、人々がパソコンやインターネットをどのように利用したいか（どのようなかたちでデジタルディバイドを解消したいか）ということについて、ある種の民意を反映するものであると言える。本書がネットカフェ、およびネットカフェの経営者（従業員）や利用者に対する法律や規制を見るのは、それらに選択的に従い、ときにはそれらに違反するといった実践を踏まえることで、各都市のネットカフェに関する記述を人々の実態に即すかたちでより豊かにできるからに他ならない。

4　ネットカフェという場所の比較の意味と意義——先行研究との比較から

最後に、本書に関連する先行研究について言及することで、導入的・方法論的議論であるこの章を閉じることにしたい。

まず、本書の主題であるネットカフェに関する先行研究について言えば、アジア各国のネットカフェをその個別的文脈に応じて論じたものは多分に散見されるが、——例えば日本であれば「ネットカフェ難民」との関係で多くの言説が紡がれ、韓国や中国では「ゲーム依存」との関係で同じことが起こっているが——、アジアのネットカフェを中心的として比較社会学的考察を行う研究は、管見の限り存在しない。端的に言えば、何らかの研究において各国／各都市のネットカフェが扱われる場合、ネットカフェは基本的には当該研究の主題に対する副主題や一事例の位置付けを持つにすぎない。[*22]

次に、アジアという限定を除けば、学術雑誌の "New Media & Society" が二〇〇三年に「サイバーカフェ」という主題で、ヨーロッパの（当時の）現状を示す特集を組んで以降は、T・サルヴァドールらがペルー、韓国、エクアドル、ブラジル、スペイン、アメリカ合衆国それぞれの「ネットカフェ的なるもの」、——というのは、ここには世界的なコーヒーのチェーン店であるスターバックス（Starbucks）までもが含まれているからであるが——、を紹介しつつ、インターネットが提供される場所の重要性を説いた研究（Salvador, Shelly, and Urrutia 2005）があるが、この主題についての研究は世界的に見てもほとんどないと言ってよい。[*23]

以上のことは、ネットカフェという主題についての先行研究の少なさとして、本書の新規性に数えられるものであるように思われる。だが、それに加えて、人々がパソコンとインターネットを利用する場所、換言すれば人々がインターネットユーザーになり、デジタルディバイドが解消される場所としてのネットカフェに着目し、それを「比較」するという研究手法は、情報メディア技術と社会の関係を捉える方法論として、その独自性を持つ。このことは、本書の研究手法を示した前節において、簡単に検討した二つの「決定論」に対する批判をより詳細に展開することで示すことができるように思われる。

まず、技術決定論に対する批判については、社会の技術に対する影響を強調した代表的な先行研究として、佐藤俊樹の著作（佐藤［1996］2010）を挙げることができる。本書は、比較的素朴な技術決定論を批判する彼の見解、すなわち「メディア技術が個人を変える」や「メディア技術が社会を変える」という技術決定論的発想には、技術が変化を及ぼす当の対象である「個人」と、そのような諸個人が形成し、諸個人がまさに個人であることを保証する「社会」に対する考察が欠けている（佐藤［1996］2010）、という見解を基本的には受け継ぐものである。あるいはそもそも、上のような素朴な意味での技術決定論が正しいとするならば、本書がなすような「比較」はほとんど意味をなさないことになる。

ただし、佐藤の議論の基本的な前提である「メタ自己」を備えた人々（佐藤はそれに「〈個人〉」ないしは「近代的な〈個人〉」という表現をあてているように思われる）と、そのような人々のあり方に信憑を与える社会のしくみ（こちらについては、彼は「制度」という言葉をあてている）についての見解を敷衍すれば、技術決定論はもちろん、技術に対する社会的要因を強調する立場を素朴に採用することも難しくなるように思われる。

このことについて考えるために、佐藤がメタ自己と近代的な〈個人〉との関係について論じている、次のような文章を参照してみよう。

> 近代的な〈個人〉というのは、自由意思にもとづいて選択し、その選択の結果を自己の責任として引き受ける存在である。そのような〈個人〉が成立するためには、自己のみが自己を特権的に制御でき、かつその自己が過

去・現在・未来を通じて同じもの＝「この私」でなければならない。そうしたメタ自己をもつ個人が〈個人〉なのである。

（佐藤［1996］2010: 103）

それゆえ、メタ自己とは、経験的な諸自己を制御し、それらの一貫性を担保するという意味で、経験的なそれらから権利上区別される、いくぶん抽象的な、――あるいは自己（理性）に対する哲学的な分析を行ったI・カントが用いた形容詞で表現すれば「超越論的な」――、自己である。そして彼は、そのようなメタ自己が人々に備わって初めて、例えば「書字（書くこと）」に関わる情報メディア技術による自己表現と自己反省が可能となった（佐藤［1996］2010: 102-3）のであり、決して「書字（書くこと）」に関わる情報メディア技術が人々を自己表現と自己反省を行う近代的な〈個人〉にしたのではないと論じる。

ただし、先に引用した彼の議論については、「（メタ）自己のみが自己を特権的に制御でき」る、と言われる場合の「制御」の基底に置かれるべき与件は、「同（じもの）」であるというよりは、むしろ「他（なるもの）」である、と考える必要があるように思われる。なぜなら、例えば過去の自己と現在の自己（と未来の自己）が同じであることが寸分たりとも、あるいはほとんど疑われることがない場合、メタ自己による経験的な諸自己の制御がなされる必要性や必然性はなく、またその場合端的な自同律（私は私である）へと回収されてしまう可能性が高いという点では、そもそもメタ自己それ自体が発現することすら疑わしいからだ。換言すれば、メタ自己による経験的な諸自己の制御とは、――まさに制御（control）という語が示すとおり――、ある経験的な自己Aと、経験的な自己Aに後続し、それ対する違和を孕むという意味で、多かれ少なかれ制御し難い経験的な自己Bとが異なるにもかかわらず何らかの意味で同じである（と看取する）ことが担保されたという事態なのである。

なお、メタ自己を備えた〈個人〉が形成し、そのような〈個人〉のあり方を保証するような社会のしくみ（制度）に関する佐藤の議論においても、ここで確認したことと構造的に同型のことが言える。例えば彼は、「近代産業社会」

について「産業資本主義という経済制度」と「民主主義にもとづく社会制御という政治制度」（佐藤［1996］2010: 205）という大きな二つの制度があると説明する。

産業資本主義という経済制度とは、佐藤に従えば、技術革新による利潤の追求とその欲望とを「無限に昂進していく」（佐藤［1996］2010: 207）制度である。そして、新しい技術は人々の日々の「生活を変えるが、基本的な社会のしくみを変えることはない」（佐藤［1996］2010: 209）。つまり、

> 産業資本主義の下では、日常生活は技術革新によって必然的に変えられてしまう。そういう形で変わってしまうこと自体が、産業資本主義という社会のしくみのなせる業なのだ。
>
> （佐藤［1996］2010: 209-10）

この点において、「メディア技術が社会を変える」という言明は、まさに我々が「近代産業社会に住んでいる」からこそ成立するのだ、と佐藤は結論する（佐藤［1996］2010: 211）。

だとすれば、産業資本主義という社会のしくみ（制度）の基底に置かれるべき与件も、「他（なるもの）」であると言える。なぜなら、技術革新による人々の生活の変化（とそのような変化によって産出される利潤）は、ある社会状態Aに続くと仮定される別の社会状態Bを、社会状態Aの時点において先取りすることによって促されるものだからである。[*24]

他方、民主主義にもとづく社会制御について、佐藤は、産業革命以降の科学技術による自然環境などの統治から一九世紀以降の「人間を対象とする科学技術＝「人間科学」」（佐藤［1996］2010: 212）に至る例を引き合いに出しながら、人々が近代産業社会において「自然と同じように、社会をも制御しようとした」（佐藤［1996］2010: 212）、その根幹を担った制度であると論じる。

ただし、歴史的事実としては、佐藤が述べるように「社会を制御する科学技術は、自然科学と機械技術ほど、はなばなしい成果をあげたわけではな」く（佐藤［1996］2010: 212）、その意味においてそれは、近代産業社会の「社会制

御の理想」（佐藤［1996］2010: 213）、ないしは「夢」と呼ばれるべきものであると考えることもできる。そして、彼は「メディア技術が社会を変える」という素朴な技術決定論も、このような理想の中で生みだされた言説であると論じ、その効果について、

制御というのは必然的に選択を含意する。社会の変化を制御するというのは、そのまま、ある特定の社会状態を選びとるということである。……選択にはつねに責任がつきまとう。選択できることに対して人間は責任をとらなければならない。

（佐藤［1996］2010: 213）

という人々の選択の責任の回避を可能にするものであったと論じる。つまりある社会状態Aに内在する人々が後続するある社会状態Bを選び取った（換言すればその他の社会状態C、D、E……などを退けた）結果であるはずの現在のある特定の社会状態を、科学技術の必然的な所産（メディア技術によって変えられたもの）として認知する機能を、素朴な技術決定論が果たしてきたと論じる（佐藤［1996］2010: 214-5）。このような社会の制御についての説明が、先に引用した「メタ自己の制御」に関する佐藤の議論と同型であることは、特段解説の必要はないだろう。それゆえ、民主主義にもとづく社会制御という社会のしくみ（制度）の根底に置かれるべき与件もまた、ある社会状態Aに対して違和的な、多かれ少なかれ制御し難い社会状態Bという「他（なるもの）」なのだ。

しかし、このような確認から改めて問われるべきは、制御（変化）にとっての与件である「他（なるもの）」が、どのようにして担保されるか、であるように思われる。なぜなら、仮にそのような「他（なるもの）」が担保されないのだとすれば、社会のしくみ（制度）が技術決定論の「技術」の位置を占めるような、別の決定論となってしまうからである。

本書がネットカフェという場所を主題とし、それを比較するということは、このような「他（なるもの）」を担保す

る工夫としての意味を持ちうる。つまり本書では、人々が非インターネットユーザーからインターネットユーザーになる（変化する）場所であり、同時に社会制度によってインターネットユーザーになるあり方が制御されていることが発現する場所として、ネットカフェを捉える。そしてその上で比較という手法を経由し、ネットカフェにおける制御（変化）の特殊性を示すことで、「他（なるもの）」を可能な限り担保する。

他方で、モノとしての技術と人々の相互作用の過程において形成される関係を捉えようとする実践として、モノと人との間の主体・客体図式を取り払い、ネットワークを形成する等価な「アクター（actor, actant）」として分析する「アクターネットワーク理論（Actor-Network Theory）」（Latour 1987=1999, 1991=2008, 1999=2007; Law and Singleton 2005）があり[*25]、「場所の消費」としての観光とメディアの関係を起点（Urry 1990=1995, 1995=2003）とし、最終的に「移動」をキータームとして社会科学を再構成しようとしたJ・アーリの著作にも、アクターネットワーク理論の視点は受け継がれている（Urry 2000=2011, 2003=2014, 2007=2015）。

移動という主題を持ち、「ネットカフェという場所がある形態をとって現れていること」に耳を傾ける本書は、方法論としてはこれらの先行研究の強い影響下にある。だが、本書とこれらの研究との違いは、彼ら／彼女らの議論にとっては一見かなり些末な論点である「ネットカフェの捉え方」として、以下のように示すことができる。

例えば、アーリはK・ハンナムとM・シェーラーと共に著したある雑誌の巻頭言で、M・ゴッディナーとD・パスコゥの議論を参照しつつ、「空港が都市のようになってきている」だけではなく「身体検査社会〔frisk society〕と呼ばれてきたものにおいて、都市が空港のようになってきている」（Hannam, Sheller and Urry 2006: 6）と論じる。

拘留所、防犯カメラモニタ（CCTV）、インターネットカフェ、GPSシステム、虹彩認証セキュリティ、Wi-fiホットスポット、複合輸送流通といった技術利用は、まずもって空港の中で試しに利用されたものであり、その後、新たな世界の混乱のうちで、恐怖と高度に偶有的な秩序化がもたらされる場所である都市のありふれた特徴として移転していった。

（Hannam, Sheller and Urry 2006: 6）

つまりこの巻頭言では、人々の移動に伴う社会の混乱と人々が抱く「恐怖」の増大に応対する「監視」のための技術によってまなざしを受けるものとして、ネットカフェは論じられている。[*26]

他方、ここに引用した巻頭言からネットカフェへの言及が取り除かれるかたちでほぼ同じ記述がなされる部分（Urry 2007: 149=2015: 221）を持つアーリの著作では、移動に関わる社会的排除を被る人々の様々なものへの「アクセスの貧困」（Urry 2007: 191=2015: 283）が起こっていることが指摘されつつ、次のような肯定的な状況も確認できる、と述べられる。

> おおよそ、旅へのアクセスが最も多い人が、「距離を隔てた」通信へのアクセスが最も多い人である。ただし、携帯電話の初期費用の安さ、携帯メール送信の費用の安さ、ネットカフェの手軽さがこうした状況を部分的に変えつつある。
>
> （Urry 2007: 191=2015: 283）

彼がどのような認識をもって、ネットカフェの位置付けを変更したのかは定かではないが、本書の調査では、アーリが述べていることのどちらもがネットカフェで確認できる。すなわち、ネットカフェは監視のための技術によってまなざしを受ける場所としても、移動する人々のアクセスの貧困を（部分的にではあれ）解消する場所としても発見できる。そして、これらの特徴は、ある都市の同じネットカフェで混成されるかたちで見出されることもある。

ただし、このようなネットカフェの現れは、各都市において、――さらに正確には、各都市の中の様々な場所において――、異なっており、それらの差異は「差異」の定義上、何らかのものとの比較からしか導きえない。アーリの用語を用いれば、一つ一つのネットカフェの現れは、流動体としての人・モノ・情報などが複雑にグローカル（グローバルかつローカル）に流れる中で析出する「創発」（Urry 2003=2014, 2007=2015）的なもの[27]だと考えられるが、本書は、「ある創発的なものとしてのネットカフェ」を「他の創発的なものとしてのネットカフェ」とは違うものとして把捉するために比較の視座を用意する。さもなければ、アーリが「あまりに多くの理論的な役割を負わされてしまって」おり、それによって「現象の多様性が覆い隠されてしまっている」（Urry 2003=2014: 19）と批判的に捉えるM・カステルが提起した「ネットワーク」という概念を「地」とするような「図」として創発的なものを捉えざるをえず、「地」なしでは「図」が立ち現れえないという意味で、かえって「地」を暗に措定する結果となるからだ。

他方、差異を重視し比較するという考え方は、そもそもアクターネットワーク理論を意味のあるものとして成立させるためにも不可欠である。

まず、アクターネットワーク理論は、その考えを原理的に突き詰めれば、ネットワークに接続されるアクターが無際限なものになる。このような無際限性に抗するかたちで、——あるいは特段の理由なく無意識的に、という場合もあるかもしれないが——、特定の諸アクターからなる特殊なネットワーク系（システム）がそれ単独で論述されるとすれば、そのネットワーク系がいかなる意味で「特殊」と呼びうるのかを確定することは非常に困難になる。なぜなら、このネットワークを構成する諸アクターが、他の諸アクターから権利上区別されるのは、ネットワークの特殊性に拠る他ないが、その特殊性とは、ネットワークを構成する特定の諸アクターの織り成す関係性に他ならないからだ。

むろん、ここには明らかな循環があり、その中でも最も大きな問題は、論述の対象とするネットワーク系にいかなるアクターを含めるべきなのかを、原理的には決定できないということである。例えば、ネットカフェを対象とするならば、キーボードの「W」「A」「S」「D」「→」「↑」「←」「↓」のキーの取替パーツがアクターとして準備されていること（なぜなら、オンラインゲームではこれらのキーが多用され、物理的な破損の可能性が高くなるからであり、もし替えがなければネットカフェの売上が落ちる）が重要なのか、それともサメをアクターとして捉え（実際、Googleが海底をとおした光ファイバーケーブルが電磁場を生み出し、餌となる魚が弱ったときに放つ電気信号と誤認してサメがケーブルを噛むという事例（The Guardian 2014）が発生している）[28]、その生態を考えることが重要なのか、あるいはそのどちらもアクターとして勘案することが重要なのかを、ある単独のネットワーク系（システム）についての論述からは決定することができない。

このような問題を回避するためにも、ある諸アクターの関係性を、別の諸アクターの関係性との比較から考え、あるネットワーク系（システム）においては重要なアクターが、比較対象となるある別のネットワーク系（システム）においてはそうではない、と判断できるような視座は必要不可欠だろう。[*29]

総じて、本書が企図するものを別の先行研究との関係で、その総体として説明すれば、伊藤守と花田達朗の議論（伊藤・花田 1999）、およびそれを引き継いだ吉田純が、技術決定論を批判する過程で述べているような、「情報・メディア技術と社会・文化との相互作用の動的な過程の中から立ち上がるマクロな社会像」（吉田 2000: 6）を捉える非決定論的な発想を踏まえた上で、それを「マクロな社会像」としてではなく、それを利用する人々とそれが内在する各都市の経済的・文化的・政治的背景が反映するネットカフェという具体的な場所に落とし込み、そのようなネットカフェを比較する作業が目指されると言えよう。

I　日本のネットカフェからアジアへ向けて

第1章　個室で一人きりになりたくて——現代日本のネットカフェの風景

1　個別ブースという特殊性

二〇一〇年一一月四日の午後、日本の海上保安庁の巡視船と中国の漁船が尖閣諸島沖で衝突した事故の模様を収録したビデオの一部がYouTubeに投稿され、五日の早朝、当の投稿者によって削除された。合計約四四分にわたる六本のビデオ映像は、様々な動画共有サイトに転載されることになり、そのことが現代社会における情報共有・管理と報道のあり方に多様な議論を引き起こし、複数の論壇誌がこの事件についての特集を組んだ。

ところで、この事件が起きた現場とは、神戸のある漫画喫茶に設置されたパソコンである。このことを報じた読売新聞の記事では、状況が次のように語られている。

尖閣諸島沖の中国漁船衝突を巡る映像流出事件で、東京地検は九日、動画投稿サイト「ユーチューブ」を運営する検索大手グーグルの日本法人（東京都港区）から、映像を投稿したパソコンのＩＰアドレス（ネット上の住所）を入手した。分析の結果、同サイトに投稿された映像は、神戸市内の漫画喫茶のパソコンから送信された可能性が高いことが判明。共同で捜査している警視庁はこの漫画喫茶に捜査員を派遣、捜査への協力を求めた。店の防犯カメラ映像や入店客の情報を入手した上、投稿者の特定を進める。

検察当局は内部調査の結果、映像は石垣海上保安部（沖縄県）か那覇地検の内部から流出した疑いが強まったとして、八日から国家公務員法（守秘義務）違反容疑で捜査に乗り出した。神戸市内から投稿されていた可能性が高いことにより、石垣海保や那覇地検職員以外の第三者が関与した疑いも出てくる。匿名性の高い漫画喫茶から投稿されていたことで、捜査が難航する恐れもある。

（『読売新聞』東京朝刊　二〇一〇年一一月一〇日）

この記事で前提となっている認識は、漫画喫茶が「匿名性の高い」場所であるということである。だが、漫画喫茶のパソコンで完全な匿名性が実現されることはない。記事の冒頭にも紹介されているように、捜査によって漫画喫茶のパソコンのＩＰアドレスが割り出され、そのことがビデオの投稿者の発見、——実際には投稿者が自ら名乗り出たのではあるが——、に向けての大きな前進となった。

他方で、この動画の投稿者本人は、なぜ漫画喫茶のパソコンを用いたのかについて、次のように説明する。すなわち自宅のパソコンを利用しようとしたとすれば、「妻が不審に思いパソコンの画面を覗き込んできたら……それで終わり」であり、「子供が邪魔をしてくる可能性も高く、投稿途中で電源でも切られたら中途半端に終わる可能性」（一色 2011: 124）もあったため、

世間にこのビデオの内容が広まるまでに慎重にも慎重を期して、万が一にも失敗しない方法を選ぼうと、家の外でインターネットに繋がるところはどこかと考えた。匿名性の高さや、足のつきにくさを考えるのならば、空港や図書館のパソコンという手もあったが、一人きりにはなれないので、漫画喫茶しか、私には思い浮かばなかった。

（一色 2011: 124）

この引用から明らかなことは、投稿者にとってネットカフェ（漫画喫茶）は、「一人きりになれる個室」の代わりだったということである。換言すれば、ネットカフェ（漫画喫茶）は「個室」のようなものを提供する場所であり、そこが一人きりでパソコンとインターネットを使うことができる場所であるからこそ投稿者に選択されたのだ。

しかし、このような場所はどのような経緯で生まれたのか。なお、あらかじめ断っておけば、現代の日本において、漫画喫茶と呼ばれる商業店舗とネットカフェと呼ばれる商業店舗は、区別することが非常に困難である。実際、先の「衝突」ビデオの投稿者は、漫画喫茶に敷設されたパソコンとインターネットを用いて動画をアップロードしており、その場所は本書のネットカフェの定義にも当てはまる。他方で漫画がまったくおかれていない日本のネットカフェを探すのは、現在では非常に難しい。また、二〇〇七年に話題となった「ネットカフェ難民」をめぐって、厚生労働省職業安定局が調査を行った際も、両者は区別されなかった（厚生労働省 2007: 1）。

本書でも、さしあたっては両者の区別を留保して議論を進めていくが、以降で確認するとおり、日本のネットカフェに敷設されている「個室」が生まれた経緯は、そのまま両者の区別がなくなる過程であり、さらには現代日本のネットカフェにまつわる様々な問題の発端でもあったことが示されるだろう。

また、先の厚生労働省の調査で示された全国のネットカフェの総数は三二四六店舗であるが、民間調査会社の富士グローバルネットワーク（現在は富士経済ネットワークス）の算出によれば、二〇一〇年のネットカフェの総数は約三一〇〇店舗と推定されている（富士グローバルネットワーク 2010）。ただし、ここでの総数は「複合カフェ」、すなわち「まんが喫茶、インターネットカフェの専門店という業態以外に、ＴＶゲーム、ＣＤ・ＤＶＤルーム、ビリヤード、ダーツ、卓球などの娯楽設備／機器を複合的に取り込んだ店舗」（富士グローバルネットワーク 2010）も含まれる。本書では、ネットカフェに設置された「個室」を主題とすることで、ネットカフェと漫画喫茶との区別がなくなった過程のみならず、上のような業態が生まれた過程も明らかにされるだろう。

以上の確認を踏まえた上で、ここで改めて「一人きりになれる個室のような場所はどのような経緯で生まれたのか」という問いが提示されなければならない理由について、まずは単純な事実を確認しておこう。それは、一度でも

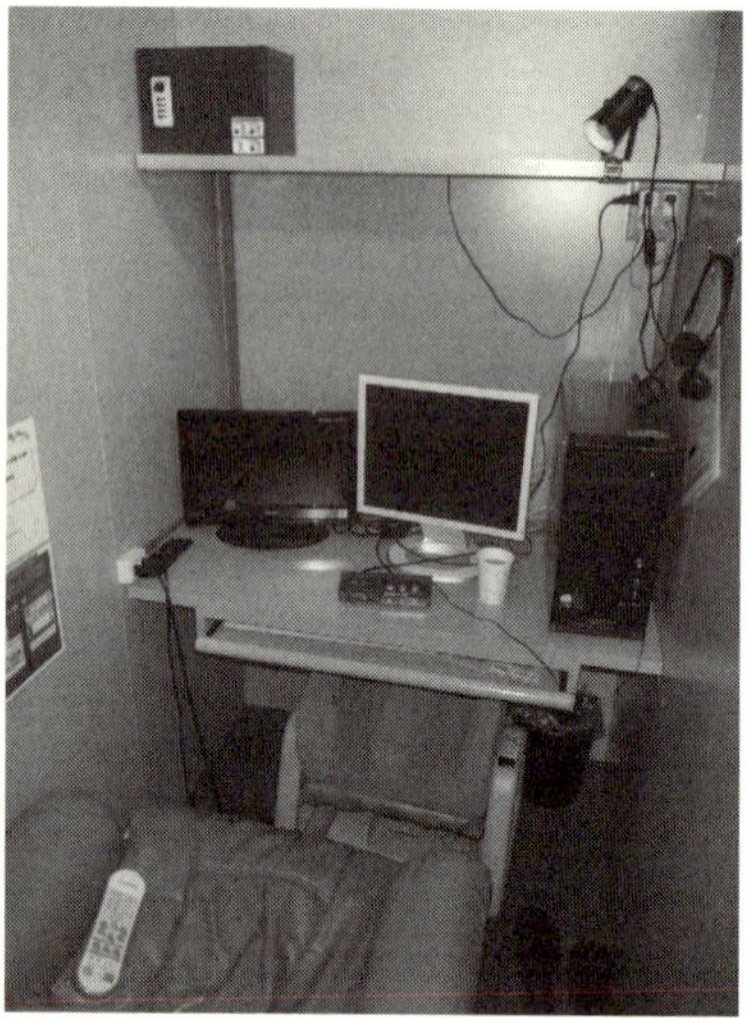

図3　東京のあるネットカフェの個別ブース（筆者撮影）

現代日本のネットカフェ（漫画喫茶）を利用したことがあれば直ちにその存在を認知することができる「個別ブース」（図3）、——約一・五m以上の簡易パーティションに左右正面の三方を囲まれ、スライド式ないしはスイング式のドア、あるいは長めのカーテンが入り口として付けられたパソコンのある二㎡弱の小空間——、が、他国の、少なくとも東アジア・東南アジア諸国のネットカフェには、ほとんどと言ってよいほど見出せないからだ。そして、それは存在したとしてもごく僅かであり、隠さなければならない（多くは性的な含意がある）利用か、日本のネットカフェからの影響と思しき利用が念頭に置かれている場合に限られる。本書では、前者の例をソウルやマニラのネットカフェで、後者の例を台北のネットカフェで、それぞれ確認することになるだろう。

そのようなアジアのネットカフェの実情を知れば、日本では「ネットカフェには個別ブースが敷設されていてしかるべきだ」という主張がいたるところでなされている、という感覚に襲われることがある。次節では、このことを様々な角度から検討しておこう。

2　選好される個別ブースと困難な個室化

現在、ある人が日本で比較的大きめのネットカフェの店舗に入ったとしよう。そのときこの人は、顧客としてどのような対応を受けるだろうか。もっともありそうな展開は次のようなものである。この人がその店舗に初めて入店する場合、まず店員から「身分証」の提示が求められた上で、利用者カードが作成される。二度目以降は、店員から利用者カードの提示が求められるだろう。そして、身分確認が済めば、多くは次のように問われるはずだ。「オープン席にしますか、それともブース席にしますか?」。そして、仮に後者を希望する旨を伝えれば、それに続く言葉は以下のようなものである。「当店ではいくつかのタイプのお部屋を用意しております、最初のものは……」。

実際、日本の多くのネットカフェチェーンのHPでは、様々なタイプの個別ブース席が紹介されている。代表的なものとしては、リラックスができるリクライニング・チェアが敷設されたブース、椅子ではなくマットレスが敷かれたブースなどが挙げられ、さらに畳が敷かれたブースなどもあり、その存在自体がネットカフェの広告として機能している。先の統計データには、もちろん個別ブースの数は記されていないが、以下に見るいくつかの事実は、日本ではネットカフェの個別ブースが選好されているとしか考えられないことを示すものであるように思われる。その典型的な例として、筆者のインタビューに答えてくれたJA氏（二七歳男性）は、ネットカフェを利用するとき「このようなHPを見ながら自分に合った部屋があるかどうかを探す」のだと述べた。

また、日本のネットカフェで起こるとされている、犯罪をはじめとする様々な社会問題を懸念する場合にも、やはり個別ブースは不可侵の位置を占めているように見える。この点について、先の「衝突」ビデオの投稿者が「国家公務員法（守秘義務）違反容疑」をかけられたことにも関連するが、ネットカフェ（漫画喫茶）の個別ブースは治安維持の観点からは「犯罪の温床」と見なされている。

例えば、二〇一〇年七月から東京都で施行された「インターネット利用端末営業の規制に関する条例」によって、「個室その他これに類する施設であって、その内部の状況を外部から見通すことが困難であるもの」（警視庁 2010: 1）を設けた都内のネットカフェ（漫画喫茶）の営業者・利用者には、利用に際しての身分確認・提示が義務化された。その目的は、「インターネットカフェ等を利用したハイテク犯罪の防止を図り、それ以外の各種犯罪・事案を防止することも含めて、都民が安全に安心してインターネットカフェ等を利用することができる環境を保持する」（警視庁 2016）ことにある。

だが、他の都道府県にある同種の条例も含めて、ネットカフェ（漫画喫茶）で「一人きりにはできないようにする」

ような対策、例えば「個別ブースを廃止しオープン席にする」といった対策が採られることはない。[*1] つまり、個別ブースは、犯罪の温床と認知されているにもかかわらず、同時にそのような空間を享受したいと考える人々のために、そのまま維持されるべきものとして扱われているのである。

なお、この都条例は、ネットカフェ（漫画喫茶）に現代日本の貧困、ないしは社会的排除と不十分な社会的包摂の現実を見取ってきた人々（阿部 2011; 生田 2007; 岩田 2007, 2008; 水島 2007; NPO自立生活サポートセンター・もやい 2010; 湯浅 2005, 2007, 2008）からすれば、強い違和や反発を生み出さざるをえないものだった。なぜなら、不安定な就労環境や社会環境にあって、ネットカフェで寝泊まりせざるをえない人々、いわゆるネットカフェ難民と呼ばれる人々は身分証明書を取得することが困難であるため、この条例によってネットカフェ（漫画喫茶）そのものから締め出されることになるからだ。例えば、NPO自立生活サポートセンター・もやいは、条例の可決に際して、身分証明書の範囲をネットカフェ難民でも取得可能なものに拡大するようにすること、さらには、オープン席などでインターネット端末を利用しない人々には本人確認義務を不要とすること、などの意見を付した要望書を提出している（NPO自立生活サポートセンター・もやい 2010）。

この点に関して、個別ブースに宿泊するネットカフェ難民と呼ばれる人々に対する内田樹の驚きは注目に値する。彼が驚いたこととは、このような人々がネットカフェ（漫画喫茶）の個別ブースにそれぞれ別々に一泊一五〇〇円程度で宿泊することを選択し、ルームシェアをはじめとする「互助的な共同体を作り、わずかな資源を共有して身を守る」という「合理的なソリューション」（内田 2008: 223）を採用しないということである。

むろん、彼の見解には単純には賛同できない部分もある。例えば、ここでの合理的なソリューションでは、日本における住所不定の不安定雇用労働者にとって、住居の賃貸契約を結ぶことが非常に困難であり、住所不定である者が何人集まっても住所は不定のままだということが見落とされている。そして、住所不定であることから日雇い派遣労働への従事に至り、日雇い派遣労働が不安定な生活を導き、そのことによって住居を定めることができないという「負のスパイラル」（水島 2007: 78）が形成されていることこそ、先に述べた現代日本の貧困に関する研究を進めてきた人々がこれまでに指摘してきたことであった。それゆえ、これらの論者の中には、ネットカフェそれ自体が「貧困ビジネス」として、このようなスパイラルの歯車の一つとなっていると指摘する者もいる。

ただ、それでもなお内田の「驚き」を確認する価値があるのは、個別ブースを中心にして彼の驚きを換言すれば、個別ブースは難民と形容されるような人々にとっても積極的な意味を持つことになるからである。つまり、内田自身の言葉を用いれば、そのような人々にとってもなお、「個別ブース」を選択することは何らかの観点で「合理的なソリューション」なのであり、後に確認するとおり、彼ら／彼女らが置かれがちな生活環境の厳しさを踏まえれば、選好と呼ぶに値するものだと言えよう。

あるいはネットカフェ経営者にとっても、個別ブースは利益を上げるために非常に重要なものである。都内のネットカフェで店員をするＪＢ氏（男性）は、筆者の「顧客はオープン席とブース席のどちらを選択しますか」という質問に対して「少なくとも日本人は必ずと言っていいほど個室（個別ブース）」であり「特に女性はその傾向が強い」と答えた。逆に、彼によれば「この店舗に訪れる中国人や韓国人はオープン席を希望する人が多い」という。

以上のように、日本において顧客に選好される個別ブースは、しかしながら、ネットカフェが提供するその他のサービスと、それらにかかわる法律との関係で、本来は非常に維持しにくいものである。このことを説明する前提として、以下では日本のネットカフェの基本的なサービスについて説明しておこう。

日本のネットカフェはほとんどの店舗が二四時間営業で、漫画や雑誌、新聞の閲覧はすべて無料であり、ソフトドリンクを始めとする（アルコールを除く）飲料なども無料で提供される。また、様々なアメニティ・グッズ（歯ブラシ、かみそり、ウエット・テッシュ）なども無料である。さらに、トイレや洗面台などは確実に完備され、中には無料で、ときには二〇〇～五〇〇円程度の料金で、シャワーを浴びることができるサービスも付加されている。また、多くのネットカフェでは軽食の自動販売機などが敷設されている。

さらに、個別ブースの内部について言えば、内装には様々な違いがあるにせよ、基本的にはパソコンとテレビが設置[*2]され、パソコンの性能もかなり優れている。例えば、ＪＢ氏の店舗のパソコンの性能は、ＣＰＵがIntel Core 2 Duo

E7300、RAMが二・〇GB、Video CardがGeforce 9500 GTであった。この性能は、二〇一一年時点で様々なオンラインゲームを楽しむことができる動作環境を満たしている。また、パソコンには一〇〇%と言ってよいほどヘッドフォンが取り付けられ、逆にスピーカーは存在しないため、パソコンからは基本的に音が出ないようになっている。

これらのサービスは、明らかに家の「自室」の機能の代替であり、個別ブースにあてられる通称が「個室」となるのもうなずける。ネットカフェの顧客となる人々は、このような環境を、一時間二〇〇～五〇〇円程度、もしくは割引料金が適用されれば三時間一〇〇〇円、八時間二五〇〇円といった料金で「買う」ことになる。

だが、ここで注意しなければならないのは、個別ブースはあくまでも「ブース」なのであって個室ではないということだ。先にも触れたとおり、個別ブースは、約一・五m以上の簡易壁に左右正面の三方を囲まれ、下方が切れたスライド式ないしはスイング式のドアや長めのカーテンが手前の入り口として付いている。そして法的観点からすれば、ある店舗がネットカフェとして業務登録されている場合、決して出入り口を密閉するようなドアを取り付けることはできない。なぜなら、「風俗営業等の規制及び業務の適正化等に関する法律」(以下、風営法と略記)の第二条第六項では、風俗営業の定義が以下のように記されているからだ。

喫茶店、バーその他設備を設けて客に飲食をさせる営業で、他から見通すことが困難であり、かつ、その広さが五平方メートル以下である客席を設けて営むもの。

(総務省 e-Gov 2015)

ネットカフェの個別ブースは、飲食を提供する五㎡以下の客席であることは疑いない。そして、もし個別ブースを「ドア」で塞いで、「他から見通すことが困難」ということが明らかに分かるような個別ブースの造りにしてしまえば、ネットカフェは「風俗営業店」となる。そして、仮に風俗営業店に指定されれば、営業に相応の制限が課せられる。その中でネットカフェにとってもっとも大きな制限は、第一三条の「風俗営業者は、深夜(午前〇時から午前六時まで

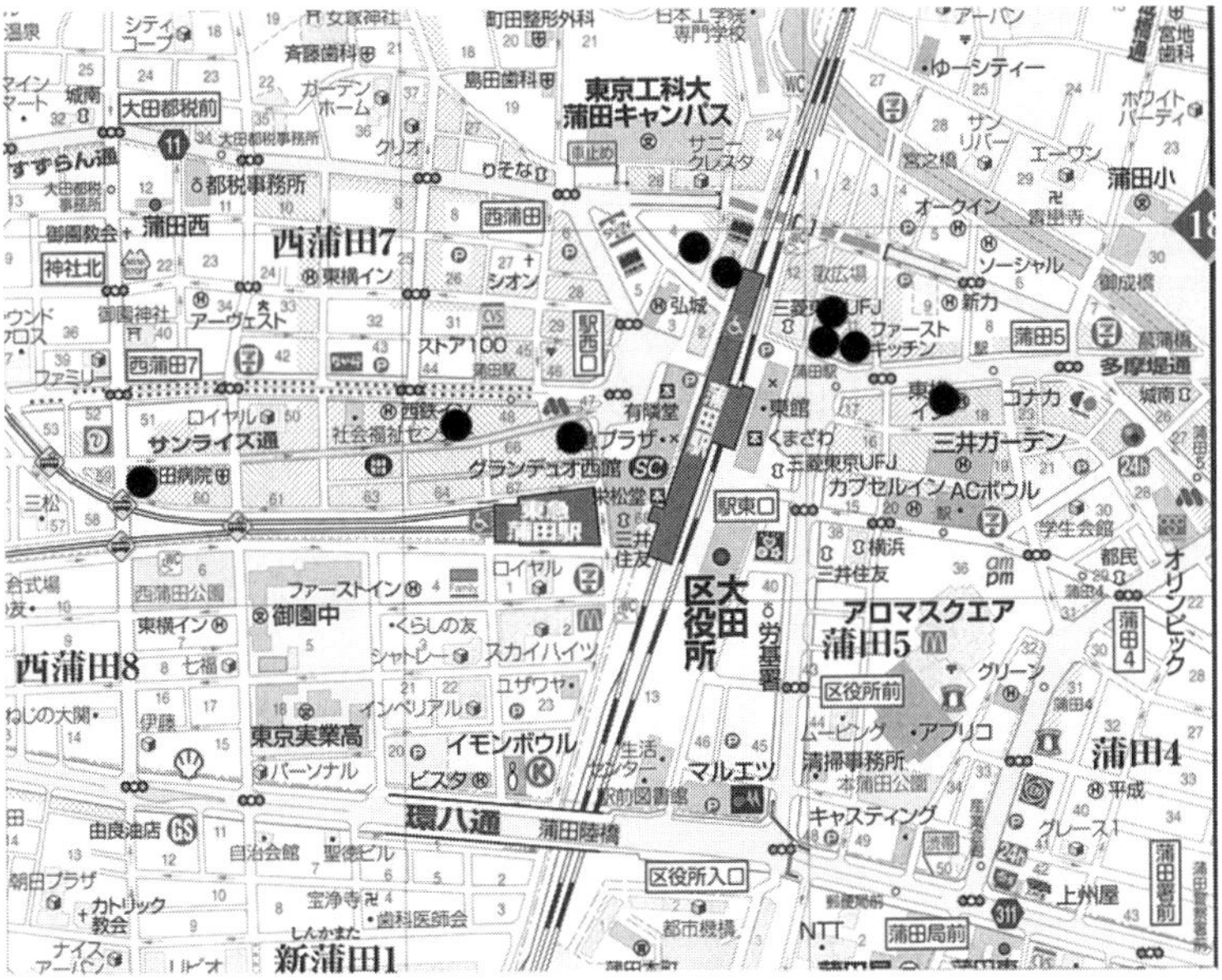

図 4　蒲田駅周辺のネットカフェ（黒田 2009: 17）

の時間をいう。以下同じ）においては、その営業を営んではならない」（総務省 e-Gov 2015）であろう。もちろん、各地域の条例によっては、付則としてその制限が緩和される場合もある。だが、風俗営業店に指定されたネットカフェは、個別ブースを開放する時間、つまり個別ブースを個室ではなくす時間をいくばくか設けなければならないことになる。

　ともあれ、一般的には、何となれば店員にすら「個室」と呼ばれる個別ブースは、本当の個室になった瞬間に、それを提供するネットカフェを「風俗営業店」にしてしまう。下方が切れたスイングドアやスライドドアの存在は、それゆえ個室の「趣」を出すためのものなのである。[*3] そしてそれらの存在はまた、日本のネットカフェにおいて個別ブースが何としてでも維持されなければならないものとして認識されていることを示す証拠となっているように思われる。

　そして、個別ブースが個室として捉えられているということは、二〇一一年時点での東京のネットカフェの分布傾向にも端的に現れている。というのは、東京においてもっともネットカフェが集中していたのは、パソコンやインターネットが付属した自室を維持するのが困難な日雇いの非正規労働に従事する人々が集まる「新ドヤ街」の蒲田駅周辺であり、そこには約〇・五㎢に九店舗のネットカフェが存在した（図4）。次にネットカフェが集中していたのは、秋葉原周辺を含むJR御茶ノ水駅を中心とした約二・〇㎢であり、そこには二七店舗のネットカフェがあった。

ただし、後者の二七店舗のネットカフェは、この地域に集まっているというよりも、むしろ駅の付近に集まっていると理解すべきであり、東京のその他の場所にあるネットカフェも、駅前に一〜二店舗というかたちで点在している。では、なぜ駅前なのか。そのことは、ネットカフェの個別ブースが個室として捉えられていることから容易に推測できる。すなわち、これらのネットカフェは、終電を逃した人、何かの用事のために高速バスで東京に到着したが、あまりに早朝であるために時間を潰したい人、待ち合わせの場所に早く着きすぎた人などが、休息のための簡易の部屋を求めることを念頭に置いて、駅の付近に集まっているのである。[*4] 事実、大きなイベント会場の付近にあるネットカフェの店員であるJC氏（三一歳男性）は、「この店の顧客層は曜日によって変わります。平日は色々ですが、地元の方も来ますよ。ただ、休日はやっぱり、イベント会場のお客さんが多いです」と説明し、「東日本大震災のときは、やっぱり数人は宿泊しに来ました」と語った。[*5]

3 怖い場所でのくつろぎ方

前節では様々な角度から、現代日本のネットカフェにおいて、いかに個別ブースがなくてはならないものとして認識されているのかを確認してきた。

とはいえ「個別ブースが生まれた経緯」それ自体は、比較的簡単に知ることができる。そしてその答えは、なぜ現代日本において、ネットカフェと漫画喫茶の区別がなくなっているのか、という問いに対する答えの一つでもある。

現在も続く日本でも大手のネットカフェチェーン店「自遊空間」を経営していた田中千一は、自著のビジネス書において、自らがそれまでの漫画喫茶の業態、すなわち顧客が喫茶店に来て飲み物を飲み、店内に備えられた漫画を読むという業態について、独自の調査の結果からそのような業態のどの点が間違っており、そのような理解から自らが何を発明したのかを次のように語っている。

> それ〔客の真のニーズ〕は、お客様が「まんが喫茶のような店」に「コーヒーを飲みに来るのではない」ということでした。これは重要なヒントでした。
>
> では、何をしに来るのでしょう。答えは単純明快です。お客様はまんがを読みに来るのです。ということは、店で出されるコーヒーの味にはさほどのこだわりがない。それより、いかに気分よく、快適にまんがを読むことができるかが真のニーズだったのです。
>
> このことから、単に「まんがを置いてある喫茶店」を作るのでは事業としての成功はおぼつかない、と気づいたのです。そして、すでに得ている重要なヒントの中から本来のニーズをきちんと読み取り、「お客様がまんがを思う存分に読めて、なおかつコーヒーも自由に飲むことのできる空間」を提供するべきではないか、それが私のたどり着いた結論でした。
>
> （田中 2003: 20）

彼が気付いたこととは、ある意味では非常に単純な事実、つまり従来の漫画喫茶、田中の言葉を用いれば「まんが喫茶のような店」を営む者は、漫画よりも喫茶に重きをおいて漫画喫茶を営業していたが、漫画喫茶の顧客のニーズは喫茶よりも漫画の方に重きが置かれていたということである。

ただし、このような事実認識から彼が「発明」したもの、それは漫画をたくさん用意した喫茶店ではない。実際、彼は「膨大な量のまんがを備えたり、最新の人気まんがを厳選しておいたりすることが「進化」であるとは、確信を持っては言えないでしょう」（田中 2003: 21）と語っている。彼が生み出したものは、言ってみれば顧客が「好きなことが何でもできる」ところ、とでも表現できるようなものである。

「自遊空間」には多数の漫画を置いてあることはもちろん、さまざまな年代、さまざまな趣味を持つ人々のニーズに対応したコンテンツが導入されています。インターネットを楽しめるパソコンやゲーム専用機のほか、くつろぎスペースとしてマッサージチェア席、ソファールームなどを備え、かたわらにはビリヤード台や卓球台などの、大規模なアトラクション施設を用意している店舗もあります。また、女性の好みに合わせ、ドレッサールームや日焼けルームを設置したりもしました。もちろん、従来の「まんが喫茶のような店」から進化させた飲食のスタイルも考えました。コーヒーを始めとしたドリンク類は何杯でも好きなだけ飲むことができ、気軽に注文していただける軽食やスナックを楽しむこともできるようにしたのです。

(田中 2003: 22)

個別ブースが「好きなことが何でもできる」ものとして導入されたとき、パソコンやインターネットと漫画は、その「何でもできる」を構成するサービスの一つとなった。そして、そのようなサービスの種類は、何でもできるという語の意味をそのまま捉えれば、限りなく想定できることになる。このことが、日本におけるネットカフェと漫画喫茶の区別がつかなくなったことの理由である。

それゆえ、彼は自らの店舗のことを「複合カフェ」と呼ぶに至り、それは「パソコンを完備している「インターネットカフェ」とも違います」(田中 2003: 23)とさえ述べる。ここで彼が「インターネットカフェ」と呼ぶときに念頭にあった業態は、例えば、この言葉が読売新聞に二度目に登場した次のような記事で描写されたようなものであると推測できる。

パソコンを客席に配した「コンピューター喫茶」が、あちこちに見かけられるようになった。コーヒーを飲みながら、インターネットを楽しんでもらおうという新しい手法。アメリカやイギリスでは、すでに「インターネットカフェ」の名称で広まっているという。

この夏、渋谷区道玄坂一丁目に開店した喫茶店には二七台のパソコンが各テーブル置かれている。客はコーヒーを飲みながら、キーをたたき、マウスを動かす。客席の配置もゆったりしているので、隣の人も気にならない。料金は飲みもの付きで二〇〇〇円。時間に制限はない。初心者も「インターネットをやりたいんですが」と声をかければ、初歩から使い方を教えてくれる。

インターネットは、個人やグループ、大学、官庁、企業などが入力している情報を瞬時で呼び出し、こちらから書き込むこともできる高速デジタル回線網。世界で四〇〇〇万人が利用しているとされ、利用者が急増している。店側では「初心者の指導が目的ではありませんが、コンピューターで何ができるのか、この店から最新の情報を提供していきたい」と話し、最新のゲームソフトやCD－ROMも備えている。

港区南麻布五丁目にあるフランス風のカフェ。この六月、インターネットを利用できるパソコン三台を設置。「今世紀初めのフランスではカフェに人が集まり、新しい文化が生まれた。インターネットは新しい時代のコミュニケーションの道具。ここから何かが始まれば」と、店では話す。

一方、秋葉原の電気街。パソコンショップがずらりと並ぶが、ここでもパソコンを備えた喫茶店を併設するところが現れてきた。

（『読売新聞』東京朝刊　一九九五年九月一四日）

日本の初期の「インターネットカフェ」は、漫画喫茶について田中が気付いた「事実」を転用して言えば、「パソコンやインターネット」よりも「カフェ」の機能の方に重きが置かれていることが分かる。なぜなら、おそらくモンマルトルやモンパルナスといった二〇世紀初頭のフランスのカフェが参照されながら、パソコンやインターネットを用いた「文化の発信地」にならんとすることが、その目的に掲げられているからだ。加えてこの記事からは、ここまで論じてきたような個別ブースを求める気配はなく、さらに言えば「一人きりになるために」ネットカフェに来ている様子も見受けられない。そのことは「客席がゆったりと配置される」程度で隣の人も気にならなくなっていることから理解できる。

そこで、本章第1節で提示した問いを、次のように転換することにしよう。個別ブースはどのような経緯で選好されることになったのか。この問いは、個別ブースが広い意味での現代のセキュリティと治安の問題、あるいはそれらに連関する現代の貧困の問題と深い関連を持ち、ときにはその原因と目されているにもかかわらず、なお多くの人々に選好されていることを思えば、非常に重要なものである。

実際、東京のネットカフェを利用するJD氏（二六歳男性）は、なぜネットカフェを訪れたのかという問いかけに対して、「リラックスできるから」と答えた。彼にとってやはりネットカフェは自室の延長、ないしは代替となっており、一人になることができるこの場所は「とてもくつろぐことができる場所」だという。しかし、インタビューの過程で当時のネットカフェの規制強化に話が向くと、「そうですよね、実際ネットカフェのブースでの置き引きとか聞きますし、ちょっと怖い場所ですから」と応答した。

このように文字として並べて書き起こせば、彼はネットカフェをとても不思議な場所として認知していることになる。つまり、彼はネットカフェを（少なくとも彼の内面では）何らかの犯罪が起こるかもしれないという場所として捉えており、その中でも置き引きなどは、彼自身にも直接的な被害が加わる可能性が高いものだ。だが、そもそも彼はネットカフェを「リラックスができ、くつろぐことができる場所」だと考えていたのだった。普通に考えれば、「くつろぐ」ために「ちょっと怖い場所」を選択する人はまれであろう。だが、「くつろげる場所だが、同時に少し怖い場所」という感覚をもっているのは、JD氏のみならずJA氏もであった。

日本のネットカフェは自室のような個別ブースを備え、あたかも自室であるかのような様々なサービスを提供しているという意味では、そもそもくつろぐことが主眼に置かれていないと想定することの方が難しい（そして、パソコンやインターネットといったサービスは、そのような「くつろぐことができる場所」を構成する要素である）。それゆえ、一見すると「矛盾」のように見える二つの感覚は、「なぜ、くつろぐことができる場所に、怖さが闖入することになるのか」

という問いを構成するものとして考えられる必要性があるだろう。

なお、ここまでの議論を踏まえれば、日本のネットカフェは、その登場から現在に至るまで、本書の冒頭でなした一般的な定義、すなわち「少なくともパソコンとインターネット接続とを完備し、それらを利用する環境を含めて比較的安価に提供することを目的とするような、その周囲にいる人々が基本的に自由に出入りできる商業店舗」という定義をつねに満たすものであったが、過去から現在に至る過程で、その語が指し示す場所の内容を完全に変えてしまったということになる。そして、その転換点となるのが、個別ブースを備えたネットカフェである。

よって序章で確認したとおり、日本のネットカフェはある歴史的なスパンでその意味が変容してきた場所として捉えられなければならない。そこで次章では、このような対象の歴史的変遷を捉えるために、「ネットカフェとは、かくかくしかじかのものである」という名指しや、その名指しに付随する語りの量的蓄積がもっとも豊富なメディアとして新聞に着目し、その言説を分析していくことにする。その際、本書のネットカフェの定義からは外れるような場所が「ネットカフェ」として語られている場合にも、いったんそれを「当時ネットカフェと呼ばれた場所」として解釈した上で、現在のネットカフェが「ネットカフェ」として語られるようになる（それと相即して、これまでネットカフェと呼ばれた場所がネットカフェとして語られなくなっていく）ことを確認する。そして、その分析によって示されるネットカフェに関する様々なイメージを、関連する書籍、論文、さらには当時のパソコン・インターネット環境といったメディア技術の歴史的展開などの知見によって補強し、現代日本のネットカフェに至る過程を素描する。本節で提示した「個別ブースはどのような経緯で選好されることになったのか」という問い、そして「なぜ、くつろぐことができる場所に、怖さが闖入することになるのか」という問いに対する答えは、このような作業の中で、徐々に示されることになるだろう。

第2章　日本におけるネットカフェの変遷——新聞の言説分析から

1　インターネットとネットカフェの黎明期

前章で確認したとおり、日本のネットカフェの草創期には個別ブースは存在しなかった。そして、当時の新聞記事から個別ブースが誕生するまでの日本のネットカフェの様子を推し量れば、ネットカフェは「文化発信」というよりはむしろ、「パソコン・スクール」のような機能を担うことになったということが分かる。例えば、朝日新聞によれば、群馬県高崎市に開店したネットカフェの「男女五人の店員は、ホームページの検索方法などを教えてくれる「インストラクター」でもある」（『朝日新聞』群馬朝刊　一九九六年六月九日）と報じている。

あるいは、同じ朝日新聞の「おチョコ片手にパソコン講習会　浦和にインターネット居酒屋／埼玉」と題された記事は、かなり冗談めかして書かれてはいるものの、この当時のネットカフェが人々にとって何であったかを知る上で示唆に富んでいる。

「最新の情報をツマミに、一杯いかが?」。浦和市高砂三丁目に、全国でも珍しいという「インターネット居酒屋」が登場した。普通の居酒屋から先月、生まれ変わったばかりだが、多い日は立ち見客も出るという。パソコンを置いた専用テーブルの定員は八人。おちょこやグラスを片手に、ほろ酔い加減で楽しめる。

レジャー情報、おいしい飲食店の案内、時事問題など、さまざまな情報にアクセスする「ネットサーフィン」は、一度覚えると病みつきに。「びっくり箱のように、どんな映像や情報が飛び出すかわからないところが魅力」と話す人もいる。パソコンのスピーカーを使って、いま海外で流行している音楽を、リアルタイムで聴くこともできる。

若い人を呼び込もうという狙いだったが、夜間、店内で開かれるインターネット講座の「生徒」は、中高年のサラリーマンが大半を占める。「会社の若い連中は、覚えるのが早い。でも、酒場で上達できるのなら、中高年だって負けていないよ」

熱かんと焼き魚を注文し、座布団にどっしり座って、キーボードをたたく。そのスタイルは、若者がたむろする原宿や青山の「インターネットカフェ」のおしゃれさとは、対照的だ。

インターネットの利用料金は三〇分で一〇〇〇円。二時間の初心者向け講座の方は、お通しと飲み物一本込みで五〇〇〇円。「パソコンは初めて」という人もＯＫだ。

夜だけ店に来るインストラクターの大竹敏保さん（四二）が、自分の情報を発信するための「ホームページ」の作成方法も教えてくれる。「一人で来た人も一緒に輪に入れるような場にしたい」と大竹さん。

「パソコンを買ってはみたけれど」と、相談に来る人も多い。中には、うわさを聞いて山形から駆けつけた人もいたという。

最初は「酒を飲んで勉強するなんて不謹慎だ」との意見もあった。しかし、講習に参加した会社員（四八）は「しらふでは恥ずかしくて聞きにくい基礎的な質問も酒が入ればできますよ」。

（『朝日新聞』埼玉朝刊　一九九六年四月二三日）

記事で紹介されているネットカフェ（正確にはネット居酒屋）は、アルコールが提供されている以外にも、現在の日本のネットカフェを基準にすれば、まったく別物としか判断できないような記述が並ぶ。まず、先にも確認したとおり、現在のネットカフェにはスピーカーは設置されていない。さらに、パソコンインストラクターの「一人で来た人も一緒に輪に入れるような場」という言葉は、現在の日本のネットカフェが個別ブースを重視しているということからすれば、非常に遠い感覚に映る。むろん、最後の段落にある、「酒を飲んで勉強するなんて不謹慎だ」という意見と、それに続く会社員の反論は、この場所が「パソコン・スクール」であったことを物語っており、そのような場所と対照させられるかたちで、原宿や青山の若者向けと思しきネットカフェがおしゃれな場所[*1]として紹介されている。

このように、個別ブースの誕生までの日本のネットカフェは、そこに集う人々にとってのパソコンやインターネットの「導入」の役割を担っていた。このことは、当時のパソコンやインターネットと日本社会との関係に目を向ければ、それほど無理なく理解することができる。というのは、一九九五年頃とは日本におけるパソコンとインターネットの普及の端緒に近い[*2]（ＳＥ編集部（編著）2010: 115–8）からだ。

例えば、前章で引用した読売新聞の記事で描かれた「カフェ」のようなネットカフェは、「一九九五年六月二一日に誕生」（『朝日新聞』全国朝刊 一九九五年七月三〇日）したが、それは Windows NT Workstation 3.5 日本語版がリリースされて約半年であり、同年八月に Windows 95 英語版、さらにその三ヶ月後に Windows 95 日本語版が発売された。

また、当時のインターネット（回線）の通信速度は、一般的にはアナログモデムを用いた 56kbps、最速でもＩＳＤＮ回線の 64kps であり、一九九五年八月のＮＴＴの「テレホーダイ」サービスの開始によって、午後一一時から翌朝午前八時という制限はあるものの、初めて固定料金で常時接続という環境が整い[*3]、その年の一二月に世界初の多言語検索エンジンであるアルタビスタが公開された（ＳＥ編集部（編著）2010: 112–3）。

さらに、総務省がまとめた通信利用動向調査世帯編の一九九六〜二〇〇〇年までのパソコン・インターネットの家庭保有率（総務省 1996–2000）を参照すれば、それぞれ、二二・三％、六・九％（一九九六年）、二六・四％。六・四％（一九九七年）、三二・六％、一一・〇％（一九九八年）、三七・七％、一九・一％（一九九九年）、五〇・五％、三四・〇％（二〇〇〇年）であり、これらの事実は、一九九五年頃がパソコンとインターネットの普及の端緒に近い、という先の説明の裏付けとなるだろう。

他方、この頃の新聞や雑誌を紐解けば、少なくとも二〇〇〇年頃までにアジア各国／各地域でネットカフェが登場していたことが、記事の断片的な情報から確認できる。例えば（雑誌を含む）新聞データベースに登場する初出の国名／都市名に限ったとしても、「スリランカ」（『週刊アエラ』六六頁 一九九六年四月二二日）、「シンガポール」（『朝日新聞』全国朝刊 一九九六年七月一八日）、「上海」（『朝日新聞』全国夕刊 一九九七年一月六日）、「北京」（『朝日新聞』全国朝刊 一九九七年六月二五日）、「テヘラン」（『読売新聞』東京夕刊 一九九九年三月二三日）、「カンボジア」（『朝日新聞』全国朝刊 一九九九年四月九日）、「韓国」（『朝日新聞』全国夕刊 一九九九年一〇月七日）、「バンコク」（『読売新聞』東京夕刊 一九九九年一〇月一五日）、「マニラ」（『読売新聞』東京朝刊 二〇〇〇年五月一〇日）と続く。

なお、念のために断っておけば、これらのネットカフェについての報道は、少なくともこの年にはネットカフェが存在した、ということを示すものであり、決して「このときにできた」ということを意味するものではない。海外報道のタイムラグを考えれば、これらの店舗は少なくとも数週間から数ヶ月前には開店しており、それは年単位に及ぶ可能性もあると考える方が妥当である。序章で「アジア各国／各地域に通底する」と説明したのは、このような新聞報道からうかがい知ることができるアジアのネットカフェの存在を念頭に置いてのことである。

さらに、ネットカフェが日本に果たしたパソコンとインターネットの「導入」という経緯のためであろうが、現在の視点から見ると、パソコンやインターネットに関する問題について、ネットカフェが不用意に結び付けられているように見える記事もある。それは、アメリカ合衆国大統領B・クリントンの不倫問題とその顚末についての報道である。この問題の端緒は、クリントン大統領がホワイトハウス実習生であったM・ルインスキー氏との不倫関係にあったことであるが、不倫現場が大統領執務室の書斎にまで及んでいたこと、そして報道当初、クリントン大統領はその関係を否定していたが、後に「不適切な関係を持った」と認めた（つまり偽証した）ことが重なり、大きなスキャンダルとなった。そして、この事件の証拠となった録音テープをもとに作成された、K・スター独立検察官の手による報告書（いわゆる「スター報告書（The Starr Report）」）が、一九九八年九月一一日に「公文書」として公開され、誰もがインターネットでアクセスできた。しかし、不倫の状況の描写の直截性と生々しさが波紋を呼び、そもそも、それをオンライン上で公開すべきか否かという議論にまで発展した。

このことを報道する朝日新聞と読売新聞の記事では、ネットカフェの写真が添えられ、キャプションがつけられている。例えば、「カリフォルニア州のインターネットカフェでスター独立検察官の報告書を画面で見る米市民（ロイター）」（「報告書はロシアでも注目された（サンクトペテルブルクのインターネットカフェで＝AP）」（『読売新聞』東京朝刊一九九八年九月一六日）、「ニューヨークのインターネットカフェで一一日、ネット上で公開されたスター独立検察官の捜査報告書を見る客＝AP」（『朝日新聞』全国夕刊 一九九八年九月一二日）などである。

おそらく、ここまでの議論を踏まえずこれらの記事を単体で見れば、なぜネットカフェの写真が用いられているのか、理解するのが難しいだろう。例えば二〇一八年現在、このようなことが問題となるとすれば、スマートフォンやパソコンなどの写真が選択され、SNSで拡散される様子が写されていてもおかしくない。

先に日本の一九九六年度のインターネット家庭普及率が六・九%であったことを紹介したが、アメリカ合衆国でも一九九七年のインターネット家庭普及率は一八・〇%、パソコン普及率は三六・六%であった（United States Census Bureau 1997）。当時は、アメリカ合衆国でも一般の人々が、ごく日常的に、自由にインターネットに触れることができる場所は、現在と比べて明らかに少なかったのであり、スター報告書がインターネットを介して見ることができる場所がネットカフェに結び付けられるのはむしろ自然だったのである。

なお、この報告書をきっかけとして、アメリカ合衆国では一三〇年ぶりに弾劾裁判が開かれるという事態にまで至った。そして、公文書としての報告書を公に詳らかにしないことはアメリカ合衆国の「情報自由法」に違反し、人々の「知る権利」を妨げる可能性があるが、子どもをポルノグラフィから遠ざける必要もあるのではないか、というジレンマを引き起こした（『読売新聞』東京朝刊 一九九八年九月一六日）。実際、この報告書の内容がABCやCBS、NBCといったテレビで報道される場合は「子どもも見ることを考慮して」、そのような描写は報道しないことになっていた（『朝日新聞』全国夕刊 一九九八年九月一二日）。

ここには、インターネットの強みであり同時に弱みでもある性質、すなわち「どんな人々でも自分の好むものは何でも閲覧できる」という性質が示されている。事実、インターネット上にデータとして流通するポルノグラフィとその規制という問題については、近年でも話題に上がりがちな「表現の自由」との関係から、すでに同年三月の朝日新聞でも論じられている（『朝日新聞』全国朝刊 一九九八年三月一五日）。

2 好きなことが何でもできる空間としてのネットカフェと犯罪の言説

前節で確認したとおり、一九九五年以降一九九九年に至るまでの、当時の日本の社会的状況において、人々が比較的自由にパソコンやインターネットに触れることができた「場所」の代表はネットカフェだった。ここで「場所」を強調した理由は、一九九九年以降、人々が比較的自由にインターネットに触れることができた「機器」の代表が、ｉモードをはじめとする移動通信サービスを提供した携帯電話だったと言えるからだ。

序章でも触れたとおり、本書では移動通信機器を考究の中心的対象とはしない。だが、「アジアのメディア史」の一部としての日本のメディア史、あるいは世界的に見た場合のｉモードの盛衰のことを考えれば、広く「メディア史」にまで及ぶかもしれない基本的な論点を、ここまで論じてきた日本のネットカフェの特殊性、すなわち個別ブースとの関係で注釈的に述べておこう。それは、ｉモードの名の生みの親である松永真理の著書によれば、ｉモードの「ｉ」は、インフォメーション、インタラクティブ、インターネット、そして「私の「ｉ」」（松永 2000: 128）でもあったということだ。

ここでは、右のような指摘に留め、議論をネットカフェに戻そう。先に見たようなパソコンとインターネットの「導入」の経緯から、「好きなことが何でもできる」というパソコンやインターネットの理念のようなものに対する漠としたイメージが、ある程度ネットカフェに反映されていたと考えることは可能であり、そのような想像力の延長線上に「個別ブース」を見出すことができる。例えば、一九九九年の毎日新聞の次のような記事は、個別ブースを敷設したネットカフェを開業した人が、自分たちの仕事をどのように考えていたかを知る上で注目に値する。

「漫画喫茶」と「インターネットカフェ」を合わせたようなユニークな店「インターネット未来まんが館・プリーズ安積店」（郡山市安積町荒井）が、人気を集めている。インターネットや漫画、雑誌、テレビ、ゲームを区切られた空間内で楽しむことができて、飲み物や食べ物も注文できる。関東地方などに似た形態の店はあるが、県内ではまだ珍しい。会員制で、オープンから一〇〇日で会員一万人を突破したという。

国道四号に面した平屋建て約八九〇平方メートルの店内には一二〇人分の席が設けられ、それぞれが仕切りで区切られている。テレビやパソコン端末、有線放送の端末などを備えた区画があり、自分の好みに応じたスペースでくつろぐことができる。

五万冊の漫画、二〇〇種類の新聞、雑誌があり、それぞれの区画に持ち込める。飲み物は飲み放題で、食事を注文（有料）することもできる。コピー、ファクスコーナーもあるので、ビジネスマンの利用もあるという。独りで自分の時間を持ちたい現代人にマッチした店と言えそうだ。

矢内芳則社長（四三）が、埼玉県で見た店[*4]をヒントに今年二月から開店準備を進め、八月にオープンさせた。こうした形態の店ではかなり広いという。矢内社長は、いわき市でビデオ・CDレンタル、漫画販売などを手がける「矢内電機」を経営しており、ゲームソフトや漫画、雑誌の仕入れのノウハウを持っていることもアイデアの基になった。

矢内社長は「この店は「空間レンタル業」と言える。自分が客の立場になって、どんな空間がくつろげるかを考えて設計した」と話している。一二月末までの会員一万人達成を目標にしていたが、今月一四日で突破した。今後も好調なら二、三号店も検討するという。

一ヶ月に一度の清掃日以外は連日、二四時間営業。入会金二〇〇円。利用料は最初の一時間五〇〇円、以後一五分ごとに一〇〇円。三時間一〇〇〇円のコースもある。

（『毎日新聞』地方版福島　一九九九年一一月一八日）

この時点では、「複合カフェ」という言葉がなかったため、「漫画喫茶」と「ネットカフェ」を合わせたというかたちで表現されているが、「区切られた空間」、「自分の好みに応じたスペースでくつろぐ」という描写から、個別ブースがひしめく現在のネットカフェの形態を、すでにこの店舗はなしていると考えられる。

他方、このネットカフェの社長が自らの業態を表現するのに用いた「空間レンタル業」という言葉は、前章で確認した田中の「発明」をさらに純化させたときに得られる表現である。なぜなら、「複合カフェ」はすでに何らかの具体的なサービスを提供する場所というよりは、人々が望むサービスを何でも提供しうるようなスペースを提供しているると考える方が妥当であり、そのスペースは何らかの具体性が付与される「場所」というよりは、いくぶん抽象的な「空間」として把握されることが理に適っているからである。

このような意味で、この社長が同時に経営していた業種も注目に値する。ビデオやCDのレンタル業、漫画販売という業種は、どれも顧客が自室、ないしは自宅で利用するものを販売・賃貸するサービスである。彼がそのような業種から個別ブースが敷設されたネットカフェへと転換するということは、それまで顧客が自室(自宅)から店舗にまでやってきて、そこで商品を購入(貸借)し、それを自室(自宅)へと持ち帰っていたプロセス全体を、顧客の自室(自宅)の機能も含めてすべて店舗の方に移し替えることになる。だからこそ、彼は顧客の自室(自宅)を自らの店舗に移し替えるにあたって、「自分が客の立場になって、どんな空間がくつろげるか」を考えなければならないのだ。

また、経営論的な意味で言えば、彼がこれまでに営んできた業種は、個別ブースが敷設されたネットカフェを新たに開業する上でプラスに働いただろう。それは、ソフトや雑誌の仕入れについての知識やコネクションという側面のみならず、在庫を維持するために用意されていたと考えられる相当程度の広さの土地を有効活用するという側面についても言え、この点からネットカフェへの転換は、彼にとってありうる選択の一つであったと推察できる。実際、田中が起業した会社も、そもそもは主にテレビゲームを取り扱う会社であり、後にビリヤード場、ゲームセンター、ビデオレンタルと事業を拡大した(株式会社ランシステム 2016)ものである。

以上のような経緯で導入された個別ブースとそれが並ぶネットカフェは、徐々に全国に広まるようになった。実際、ここではすべてを挙げることはしないが、このような業態のネットカフェが日本の様々な地域で開店したことを伝える地方版の記事が、二〇〇〇年代に入ってからも散見される。

さらに、「好きなことが何でもできる」というパソコン・インターネットの理念のようなものを空間に転写することで、それを系譜的に受け継いだ個別ブースは、二〇〇〇年末の「アングル 孤独大好き ブースの壁に守られインターネット」と題された読売新聞の記事で、もはや「日本人の精神的ルーツに合ったもの」という位格すら与えられて報じられる。

四、五年前に登場したインターネットカフェが、再び脚光を浴びている。人気の秘密は、当初はなかったブースを遮る壁と、最先端の情報サービスに支えられた「ひとりぼっち」。

福岡市天神に今月オープンした「サイバック」には、パソコンやテレビを備えた広さ約二平方メートルの個人用ブースが九〇以上も並ぶ。

書類を持ち込んで仕事に励む会社員。惰眠をむさぼるOL。アダルトサイトをのぞき続ける男性も。深夜を過ぎると、終電に乗り遅れた人々でにぎわう。自宅や職場で確保できない個人空間が、ここでは商品として切り売りされている。

「従来のオープンスペース方式のカフェに、個人の世界を大切にする漫画喫茶が合体したと思えばいい。日本人は、狭くて仕切られた空間に安らぎを覚えるんです」と担当者。

漫画や雑誌、マッサージチェアは心身の疲れをとる必須アイテム。同店では、ほかにフットバス（足湯）、脳を活性化させ、頭をすっきりさせる高濃度の酸素室を備え、「究極のオアシス」を売り物にする。北九州市の別の店では、キッズルームやシャワー室を備える。何を選ぶかは客の自由。だれも見てやしない。

「都会の真ん中に、こんなにすてきな場所があるなんて」とは、二〇歳代の女性会社員。料金は一時間四〇〇円前後。あとは延長で加算。あなたの時間を買い取った後は、どうぞ、ごゆっくりおくつろぎください。
（『読売新聞』西部夕刊 二〇〇〇年一二月二二日）

担当者の言葉の是非は措くとしても、ネットカフェは個別ブースという「好きなことが何でもできる」空間を敷設した場所になったことが、顧客の多様な利用のあり方の説明から理解できる。そしてそれ以降、個別ブースを備えたネットカフェは、実際の個室の内部や、個室から少し外に出て再度の個室に戻ってくる過程で人々が利用する可能性のある様々なサービスを付加していくことになる。そのようなサービスが記されたすべての記事を挙げることは紙幅の都合で避けるが、漫画、雑誌、新聞、テレビ、ビデオ、CD、DVD、ゲーム、卓球、ダーツ、ビリヤード、マッサージチェア、日焼けブース、フットバス、酸素室、キッズルーム、シャワー室、と数え上げればきりがなくなるこれらのサービスは、基本的に「好きなことが何でもできる」空間である個別ブースに付属したものとして、提供されることになった。

しかし、このような「好きなことが何でもできる」空間を備えたネットカフェという場所は、同時に犯罪や社会問題が起こる場所としても語られ始めることになる。その中でも注目すべきは、二〇〇〇年以前のネットカフェにおける犯罪、あるいはネットカフェに関係づけられながら報道される犯罪が、「キーロガープログラム」や「iloveyou ウィルス」といった、まさにパソコンやインターネットという技術特性にまつわるものだったのに対して、二〇〇〇年以降は、パソコンやインターネットを使った既存の犯罪、ないしは「好きなことが何でもできる」空間の特性によって起こる社会問題やそれを用いた犯罪といったものに変化していくことである。

こちらもすべての記事に紙幅を割く余裕はないが、列挙するとすれば、詐欺行為が行われた場所（二〇〇〇年）、フリーターの宿泊施設の代替（二〇〇一年）、名誉毀損（上司の中傷）が行われた場所（二〇〇一年）、強盗事件が起こった場所（二〇〇二年〜）、窃盗が起こった場所（二〇〇二年〜）、保護責任者遺棄（嬰児の遺棄）が起こった場所（二〇〇二年）、集団自殺のためのメールの受け取り場所（二〇〇三年）、爆弾作成のための情報の収集場所（二〇〇三年）、殺人事件の犯人グループの溜まり場兼勤務先（二〇〇三年）、パソコン・インターネットを利用した援助交際や薬物取引の場所（二〇〇四年）、オンラインゲーム中毒の中学生が通っていた場所（二〇〇四年）などである。

これらの犯罪や社会問題は、パソコンやインターネットの「好きなことが何でもできる」という理念を受け継いだ個別ブースを逆手に取ったものであり、当然それ自体を根絶することは非常に困難である。さらに、日本のネットカフェとは無関係ではあるものの、ネットカフェと結び付けられた犯罪の報道の事例として、アメリカ合衆国で起こった9・11テロの首謀者・実行犯が、仲間との連絡を取るためにネットカフェを利用していた、ということが大きく報じられた。

ただし、これらの犯罪や社会問題に関する記事は、基本的に散発的である。ここでの「散発的」には、先に挙げた犯罪や社会問題の事例を集めるために新聞三紙四年分の記事が必要だという頻度の含意と、東京と福岡がそれぞれ二件重複する以外は、これらの犯罪が起こった地域がまったく異なるという分散の含意の二つがある。また再度述べれば、これらの犯罪は、パソコンやインターネットに関する高度な技術的背景があるのではなく、既存の犯罪行為がパソコンやインターネット、そして個別ブースが用いられることで「見えにくくなった」という背景がある、と考えるべきである。つまり、中傷にせよ集団自殺にせよ、爆弾生成にせよ援助交際にせよ、事件としては現代の情報メディア技術が用いられたセンセーショナルなものに見えるが、実際に行われていることは掲示板への書き込みと、検索ワードを入力しての情報収集、そしてメールのやり取りといった現代の情報メディア技術の基本的な利用であり、そのような基本的な利用があまり他者の目にとまらずに犯罪や社会問題に結びついている、ということである。

それゆえ、ネットカフェを「犯罪の温床」と表現するのは、実態としてはいささかミスリーディングであり、さらにそこで行われているのは、少なくともそれ以前の「プログラミング」技能を要する犯罪と比較すれば、基本的に「ローテク」な犯罪だと言わざるをえない。

ただしもちろん、ネットカフェで様々な犯罪が起こりうると考えられ、さらに加えて、パソコンやインターネットの利用にいまだ慣れていない人々のことが念頭に置かれ始めれば、このような実態を超えるかたちでの規制、例えば、反社会的なものへの誘因に弱いという意味で「未成熟な」青少年が巻き込まれないような条例の必要性が議論されることになる。二〇〇二年の段階でほぼ五〇%のインターネット家庭普及率であった日本は、ここから二〇〇七年の家庭普及率八〇%弱に向けて、急激にその数字を伸ばしていくことになるが、インターネット回線のブロードバンド化以前からネットカフェが「好きなことが何でもできる」空間である個別ブースを備えていたという経緯もあり、記事になっている中でもっとも早いもので言えば、福島県では二〇〇三年にネットカフェという場所を包括するような県青少年条例改正素案が協議されている。

インターネットの普及に対応し、ネットに接続したパソコンを置いた喫茶店のインターネットカフェや、プロバイダーなどの関連事業者に対し、青少年がインターネット上の有害情報を閲覧できないよう接続を制限するフィルタリングなどの措置を取るよう求める規定も、新たに盛り込んだ。

(『毎日新聞』地方版福島 二〇〇三年一二月二七日)

この条例改正素案を一つの嚆矢として、「青少年をネットカフェから守る」という名目で日本の各都道府県で健全育成条例の改正の手続きが取られ始める。特に、「自室」のような空間を提供するネットカフェという場所に関連したものとしては、二〇〇四年の長崎県佐世保市女子児童殺害事件が発生した後は、京都や神奈川といった大都市圏でも、ネットカフェにも対応できるような健全育成条例案が提出され、改正されていった。

では、ネットカフェを開店し、経営する人々は、この間どのようなことを目標としてきたのだろうか。新聞記事から分かる結論を先に言えば、彼ら/彼女らは「好きなことが何でもできる」空間である個別ブースを維持し、そこで多様なサービスを行うための法的手続きや交渉などを様々なかたちで行ってきた。その背景の一つとして、二〇〇一年に北九州市のあるネットカフェが著作権を侵害した疑いで、家宅捜索を受けたことを報じる記事を確認しておこう。

著作権侵害容疑で捜索　小倉のネットカフェが無断上映

福岡県警は一七日、北九州市小倉北区馬借一丁目のインターネットカフェ「ＩＬＯＶＥ遊」小倉店や経営者（五九）の自宅など四ヶ所を著作権法違反（上映権の侵害）の疑いで家宅捜索した。

調べでは、今年二月中旬から四月上旬にかけて、「御法度」（松竹）や「梟（ふくろう）の城」（ポニーキャニオン）などの映画四作品のＤＶＤ（デジタル多用途ディスク）を著作権のある映画会社に無断で店内で客五人を相手に上映した疑い。ＤＶＤによる上映権の侵害摘発は全国初という。

店は全国展開しているフランチャイズの加盟店で、昨年七月に開店した。ついたてで仕切った各席にテレビ計約一〇台を置き、客の要望に応じてビデオなどを上映する仕組み。店を経営する会社の役員は「フランチャイズの本部の指導通りに営業してきた。上映は問題ないと聞いていたので、突然の捜索に驚いている」と話している。

映像ソフトの製造・販売業者六四社でつくる「日本映像ソフト協会」が昨年一〇月、経営者に上映中止を勧告したが、営業をやめないため、映画会社側が告訴していた。

（『朝日新聞』西部夕刊　二〇〇一年五月一七日）

「好きなことが何でもできる」空間を現実のものとして提供するためには、これまで各個別に提供されてきた様々なサービスを包括する必要がある。そしてその包括のためには、それぞれのサービスの提供に関連する法律や条例の検討が要請される。[*5] 先の引用のＤＶＤの上映権に続く様々な問題とその解決の観点から、その後のネットカフェの展開を記せば、この問題と相即するかたちで二〇〇一年六月に初の業界団体として「日本複合カフェ協会」が設立され、協会の当面の目的は「ＴＶゲームソフトの上映許諾を得ること」（日本複合カフェ協会 2016）に設定されていた。その後、協会の活動としては二〇〇二年に日本コンピュータエンターテインメント協会（CESA）と、ネットカフェにおけるゲームソフトの運用の暫定合意に達し（『朝日新聞』朝刊ｂｅ週末　二〇〇三年一月一八日）、二〇〇三年にはコミック作家の会や日本雑誌協会と日本複合カフェ協会との協議によって合意が成立したことが報じられている（『毎日新聞』東京朝

刊 二〇〇三年五月一六日)。

しかし、本節で確認してきたとおり、「好きなことが何でもできる」空間を提供するサービスを謳い文句にすることは、その裏面としての非合法的な行為を不可避に招いてしまう。そのため、日本複合カフェ協会は、そのような行為の抑止、ガイドラインの作成、さらには適合マークの発行といった施策を実行し、ネットカフェの安全性を積極的に示さざるをえなくなる。

ネット犯罪防止に基準　利用履歴削除など「適合マーク」配布――日本複合カフェ協会

インターネットカフェを舞台に、個人情報の流出や不正アクセスなどの事件が相次いでいることを受け、インターネットカフェの経営者らでつくる「日本複合カフェ協会」(東京都千代田区)は、ネットワーク犯罪対策などの基準を示すガイドラインを業界で初めて作成し、今月から運用を始めた。ポイントは利用履歴を削除するソフトをパソコンにインストールすることを求めている点で、同協会は「これで不正アクセスを防止できる」としており、今後順次、会員店舗を審査、ガイドラインに準じた店に「適合マーク」を配布する。

こうした動きについて警察庁セキュリティシステム対策室は「ガイドラインはこの業界のセキュリティーアップに必ず役立つ。連携を強化していきたい」と話している。

今年三月、東京・渋谷のネットカフェのパソコンに操作を記録するプログラム「キーロガー」をひそかに仕掛け、インターネットバンキングを利用した他の客の情報を入手し、勝手に別の口座に振り込んで引き出したとして、元シンクタンク勤務の男性ら二人が不正アクセス禁止法違反容疑で逮捕された。同協会は、この事件をきっかけに個人情報の流出防止のセキュリティー向上を協議してきた。

今年八月末に開いた総会で、ソフトを使って利用履歴を削除することや、他人のパスワードやＩＤを使った不正アクセスが犯罪であることを警告する掲示をすることなどを盛り込んだガイドラインを採択した。この中では、深夜の利用時間の制限やアダルト情報の取り扱いなど青少年対策にも触れ、また火災対応、著作権侵害への対応なども示している。

協会は〇一年六月設立。現在、約四七〇店が加盟している。同協会によると、複合型の喫茶店は全国に約二五〇〇店あるとみられ、うち約七〇〇店がインターネットの利用が可能という。

（『毎日新聞』大阪夕刊 二〇〇三年一〇月四日）

3　場所の価値とコミュニティの希望という夢

だが、このような努力によって維持されてきた「好きなことが何でもできる」空間としての個別ブースは、田中の会社の事業部の社員の言を引けば、利用者の「安価な暇つぶしの場所」（『朝日新聞』朝刊ｂｅ週末 二〇〇三年一月一八日）の提供を目指したもの、という説明がなされ始める。[*6]

このことは肯定的に捉えれば、利用者にとって個別ブースが、「都会の真ん中のすてきな場所」から、真の意味での「自室」となり始めたということの証左でもあるが、そのような意味の転換に伴って、これまでとはまったく異なる「犯罪」が行われる場所ともなり始める。まったく異なる意味の犯罪とは典型的には以下に引用するようなものであり、そのような犯罪は二〇〇五年以降、先に挙げた「ローテク」な犯罪に関するものと報道数としては同等か、それ以上になる。

詐欺「寒さしのぎたかった」無銭宿泊男を逮捕――札幌中央署

札幌中央署は二八日、寒さをしのぐために、インターネットカフェやまんが喫茶を泊まり歩いていたとして、住所不定、無職、[redacted]〇〇容疑者（三〇）を詐欺（無銭飲食）容疑で逮捕した。調べでは、[redacted]容疑者は二三日夜から二五日午後まで、札幌市中央区内のインターネットカフェの個室に滞在。利用料や食事代など計一万五〇〇〇円を払わなかった疑い。

[redacted]容疑者は氷点下となった寒さのため、同市内のまんが喫茶などで五、六回無銭飲食を繰り返していたとみられ、そのたびに「代金は明日払う」「親に持って来させる」などとだましていた。[redacted]容疑者が二八日未明、まんが喫茶に入ったところ、他店からの連絡を受けた店員が気づき、同署に突き出した。[redacted]容疑者は「外が寒くなったから」などと供述しているという。今月上旬、釧路から札幌に来たが、捕まった時は七四円しか持っていなかった。

(『毎日新聞』北海道夕刊 二〇〇五年一一月二八日、なお容疑者の名前は本論の趣旨には必須ではないため筆者が伏せた)

ネットを無銭利用した疑い 秋田/秋田県

秋田中央署は八日、住所不定、無職[redacted]□□容疑者(五六)を詐欺の疑いで逮捕した。

調べでは、[redacted]容疑者は現金を持たないのに秋田市川元のインターネットカフェに入店し、七日夜から八日朝までインターネットを利用、代金二〇〇〇円を支払わなかった疑い。代金を請求すると「お金を持っていないので、警察に突き出してください」と言ったため店員が一一〇番通報した。

(『朝日新聞』秋田朝刊 二〇〇六年六月九日、なお容疑者の名前は本論の趣旨には必須ではないため筆者が伏せた)

これらの記事で報じられているのは詐欺事件であるが、先に触れた「キーロガー」のような詐欺とはもちろん、前節で「ローテク」なものとして挙げた様々な犯罪とも、決定的に意味が異なっている。まず、ここでの被害者はネットカフェである。そして、加害者はそもそも捕まる覚悟で詐欺をはたらいたとしか考えられない。実際、最初の記事の容疑者の所持金は七四円であり、これでは最初の一時間分の料金すら支払うこともできないだろう。また、次の記事の容疑者は、そもそも金銭を持っていないことに自覚的である。

それゆえ、これらの記事からは、「犯罪」と同時に「貧困」を看取せざるをえない。つまり、二〇〇七年の「ネットカフェ難民」という、センセーショナルな報道へとつながる萌芽のようなものが、その少し前の記事においては、

「犯罪」として具体的な現れを持っていたのである。なお、執筆当時はＮＰＯ自立生活サポートセンター・もやいの代表であった湯浅誠は、二〇〇五年に出版した生活保護に関するHow to本（湯浅 2005）の冒頭で、貧困問題がネットカフェに及んでいることを記している

そして、ここで改めて想起されるべきは、個別ブースが「安価な暇つぶし」と呼ばれていたことである。先に確認したとおり、個別ブースは「好きなことが何でもできる」というパソコンやインターネットの理念のようなものが転写されることで、それを系譜的に受け継いだ空間だと考えることができるのであった。それゆえ、「好きなことが何でもできる」という部分に「安価な暇つぶし」が代入されるということは、もはや人々がそこに積極的な価値を見出しているのかが分からないような、当然存在してしかるべきもの、というところまで意味が縮減したのだと判断することができる。それは言わば、あまりに当然のように存在するがゆえに、かえってその価値に気付くことができないような「自室」のあり方であり、もちろん、それゆえにこそ人々はそこでくつろぐことができるとも言える。

このような議論を踏まえれば、貧困の印象をもたらす二つの犯罪に関する記事は、まさに「安価な暇つぶし」に後続するものなのだと解釈することができる。なぜなら、このような罪を犯してしまった人々は、今述べたような意味での自室、すなわちあまりに当然のように存在するがゆえに、かえってその価値に気付くことができないような個人の居場所を希求して詐欺をはたらいたのであり、比喩的に言えば、彼ら／彼女らにとって「好きなことが何でもできる」ということの内実は、多様で積極的な価値を意味するものであるというよりはむしろ、「風雨や寒さをしのぐ」といった保護されるべき基本的人権に近い価値を持つものにまで、その意味の幅が縮減されているからである。そして、犯罪と貧困が結びつくような事態が生まれれば、第1章第3節末でＪＤ氏が「置き引き」と語っていたことの現実感が担保されることになるだろう。

また、詐欺をはたらいたという容疑がかけられてはいるものの、どちらかと言えば保護されてしかるべき人々を含めた、社会的弱者と呼ばれる人々のネットカフェ利用は、大都市圏という文脈で別種の社会問題と結びついている。例えば、木下節子らは、世界的に結核患者が都市に偏在するという「都市結核問題」（木下他 2007）の日本における事

例として、二〇〇五年二月からの一年五ヶ月の間に確認された九例の結核感染の中心に、「駅周辺の不特定多数利用施設」としてのネットカフェがあったと報告した。[*7] この報告では、都市結核問題が発生する理由として「社会的経済的弱者、特にホームレスなどの生活困窮者が都市に集中すること」（木下他 2007: 754）が挙げられ、確認された九例の結核感染のうち三例が、このような社会的経済的弱者であったことが指摘されている（木下他 2007: 754）。

以上のような背景の下、二〇〇七年にNNNドキュメント「ネットカフェ難民 漂流する貧困者たち」の放送と、そのチーフディレクターであった水島宏明の『ネットカフェ難民と貧困ニッポン』（水島 2007）の上梓がきっかけとなり、ネットカフェに関する記事は、「難民」と名指された社会的弱者と、彼ら／彼女らの寄る辺ない生活を部分的に支える個別ブースについてのものが増加し、このような傾向は現在まで続いている。そして、第1章の冒頭で触れた「衝突」ビデオの投稿者もまた、家族に邪魔をされずに一人でパソコンとインターネットを利用する場所が家庭にはなかった者として勘案される余地があることも、ここから示唆される。

他方、本章の新聞記事の言説分析から日本のネットカフェの変遷の描写を終えるにあたって、本書のネットカフェの定義から外れ、さらには日本においては徐々にそのような場所がネットカフェと呼ばれなくなっていくような、言わば「ネットカフェ的なるもの」についても紹介しておきたい。この「ネットカフェ的なるもの」とは、二〇〇一年頃から断続的に報じられる、街づくりのための場所のようなもの、すなわち様々な地域振興策の一環として開設される、パソコンやインターネットを利用した住民サービスが提供されるような場である。なぜそれが本書のネットカフェの定義から外れるかと言えば、その多くが公的機関（あるいは商工会議所などの公的機関に類するような組織）の補助金によって開設されたものであり、厳密には商業店舗と呼ぶことができないからだ。

このような、地域と人々とを接続する現実の場所にパソコンやインターネットを付属したものがネットカフェと呼ばれることは、実はそれほど珍しくはなかった。例えば、子育てカフェのような場所にパソコンやインターネットを設置している場合や、往来客の少なくなった商店街の再興策としてパソコンとインターネットサービスを開設した事例などに対して、ネットカフェという言葉をあてた記事は散見される。

ただし実態としては、このような「ネットカフェ的なるもの」は継続が困難である。[*8] そのような事例の一つとして、「幕張メディアサーフィン」についての記事を取り上げてみよう。

千葉市の幕張新都心でIT（情報技術）を活用した地域交流の場になっている施設「幕張メディアサーフィン」（MMS）への協賛金を県が打ち切ろうとする動きがあるとして、利用者らによる存続活動が始まった。「地域の情報化のためにも必要な施設」と位置付け、堂本暁子知事に存続を直訴しようとの声も出ている。

MMSは、人工的な幕張新都心に通勤する人や周辺住民の交流の場を作ろうと、インターネットカフェやセミナー室を備えた「IT時代の公民館」。千葉県企業庁や文部科学省メディア教育開発センター、マイクロソフト、NTT東日本千葉支店など四五団体が運営協議会を作り、九七年にオープンした。

これまでに約二〇万人の来場者と、三万九〇〇〇人のセミナー受講者を数える。シニア世代の利用者で「シニアネットサーフィン幕張」も結成され、パソコンが苦手な中高年層のスキルアップを図るとともに、交流の場にもなっている。

しかし、昨年末、予算の四割近い三〇〇〇万円の協賛金を拠出している県企業庁から、「財政難の折、今後の協賛は厳しい」との見通しが寄せられた。同庁幕張新都心整備課では「確定していないが、全体的に予算は厳しい。MMSは幕張地区の誘客やパソコンセミナーなどの目的で設置したが、所期の目的は達成されているとみている。協議会の会議で今後どうするか諮っていく」としている。

県の協賛金がなくなると存続が難しくなるため、MMSの運営者や利用者がホームページを立ち上げ、メッセージや署名を求めるなど存続運動を開始した。メッセージには「人と人が触れ合い成長する場が閉鎖されることは地域にとって痛手になる」「MMSがなければIT化に取り残される老人になってしまう」など、存続を求める切実な声が寄せられている。

MMSの布施真人ゼネラルマネジャーは「MMSでパソコンの利用ができるようになったシニアの人たちの情

報発信など、第二段階の活動を検討しており、支援が打ち切られると困ってしまう。県の情報化につながる拠点でもあり、企業庁が難しくとも千葉県庁の情報政策部門からの支援はお願いしたい」と話している。

（『毎日新聞』地方版千葉 二〇〇四年一月一〇日）

地方行政における予算の厳しさは十分に理解できるとして、県企業庁の示す認識において前提となっているのは「人々はパソコンやインターネット利用の方法を学ぶことができれば、その後は自ら自由にどこかで誰かとつながる」ということであり、その際、複数の人々が一つの画面を眺めながら、パソコンやインターネットを利用するような状況は、おそらくすでに念頭には置かれていない。それゆえ「所期の目的は達成された」ことになるのだ。

そして、このような認識を突き詰めれば、何も公的機関が介入しなくとも、ここまで確認してきたようなネットカフェで十分であることになるだろう。つまり、人々はつながりたい人とつながり（ということは、つながりたくない人とはつながらずに）、そのつながりが快適に維持される（ということは、別のつながりと互いに干渉しないような状態が望まれる）ことが目指されるのであれば、それらを実現してきた（ことになる）のは、個別ブースの維持に注力してきたネットカフェであり、前章第2節末のJC氏の言葉は、上記のことが現実のものとなっていることを示している。

このような意味で、地域コミュニティの人々が集って話をし、そしてインターネットに接続できるパソコンが複数台備わっている場所のことがネットカフェと呼ばれなくなっていく過程は、パソコンやインターネットを利用する「場所」についての顧慮がなくなっていく過程と双対的な事態であると言え、新聞資料として残されている「ネットカフェ的なるもの」の記事は、パソコンやインターネットとともにある地域コミュニティの希望という夢の残滓なのである。

第3章　日本のネットカフェが開く問題圏——誰とどのようにインターネットを利用するのか

1　静寂のネットカフェ

前章で確認したようなかたちで現在の日本のネットカフェが徐々に形成され、個別ブースが人々に選好されたのだとすれば、第1章の最後に提示した「なぜ、くつろぐことができる場所に、怖さが闖入することになるのか」という問いには、これまでの日本のネットカフェの史的展開を踏まえて、次のように答える必要がある。すなわち、日本のネットカフェは、様々なかたちで夢として語られ、実際に実現されようとしたこともあり、可能性としてはいまでも胚胎されている「周囲に暮らす人々やその地域とともにある場所」という意味がほとんどなくなり、時おり発生する犯罪の温床という意味と、人々が自分の好きなことが何でもできるという意味が残る場所となり、そのどちらの意味も個別ブースによって支えられることになったからである、と。

ここで「犯罪の温床」という意味と「好きなことが何でもできる」という意味が、どちらも個別ブースによって支えられている、という表現を用いて指し示そうとしている状況は、次のようなことである。

個別ブースは確かに、他人からの干渉なく、自分の好きなことが何でもできる場所である。だからこそ、そこは「個室」に例えられ、まさにそのようなものとして消費されるのであった。しかし、個別ブースは単独で存在するのではなく、多くの他のブースと共にある。そして、自分のいる個別ブースが、他人のいる多くの個別ブースとともにあるのだとすれば、その存在が察知できる近隣のブースにいる他人も同じように自分の好きなことをしている、と想像できることになるだろう。その際、他人から見て自分が何をしているか分からず、それゆえ干渉もされないため、自分の好きなことが何でもできるように、自分から見た他人も何をしているかが分からない。

ここに、自分の「くつろぎ」と他人の「怖さ」が接続される地点がある。すなわち、自分がくつろぐことができるということの本態が、他人からの干渉を気にせずに自分の好きなことが何でもできるということにあるとするならば、他人の立場を想定するときには、自分からの干渉を気にせずに彼／彼女は好きなことが、犯罪的なことを含めて、何でもできると想像しうる。そして、自分にとっての「くつろぎ」を生み出す他人から自分への干渉の遮断と、他人の「怖さ」を生み出す自分から他人への干渉の遮断とを実現するものが、同じ「個別ブース」となるのである。

そのため、日本のネットカフェは「静寂」に包まれる。日本のネットカフェに一歩でも入ればすぐに理解することができる「徹底して静かである」という特徴は、少なくとも筆者が調査を行った東アジア・東南アジアの首都圏や都市圏でのネットカフェ調査において、日本の影響を受けたネットカフェを除いては、個別ブースと同様に発見することができなかった。咳払い、あるいは仮眠をとる人の寝息やいびきのようなもの以外はほとんど何も聞こえないネットカフェは、少なくとも東アジア・東南アジアにおいては極めて特殊なのである。もちろん、東京のネットカフェの顧客に対するインタビューにおいても、店員に対するインタビューにおいても、「迷惑な客」の筆頭に上がるのは「何らかの物音を立てるうるさい客」であり、このような回答を聞いている最中も、東京のネットカフェは例外なく静寂に包まれる場所であった。

そして、第1章で確認したとおり、日本のネットカフェではヘッドフォンは確実に設置されているが、マイクのついたヘッドセットが付属機器として用いられることはない。この確認に続けて、第1章では「ネットカフェのパソコンからは音は出ない」と表現したが、ネットカフェが構築しようとしているのは、正確には音が決して漏れないような環境である。加えて、第2章で見たような「インターネット居酒屋」の描写が、二〇一八年現在の日本から見て興味深く、そして圧倒的な感覚の差を伴って映るのは、性能や速度が向上したパソコンやインターネットを備え、当時とは比較にならないほど多様な音楽、動画コンテンツをほぼ無料で利用することができるようになったにもかかわらず、ネットカフェの実空間に目を転じれば、現在の方が明らかに選択肢の幅が狭い利用方法がなされているからである。

では、なぜ日本のネットカフェは静寂に包まれることになるのか。その理由は、本節でここまでなしてきた「くつろぎ」と「怖さ」に関する議論について、自他を反転させてみれば比較的容易に理解することができる。

もし、自分の近くの個別ブースにいる他人がくつろぐことができているのだとすれば、それは、自分も含めた別の人からの干渉を受けずに、その他人が自分の好きなことが何でもできている、ということを意味する。その場合、自分が他人にとって「怖い」ものにならないようにするために、換言すれば、自分がその他人に対する干渉をできるだけ避けるために、慎重な検討や様々な配慮をなさなければならないことになるだろう。なぜならそこでは、自分が他人に干渉していないということが、自分が他人から干渉されず、また他人から自分に対する干渉が起こったときにそれに抗するための根拠や前提条件となるからだ。

だが、他人に対する干渉はどのようにすれば避けることができるだろうか。というのは、人々がまったく無干渉であるならば、互いに何が干渉となるかを決定できないからである。なお、ここですぐさま断っておけば、以上の点をもって、あたかもハラスメント加害者の弁明のような、「人々が互いに干渉しない状況を作るためには、逆説的だが多少の干渉が必要だ」という見解を直接導くことはできない。この言明に欠けているのは、まさにその多少の干渉についての慎重な検討や様々な配慮である。

そして、ネットカフェで実際に起こっていることは、意識的であれ無意識的であれ、このような検討や配慮であるように思われる。実際、どのようなことが他人にとって干渉になるかが互いに定かではない状態で、他人に対する干渉をできるだけ避けるようにすることが求められるとするならば、ある人は自分が置かれた状況から想定しうる、もっとも高い確率で他人に干渉しない振る舞いをする他ない。そのとき「静かであること」がその人にとっての所与の状況であるならば、そのことだけは非常に高い確度で他人に対する干渉にはならないと推察できることになるだろう。

というのも、もし静寂が他人にとって何らかの干渉の意味を持つとすれば、静かな状態は維持されていないことになるからである。

以上のような推論は、逆説的に聞こえるかもしれないが、ネットカフェには本当は静寂を望んでいない人も存在するということから、補強することができる。

JB氏によれば、「顧客の中には静かすぎることの方を怖がる人もいる」という。このことは、「他の人が静かすぎて何をしているのか分からない」ということが増幅的に、そして「おそらく他の人は静かに寝ているのだろう」や「多分自分の好きなものに集中しているのだろう」といった、どちらかと言えばありえそうな仮定や推測が機能していないという意味で、いくぶん強迫的に「怖さ」を生み出していることの一例であると考えることができる。

とはいえ、このような静かすぎることの方を怖がる人ももちろん、意図的に物音を立てるわけでもなければ、（適度に）物音を立てることを他人に求めるわけでもない。個人としては「静かすぎることの方が怖い」にもかかわらず、それでもなおその当人によって静かにすることが選択される場合、そこには何らかの基準や規範が存在していると考えられる。そしてこの場合、その基準や規範とは、物音を立てることによって生じる自他の干渉という基準であり、物音を立ててはならないという規範であると言えるだろう。

以上のことから、名目としても実態としてもコミュニケーションのない、「空気」を読むような規範意識の共有により、日本のネットカフェは静寂に包まれるのだと考えることができる。そして、ここで説明したことは、自由主義的な「自分の好きなことが何でもできる」という発想には、つねに「他人に迷惑をかけなければ」という付帯条件として機能する規範が背後にあることに比することも可能だろう。[*1]

また、ここまでの議論をもとにして、点在するネットカフェの個別ブースに「自室」のような機能を求めるという意味で、現代日本の「移動する人々」の代表とも言えるネットカフェ難民と呼ばれてきた人々について、これまで語られてきたこと、論じられてきたこと、そしてその解決に向けての提言に対して、さらに考察されるべきいくつかの論点を付け加えることができる。

本節以下、本章で論じられることは、基本的には日本（東京）のネットカフェ難民と呼ばれる人々をめぐる諸問題である。だが、そのような問題の解決のために提示される課題は、このように呼ばれる人々のためだけのものではない。なぜなら、ここまで論じてきたように、個別ブースがパソコンやインターネットの「好きなことが何でもできる」という理念が転写された空間であるとするならば、その個別ブースをもっとも希求するネットカフェ難民から発される課題とは、私たちのインターネット利用に関する課題でもあるからだ。つまり、日本のネットカフェという場所で提起されている、ネットカフェ難民と呼ばれる人々をめぐる課題は、それが個別ブースにかかわるものである限りにおいて、日本という特殊な場所の特殊な事例という文脈を超え、広くインターネット利用に関する課題として解釈されうるものなのだ。

本書では、このような観点から、日本のネットカフェを、以降の章で見るアジアの諸都市のネットカフェとの比較の起点、つまり、日本のネットカフェと共通する部分もあるがまったく違う部分もあるものとして、そこでインターネットが利用されつつ（デジタルディバイドが解消されつつ）、様々な問題が姿を現す各都市におけるネットカフェを捉えるための起点に据える。本章以降、第Ⅰ部では、筆者がアジアの諸都市のネットカフェの風景に見たことを、モノグラフのようなかたちで紹介していくが、それはこのような比較の端緒、ないしはイントロダクションのような役割を持つものであり、第Ⅱ部ではその社会的背景も含めた考察がなされることになる。

2　臭いについて

以上のような本書の展開をあらかじめ踏まえた上で、本節では改めて、第1章で紹介しておいた内田のネットカフェ難民と呼ばれる人々の振る舞いに対する驚き、すなわち、このような人々が、ルームシェアをはじめとする、互助的な共同体の構築を行い、資源を共有することによってそれぞれの扶助を図るという方策を採用しないことについて、その理由を考察しておこう。

なぜ、内田の観点からすれば合理的なソリューションであるこれらの方法を、ネットカフェ難民と呼ばれる人々は採用しないのか、またその理由はどのようなものだと考えられるのか。前節の考察を踏まえれば、内田の主張に対しては、そもそもネットカフェにおいて、ネットカフェ難民と呼ばれる人々が、互助的な共同体を作るために他人に話しかけることができるだろうか、とまずは問う必要があるだろう。そしてこの問いに対する答えは、やはり前節の考察から、非常に難しいと答えざるをえない。先に見たような、ネットカフェにおける人々の規範意識の共有のあり方を念頭に置けば、いかに自らが困窮していようとも、身の上話の相談を他の人に持ちかけることは、それが同時に他人への干渉を不可避に誘発するという点で望むべくもなく、あるいは端的に、音を立てることすら憚られる日本のネットカフェで、近くの個別ブースにいる他人に声をかけることは、非常に困難だからである。

それゆえ、厚生労働省の東京におけるネットカフェ難民と呼ばれる人々に関する調査に従えば、彼ら／彼女ら（計二二四人）にとって「悩み事等を相談できる人」[*2]が、「複数回答可」という条件で、友人（二九・〇％）、知人・知り合い（一三・八％）、兄弟姉妹（八・九％）、その他（七・一％）、親（二・九％）、職場の同僚（〇・九％）という結果（厚生労働省 2007: 41）であったとしても、彼ら／彼女らは、ネットカフェにおける互助的な共同体の形成の端緒から躓いてしまう。つまりこの調査結果は、彼ら／彼女らが抱えるもっとも大きな問題の一つとは「孤独」に他ならないということを示しているのだが、少なくともネットカフェにいる限り、他人に干渉し、迷惑をかける可能性のある振る舞いは避けるより他ない。そして、彼ら／彼女らにとってネットカフェの個別ブースが、一人でくつろぐことができ、束の間の休息を得ることができるところなのだとすれば、ネットカフェ難民と呼ばれる人々にとっては、そこで互助的な共同体を作ろうとしないことこそが合理的なソリューションとなる。ネットカフェにおける他人への干渉に対する心理的障壁は、個別ブースを形作る現実のパーティションの壁をはるかに高く厚いものにしたようなものなのであり、他人の「怖さ」をも生み出すその高く厚い壁が人々の「くつろぎ」を、そしてネットカフェ難民と呼ばれる人々にとっては「束の間の休息」を保証しているのである。

ところで、二〇〇七年に実施された上記の調査からおよそ一〇年後、東京都福祉保険局は二〇一六年末から二〇一七年初頭にかけて実施した同様の調査を、「住居喪失不安定就労者等の実態に関する調査報告書」としてまとめ、二〇一八年に公開した（東京都福祉保険局 2018）。

あらかじめ断っておけば、前者は全国規模、後者は東京都内のみの調査であり、調査期間も異なるため、東京都は「比較を行っていない」（東京都福祉保険局 2018: 2）と断わっている。実際、住居喪失不安定就労者のネットカフェ利用調査において、調査期間がその回答に与える影響はかなり大きい。例えば、二つの調査はほぼ一～二ヶ月の期間をかけて実施されているが、二〇〇七年の厚生労働省の調査は六月下旬から七月中旬（厚生労働省 2007: 1）、東京都の調査は二〇一六年一二月から二〇一七年一月にかけての調査（東京都福祉保険局 2018: 2）であり、後者の方は冬であるため、路上や河川敷などで夜を明かすことに耐えられず、寒さをしのぐためにネットカフェを利用する頻度が上がると考えられる。

だが、東京都の調査では、集計分析について「厚生省労働局が平成一九年八月に公表した「住居喪失不安定就労者等の実態に関する調査報告書」と同様の方法により実施した」（東京都福祉保険局 2018: 2）と記載されており、そこには約一〇年間の変遷を確認したいという意図が見える。そのような意図を汲みつつ、「悩み事等を相談できる人」という、比較可能な数値に焦点を絞って東京都の調査を確認しておけば、厚生労働省の調査と同じく「複数回答可」という条件で、このような人々（計三六三人）が悩み事等を相談できる人は、友人（三五・三％）、知人・知り合い（一一・八％）、兄弟姉妹（七・七％）、その他（五・五％）、親（三・九％）、職場の同僚（二・八％）という結果（東京都福祉保険局 2018: 62）が示されている。

部分的には数値の変動はあるものの順位がまったく変わらず、さらに「相談できる人はいない」を選んだ人が、厚生労働省の調査では四二・二％（厚生労働省 2007: 41）、東京都の調査では四一・三％（東京都福祉保険局 2018: 62）という結果から言えることは、ネットカフェ難民と呼ばれる人々が自身の身の上について相談できる人がいない状況は、この一〇年間ほぼ変わっていないということである。

なお、二〇一一年の筆者の調査の時点から、事態はさらに深刻であると言わねばならない状況も垣間見えていた。

というのは、東京でのネットカフェ調査において、次のような案内を目にする機会があったからだ。それは、店内の貸しロッカーサービスや、使い古された電気ポットの様子から、ネットカフェ難民と呼ばれる人々も多数いると思しきネットカフェの壁に掲示された貼紙で、そこにはおよそ次のような印字がなされていた――「隣の個室の人の臭いがきつい場合には、フロントまで申し出てください。別の個室を用意します」。

ここまでのネットカフェ難民と呼ばれる人々についての描写からも想像がつくように、「臭いがきつい」ことの原因は、長期間シャワーを浴びることや入浴ができないこと、あるいは身に着けている衣服を洗うことができないということにあり、さらに言えば、身なりを整えるための金銭的余裕がないということにある。

この事態が深刻である理由は、店舗側がこのサービスの提供を想定している人々の間の「摩擦」の解消のある種の困難さにある。というのは、この摩擦は、文化的対立や道徳的問題、さらにはある特定の人々に対する差別といった次元を超えて、――あるいは解釈次第ではそのような次元の手前の――、過剰なまでに単純なものだからである。言わば、この摩擦は、「ただ生きようとする人々」の間に起こっているものであり、ある人がただ生きるということが、別の人がただ生きるということに多かれ少なかれ干渉する（可能性を持つ）という事実に対する耐え難さを代弁してしまっているのだ。それゆえ、もし一方の立場に立てば、その立場に立つということ自体が他方を抑圧することになり、双方を顧慮した何らかの解決策を模索しようとすれば、それは先のネットカフェの店員がなす無料サービスと同じこと、すなわち両者を分離する、というものになる。

以上のような、「他人に迷惑をかけなければ（何をしてもよい）」という規範の行き着く極北のような、ネットカフェにおける「優しい分離（segregation）」は、その実、ネットカフェ難民と呼ばれる人々をさらに過酷な状況に追い込むだろう。まずもって、このような分離は、「臭いのきつさ」が原因であることを踏まえれば、問題の「解決」ではなく「延期」にしかなっていないことは、特段の説明を必要とはしない。実際、分離が一時的に上手くいったとしても、そのネットカフェに想定外にたくさんの顧客が訪れ、臭いがきつい人がいる個別ブースの近辺にある個別ブースに顧客を案内せざるをえなくなれば、先の貼紙は実現不可能なサービスとなるだろう。加えて、このような分離がサービスとしてあらかじめなされるようなことになれば、他人からの直接的・間接的補助が必要な人々から、当の他人を遠ざけることになり、そのような状態を克服するための努力、すなわち社会関係を継続するために他人に迷惑をかけるような干渉を可能な限り避ける、ということへのさらなるコミットメントを、ネットカフェ難民と呼ばれるような人々に要請することになるだろう。

日本における現実としては、このような要請が、特に女性に顕著に現れていたことを、前章で紹介した水島のルポルタージュが示している。彼によれば、このような境遇にある女性は「店の外へ一歩出ると身綺麗に化粧を整えている」ことも多く、その理由について「化粧をしていないと仕事をもらえないし、シャワーに入って清潔にしておかないと職場などで不審な目で見られてしまうからだろうか」(水島 2007: 56) と想像している。

しかしながら、彼女たちの中には、化粧品を購入するために十分な金銭を持たない者もいる。それゆえ、このような女性たちは、仕事に行く前に、ドラッグストアやデパートの化粧品コーナーに向かい、試供品を使って化粧をする。水島が紹介する、当時一八歳であった女性は、ディスカウントショップで購入した五〇〇円の香水をつねに持っており、時間がなかったりシャワーを浴びる金銭を持っていなかったりするとき、自らの放つ強い体臭を隠すためにそれを使うことになる。しかし、このような状況に置かれたとしても、彼女は誰かに助けを求めることなく、一人で自分の身を助けようとする (水島 2007: 60–6)。

3　共にあることの現代的な困難

なお、ネットカフェ難民と呼ばれる人々に安定した職業を用意したり、安価に住居を提供したりすることができるように制度を再構築することによって、彼ら／彼女らを保護すること、あるいはそのような状況に至ることのないようなセーフティネットを形成することの重要性は言を俟たない。そして、それらが効果的であることが検証されうるなら、即座に実行されるべきだろう。

しかし、私たちがここまでの議論から受け取っている課題は、もう少し単純かつ複雑である。もちろん、ここで言わんとしていることは、先の摩擦が個別ブースを利用する人々の間の干渉の中でも、特に「人々がただ生きていること」にまつわるものであるという点ではその原因が特定しやすく、また理解しやすいという意味で単純だが、その摩擦の「解消」ないしは「解決」にあたって、どちらかを抑圧せずにそれをなすのは極めて困難であり、さらに「分離」という現行採用されている方策も、結局のところ課題を解決するものではないばかりか、摩擦を引き起こすとみなされる／自らをみなしている主体を、より抑圧的な状況に追いやることになるという点で、解消にも解決にもつながらないからである。

それゆえ私たちは、このような課題の解決にあたって、改めて整序されてきれいに並べられた日本のネットカフェの個別ブースに立ち戻り、どのようにすればそこで隣人と共にあることができるのかを問わねばならない。また繰返しになるが、この課題は、ネットカフェの個別ブースが、インターネットやパソコンの「好きなことが何でもできる」という理念の転写された空間であると解する限りで、私たちのインターネット利用における課題へも、応用可能なものであると考えることができる。

以下では、特にこの応用可能性を念頭に置きつつ、ネットカフェ難民と呼ばれる人々の支援者たちの多くが批判的に検討し、現代日本において一定の支持層を持つ「自己責任論」について検討しておこう。

自己責任論とは、主題に応じて様々なかたちを取りうるが、一般化して述べれば、「人々がおかれた現在の状況には、当人自身が責任を負わなければならない」ということを肯定する議論であると言える。このような考え方からすれば、ネットカフェ難民と呼ばれる人々は基本的に自助努力を欠いた者と判断され、例えば貯蓄を十分にすることや、もっと堅実な仕事に就くことなど、ネットカフェで暮らすような現在の状況に至ることを避ける方策を採ることができたはずだが、それをなさなかった、ということになる。

むろん、この考え方、――あるいはイデオロギー――、から聴取することができるのは、「ネットカフェ難民でない私たちには、彼ら／彼女らの現在の状況に責任はない。なぜ、私たちに（税負担などの）迷惑をかけてまで、彼ら

／彼女らを助けなければならないのか」という主張である。近年ではさらに「そもそも、彼ら／彼女らのような人々は救うに値するのか」といったことまでもが付け加わることになったように思われるこの考え方は、それゆえここまで論じてきた言葉を使えば、「ネットカフェ難民と呼ばれるような人々からの干渉」に対する、異議申し立てを行っている人々であることになるだろう。

このような自己責任論に抗して、ネットカフェ難民と呼ばれる人々の支援者たちは、なぜこのような人々がネットカフェに住み始めることになったのか、そしてどのようなかたちで彼ら／彼女らが会社や家族、公的福祉や教育から排除されてきたのかを説明してきた。すなわち、彼ら／彼女らの多くは、自助努力では如何ともしがたい境遇に陥った結果、現在のネットカフェ難民と呼ばれる状態に至ったということであり、それは例えば、会社や家族、社会福祉や教育といった、現在の自らの境遇をより良い方向に変化させるにあたっての資源となるようなものから、そのような人々が排除されてきた、ということである。

さらに、湯浅は、ネットカフェ難民と呼ばれる人々には、これらのものからの排除に加えて「自分自身からの排除」（湯浅 2008: 61）もあると説明する。

> それ〔会社、家族、公的福祉、教育からの排除〕が自己責任論によって「あなたのせい」と片付けられ、さらには本人自身がそれを内面化して「自分のせい」と捉えてしまう場合、人は自分の尊厳を守れずに、自分を大切に思えない状態にまで追い込まれる。
>
> （湯浅 2008: 61）

このような事例の一つとして、改めて先に見た一八歳の女性の状況[*3]を思い起こしておいても良いだろう。水島によれば、彼女は家族から虐待を受け、そこから逃れるためにネットカフェ難民と呼ばれる状態になった。それゆえ、彼女は重要なセーフティネットの一つである家族や家庭をそもそも持っていなかったことになる。

湯浅は、このような状態を「溜め」（湯浅 2008）のない状態だと繰り返し論じる。ここでの「溜め」とは、A・センの「潜在能力（capability）」という概念に由来し、彼はその意味を「外界からの衝撃を吸収してくれるクッション（緩衝材）の役割を果たすとともに、そこからエネルギーを汲み出す諸力の源泉となる」（湯浅 2008: 78）ものであると解説する。彼は「溜め」の事例の一つとして、金銭の果たす役割を挙げるが、そこには無形のものも含まれる。例えば、「頼れる家族・親族・友人がいるというのは、人間関係の〝溜め〟であり、「自分に自信がある、何かをできると思える、自分を大切にできるというのは、精神的な〝溜め〟である」（湯浅 2008: 79）とされる。

しかしながら、ここで想起されてしかるべきは、自己責任論を称揚する人々も、実際にはそれほど多くの精神的な溜めを持っていないのではないか、ということである。なぜなら、もし彼ら／彼女らが十分に精神的な溜めを持っているのだとすれば、そもそもネットカフェ難民と呼ばれる人々が、自分を含めた他の人々に迷惑をかけているとすら考えないように思われるからである。[*4] 「臭い」に関する摩擦を一つの例とすれば、本当に「臭い」の件で別の個別ブースを用意してもらうように店員に依頼する必要があるのは、何らかの理由でこのネットカフェを使わざるをえない人々なのであり、金銭のような十分な溜めを持つ人々は、極論、そもそもネットカフェを使う必要がない。

以上に確認した自己責任論との関係で、現代の「監視（管理）」という理念、およびそのような理念を実現する技術に対しても、議論を拡張しておこう。パソコンやインターネットの「好きなことが何でもできる」という理念が転写された空間としてネットカフェの個別ブースを解釈でき、実際にそこに集う人々が「くつろぎ」と「怖さ」を同時に体感しているとするならば、ネットカフェは、序章でアーリの議論を参照しつつ述べた、何をするかよく分からないという点で、恐怖の対象となる他人に対する「監視」を引き起こす典型的な場所だと考えることができる。

また、個別ブースを「自分の第二の部屋」だと答えたJE氏（二三歳男性）が、そこから一歩外に出たネットカフェの廊下を「公共スペース」だと説明していたことにならえば、日本のネットカフェは、現代社会における「公的なもの」と「私的なもの」との間の、あまりに直接的過ぎる関係から派生する様々な問題を考えるための範例の一つだと言い換えることもできる。実際、現代の日本のネットカフェには、公的なものと私的なものの間の圏域、典型的には「家族」に代表されるような親密的なものや、前章末に見た「地域」に代表されるような共同的なものが不在であることを見取ることはたやすい。そして、このような親密圏や地域共同体の不在、ないしは機能不全の結果として理解することができる、諸個人の諸個人に対する漠たる不安の奔出を抑えるものとして機能しているのが、監視（管理）という理念であり、またその理念を実現する技術だと考えられる。

なお、自己責任論に定位する場合、上に述べたような監視（管理）は積極的に擁護されることになる。なぜなら、自己責任論の正当性が部分的にでも担保されることがあるとすれば、それは「他人に迷惑をかけるような干渉を行う」人々から「他人に迷惑をかけるような干渉をなさない」人々を弁別することで、後者を保護するということにあり、その場合、ある人（ある社会）にとって危害になったり、ならなかったりする（可能性のある）他者の特定をなす監視（管理）は、このような正当性を後押しするものになるからだ。

そして同時に付け加えておけば、このような監視（管理）の恩恵をもっとも享受するのは、ネットカフェ難民と呼ばれる人々に代表されるような社会的弱者だという側面もある。このことを、湯浅の「溜め」という言葉を用いつつ説明すれば、溜めの少ない社会的弱者はそうでない人々に比べて、その少ない溜めがその人にとって果たす役割が大きいと推測できる。例えば一〇万円を所持している人と、一万円を所持している人とでは、五〇〇〇円を他人に奪われることの衝撃は異なり、頼りになる友人が一〇人いる人と、二人しかいない人とでは、一人の友人が裏切ることの衝撃はまったく違うものになるだろう。そのような衝撃をある程度未然に防いでくれる理念が、現代においては監視（管理）であり、またその実現を支える技術となっている、ということである。

もちろん、前節から本節にかけて確認したとおり、ネットカフェ難民と呼ばれる人々は、彼ら／彼女ら自身が別の人々にとって「迷惑な干渉をなす存在」として、分離の対象とされがちである。だとすれば、監視（管理）という文脈においても、湯浅が「自分自身からの排除」と説明した状況に酷似する課題が導かれよう。すなわち、彼ら／彼女らは、自分自身の実生活を支える監視（管理）という社会制度、およびそれを支える理念と技術によって、自分自身が排除される可能性があるということである。

以上のことから、どのようにすれば個別ブースで隣人と共にあることができるのか、という問いに答えることは、広く現代の監視（管理）社会と呼ばれる現状に対する別様のあり方を提示することに他ならないと言える。そのような意味で、ここで念頭に置かれるべき答えは、自己責任論および監視（管理）と関係しつつも別種の、ある一つの社会構想やその基本的な理念に関するものである必要があるだろう。

さらに、繰り返しになるが、ネットカフェの個別ブースが、インターネットやパソコンの「好きなことが何でもできる」という理念の転写された空間であると解する限りで、先の課題は私たちのインターネット利用における課題にも応用することができる。例えば、「自分の好きなことが何でもできる」インターネット利用によって、C・サンスティーンが「サイバー・カスケード」（Sunstein 2001=2003）と表現する、人々が「反論に出会わないような」居心地の良い情報が得られる領域に私閉しがちになる、といった課題は、ある人にとっての反論が彼ら／彼女らの居心地を悪くする迷惑な干渉となっていると解釈することができる点で、ネットカフェの個別ブースにまつわる問題との相同を見て取ることができる。

本書の課題提起の意味を持つ日本（東京）のネットカフェについて論じてきたここまでの章を終えるにあたって、以下では、自己責任論や監視（管理）という理念や技術に則ることによって考慮に入れることが難しくなる解決策とその含意を論じることで帰結に代えよう。

例えば、「臭い」の問題は、ネットカフェで形成されている規範意識の共有のあり方をあえて部分的に無視すれば、次のようなかたちでも解決可能である。すなわち、臭いのきつい人の周囲にいる個別ブースの人々がお金を出し合って、その人がどのような状態にあっても（半ば強制的に）店内のシャワーを浴びてもらったり、銭湯に行ってもらったりする、というものである。

これは、厳密な表現を用いれば、内田が述べた互助的な共同体の実現の微視的かつ間接的な転用であるということになるが、よりくだけたかたちで言えば「人の迷惑になる干渉を互いに行うような仕組み」のことである。もちろん、この解決策が現実に機能するためには、様々な条件が必要であり、その中でも、もっとも重要なことは、臭いのきつい人に確実にシャワーを浴びてもらったり、銭湯に行ってもらったりすることであるが、この解決策の実現のためにネットカフェがイントラネットを形成し、言わば「投げ銭」のような仕組みを作るとしても、ネットカフェのパソコンは相互にすでにつながっているという点で、店舗側の金銭的負担はほとんどないはずだ。

自己責任論が上のような解決策を考慮に入れることが難しいと考えられる理由は、この考えに則れば、自分にとって迷惑となるような他者からの干渉に対して、その時点の他者にとっては迷惑なものかもしれないが、後にその他者にとって意味が変化する可能性のある干渉を自らなすことについての想像力を育むことが困難だからである。つまり、自己責任論を奉じる人々は、その議論が他者からの迷惑な干渉に対する異議申し立ての側面を持つがゆえに、自分たちが他者に迷惑な干渉をなす可能性はあってはならず、その迷惑な干渉が他者に別様の可能性を開くなどということは、念頭に置きがたいのだ。そして、迷惑な干渉を行う人とそうでない人の区別を曖昧にするこのような変化は、両者の精密かつ厳格な区分を主たる目標とする監視（管理）という理念や技術によって把持することが困難なものであると考えることができる。

先にも述べたとおり、以降の第I部では各都市のイントロダクションとして、第II部ではその社会的背景も含めた考察として、日本以外のアジアのネットカフェの事例を見ることになる。それはもちろん、アジアのネットカフェの利用のあり方の比較から、インターネット利用のあり方の比較をなすことにあるが、より実践的な観点から言えば、先に見た解決策をより洗練させるための方針や方策を、海外の事例に見ようとするからに他ならない。

実際、現時点では、先に提案したようなイントラネットが積極的に活用されるとは、にわかには想定しがたい。その理由は、ここまでに確認してきた日本のネットカフェにおける規範意識の共有のあり方から十分に理解できるだろう。そして、厚生労働省と東京都保健衛生局の調査に従えば、少なくともこの一〇年間、東京ではネットカフェ難民と呼ばれる人々がなしえたことの多くが自助努力だったと考えられることは、現時点で先のイントラネットが用いられないことの傍証となるように思われる。

現代日本における、共にあることの現代的な困難とは、ネットカフェに注目しながら言えば、個別ブースを維持しながら「壁」を取り払う方法を模索しなければならないことにある。本書ではその方法を模索するヒントを、「壁」のないアジアのネットカフェとの比較から探求する。それゆえ、以降の各章・各節は、一方では各国／各都市のネットカフェ論として独立に完結するものであるが、同時に現代日本のネットカフェに見える「共にあることの困難」を解決するにあたっての方針や方策を、各都市のネットカフェとの比較から導くためのものでもある。

なお、本書がこのような指向を有するという意味で、本章では内田の議論をどちらかと言えば批判的に扱ってきたが、自己責任論批判を含めた彼の問題意識に、本書は基本的には賛同する。事実、ここまで本書が論じてきたことは、彼の提示する解決策が、現在日本のネットカフェで生じている問題に対する良い解決策にはならないということである。

他方、ネットカフェ難民と呼ばれる人々の問題に対する解決策の観点から言えば、ネットカフェにはまだまだ工夫の余地はあったのではないか、と考えることはできる。

例えば、日本複合カフェ協会はネットカフェ難民と呼ばれる人々のような、貧困にあえぐ顧客を認知しつつ、「その言葉を控えるよう求める緊急アピールを公表」（『朝日新聞』全国朝刊 二〇〇七年九月八日）した。その理由は「一人ひとりが……抱えている背景を顧みず、一括（ひとくく）りにして「ネットカフェ難民」問題と呼ぶのは、乱暴に過ぎる」（『朝日新聞』全国朝刊 二〇〇七年九月八日）からである。そして、このような論点から、日本複合カフェ協会は厚生労働省の調査に対しても「結論ありきの調査である」として協力を拒んだ。

日本のネットカフェの各店舗、あるいは少なくともこの協会が「好きなことが何でもできる」空間を維持するために、様々な交渉の場や約定を設けてきたことは、これまで確認してきたとおりである。また、筆者の東京における調査でも、ネットカフェ難民と呼ばれるような人々に向けて、生活支援や住居支援などを含めた就労支援を行う制度である「TOKYOチャレンジネット」のポスターが、トイレなどに掲示されている店舗が確認できた。その意味で、「ネットカフェというものに悪いイメージがつかないようにしたい」という想いは理解できなくもない。実際、先の記事の中には、協会のアピールからの引用で「言葉の独り歩きによるイメージ低下で、女性客などが遠ざかることが心配」とある。

だが、ネットカフェ難民という言葉を用いることに対して、「一人ひとりが抱えている背景」を顧みないと批判するのであれば、協会としてなすべきだったことは、協会を構成するフランチャイズ店や個人店舗の個別ブースに置かれたパソコンから、市区町村やＮＰＯ法人のＨＰへのリンクを辿りやすくし、それらに比較的簡単にアクセスできるような仕組みを構築することであったはずであり、決して消費者金融やキャッシングの簡易検索やバナーリンクをＴＯＰページに放置しておくことではなかっただろう。なぜなら、個別ブースは他人に迷惑をかけなければ、好きなことが何でもできる空間であったからであり、その理念はパソコンやインターネットのそれにも通じるものだったはずだからである。

第4章　娯楽の場としてのネットカフェ――東アジア諸国のネットカフェの風景

1　「複合文化施設」との対比から

韓国のネットカフェ、わけてもソウルのネットカフェについて論じるための導入として、二〇〇八年の半ばから二〇〇九年初頭にかけて行った日本（大阪）のネットカフェのパイロット調査での一幕を紹介してみたい。この出来事は、この調査に協力してくれた、筆者の後輩である韓国出身のKA氏（女性）の個人的な経験をもとにした「日本のネットカフェに関する率直な感想」に過ぎない。だが、その感想は、本書の研究の視座である「比較」をどのような深度で行うべきかを伝えるものであった。そしてこの感想は同時に、ソウルのネットカフェについての良きイントロダクションの役割を果たすものでもある。

その出来事は、二〇〇八年一一月からのソウルと北京でのネットカフェのパイロット調査を控えた、日本のネットカフェで起こった。これまでに確認したとおり、二〇〇七年、および二〇〇八年は日本のネットカフェが「現代日本における貧困」との強いかかわりを持つ、ということが周知の事実となった年である。日本語に非常に堪能であったKA氏は、このような日本の社会状況にも敏感で、日本のネットカフェについての様々な報道をすでに知っており、また研究代表者であった筆者からも、日本のネットカフェに関する様々な情報を提供していた。

ただし、彼女はこの共同調査に参加するまで、一度も日本のネットカフェに行ったことがなかった。そのため、パイロット調査のさらなるパイロット調査として、「一度日本のネットカフェの様子を体験してみて、その上で外国人の目から見た日本のネットカフェについての意見を忌憚なく述べてもらう」という機会を設けることになり、パイロット調査の参加者全員の簡便から、実際に大阪のあるネットカフェを、共同研究者全員で「個別に」利用した。

各自自由な時間を過ごした後、彼女が笑顔を見せながら発した一言は、筆者の予想の範疇をはるかに超えたものであった。なぜなら、彼女のそれは、「先輩、日本のネットカフェは素晴らしいです。ここは複合文化施設ですね」[*1]だったからだ。

「複合文化施設」という言明に注目する上で改めて断っておくべきは、彼女が「現代日本における貧困」の問題を軽視していたわけでも、冗談半分でこのようなことを伝えようとしたわけでもないということだ。日本のネットカフェは、それ単体の機能として見るならば、一時間数百円の金銭を支払うだけで、少なくとも数万冊の漫画が備えられた環境を享受でき、最新の雑誌や新聞は読み放題、さらにはテレビが視聴でき、そしてパソコンやインターネットも利用できる。むろん、喉がかわけば飲み物を手に取ることもでき、トイレは非常に清潔に管理されている。二〇〇八年当時でも、「人に迷惑をかけない」ために、相応に分煙に対する理解が進んでおり、それほど煙の問題に悩まされるようなこともない。そして何より、日本のネットカフェは決定的に静かなのだ。複合文化施設という言明の後に、彼女が続けた言葉は、何事にも真面目な彼女らしい「ここだと私、とても勉強が捗りそうです」であった。

このようなことから推察するに、彼女が提起した複合文化施設としての日本のネットカフェのイメージは、書物の代わりに漫画がある「図書館」に様々なサービスが付加され、図書館を利用する上で少し不便なところに手が届いたものであると考えることができるかもしれない。例えば、日本の図書館は、通常夜には開館していない。また、読書スペースは簡単な仕切りが立てられていることもあるが、基本的には隣の人の存在が視界に入る。また、そもそもそのような仕切りが建てられたスペース自体が少ない場合もあり、飲食が認められている図書館はそれほど多くない。図書館でテレビを視聴できることも、おそらくそれほど多くないだろう。また、自由に使うことができるパソコンとインターネットが、個別のブースに設置されているということも図書館では考えにくい。ましてや、少し読書に疲れたので、気分転換にゲームをするなどということは、図書館ではほとんどありえない。彼女が得たであろう認識を、改めて再構成すれば、このようなものであったと言えるだろう。

以上のようなパースペクティブの違いから示された日本のネットカフェのイメージは、少なくとも筆者にとっては衝撃であった。そしてその衝撃は二つあり、後者の方がより重いものである。

最初の衝撃は、研究を進めるにあたって、仮に「調査票」を配布してその結果を集計しても、何か決定的なものが見落とされる可能性が高いということであった。そのために、本書の研究ではその手法として、各国／各地域のフィールド調査によって、ネットカフェとその周囲の環境についての風景を描写し、その風景が成立する理由を比較社会学的に考察するという手法を用い、そこで明らかになったことをインタビュー調査によって補強している。

だが、何より筆者に衝撃を与えたのは、「複合文化施設」という言葉を耳にしたときに衝撃を受けてしまったことについてのものであった。つまり、この「二度目の衝撃」とは、筆者自身が個別ブースを個室の代替と捉える認識から、まったく自由ではなかったことについてのものであった。もちろん、前章で確認したとおり、歴史的な経緯から見れば、日本のネットカフェの個別ブースを個室の代替だと考えることは自然である。だが、そのような「自然」な認識は次のような可能性を奪うものだろう。すなわち、個別ブースと「私的なもの」を切り離し、ネットカフェ全体を「公的なもの」と考え、改めてそこにある個別ブースに積極的な価値を見出す（そのようにすることで、初めて日本のネットカフェには「複合文化施設」という意味が付与される）という可能性である。そして、このような考え方を担保するような視座、ないしは構えのようなものがなければ、各都市のネットカフェを各都市のものとして記述することができないだろう、――これが筆者を捉えた衝撃の本態であった。

実際、このような視座がなければ、あるいは日本のネットカフェの認識を単純な意味で引きずって韓国のネットカフェ、そしてソウルのネットカフェを捉えてしまえば、それらがいったい何であるのか、にわかに理解できない部分が出てくる。例えば、ＩＴＵのデータに従えば、韓国は二〇〇二年以降、アジアのみならず世界でも、最高度にパソコンやインターネットが普及していた国であると断言できる。なぜなら、具体的な数値としては、二〇〇二年時点での韓国のパソコン・インターネットの家庭普及率は、それぞれ七八・六%、七〇・二%（ITU 2009: 91）でどちらも世界第二位であり、二〇一〇年のパソコン・インターネットの家庭普及率は、それぞれ八一・八%、九六・八%（ITU 2012: 208）という値で、特に後者の九六・八%という数字は少なくともその年の世界第一位だからである。

他方、韓国はこれまでの世界の歴史の中で、もっともネットカフェが多かった国であると推測できる。韓国では「PC 방（PC Bang, PC 房, PC Room）」と呼ばれるネットカフェの総数の推移について、D・Y・ジンの著作を参照すれば、一九九八年時点で韓国には約三〇〇〇店舗のネットカフェがあったが、二〇〇一年には二万三五四八店舗を数えるに至るまでになる。[*2] その後、徐々に減少し始めるが、それでも二〇〇七年時点で二万六〇七のネットカフェが存在した（Jin 2010）。また、韓国のネットカフェに関する情報サイトを開設し、毎月韓国全土のネットカフェ経営者に向けて、情報誌を配送する「ilovepcbang」という会社の「情報誌発送データ」から韓国全土の総店舗数を測定するとすれば、二〇一一年一〇月の情報誌の発送総数は、韓国全土で一万八五三四店舗、ソウルでは四五七六店舗という数[*3]（ilovepcbang 2011）であった。

ここで改めて想起されるべきは、日本の厚生労働省が二〇〇七年に行った調査で示された、日本のネットカフェの三二四六店舗という数値、あるいは二〇一〇年の参考値として挙げておいた三一〇〇店舗という数値である。年をまたぐかたちになるが、韓国のネットカフェの総数は日本のそれの約六倍であり、日本全国のネットカフェを足し合わせてもソウルの総数に及ばない、そのような数のネットカフェが二〇一一年の時点では存在していたのである。

なお、ソウルの面積は、東京二三区の面積（六二二・九八㎢）とほぼ同じ六〇五・二五㎢であり、ソウルのネットカフェが均等に分散していたとすれば、その密度は七・五六（shop/㎢）という数値になる。この密度を東京の何らかの店舗に合わせることは非常に難しいが、二〇一二年の東京二三区のいわゆる喫茶店の総数が五五八五店舗（東京都 2014）であり、その密度が八・九八（shop/㎢）となることは、一つの指標となるかもしれない。つまり、東京で八店舗喫茶店を見かけたら、そのうち七店舗はネットカフェであるというイメージが、数値上から示すことができるソウルのネットカフェの状況であった。[*4]

それゆえ、少なくとも二〇一一年時点では、ソウルにはネットカフェが林立していたと言っても過言ではなく、以前にはそれをはるかに上回る数のネットカフェがあった。パソコン・インターネットの家庭普及率が世界有数である国に、同時に圧倒的な数のネットカフェが存在するという、数字上の事実をとってみたとしても、韓国のネットカフェは日本のそれとは全く異なった系譜をたどって、現在あるかたちになっているのではないか、と想像するに足りる。というのも、韓国のネットカフェが日本の「導入」期のようなかたちで利用されていたのだとすれば、韓国におけるネットカフェはもっと早く、急激な減少傾向が見られた可能性が高いと推察できるからだ。換言すれば、韓国のネットカフェは、日本におけるそれとはまったく別の意味で人々に選好され続け、段階的に減少してきたということである。

では、ソウルのネットカフェはどのように人々に利用されているのだろうか。そこで、「ここだと私、とても勉強が捗りそうです」に続けてKA氏が付け加えた一言を、改めて引いておこう。それは、かくも静かな日本のネットカフェと比較した場合の、ソウルのネットカフェの特徴であり、また彼女なりの「調査を行うにあたっての注意」でもあった、「ソウルのネットカフェは本当にうるさいですよ」という言葉である。

この「うるささ」については、それを客観的に計測しようと思えば、騒音測定器やスマートフォンの騒音測定アプリを用いて他所と比較するしかないが、それだけで人々の感じる「うるささ」が構成されるわけではない。いわゆる「騒音問題」の客観的線引きの難しさはこのような点にあり、[*5]筆者の主観的な感覚としては、実はKA氏が注意をしてくれていたほどには「うるささ」を感じることはなかった。もちろん、日本のネットカフェの静かさと比較すれば、当然ソウルのネットカフェは「うるさい」のだが、それは「騒がしい」と表現されるべきものである。「うるさい」から「騒がしい」へと言葉を転換することによって伝えようとしていることは、ソウルのネットカフェはそこに集まっている人々と、そこで行われていることを勘案すれば、必然的に物音や声が立つことになり、それゆえ人々が往来する場所のように「騒がしくなる」ということだ。例えば、ソウルのあるネットカフェに来ていたKBくん（一六歳男性）は、筆者の「今日は何をしにネットカフェに来ましたか」という質問の派生である「今日は誰と来ましたか」

図5　ソウルのあるネットカフェの風景（筆者撮影）

という問いかけに、「友達七人で」と答えた。

日本の個別ブースが備わったネットカフェの認識をそのまま当てはめると、推し量ることが困難になるのは、この「友達七人で」のような部分である。ソウルにおけるインタビュー調査の結果では、ほぼ例外なくネットカフェの顧客は、友達や知り合い、あるいはカップルと一緒にそこに来ていたのだ。[*6]

むろん、日本のネットカフェの個別ブースにも「カップルシート」は存在し、そのような利用も人気を博しているが、ソウルのネットカフェに人々が「みんなで来る」ということとはまったく意味が異なる。そして、ソウルのネットカフェ利用者が、主に友人と一緒にネットカフェに向かい、みんなで遊ぶことは、ネットカフェの構造的特徴、およびそこにあるパソコンの付属機器の観点から説明できる。

まず、ソウルのネットカフェの店内の装飾としては、照明が暗めに絞られた中でパソコンのブルーライトが光り、何らかのコックピットを模したような黒と蛍光色で彩られる椅子が用意されているような、いわゆる「サイバー」な雰囲気のネットカフェから、図5のような、建物の基礎の木材の木目を活かすかたちで壁面が黄緑色に塗られ、いたるところに造花が飾られた上で、店内を簡易シャンデリアが照らすような、いわゆる「メルヘン」な雰囲気のネットカフェ、――ただし、このような雰囲気の中でも、人々が行っていることは基本的に変わらないのだが――、に至るまで様々であるが、総じてソウルのネットカフェには、日本のネットカフェの個別ブースのようなものが設置されることはなく、あるとしても自分が利用するパソコンと隣の人が利用するパソコンとの間に簡単な仕切りが立てられるのみである。つまり、どのようなネットカフェでも、隣の人が何をしているかは基本的にこちら側から目視でき、また相手側からも基本的にこちらが何をしているのかが目視できる構造になっている。

また、ソウルのネットカフェではヘッドフォンは置かれているものの、むしろスピーカーが鳴っていることの方が多かった。それゆえ、ネットカフェの店内は確かに相応に「うるさい」のであるが、そのように感じる人はヘッドフォンを装着すれば問題がないと考えられていることが分かる。さらに、ソウルのネットカフェでは、人々はパソコンを操作しながらお互いに声を掛け合い、ネットカフェにヘッドセットが備わっている場合は、会話のためにグループチャットを開設し、それを経由して会話をしていることもある。

このようなソウルのネットカフェの構造的特徴やパソコンの付属機器とその利用方法から理解できることは、そこに集う人々が、ネットカフェという場所を共有し、何か同じことを一緒になってやっているということである。そして、一緒になってやっている「同じこと」が何であるかについては、ソウルのネットカフェのパソコンにインストールされたアプリケーションソフトが「ゲーム」で埋め尽くされていることから一目瞭然である。KBくんの「友達七人で」という言葉の前に、何をしにネットカフェに来たのかについての説明も、「今日はゲームをしに来たんだ」であった。

本書の第Ⅱ部第7章では扱われるのは、このようなオンラインゲームを中心として普及した韓国の、そしてソウルのネットカフェである。日本のネットカフェとは明らかにその利用方法が異なり、日本のネットカフェの個別ブースとの関係で姿を見せた「孤独」のような問題をほとんど確認することができないソウルのネットカフェは、日本とはまったく別種の人々の移動にかかわる社会問題を映し出す鏡となっている。

なお、このような鏡としての韓国のネットカフェは、韓国で論じられる「ゲーム中毒」のような問題を、改めて韓国の現代の社会構造の中から考える必要性を示すものであり、さらに娯楽の一種としてのゲームという社会的資本は誰のためにあるのか、という極めて政治的かつ解きがたい問題へと本書の議論を導くことになるだろう。

2 建築工事現場の片隅で

中国のネットカフェ、特に北京、上海、天津という中国の大都市のネットカフェを論じるにあたって、ここでは、二〇一二年の二~三月に約二週間かけて、北京、上海、天津という順でこれら三つの都市をめぐってネットカフェを調査した筆者が遭遇した「ある経験」を導きの糸としてみよう。この調査は、それ以前になしたネットカフェ調査のフォローアップとして計画したものであり、それぞれ四~五日ずつ、前回調査を行ったネットカフェがどのようになっているのかを確認し、数人にインタビューを行うことを目的としていた。

まず、北京に到着した筆者は、通訳補助を買って出てくれたCA氏（女性）と一緒に北京の街を歩き、二〇一一年時との微妙な違いを確認しながらあるネットカフェに入り、そこで働いているというCB氏（二四歳男性）に話を聞くことになった。普段どおり名前と「あなたの出身地はどこですか」と尋ねると、彼は「遼寧省出身」だと答えた。吉林省、黒竜江省とともに、いわゆる東北三省を構成する省から、彼の姉の配偶者が開店するこのネットカフェで働くために北京にやってきたと聞き、思わず筆者が「それは遠いところから」と呟いたのをCA氏が通訳してくれた結果、CB氏は「いや、中国ではそれほど遠くないよ」と笑いながら答えた。

次に、上海に赴き、二〇〇九年一二月に調査を実施したときとはかなり街の様子が変わっていることに驚きながら、それでも繁華街の中央を東西に横切る南京東路の賑わいに懐かしさを覚えつつ、翌日、上海交通大学付近のネットカフェでインタビューを行った。それを快く受けてくれたCC氏（二五歳男性）は、自らの出身地を「四川省だ」と答えたため、筆者は驚きといくばくかの納得をもって、CA氏を経由して「それは遠いところから。でも、つい数日前に北京で遼寧省から北京のネットカフェに勤務するために出てきた、という人と同じような話をしてきたところなんです。だから、それほど驚かないよ」と返答し、一緒に笑いあうことになった。

最後に、CA氏の故郷でもある天津に赴く前に、上海でもう一度インタビューをしたいと考え、次はそれまでの調査では外から確認するに留めていたネットカフェに入り、そこで店員をしていたCD氏（二〇歳女性）に話を聞くことになった。そして、名前と年齢を確認した上で「あなたの出身地はどこですか」という問いに対して、「四川省の綿陽市」という答えが返ってきたとき、筆者はCA氏と顔を見合わせることになった。少し間をおいて、この調査ではほとんど「お決まりのセリフ」になってしまった「それは遠いところから」を呟く結果となり、そのネットカフェからの帰路でのCA氏との会話で、「天津でのネットカフェの調査はまだだけど、今回はネットカフェで地元の人に出会うことができるのかな」という言葉がついつい口をついてしまった。

このような経験は、中国共産党が進めてきたいわゆる「先富論」、すなわち中国の沿岸部を外国からの投資を用いて先行的に開発し、そこで産業育成を行い、それで得た資本を中国の比較的貧しい地域に還流させる、という「(中国版）トリクルダウン理論」のようなもの[*7]の結果であると言える。なお、ここで結果であると述べたのは、次の二つの意味を持つ。

一つ目は、そのトリクルダウン理論は、現実としてはいまだ地方に十分な恩恵を与えたとは言えない、ということである。そのことは、まさに前記の三人がその身をもって示している。つまり、彼ら／彼女らがトリクルダウンの恩恵を受けているとするならば、わざわざ遼寧省から北京へ、四川省から上海へと出稼ぎに来る必要はなかったかもしれないからである。

二つ目は、この理論は、特に地方に暮らす人々にとって、沿岸部での経済的な成功と自らの出身地における社会的地位の向上の夢を見させてきたし、今も見させている、ということである。この一文の二つの強調点、――すなわち、「自らの出身地における」と「夢」――、は非常に重要である。後者は「現実にはそのようにならない場合もある」という意味で、それを夢と呼ぶ他ないからであるが、前者については説明が必要だろう。中国では現在に至るまで、中国公民（中国国民の正式名称）の移動の自由は認められてこなかった。正確に言えば、中国では農業戸籍と非農業戸籍（都市戸籍）が存在し、農村から都市への戸籍の移動はほぼ不可能に近かった。その中で生み出されたのが、農業戸籍を有する出稼ぎ労働者の「農民工」（あるいは単に「民工」）である。[*8] それゆえ、先に紹介した三人の人々のうちで、誰かが農業戸籍を持っていたとするならば、沿岸部で経済的な成功は可能かもしれないが、そこに留まり続け、その場所で社会的地位の向上を見込むことは難しい。

しかし、なぜ中国では戸籍の移動が難しかったのか。詳述すれば、一九五八年に始まる戸籍の分断に対して、二〇一四年七月三〇日に中国の内閣の機能を担う国務院が「戸籍制度改革のさらなる推進に関する意見」（中華人民共和国国務院 2014）を発表し、二〇一六年九月一九日に北京市がそれに倣った「意見」を公布することで、中国のすべての自治体が戸籍に関する人々の分断を解消しようとする方向に向かうことになるまでに、なぜこれほどの時間がかかったのか。

この点については、序章の冒頭でなした議論に比して次のように言えるかもしれない。世界とアジアの関係が二重写しのようになっていたことと同様に、中国という国が二重写しのようになっており、都市と地方の格差が非常に大きなものになってしまっているため、戸籍制度を突然自由化してしまえば、都市に流入する人口を都市自体が支えきれなくなり、社会の混乱を引き起こしてしまうことが想像できたからだ、と。

このように推論することができる指標の一つとして、例えば中国の直轄市と各省間のインターネット普及率の格差を考えてみよう。ＩＴＵの調査に従えば、中国の二〇一一年時点でのパソコンとインターネットの家庭普及率は、それぞれ三八・〇%、三〇・九%であった（ITU 2012: 208）。しかし、ＣＮＮＩＣの提示する二〇一一年一月時点のデータを参照すれば、直轄市と各省とのインターネット普及率は、北京（六九・四%）や上海（六四・五%）、天津（五三・八%）といった沿岸部と、貴州省（一九・八%）や江西省（二一・四%）などの地方との差が非常に大きいことが分かる（CNNIC 2012: 20–1）

ここで注目すべきは、このような差が直轄市と省という単位で確認できるということである。なぜなら省には、さらに中央と地方の区分があり、当然のことながら、地方の数値を押し下げているのは、地方のさらに地方であると考えられるからだ。そして、このような「地方の地方」には、中国がつねに頭を悩ませ、その解決に苦慮してきたいわゆる「三農問題」がある。三農問題とは、農業、農村、農民に関する問題であり、その中でも問題の核となるのは「農民」であると言われ続けてきた。なぜなら、農民が農業で収益を上げることができず、（農業の収益増のための）農業技術開発を行うことがままならないため、生活を支えるべく農民たちは都市へと出稼ぎ労働に出ることになり、その結果農村が荒廃する、というプロセスが、これまで継続してきたからだ。

それゆえ、戸籍との関係で言えば、単純に戸籍制度を自由にすることは、このような問題を「そのまま都市問題へと変換する」という意味を持つことになるだろう。このことと関連して、筆者がネットカフェ調査を行ってきた二〇〇九～二〇一二年の段階で、中国では教育、医療をはじめとする様々な社会保障は、基本的には戸籍のある場所において受給せざるをえなかった（厳 2007, 2010）ことは、改めて確認されてよい。そのため、農村から都市への出稼ぎ労働者たちは、満足に医療を受けることもできず（王 2006, 2009; 谷口・朱・胡 2009）、そのような人々同士が結婚して子どもができた場合、その子どもは農業戸籍を持つことになるため、都市における子どもの福利厚生も大きな課題となってきた（厳 2007）。

しかし、農業戸籍を持つ人々の多くが非農業戸籍（都市戸籍）へと転換すれば、その時点で都市が賄わなければならない教育・医療費などの社会保障サービスの費用は莫大なものとなる。また、このような人々が大量に都市に流入した場合、明らかに住宅が足りず、それゆえスラムのような場所が多数出来上がる可能性が高い。都市の側に定位する場合、これら二つの問題を取ってみても、急速な戸籍改革は、非農業戸籍（都市戸籍）を持つものと農業戸籍を持つものの双方を不幸にしかねない、という帰結が導かれることになるだろう。そしてこのような問題は、単に農業戸籍を持つ人々と非農業戸籍（都市戸籍）を持つ人々との間のみのものではない。というのは、格差は農村と直轄市のような大都市の間だけにあるのではなく、地方都市と大都市の間にもあるからだ。よって、現在でも喧しい議論のあるこの問題の解決のためには、究極的には最初の課題に立ち返ることでしか、――すなわちそもそも地域間格差をど

図6　北京のあるネットカフェからの風景（筆者撮影）

のように埋めるかを考えることでしか――、解決しない。戸籍の分断の解消によって回避できる問題は数多くあり、それらは早急になされるべきであると言えるが、このことは中国の都市の問題、都市間の問題、そして農村・都市間の問題の解決の端緒に過ぎないのである。

このような紹介を行っておけば、中国の大都市のどのような地域にネットカフェがあるか、ということが、都市の開発と密接な連関を持つことが示唆されるだろう。それぞれの都市の社会背景との関係でネットカフェを論じることは、第II部第8章に譲るが、ここでは一例として北京のあるネットカフェからの風景（図6）とそのネットカフェの店内の様子を紹介しておこう（図7）。

最初の写真は、二階に店舗の入り口があるネットカフェから、背後を振り返るかたちで撮影したものである。手前に集合住宅が立ち並び、遠景に高層のビルが立ち並ぶこの写真は、現代の北京と呼ぶにふさわしい風景であり、周囲には大きな建設現場がいくつも存在した。実際、北京のネットカフェが集中する地域の一つは、そこを基点に周囲を見渡せば、必ずいくつかの建設現場を発見することができるような場所である。

さらに、このネットカフェの店内は、写真からも分かると

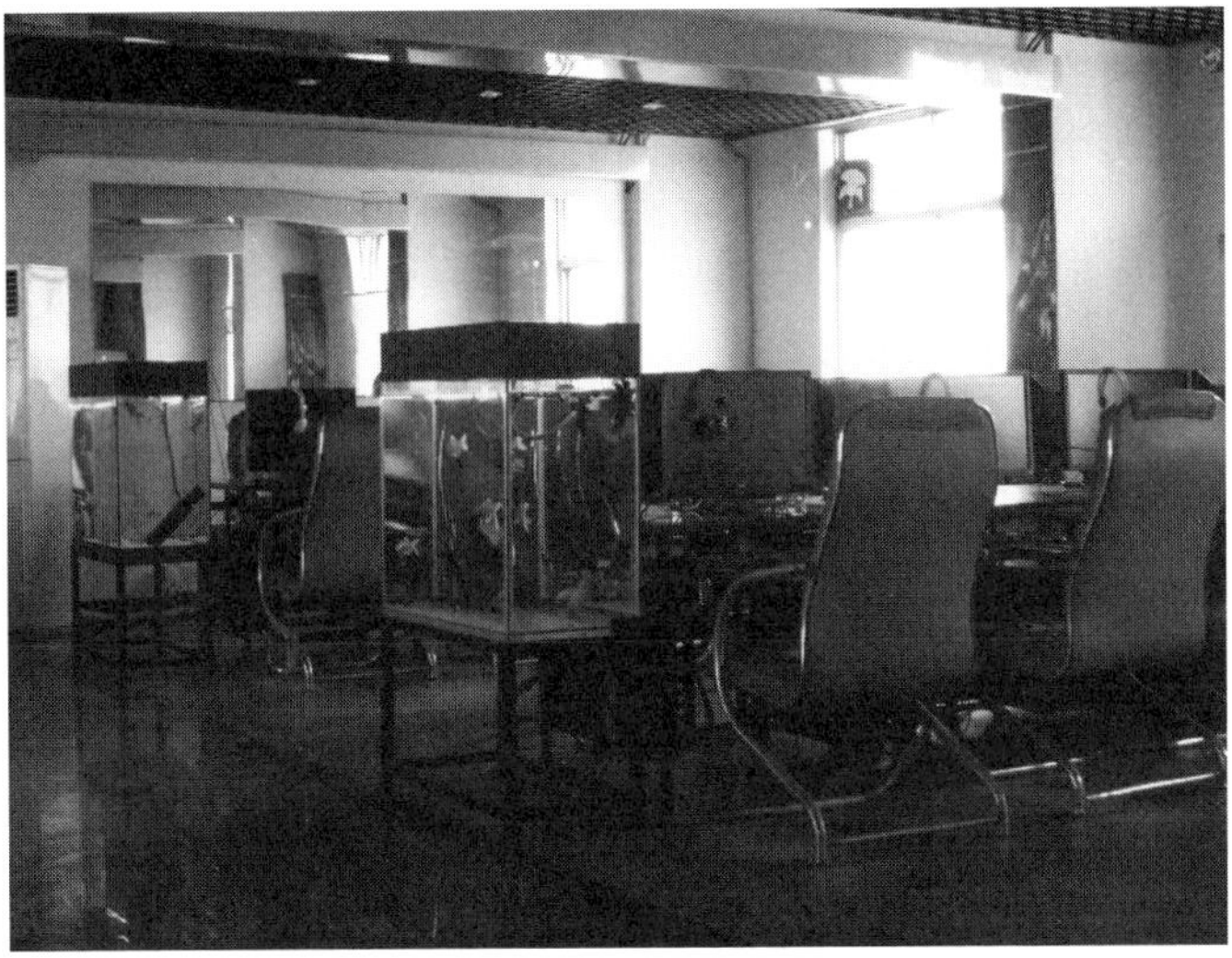

図7　北京のあるネットカフェの店内（筆者撮影）

おり、オープンスペースの比較的広い間取りを持ち、大きな窓から光を入れることができるような造りになっている。その上で、おそらく何よりも注目に値するのは、様々な色や形の金魚が泳いでいる大きな水槽が向かい合った机の列ごとに置かれていることだろう。

これらの写真からはっきりと分かることは、このネットカフェはパソコンやインターネットとともに、顧客にリラックスができる環境を提供しようとしているということである。第II部第8章で詳しく論じることだが、このような建設現場の近くに集まるネットカフェの顧客たちは、その大半が地方からの出稼ぎ労働者であり、彼ら／彼女らはそこで様々な娯楽を享受している。だが、なぜ彼ら／彼女らはこのような環境で娯楽を享受することになるのか、また、そもそもなぜネットカフェで娯楽を享受することになるのか。中国の大都市部のネットカフェの集中地域における、移動する人々のネットカフェでのインターネット利用に着目することによって、彼ら／彼女らが現在置かれている境遇と、これまで置かれてきた境遇とが重なり合うかたちで示されるのは、先に確認した三農問題のような中国という国に固有の格差が現代的な形態をとって、娯楽の提供のあり方という点にまで及んでいるということである。

なお、中国における社会的弱者だと考えることができる、地方から大都市部へと移動する人々が中国社会に突きつけている課題は、私たちが日本のネットカフェの分析から得た、共にあることの現代的な困難と無縁ではない。なぜなら、中国の大都市部という現実の場所で引き起こされているように見える分断は、個別ブースをめぐる自他の干渉の問題として、私たちが確認したことに類似しているからだ。

最後に、中国におけるネットカフェと移動する人々との間に発露する問題は、単に移動者のみならず、移動元に残された人々にも及ぶものであることを指摘して、本節の帰結としよう。[*9] 二〇一六年、中央人民政府の公式サイトでは、「首相に何か言いたい——二〇一七年インターネット利用者建言活動」と題し、政府に対する意見や建言をオンライン上で人々に求めるキャンペーンを行った。そのようにして集められた意見の一つに、「田舎の未成年者を守るために、村のネットカフェの厳格な管理を」（中華人民共和国政府网 2017）というタイトルの建言がある。

むろん、この建言が本当に「市井のインターネット利用者」からの建言であるか否かについては、議論の余地がある。だが、中央人民政府がこの建言を公式サイトに掲載したという事実は、そこで論じられている問題の存在を、中国共産党が正式に認めたということを意味する。

この建言は、田舎のネットカフェが法律を厳守していない、と論が説き起こされ、田舎の子どもたちが置かれた現在の生育環境の問題が論じられる。具体的には、一部の農村留守児童、すなわち両親が出稼ぎ労働者として大都市で住み込みで働いているために、農村に残された児童たちの一部は、学校に住むことによって大人に監督されているが、その他の多くの農村留守児童の監督は、子どもたちの祖父母を含めた老人によって担われており、オンラインゲームの誘惑に対する自律に欠ける結果となっている（中華人民共和国政府网 2017）と指摘される。

それゆえにネットカフェに厳格な法適用を、と呼びかけるこの建言が示すことは、中国におけるネットカフェ、およびそこでの娯楽の提供のあり方の問題は、中国国内の農村と都市間の格差の問題と密接に結びつくものであり、ひいては中国という社会全体の秩序維持の問題にも通じるものだということである。

3　学校から離れて

台湾において、ネットカフェは一般的に「網咖（Wang ka）」と呼ばれている。「網」が“net”を、「咖」が“café”を意味することを考えれば、この名称は「ネットカフェ」の語義をそのまま受け継いでいる、と考えることができるだろう。なお、事業登録の正式名称としてのこの業種は「資訊休閒業（Information Leisure Service Provider）」というものであり、二〇一一年九月時点で、台北市商業處に「資訊休閒業」として正式に登録されているネットカフェの数は六九店舗である。実際は、この登録から漏れるネットカフェもあり、この数は事実を正確に反映しているとは言えないのだが、参考値としての意味は持つ。[*10] そして、この数値を用いて面積約二七一・七八㎢の台北のネットカフェ密度を算出するとすれば、その値は〇・二五（shops/㎢）となり、それは、本書で扱う他のアジアの都市と比べて、かなり低い数字であると言える。台北のネットカフェで、アルバイト店員として勤めるWA氏（男性）によれば、「台北市内のネットカフェは一〇年ぐらい前から徐々に減少し、二〇〇九年から二〇一〇年あたりで下げ止まり、（二〇一一年）現在に至っている」というのが、台北のネットカフェの店員へのインタビューを総合した際の、一般的な認識だった。

第Ⅱ部第9章で詳しく触れるが、台北市商業處に登録されていない店舗のネットカフェを除くと、台北の三〇％近くのネットカフェは二つの繁華街の周辺に密集している。このような地域の背景もあるが、付近にあるネットカフェの多くは、若者のオンラインゲームユーザーを対象としたものであり、繁華街のネットカフェのパソコンの性能は、二〇一一年の時点でほぼ最新のものであった。一例を挙げれば、この付近のネットカフェのあるパソコンのＣＰＵはIntel Core i5-2500 3.0 GHz*2、ＲＡＭが三・〇ＧＢ、Video CardにはNVIDIA Geforce GTX560 Tiが用いられており、この性能は、当時の最新のゲームの推奨環境を満たして余りあるものである。あるいは、「戰略（strategy）」、「高手（master）」、「戰鬥基地（Battle Station）」（図8）といった、この辺りのネットカフェの店舗名（の一部）に選ばれた単語からも、人々がこれらのネットカフェをオンラインゲームに利用していることが分かる。

図８　台北のあるネットカフェの入り口（筆者撮影）

他方、繁華街を「主に若者に向けて開かれた」という意味に解釈するならば、台北のネットカフェは、ソウルにおけるそれとは違って、オンラインゲームを中心とするもの以外にも様々な種類があるということには、注意が払われてよい。例えば、忠孝東路四段を少し北に上がったところにあるネットカフェでは、一人掛け用のソファが用意され、オンラインゲームに特化したネットカフェと同様の性能を備えたパソコンと、日本のネットカフェと同様のフリードリンクサービスが提供され、無料での雑誌の閲覧が可能である。このネットカフェには女性客も多く、それらの人々が雑誌を読んだりしながら、個人の静かな時間を過ごしている様子を観察することができる。このようなネットカフェは、総じて一時間当たりの価格が、オンライゲームを中心とするネットカフェの二倍程度（五〇〜六〇ＴＷＤ）に設定されている。

　また、日本のいわゆる漫画喫茶のように、漫画を中心としながら、パソコンとインターネットサービスを備えた店舗が存在することも、ここに記されてしかるべきであろう[*11]（図９）。それらの店では、数万冊の漫画が置かれる一方、総じてパソコンの性能は低いものに留まる。例えば、ある店舗のパソコンの性能は、ＣＰＵがPentium 4 3.00 GHz、ＲＡＭがOnboard Video とのシェア分の八ＭＢが引かれて五〇四ＭＢであり、

図９　台北のある漫画喫茶（筆者撮影）

図10　台北のある日本風のネットカフェ（筆者撮影）

その店舗では、「閲覧制限のかかるウェブサイトにはアクセスできません。またムービーのダウンロードやオンラインゲームの実行やダウンロードは固くお断りします」という注意書きがなされている。

また、ゲームを中心とするネットカフェにも、規模は少ないものの数百冊の漫画が置かれる場合もあり、日本からの影響という観点で言えば、先に見た「漫画喫茶」のようなネットカフェを始めとして、比較的新しいネットカフェではスライドドア付きの簡易「個室」を提供する店舗がいくつか存在する（図10）。以上のようなことから、台湾のネットカフェは日本からの影響が非常に大きいと考えられ、加えて若者文化の流入経路という点で、台湾が中国への橋渡しの機能を備えていることも確認できた。[*12]

しかし、だとすればいくつかの疑問が生じる。その一つは、ネットカフェが若者文化の様々な側面に適応するかたちで展開しているように思われるにもかかわらず、なぜ台北にはそもそもネットカフェが少なく、それらは繁華街のみに集中してしまうのかである。というのは、これほどまでに日本からの影響を強く受けているのだとすれば、例えば東京のように、ネットカフェが駅前に数店舗集まるかたちで開店されたとしても、不思議ではないからだ。

以上のような確認と疑問を踏まえた上で、娯楽の目的で提供される台北のネットカフェを論じるための前提として、まず注目しておかなければならないのは、台北のネットカフェに対する厳しい規制である。台北のネットカフェにかかわる条例に則れば、小学校、中学校、専科学校、高等学校の周囲二〇〇m以内では、ネットカフェは開店できないことになっている（臺北市法規査詢系統 2015）。そしてこの条例は、ネットカフェの図示化を試みた場合に明らかになることだが、かなり厳密に適用されている。

加えて、この条例では、ネットカフェ経営者が自らの店舗に入店させることができる顧客の年齢を制限しており、それに従えば、店舗の従業員は「親、保護者同伴でなければ、一五歳未満の子どもをネットカフェに立ち入らせてはなら」ず、「平日の午前八時から午後六時まで、および午後一〇時から翌日の午前八時の間、また土曜祝日の午後一〇時から翌日の午前八時の間は、一八歳未満の子どもを入店させてはならない」（臺北市法規査詢系統 2015）。それゆえ、台北のネットカフェに一人で来店する顧客は、条例上は一五歳以上だということになる。

このような制限は、特に台北の住民居住区付近では、かなり厳格に守られている。実際、本節の最初に紹介したWA氏によれば、小学校や中学校では、この規則が遵守されているかを確かめるために、「軍の関係者を雇用して、ネットカフェに見回りに来る」ことがある。そして、たとえ店員が、来店する子どもの年齢が何歳であるか見分けがつかなかったとしても、その子どもが一五歳未満でネットカフェに一人でいることが発覚すれば、その店舗と従業員には、非常に重い罰則が科せられる。先の条例によれば、例えば、一八歳未満の若者への提供が禁止されているゲームが一五歳未満の子どもたちに提供されていた場合には、「三万TWD以上一〇万TWD以下の罰金」が科せられ、「業務状態の改善が見られない場合は、一ヶ月以上三ヶ月以下の営業停止処分」(臺北市法規査詢系統 2015) が下される。

そのため、WA氏は顧客が何歳であるかには非常に気を使っているという。というのは、二〇一一年時点での台湾のネットカフェは、基本的に日本のような身分証明書をもとにした「会員カード」を発行することがなかったため、店員は顧客が厳密には何歳であるかを各自で推し量るしかないという状況にあったからだ。

なお、台北を囲うようなかたちで市が形成されている新北でも、二〇〇九年には台北と同様ネットカフェに対する条例が制定され、それは台北のものよりもさらに厳しい内容になっている。例えば、条例に従えば、学校の周囲四〇〇mではネットカフェは開業できず、八m以上の道路に面した場所に入口を設けること、さらには地下階層に営業店舗を設けてはならないこと (植根法律網 2009) が明記されている。また、年齢制限についても、「一八歳未満は入店禁止」(植根法律網 2009) というかたちで徹底されている。ただし、新北では、この規制が厳密に遵守されているとは言い難い状況がある。というのも、新北で登録された「資訊休閒業」のうちの数店舗の所在地に、「地下一樓」ないしは「地下一層」という表記が見られるからだ。

このように台北のネットカフェは、それを娯楽の提供施設として捉える場合には、人々に多様な環境を提供するものとなっているが、同時に未成年の若者の入店に対して、かなり厳格な制限が設けられている場所でもあると言える。もちろん、これまで確認したように、日本のネットカフェも、個別ブースが「好きなことが何でもできる」空間として成立して以降、健全育成条例の改正などによって、未成年の子どもたちが気軽に訪れることができる場所ではなくなっていった。だが、以降で改めて論じるとおり、台湾ではその社会的背景とともに、子どものネットカフェ利用がにわかに注目される場面がある。それは共働きの家庭における子どもをどのように育成するか、ということにかかわるものであり、次章の主題である「ケア」という文脈への橋渡しの位置付けを持つものでもある。

第5章　ケアの実践者／対象者とネットカフェ——東南アジア諸国のネットカフェの風景1

1　「カナダビザの取得をアシストします！」

前章末で述べた「ケア」という主題への橋渡しを受けるかたちで、台北のネットカフェの別の側面に簡単に触れておこう。なお、本章のねらいには、ケアという主題を設定して台湾のネットカフェを語る場合に、台湾を東南アジア諸国というカテゴリーで論じる権利が担保され、このことは香港にも妥当することを示す、というものもある。事実、ネットカフェはある特定の国や地域に現実に存在するという意味では、それが立地する国や法律に準拠した経営がなされる。だが、その利用者の属性如何で、ネットカフェはその土地から部分的に遊離し、あたかも「海外」のような装いを持つことがある。本節で紹介するのも、前章で見たものとは別の姿、別の風景を持つ台北のネットカフェである。

では、別の姿、別の風景とは、具体的にどのようなものか。第Ⅱ部第9章では、「場所に根差された裏側」と呼ぶことになる台北のネットカフェの別の風景は、台北のとあるビルとその周辺にある。まず、そのビルには目立って集中しているとは言えないものの、四つのネットカフェの店舗が一つのフロアに集まり、そこではパソコンとインターネットを提供していた。聖クリストファー教会の近くにあるそのビルの周辺は、日曜日や祝祭日になると、多くのフィリピン人移民労働者が集まり、歓談やショッピングを楽しむ場所となっており、やはりこの教会の近くにあるフィリピン人向けのスーパーマーケットには、日本から見た台湾よりもさらに南国由来のカラフルな商品がたくさん並んでいる。

これら四つの店舗はどれも、台北市商業處には「資訊休閒業」として登録はされていない。だが、本書の定義に則れば十分にネットカフェと見なしうるものである。それらのネットカフェのパソコンの性能は、漫画を中心とする台北のネットカフェのパソコンのそれと、ほぼ変わらないものが用意されている。例えば、ある店舗のパソコンの性能は、ＣＰＵがIntel Pentium 4 3.00 GHz*2、ＲＡＭがOnboard Videoとのシェアで五〇四ＭＢ、そのOnboard VideoはIntel 82915G/GV/910GL Expressであり、この性能では、現在のオンラインゲームを起動することは、非常に困難である。だが、すべてのパソコンには、オンラインゲーム中心のネットカフェには敷設されていなかったヘッドセットとウェブカムが備えられている。

この店舗に務めるＷＢ氏（五二歳男性）が説明するには、このネットカフェの主要顧客はフィリピン人女性のケア・ギバー（Care Giver）もしくはドメスティック・ワーカー／ヘルパー（以下、ＤＷ／ＤＨと略記）であり、桃園では、ネットカフェの主要顧客は工場労働者たちになるという。なお、このネットカフェの収入のほとんどは日曜日と祝祭日に得ており、事実、彼が働く店舗は、平日は午前一一時に開店し、午後八時には閉店する。それほどまでに平日には顧客が入らないのである。

では、彼女たちのネットカフェの利用方法とはどのようなものか。それは、本節以下の香港、シンガポールの章でも事例として見ることになるが、Skype、Yahoo! Messenger、あるいはfacebookなどを用いて、自国に残してきた家族や友人とコミュニケーションをとることである。そのことは、彼女たちが使うパソコンのデスクトップにあるアプリケーションソフトのショートカットが、SkypeとYahoo! Messengerの他はGoogle EarthとPowerDVDのみであること、そして壁に貼られた「カナダへのビザ取得のお手伝いをします（We Assist Visa to Canada）」という広告が、如実に物語っている（図11）。なお、この写真の上部には、男女比で言えば比較的女性の方が多いが、様々な出身の人々のパスポート写真が拡大コピーされたかたちで並べられており、このネットカフェが、同時に人材仲介業のような役割を果たしていることも理解できる。

ここで、「カナダへのビザ取得のお手伝い」がサービスとなる理由を簡単に説明しておけば、二〇一一年時点、カナダではケア・ギバーやDW／DHとして三年以上働けば、永住権を申請する権利を得ることができた。他方、台湾ではそのような権利を得ることができず、雇用契約が満期になった際に、契約の延長を求めるか、新しい雇用主との再契約を果たすかのいずれかがなされない場合、帰国しなければならなかった。それゆえ、このような職業に従事する人々にとっては、たとえ給料の面において、それほど待遇が変わらなかったとしても、カナダへの渡航ビザが取得できることは生活環境の劇的な向上を図ることができるという点で、非常に魅力的なものだったと考えられる。

以上のことから、このネットカフェは、まさに移動する人々を対象とし、その中でも、特にフィリピン人向けと言ってよいものであることが分かる。それと同時に、このフィリピン人向けのネットカフェが「資訊休閒業」としては登録されておらず、そのサービスが台湾人向けのものではなかった点をもって、周囲の台湾人にはその存在を知ることが困難であることを暗示させるものとなる。

図11　台北のあるネットカフェの風景（筆者撮影）

実際、WB氏は「このあたりの店には、台湾人はまったく来ないよ」と語っていた。このネットカフェの主要顧客層が、フィリピン人移民労働者たちとなっており、営業時間も彼ら／彼女らの働き方に合わせたものになっているという意味では当然のことであるが、この店舗のパソコンのOSはすべてWindows英語版である。そしてもちろん逆に、このビル以外のネットカフェはすべて、OSにWindows繁体字版が用いられている。それゆえ、これらのネットカフェは台湾人の目にほとんど留まることもなく、ビルの二階にひっそりと、――ただしフィリピン人しか来ないそのビルの内部ではところ狭しと――、存在することになるのである。

なお、台湾に在住するインドネシア、フィリピン、タイ、ベトナム出身の人々は、多少の増減はあるものの、二〇〇一〜二〇一〇年の一〇年間、毎年四〇万人強の数が維持されてきた（Ministry of the Interior 2001–10）。さらに、二〇〇一〜二〇〇四年にかけてインドネシア国籍の人々の割合が減少した際には、ベトナム国籍の人々の割合が増え、逆に二〇〇五〜二〇一〇年にかけてインドネシア国籍を持つ人々の割合が増加した際には、タイ国籍とベトナム国籍を持つ人の割合が減るなどの増減はあるものの、インドネシア、フィリピン、タイ、ベトナム出身の人々で全体の九〇％近くが占められてきた（Ministry of the Interior 2001–10）。さらに二〇〇一〜二〇一〇年の一〇年間、外国籍を持つ人々のおよそ四五％が台北、新北、そしてWB氏が言及していた桃園という三つの都市に在住し、台北には外国籍を持つ人々全体の一二〜一四％が暮らしてきた（Ministry of the Interior 2001–10）。

なお、二〇一〇年時点のデータに従えば、台北にはフィリピン国籍を持つ人（計五九一二人）とほぼ同数のベトナム国籍を持つ人々（計四三七三人）、そしてフィリピン国籍を持つ人々の四倍弱の数である、インドネシア国籍を持つ人々（計二万三三四一人）が在住し、タイ国籍を持つ人々（計一〇五七人）がもっとも少ない。

このような人数の差を踏まえた上で、フィリピン国籍を持つ人々に向けて、台北に四店舗のネットカフェがあるのだとすれば、例えばベトナム人向けのネットカフェ、あるいはインドネシア人向けのネットカフェは存在するだろうか、とここで問うてみよう。

筆者の調査によれば、台北においては表立ってベトナム人向け、インドネシア人向けと銘打っているネットカフェの存在を確認することはできなかった。その理由の一つには、両国のパソコンとインターネットの普及率の問題がある。

この点について、台湾の男性と結婚したベトナム出身のWC氏（女性）によれば、ベトナム人のDW／DHにとっては、ネットカフェよりも携帯電話の方が、シンプルかつ簡単に家族と連絡が取れ、何よりベトナムでは、二〇一一年時点では、ネットカフェも含めて、パソコンやインターネットが十分に普及しておらず、さらにベトナム出身の外国人労働者の家族たちは、パソコンやインターネットを使うことができず、持ってもいないため、彼女たちにネットカフェを利用するメリットはないのだと説明した。先のネットカフェが入っているビルの一階には、英語、インドネ

図 12　台北のあるビルに掲載された広告（筆者撮影）

シア語、ベトナム語、タイ語で書かれたＳＩＭカードの広告（図12）が様々な場所に貼られていたことは、彼女の説明の傍証になると言えるだろう。

ただし、台北を離れれば、その条件は別のものであった可能性はある。例えば、二〇〇一～二〇一〇年の、新北に在住する外国籍の人々の割合は、台湾全土の割合と同様の九〇％近くがこれら四ヶ国の出身者によって占められ、さらに桃園においては、これら四ヶ国の出身者が一〇年続けて九五％を超える割合で在住してきた（Ministry of the Interior 2001–10）。

他方、台湾側の別のネットカフェ利用に関する限定要因として、特にケア・ギバーやＤＷ／ＤＨとして働いている人々の置かれた社会環境が挙げられる。例えばＰ－Ｃ・ランは、台湾ではＤＷ／ＤＨとして働く人々が「家の外に出る」という行為について、それが休日であったとしても雇用主から「彼氏をつくったりするのではないか」などといった、疑いの目が向けられていたことを明らかにしている（Lan 2006: 165）。だとすれば、そもそもこれら四ヶ国出身の人々向けのネットカフェが非常に少なくなるのも無理はない。

前章で見たような、オンラインゲームを中心として若者文化を担う台湾のネットカフェの利用が非常に目立つかたちで周知され、実際にそのことを念頭に置いた条例が制定されている事実をもって「表側」と表現するならば、資訊休閒業として登録されていない、上に見たような移民労働者のためのネットカフェやその利用は、台北のネットカフェの「裏側」となるだろう。

この台北のネットカフェの事例が注目に値する理由は、ネットカフェが移動する人々のインターネット利用を支えている、ということのみならず、当の移動する人々が台北の「保護されるべき対象＝子ども」を支えているということにもある。そして、第Ⅱ部第9章でも改めて論じることだが、子どもを支えるということは、その子どもがいる家庭とその家族を部分的に支えるということも意味するだろう。

それゆえ、本節で見てきた移民労働者たちのネットカフェの利用のあり方は、本書の課題である共にあることの現代的な困難とも無縁ではない。なぜなら、ケアの概念を広くとれば、日本でネットカフェ難民と呼ばれる人々が抱える問題とは、台北における子どもと移民労働者がある個人の中で重複してしまうような状況のことであり、その解決のためにはこのような重複を一旦解きほぐした上で、改めてネットカフェ難民と呼ばれる人々が、周囲の人々と共に自らを助けることができる状況を構想する必要があるからだ。このような解きほぐし方の方針を、日本との差異を踏まえつつ検討するという点からも、台北のネットカフェに学びうることは多いのである。

2　ハイハイする子どもをおとなしくさせるために

香港のネットカフェと移動する人々を考える上で、特に重要なものは「七年」という数字であり、その数字にまつわる中国本土と香港の歴史的な関係である。香港のネットカフェを論じるイントロダクションとして、本節ではまず、二〇一一年に香港を騒がせ、さらに中国本土でも無視できない問題となったある事例に焦点を当ててみよう。

中華人民共和国第七期全国人民代表大会において、香港特別行政区基本法（Basic Low of the Hong Kong Special Administrative Region、以下、香港基本法と略記）が一九九〇年に採択された。それは、アヘン戦争終結以降一五〇年を超える長きにわたってイギリスに割譲されていた香港が、主権移譲されるかたちで一九九七年七月一日に中国に帰属することになる際に適用された法律であり、現在も香港における「憲法」の位置付けを持っている。

ところでこの香港基本法第二四条第四項には、香港の永住権を持つことができる者の条件の一つが、次のように規定されている。


中国国籍を持たない者で、香港特別行政区の発足以前または以後に、正規の旅券を持って香港に入境後、七年以上連続して香港で通常に居住し〔have ordinarily resided〕、香港を永住先と定めた者。

（Constitutional and Mainland Affairs Bureau 2015: 10）


これまで香港政府は、フィリピンおよびインドネシアから香港の家庭に住み込みで働きにくる女性のＤＷ／ＤＨについて、それが「通常の居住」にはあたらないと判断し、入国管理法上、永住権を認めてこなかった（Department of Justice 1997a）。だが、香港の中国返還以前から、二五年にわたって香港でＤＷ／ＤＨとして働き続けたフィリピン出身の女性が、入国管理法の規定は香港基本法に矛盾するとして香港政府を相手取った訴訟を起こし、香港の高等法院（高等裁判所）は二〇一一年九月三〇日に、入国管理法の規定が違憲であるとの判断を示した。

香港政府は二〇一一年一〇月にこの判決を不服として上訴したが、「人権」の問題もさることながら、国勢調査ではすでに彼女たちを「通常居住者（Usual Residents）」として換算してしまっているという事実に鑑みれば、香港政府は“usual”と“ordinary”という二つの「通常」を明確に使い分けてきたと主張しなければならないことになるだろう。そして、香港政府がこれを機に、統計的にも彼女たちを「通常居住者」として換算しないというのであれば、基本的に雇用主の家庭に住み込みで働く彼女たちの居住空間は、これまでは実質的にはそうだったわけだが、通常居住者ではない人々がいる場所とでも呼ぶべきものになってしまう。

解釈次第では「家庭」に穿たれる「外部」があちこちに出来上がり、その外部に居住するとされる人々が香港の「家庭」を支えることになるかもしれない、というこの問題は、単に想像上のものではない。というのも、香港ではこの問題をめぐって、香港基本法を制定した中国本土の共産党中央部に先の条文の再解釈を求めるという運動にまで発展したからだ（Philippines Daily Inquirer 2011）。このような、ありがちと言えばありがちな外国人排斥運動は、しかし、改めて香港における「外部」とは一体何か、というさらに大きな問題を引き起こす。その理由は、いわゆる「來港生仔（團）」あるいは「生仔團」と呼ばれている問題についても、香港政府は規制を行っているからだ。

この問題と関連するエピソードの一つとして、筆者が調査中に出会ったＨＡ氏（二〇歳女性）のことを紹介しておこう。筆者は、普段のインタビューのとおり、まずは彼女の出身地などについて聞いていたのだが、彼女は「広東省出身で、六〜七歳の頃に香港に来た」のだと説明した。そのため筆者は、彼女が大陸からの移民二世だと思い、「ご両親も大陸出身ですか？」と確認すると、彼女は笑いながら「私は生まれながらの親不孝なの」と答えた。

何が「親不孝」だったのか。その経緯は次のようなものだ。彼女の両親は香港人であり、彼女の母親が彼女を妊娠中に中国本土に行く用事ができたのだが、中国本土に渡ってすぐに母親が産気づき、香港に帰る前に彼女が産まれてしまった。この「産まれてしまった」ことを指して、彼女は自分が親不孝だと答えたのだ。

ＨＡ氏の半生は、中国、香港、そしてイギリスとの関係の間に揺れたものであったと言える。なぜなら、一九九〇年代初頭にイギリス統治下にあった香港永住民の子どもが中国で生まれた場合、その子どもは香港に戻ることが非常に難しかったからである。その後、彼女は広東省の親類の家で育てられ、六〜七歳の頃、つまり香港がイギリスから中国に返還されたそのときをもって、香港に無事に帰って「来た」のだ。

先に述べた來港生仔とは、ＨＡ氏の母親とはちょうど逆のことを中国人の親たちが行うことを指す。つまり、中国人の妊婦たちが、香港にやってきて子どもを産むことである。そのような人々がグループをなしてやってくる様に「團」という語があてられたのだろう。ただし、ＨＡ氏の母親の場合とは違って、中国人の親たちは意図的に、そしてそのような状況を求めて香港にやってくる。なぜなら、香港はイギリス統治下にあるときから、国籍を出生地主義で付与してきた経緯があり、現在はそれが中国の国籍を持つ両親の子どもに適用されているからだ。香港基本法第二四条第一項では、中国公民に対する香港永住権の付与について、次のように規定されている。

香港特別行政区の発足以前または以後に、香港で生まれた中国公民。

（Constitutional and Mainland Affairs Bureau 2015: 10）

対する中国では、国籍規定は血統主義を採用している。すなわち、両親が中国公民である場合、その子どもは生まれた時点で中国公民と認定される。それゆえ、中国公民が香港で子どもを産めば、その子どもは血統主義によって中国公民と認定されると同時に、出生地主義によって香港の永住権が付与されるのである。

中国公民にとって、中国本土で子どもが生まれ、その子どもが中国の国籍を持つことに比べて、香港で子どもが生まれ、その子が香港の永住権を得ることのメリットは計り知れない。その代表的な例はパスポートである。子どもが香港の永住権を持てば、当然のことであるがその子どもは香港政府発行のパスポートが獲得でき、そのパスポートは諸外国において、中国のそれとは比較にならない通用範囲と滞在条件を持つ。さらに言えば、中国では出国の手続きそれ自体に、いくつものハードルが科せられることもある（愛 2009, 2010）。また、香港の方が中国に比べて、社会保障や教育にも開かれている（AFP/Yi 2011; 合田 2014）といった側面も否定できない。例えば、ＨＡ氏の出生地でもあり、同時に香港と中国本土が接する場所でもある広東省の大学卒業率は、二〇〇〇年の時点で約四％である（園田・新保 2010: 142）。

それゆえ、多くの中国公民の妊婦が香港で子どもを産み、子どもに香港の永住権を与えようとするのだが、あまりに多くの妊婦が殺到し、香港の病院が機能しなくなったり、さらには病院外などの不適切な環境において出産したりするといった問題が後を絶たなくなった（The Government of the Hong Kong Special Administrative Region 2007）。中国公民の妊婦が香港の病院に予約を入れていない場合に、香港への入境を拒否するという規制を香港政府が施行したいきさつはこのようなものだが、他方で、そのようにして生まれる子どもたちこそが、近年の香港の新生児の増加数を支えている、という事実もある。

香港政府統計處(Census and Statistics Department)が報告するところによれば、香港の合計特殊出生率は、一九八九年に一・二九一であったものが徐々に下落し、二〇〇三年に〇・九〇一という数値にまで落ち込んだが、そこから二〇〇九年までの六年間で一・〇四二にまで回復した(Census and Statistics Department 2010)。そして、実数値としてその回復の下支えをしているのは、二〇〇一年にはわずか六二〇人であったものが、二〇一一年には三万五七三六人にまで至ることになる新生児を産み出した中国公民同士のカップルである(Census and Statistics Department 2013)。それゆえ、香港の次世代は香港政府が規制する「外部」、しかし、法的観点や政治的観点からすれば、自らがそれに包摂されるような「外部」、によって支えられていると考えることもできる。

他方、実践的には、このような子どもたちをどのようにして育てていくか、という問題を香港が抱えていることも事実であり、このことは、最終的に香港の最高裁判所が、先に見た高等裁判所の判決を覆し、入国管理法が憲法違反ではないという判断を下したこと(AFP/Yi 2013)にもつながる。というのも、仮にDW/DHに永住権が認められていたならば、DW/DHとして長く働くフィリピン人やインドネシア人自身に対する社会保障費、加えて彼女たちが家族を香港へと呼び寄せた場合、彼女たちの家族全体の社会保障費の増加という問題が浮上していたと考えられるからだ(AFP/Yi 2011; 合田 2014)。香港は自らの存立にとって欠かせない「移動する人々」という内部の外部について、難しい舵取りを迫られているのである。

香港のネットカフェの集中地域とともに、第II部第10章で論じられるのは、このような移動する人々、わけてもフィリピンとインドネシア出身で、ケア・ギバーやDW/DHといった職に従事する移民労働者たちのネット利用のあり方である。前節でも確認したとおり、このような人々は、平日は基本的には家事労働の現場で働いているということもあり、彼女たちが香港のネットカフェに大挙して押し寄せるのは休日である(図13)。彼女たちは、やはり前節で紹介した台北のフィリピン人向けネットカフェと同じく、Skype、Yahoo! Messenger、あるいはfacebookなどを用いて、自国に残してきた家族とコミュニケーションをとっている。

ただし、香港と台北の差異として、香港では、二〇一一年の段階では、基本的にネットカフェに対する年齢や時間

図 13　香港のあるネットカフェの風景（筆者撮影）

による入場制限は設けられておらず、二〇〇九年に入って初めて、ネットカフェの利用についての年齢制限と時間制限を設けるべきではないかとの議論が始まった（Home Affairs Bureau 2009, 2011）。そしてこのような差異が、幼い子どもを連れてくることができる場所としてのネットカフェという風景を香港にもたらしている。

上記の点については、筆者が遭遇した一つの印象的な例を紹介することができる。それは休日の尖沙咀の美麗都大厦のネットカフェに、インドネシア出身のＨＢ氏（二二歳女性）が、ベビーカーを押して入店してきたときの一幕である。ＨＢ氏は、「少し前まで香港のインターネット系の会社で働いていた」が、「現在は求職中である」と身の上を語った。ベビーカーに乗った子ども、――ここではＨＣくんと呼んでおく――、は彼女の友人の子どもであり、その友人が用事を済ませる間の数時間、ＨＣくんの面倒を見てほしいと頼まれた。だが、ＨＢ氏は時間を持て余してしまい、「どこか座ることができる場所」を求めて、このネットカフェまで子どもを連れてきたのだという。

ネットカフェにベビーカーを押して入店という状況は、日本のネットカフェでは目にすることのできない光景だろう。さらに注記しておけば、美麗都大厦とはバックパッカーのための安宿が数多く入居している、「それほど治安が良いとはいえない」と評されるような場所であり、日本人である筆者にとっては驚くべき状況を図らずも作り出したＨＢ氏には、是非ともインタビューを受けてもらう必要があると考え、彼女に声をかけて基本的な質問事項を説明し始めた。

だが、筆者のインタビューは長くは続かず、またＨＢ氏の「どこかで座りたい」という希望も十分にはかなえられることはなかった。その理由は次のとおりである。ＨＢ氏はパソコンを利用する間の邪魔にならないように、ＨＣくんをベビーカーにマジックテープで固定していた。だが、すでにマジックテープのはがしかたを覚えているＨＣくんは、テープをとってベビーカーから抜け出し、フローリングになっているこのネットカフェの床を、ハイハイでところせましと這い回り始めた。それを見たＨＢ氏は、慌ててＨＣくんをベビーカーへと連れ戻すが、彼はまたマジックテープをはがして、床を這いまわった。

これが何度も繰り返されたことから、ＨＢ氏がうんざりし始め、筆者は「これはインタビューにはならなそうだな」とあきらめ始めたときに、アフリカ系移民でこのネットカフェの店主であるＨＤ氏（男性）が、彼の大きな手でＨＣくんを摑み、そのときたまたま空席だったＨＢ氏の隣の席にＨＣくんを座らせた上で、子どもには大きすぎるヘッドセットをはめて、パソコンを操作し始めた。ＨＤ氏は、ＨＣくんが気に入りそうなアニメを、――それらの多くは違法にアップロードされたものであるが――、動画サイトで探そうとしていたのだ。筆者がＨＤ氏に「ＨＣくんに何を見せたいと思っているの？」と尋ねると、彼は「きかんしゃトーマス（Thomas and Friends）を見せようとしているんだけど、なかなか出てこない」と語った。横からその様子を見ると、検索ワードが上手く指定されていないことが分かったため、筆者が少しだけ検索の手伝いをし、最終的には、ＨＣくんに無事動画を見せることに、換言すれば、彼をおとなしく一つの場所に留まらせることに成功した（図14）。

第Ⅱ部第10章で詳細にふれるため、ここでは簡単に言及するに留めるが、このような状況が成立するのは、子どもがネットカフェに入店することがより容易である、という条件に加えて、香港ではそもそも子どもを一人で放置しておくことに対する厳しい罰則があるということも、その条件として検討される必要がある。

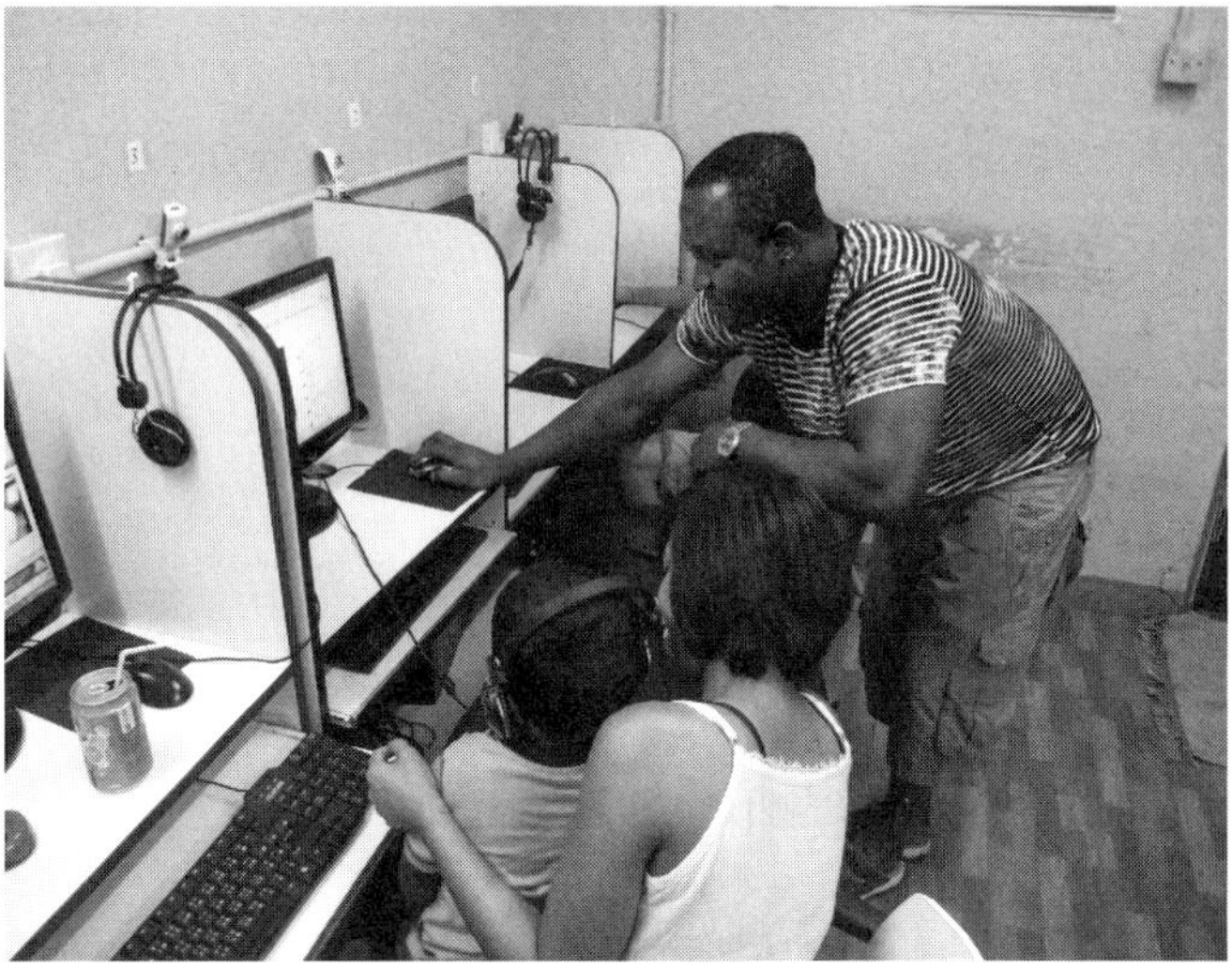

図 14　香港のあるネットカフェの一幕（筆者撮影）

だが、このような様々な条件の違いを加味してなお、ここで描写したような風景が実現する理由を考えることは、共にあることの現代的困難を解決する上で重要である。というのも、HCくんがなしたハイハイは、そもそもHB氏にとっても、HD氏にとっても、そして筆者にとっても基本的には「迷惑な干渉」であったところのものだが、HD氏の機転によって、それが徐々に迷惑な干渉ではなくなり、最終的には皆が静かに「きかんしゃトーマス」を視聴するという満足に至ったと考えられるからだ。

3　「オンラインゲーム厳禁！」

シンガポールのネットカフェを論じるにあたっての導きの糸として、筆者が遭遇した次のようなエピソードを紹介しておこう。二〇一〇年六月の初頭に行った最初のシンガポールでのネットカフェ調査で、筆者はシンガポールのいくつかの地域を見て回った後、最終日に近い段階になって、シンガポール国立大学の最寄り駅であるMRTブオナ・ヴィスタ駅に来ていた。なお、本書で取り扱う国や地域の中で、シンガポールでの調査が一番後回しになっていたのだが、ブオナ・ヴィスタ駅に来た理由は、これまでの調査から、ネットカフェは若者が集まる場所（そして金銭的余裕がない人々が集まる場所）にある傾向があったからだ。

ブオナ・ヴィスタ駅はシンガポールの郊外に位置し、さらに学術研究都市の最寄り駅としての装いもあるが、シンガポールの郊外の風景を知っている人であれば、その当時の筆者に向けてこう忠告したはずだ、——行きたいのであれば止めないけども、あまりお勧めしない、と。なぜなら、端的に言えば、シンガポールの郊外には、ネットカフェはほとんどと言っていいほど存在しないからだ。それは裏を返せば、シンガポールの郊外にはいくつかのネットカフェは存在すると言っていることに等しいのだが、このことについては、改めて触れることにしよう。

駅に降り立った後の調査の足取りは、工事現場の移民労働者たちの精力的な働きぶりとは対照的に、赤道直下の輝く太陽の日差しのために徐々に衰えていった。この調査において「ある地域にネットカフェが存在しない」ということは、重要なデータとなる。なぜなら、ある地域にネットカフェがないということは、一般的に「そこにはネットカフェに行く必要のない人々が集住している」ということを意味するからだ。とはいえ、やはりネットカフェを中心にして調査を行っている研究者としては、ネットカフェを発見できずに数時間ただ歩き続けるという作業は辛いものがあった。

これまで来た道のりの長さに辟易としながら、駅に戻ろうとしている筆者の姿は、徒労感に満ち満ちていたのだろう。そのような姿を見かねてだったのかは定かではないが、ある女性が、——ここではＳＡ氏と呼んでおく——、“May I help you?” と声をかけてくれた。非常に親切な彼女は中華系の顔立ちをしており、年齢的に見てシンガポール国立大学の学生かもしれなかったが、そのことを聞くよりも筆者の口から最初に飛び出した言葉は、これまでの調査の「徒労」を物語る、“Are there any internet cafes around here?” であった。

その言葉を口にした後に、筆者は「しまった」という思いでいっぱいになった。自分自身の風体は、明らかに旅行者のそれであり、このような質問をするということは「パソコンを用いてインターネットをしたい」と訴えているのと同義だが、だとすればなぜこのような郊外にいるのかが分からなくなる。筆者はそのとき不審な人物になりかけていたわけだが、ＳＡ氏には、筆者が真剣に困っているように見えたらしく、質問に次のように答えてくれた。「この辺りにネットカフェはないわよ。私はネットカフェがどの辺にあるのかは詳しくは知らないけど、ブギスに行けばあると思う。そこまで行く方法は分かる?」。そう言って彼女は、自分が数年前にブギスで見たネットカフェを思い出したと続け、そこへの行き方を説明し始めた。

そのとき、筆者はこの会話そのものが調査の一部となりつつあることに気付いた。なぜなら、ブギスとはシンガポールの若者が集まる一大繁華街であり、これまでの調査からの類推で、そのような場所にはネットカフェが集まりやすい傾向にあると考え、まさにその付近のホテルに宿泊しながら数日前に調査を行ったにもかかわらず、数え方にも左右されるが、シンガポールの郊外と同じくネットカフェがほとんど存在しない場所だったからだ。[*1] そこで筆者は、旅人の風情のままで、SA氏に次のような質問を再び投げ返してみた。「もちろん知っているよ。僕のホテルはその辺りだし。でも僕のホテルの周りって、ネットカフェがあまりなかったように思う。本当にブギスの辺りに行った方がネットカフェって見つけやすいの?」。彼女の答えは「多分そう。少なくとも私の知る限りブギスの辺りが、一番ネットカフェがある場所だと思う。でも、そもそもシンガポールにはネットカフェはほとんどないわよ〔First of all, there are few internet cafes in Singapore〕」というものだった。

筆者はこの時点で、すでにシンガポールでネットカフェが集まっている場所をいくつか知っており、それらの場所でのパイロット的なフィールド調査を終えていた。その代表例は、第Ⅱ部第11章で詳しく見ることになる、インド系移民の集まるリトル・インディアであり、そこはまた、香港の美麗都大厦と同じくバックパッカーたちのための安宿が立ち並ぶ場所でもある。ともあれ筆者は、SA氏の「そもそも、シンガポールにほとんどネットカフェはない」という言明が正確ではないということは分かっていたが、その言葉を聞いて、改めて次のように認識させられた。それは、シンガポールにおけるネットカフェは、それを必要としない人々にとっては、ほとんど存在しないものであるということだ。[*2]

少なくとも現在のシンガポールには、以上のような意味で、ネットカフェは「ない」。実際、この都市国家のパソコンとインターネットの家庭普及率は、二〇一〇年でそれぞれ八四・〇%と八二・〇%にまで到達している(ITU

2011: 153)。また、シンガポールが「住宅国家」とでも呼ぶべき国であること、すなわち外国人を除く多くのシンガポール住民が、住宅開発庁（Housing and Development Board、以下ＨＤＢと略記）の提供する公営住宅（ＨＤＢ住宅）に住んでいることは、ネットカフェの「なさ」を考える上で重要である。

まず、大前提として、ＨＤＢ住宅に住む世帯数は、二〇一〇年の時点で九四万三八五九世帯であり、シンガポール住民の総世帯数が一一四万五九二〇世帯であることから、約八二・三七％の世帯がＨＤＢ住宅に住んでいることになる（Singapore Department of Statistics 2011b）。他方、シンガポール政府は、ネットカフェへの子どもの入店それ自体に関しては、どちらかと言えば寛大な措置をとってきた。例えば、ネットカフェへの子どもたちの入店時間については、ネットカフェの経営者に対して「一六歳未満の者は、学校登校日には午後六時三〇分から深夜一二時までしか入店を認めてはならない」と規定するのみである（Singapore Police Force 2018）。

だが、シンガポールのネットカフェの増加への対応として、二〇〇七年当時の法務内務閣外大臣がＨＤＢ住宅に言及しつつなした答申とも関連が深い次のような規制を見るとき、それがシンガポールにはネットカフェが存在しないかのような認識を生み出す厳しいものであることが分かる。

このような店舗をＨＤＢ内の店舗やＨＤＢ居住団地で開店することは、一般的にこれを許可しない。
(Singapore Police Force 2017)

この規制が遵守される限り、シンガポール住民は家の近くでネットカフェを見かけることは少なくなっていると考えることができ、それは広い意味での子どもたちへのケアを念頭に置くものである。それゆえ、ＳＡ氏がシンガポールでネットカフェがある場所をブギスだと答えたことは、先に引用した規制の存在を念頭に置くとすれば、理に適った推論であったことになるだろう。なぜなら、シンガポールにおいて、ＨＤＢ住宅が存在せず、加えて若者がもっとも集まる場所は、ブギスになるからである。

よって、改めてこのエピソードの端緒に戻れば、シンガポールの郊外で調査を行うということは、そこでネットカフェを発見するという意味では不毛な作業であったことになるだろう。なぜなら、シンガポールの郊外は現在、多くのＨＤＢ住宅が立ち並んでおり、そこにはネットカフェは存在しないはずだからである。だが、完全に無駄であったわけではない。というのも、シンガポールの郊外には、非常に数は少ないながらも、ＨＤＢ住宅の近くの中規模のショッピングモールの内部か、その近辺に付属するかたちで、いくつかのネットカフェが存在しているからだ。

シンガポールの郊外のネットカフェの主要顧客は、ほぼオンラインゲームユーザーであると言ってよい。例えば、あるショッピングモールのすぐ側にあるネットカフェは、店舗の規模としては非常に大きく、合計一二七台のパソコンを備えており、それらはゲーム専用区とインターネット専用区に分かれていたが、両専用区の比率は、パソコンの数で言えば一一八対九である。そして、そのネットカフェでは、店内に入ると同時に「インターネットだけをしますか、それともゲームをしますか」という質問に出会うことになる。この質問が発される理由は、ゲーム専用区のパソコンの方が若干性能がよいこと、そして、インターネット専用区のパソコンにはプリンタ、ヘッドセット、ウェブカムが敷設されているからである。ゲームを主に利用する人にとっては、ヘッドフォンが必要な人はいるかもしれないが、――なぜなら、このネットカフェのパソコンの性能を調べている際に、大声で Red Hot Chili Peppers の“Dani California”を歌いながらゲームをする若者たちがおり、少なくともインターネット専用区にいる人々がそれに対して怪訝そうな顔をしていたからであるが[*3]――、基本的にはこれら三つのデバイスを利用する必要がない。

だが、ほとんどがオンラインゲームユーザーであるとすれば、なぜことさら「インターネット専用区」などというものを設ける必要があるのだろうか。そのように問うとき、シンガポールの郊外のＨＤＢ住宅の一階にある[*4]、もう一つのネットカフェに目を向ける意味が出てくる。なぜなら、そのネットカフェの壁には「オンラインゲーム厳禁〔Online Gaming is strictly not allowed〕」という注意書きが掲げられているからだ（図15）。

この注意書き、――すなわちネットカフェでオンラインゲームを禁止すること――、は台北の漫画を中心としたネットカフェでも確認できたものであるが、シンガポールのＨＤＢの住民居住区では、その意味はもちろん大きく異な

図15　シンガポールのあるネットカフェの店内掲示（筆者撮影）

る。このような規制は、先に確認したとおり、ＨＤＢの住民居住区ではそもそもゲーム用のネットカフェを開店することができないからであり、インドのタミル・ナードゥ州出身であるという店員のＳＢ氏（二三歳男性）は、この店がインドからの移民労働者のためのものであり、オンラインゲームは厳禁で、それをし始めようとする人がいれば必ず注意するのだと説明してくれた。

　とはいえ、このネットカフェでは、そもそも最新のオンラインゲームをすることは不可能である。なぜなら、そのネットカフェのパソコンの性能は、二〇一一年時点での一般的なオンラインゲームが要求するそれに追い付いていなかったからだ。具体的にはＣＰＵがIntel Pentium 4 3.0 GHz*2、ＲＡＭが一・〇ＧＢ、Video Cardは種類が分からなかったがOn Board、という性能であり、おそらくゲームがインストールできたとしてもほとんど動かない、ということになるだろう。対して、中規模のショッピングモールにある、オンラインゲームを中心としたネットカフェのパソコンは、ＣＰＵがIntel Pentium Dual-Core E5300 2.6 GHz*2、ＲＡＭが二・〇ＧＢ、Video CardがNVIDIA Geforce 9500 GT、別のネットカフェのパソコンは、ＣＰＵがPentium Core 2 Duo E4500 2.2 GHz*2、三・〇ＧＢのＲＡＭ、Video CardはATI Radeon HD 2400であり、超高性能とは言えないものの、当時のゲームを動かすための性能を十分に満たすものである。

　なお、中規模ショッピングモールにあるオンラインゲーム用のネットカフェでは、ときおりゲームをするためにではなく、フィリピンからの女性移民労働者たちが、facebookやSkypeなどを用いて、自国の家族や知人と思しき人物と、コミュニケーションをとっている姿も散見される。それゆえ、ゲーム専用区とインターネット専用区という区分を設けていないようなネットカフェでは、ヘッドセットとウェブカムがそれぞれのパソコンに標準的に敷設されている。また、これまでに述べてきたネットカフェの一時間当たりの価格は、おおむね一～二ＳＧＤであり、長時間利用者のための割引料金を用意している店も多い。
以上のようなネットカフェの特徴を考えるために、改めてシンガポールのHDB住宅に着目しておこう。シンガポール政府が提供するHDB住宅は、入居者の民族的偏りがないように配慮＝制御されていることはよく知られており、実際、HDBは「民族統合政策（Ethnic Integration Policy）」と題して、次のような文章をHP上に掲載している。

民族統合政策（EIP）は民族統合と民族調和を促進するために導入されました。この政策は、公的居住地に根付く様々な民族的コミュニティ間のバランスのとれた民族混成を保証することで、民族居住地の形成を防ぐという目的もあります。

（Housing and Development Board 2011）

それゆえ、HDB居住区には、様々な民族の人々が「バランス」が配慮されて混合しており、HDB居住区のネットカフェ、および中規模のショッピングモールのネットカフェは、――ときには、インド人移民のためのネットカフェというものも存在するが――、その総体として見れば、HDB居住区の混合が反映されるかたちで存立していると言える。
ここまで、筆者の遭遇したエピソードをもとにしながら、シンガポール人とHDB居住区の現状、およびそこにあるネットカフェの特性について論じてきた。繰り返し述べておくが、あくまでもシンガポールの郊外には、ネットカフェはほとんど存在しない。だが、ここまでに見たHDB居住区とその周辺のネットカフェとその利用様態は、シンガポールにおいてネットカフェが集中する場所での利用様態、そしてシンガポールにおけるネットカフェの問題を考察するにあたっての導入に最適であると考えられる。なぜなら、シンガポールにおいてネットカフェが集中する場所とは、それがそのまま移民たちの集まる場所に合致し、その利用様態は、HDB居住区付近のネットカフェにおける移民たちのそれを基本としながら、様々に展開したものとして解釈することができるからである。特にケアという文

図16　シンガポールのあるネットカフェの風景（筆者撮影）

脈で言えば、香港の休日のネットカフェの女性の混雑具合を、さらに極端にしたような風景（図16）も、シンガポールでは確認することができる。

それゆえ、シンガポールにおけるネットカフェの問題は、シンガポール政府がＨＤＢ住宅によって目指すとする民族統合や民族調和を改めて問いに付すものであると言える。また、それぞれが移民たちのインターネット利用が、それぞれの民族によって個別に行われていることが確認できるとするならば、そこで発露している可能性のある問題は、共にあることの現代的な困難を解決しようとする本書にも折り返されるものなのである。

第6章　現代メディア技術の問いとネットカフェ――東南アジア諸国のネットカフェの風景2

1　型落ちのパソコン、待ち合わせの国際電話、つながらないSkype

前章では、台湾、香港、シンガポールのネットカフェを考察する上での導入を、主にケアという文脈から行った。すでにここまでの議論から分かるとおり、この文脈におけるネットカフェは、それが、(1)子どもたちを含めた、広い意味でのケアの対象となる社会的弱者のパソコン・インターネット利用の場と、(2)迷惑な干渉をなす（とみなされる）人々から、子どもたちを含む社会的弱者と呼ばれる人々を遠ざける手法についての多様な具体例が示される場（であると同時に、それぞれの都市固有の社会問題がそこで発露する場）になっているという点で、共にあることの現代的な困難という本書の課題を考える上での参照点となるものである。

ところで、情報メディア技術という観点から、前章で紹介した各国／各都市のネットカフェに改めて着目すれば、そこで用いられているパソコンが、極めて古いものであることが理解できるだろう。

例えば、台北の聖クリストファー教会付近のフィリピン人向けネットカフェで提供されているパソコンのCPUは、二〇〇四～二〇〇六年頃に販売されたものだと推定され、調査が行われた二〇一一年の段階でもかなり古いものである。あるいは、美麗都大廈のネットカフェのパソコンの性能は、CPUがIntel Celeron 2.8 GHz*2、五一二MBのRAM、VideoはOn Board Video Chipsetであり、この性能ではWindows Vista以降のOSを運用することは非常に困難だと言え、高性能のパソコンが必要ない場所にあるとはいえ、二〇一一年当時のオンラインゲームの必須環境をまったく満たしてはいない。また、シンガポールのＨＤＢ住宅の一階にあった「オンラインゲーム厳禁」のネットカフェのパソコンは、台北のフィリピン人向けネットカフェとほぼ同じ性能であり、ゲーム厳禁という店内掲示をするまでもないものであった。

むろん、これらの事実は、それぞれの店舗が、自身の想定する顧客にとって、必要最低限の機能を備えたパソコンしか準備していないということ、つまり、これらのネットカフェの店舗では、Skype、Yahoo! Messenger、あるいはfacebookなどを用いて、自国に残してきた家族とコミュニケーションをとることができればそれでまったく問題がない、というかたちでサービスが提供されているということを示している。

以上のようなパソコンの性能は、「好きなことが何でもできる」空間としての個別ブースとパソコンとを備えた日本のネットカフェから見れば、一見、非常に制約の大きいものに映る。だがもちろん、これらのネットカフェの利用者たちの多くは、――以下で見るような問題もあるが――、このようなネット環境に概ね満足していた。この点について、上記のネットカフェの顧客に対するインタビューにおいて、別種のサービスを求めた人がまったく存在しなかったことは、その傍証となるだろう。

他方、共にあることの現代的な困難の基点が、パソコンやインターネットの理念のようなものが転写された個別ブースにおける人々の干渉にあり、さらにそのような理念を伴った個別ブースでも、結局は「他人に迷惑をかけない限り」という適用範囲が非常に広く、その具体的内容が不明瞭である制約がかかることを想起しておけば、私たちはパソコンやインターネット利用を含めたネットカフェ利用の制約についても、目を向けておいてよいだろう。

それゆえ本節では、ネットカフェやその利用者に関する様々な制約によって、当初想定されていたであろう利用が実現できなかった事例や、当初想定されていたであろうものとは別種の利用が実現してしまった事例を紹介しておこう。そして、これらの事例の紹介は、二〇一一年の段階では、いまだ十分とは言い難いパソコン・インターネットの家庭普及率であったフィリピンとタイのネットカフェの特徴を紹介する上での橋渡しの役割を果たすものになるだろう。

香港でケア・ギバーやDW／DHとして働く人々が、平日に家族や親しい人と連絡をとる手段は、二〇一一年の段階では、もっぱら携帯電話やスマートフォンによるものであったが、これらの人々の多くは国際電話ではなくSMS（Short Message Service）を利用していた。その理由については第Ⅱ部第10章でも触れるとおり、職場で私用の会話をすることが憚られるという規範的な性格のものと、SMSの方が国際電話よりも安いという経済的な性格のものがある。後者については、例えば、香港の代表的な通信系企業であるPCCWの二〇一一年時点での携帯電話料金およびSMS送信料金は、フィリピンへの国際電話が一分三・九HKD、インドネシアへの国際電話が一分三・八HKDであり、SMS送信が両国とも一通一・八HKDであった。

そして、このような価格設定は、ケア・ギバーやDW／DHのネットカフェに対する経済的インセンティヴを考える上で非常に重要である。なぜなら、当時の香港のネットカフェの利用料金は一時間一〇〜一五HKDであり、携帯電話で四分以上通話するよりも、そして、SMSを九通以上送るよりも、ネットカフェの一時間の利用料金の方が安かったと言えるからだ。

また、携帯電話ないしはSMSとパソコンを用いたコミュニケーションの大きな差異は、後者であれば互いの声やテクストを見聞きするに留まらず、容易に互いの情況を視覚的に確認できるということにある。実際、インフォーマントの多くは、SkypeやFacebookを好む理由の第一に、「直接相手の様子が確認できること」という理由を挙げていた。

このとき、携帯電話やSMSは、直接相手の様子を確認するための「待ち合わせ時間の調整」という機能を持つことになる。フィリピン出身のDW／DHであるHE氏（四七歳女性）は、前章で紹介した美麗都大厦にあるネットカフェでパソコンの順番待ちをしている際に、しきりに携帯電話のSMSを用いて、彼女の家族と連絡をとっていた。最終的に彼女は直接国際電話をかけることになったのだが、その理由を彼女に尋ねたところ、「自分がパソコンを使うことができるのは少し遅れることになりそうなので、家族に少し待ってもらえるようにお願いしていたところ」なのだと説明した。

このような状況は、海を越えた家族同士の場所を共有しない待ち合わせ、とでも表現できる事例の一つであるが、ネットカフェ利用の制限という観点からすれば、携帯電話やＳＭＳというメディア技術が、パソコンやインターネットというメディア技術に「コミュニケーション」という点では取って代わられたものの、ある社会的な条件においては、それらが相補的に機能することになった事例だとも解釈できる。そして、同時にこの事例から言えることは、ネットカフェおよびそこに敷設されたパソコンやインターネットは、「直接相手の様子が確認できること」を担保する技術ではあるが、ある社会的条件の下では「直接相手の様子が確認できることを直接確認すること」を担保する技術ではなかった、ということである。

他方、前章第3節のシンガポールのネットカフェのイントロダクションとして、ケア・ギバーやＤＷ／ＤＨとして働く女性たちが非常に多く集まるネットカフェを写真付きで紹介したが、二〇一〇年七月からその店舗の店員として働いているＳＣ氏（三四歳女性）は、「顧客が同じフィリピン人であるという理由でストレスが少なく、インターネットやパソコンがある環境は便利だ」と語りつつも、他方で「迷惑な客もいる」と続けた。

彼女の説明をまとめれば、そのような迷惑な客は、次の三つのタイプに分類できる。すなわち、(1)すぐに自分を呼び出す客、(2)パソコンやアプリケーションソフトの使い方が分からず、すぐにかっとなる客、(3)リピーターで同じ質問を何度も繰り返す客、である。

ここでは特に後者二つについて、後続の議論のために、彼女が教えてくれたエピソードを紹介しておこう。ＳＣ氏によれば、このネットカフェでは朝から晩までパソコンに張り付いてfacebookの自分の写真を更新している客がいるという。そのような人の中には、パソコンの使い方に慣れておらず、facebookに自分の写真をアップロードできない人もいる。そのとき、彼女が毎回呼び出されることになるのだ。

また、Skypeにかかわる問題もある。Skypeは双方向通信であるため、相手側の回線状態によっては、音声や映像に途切れが生じる可能性がある。ＳＣ氏によれば、フィリピンの北の端のバタン諸島からなるバタネス州や、ルソン島の北部に位置するカガヤン州、ビサヤ諸島の東の端のサマール州、ミンダナオ島の西部に位置するザンボアンガなどは非常に回線が細く、相手の声が聞こえづらいこともままある。そのことを知らずに「会話ができない」という文句とともに怒り出す客は、とても迷惑だということだ。

最初の例は、メディアに対する「慣れ」、あるいは「知識」の問題に、後者の例はメディアの「インフラ」の問題に対応していると言えるだろう。そしてこれらは総じて、デジタルディバイドと呼ばれてきた問題である。すなわち、序章で確認したような、個々人の年齢や教育などによって生じるメディア技術の利用に関する格差と、個々人を取り巻く生活・社会環境によって生じるそれである。そしてこのような格差の認識は、シンガポールとフィリピンのような、情報メディア技術に関わる格差が存在する二つ（以上）の地域が、ネットカフェのような場所において部分的に重なり合うことによって発露するのである。

残りの二つの国、すなわちフィリピンとタイの大都市のネットカフェは、ここまでに確認してきたような問題を逆の方向から見るときに、それがどのような問題へと転換されるのかを知るための鏡となる場所であり、その問題は、まずは端的には、マニラやバンコクとそれぞれの地方との対比として現れる。

2　今日は昼まで営業できなかったんだよ、なぜなら

二〇一一年八月二九日、筆者はマニラの中心部のネットカフェ調査から少し距離を置き、そこから少し東にあるリザール州のサンマテオという郊外に来ていた。「東アジア・東南アジアのネットカフェの比較」などという、一般的な感覚からすれば奇妙にも映る調査の補助を快く引き受けてくれた、現地で生活を送る日本人女性のＰＡ氏と一緒にＦＸ（フィリピンの乗合バン）で向かったその街は、つい一時間前までマニラの喧騒と排気ガスに囲まれていたのが嘘のように空気が澄んでおり、放牧された牛がゆっくりと歩みを進めていた。

筆者とＰＡ氏がサンマテオに到着したのは昼前で、そこからいつものネットカフェのマッピングを始めたのであるが、昼過ぎにいくつかのネットカフェに入ってインタビューを始めたときに、少なくとも筆者は「昼からの調査にし

て正解だった」と思った。だが他方でまた、――このように言っては問題があるのかもしれないが――、「今日、サンマテオに来てよかった」とも思った。なぜなら、この日のサンマテオの中心部は、朝から停電に見舞われ、ネットカフェが開店休業状態だったからだ。

電気の通っていないネットカフェは、暗い部屋に何の意味もなさない大き目の箱と、ぼやけた顔が映るガラスの張られた四角い物体が一〇～二〇セット前後並んでいる空間に変容してしまう。二〇一一年三月一一日以降、一度は「電力」というものが自分たちの生活にとって何であるかに思いを馳せた人も少なくないかもしれない。しかし、マニラの電力供給の状況は、近年改善傾向にあるとしても、少し前までは一日数時間電気が通わないということは、むしろ思いを馳せるべくもない日常であったということ、そして、まさに筆者が調査を行おうとしたこの日がそうであるように、少し郊外に出れば、現在でもときおり起こりうる事態であったことは明記されておいてよい。

なお、この日の停電の原因は、非常にわかりやすいものであった。午後に入ってからサンマテオで数店舗のネットカフェを営業するPB氏（二五歳男性）にインタビューを行ったところ、「今日は昼まで営業できなかったんだよ、なぜなら」と話し始めた後に、サリサリストア（フィリピンの雑貨・食料品店）の二階にある彼のネットカフェの店舗の外から、木製の電柱を指さして「停電があってね。あそこの電線から火が出たんだ」と教えてくれた（図17）。彼によれば「停電だけに限ったとしても、前にも五ヶ月ほど前に停電が起きたし、続けて起こることもある」といい、その原因は「この辺りはネットカフェも多いし、家も結構あるから」だと説明した。

写真として確認すれば明らかなように、その電柱は、他にも様々な「線」類が通されており、その中にはインターネットにかかわるものもあったのだと推察される。なぜなら、彼のネットカフェは午後からも「イントラネットカフェ」としては機能したが、「インターネットカフェ」としては機能しなかったからである。つまり、彼のネットカフェの中の各パソコンはネットワークでつながっているものの、それを超えてのインターネットアクセスは不可能だった。

ここで、前節で紹介した、シンガポールのネットカフェの店員が語った客に対する「文句」を思い出してみよう。

図17　マニラ郊外のあるネットカフェからの風景（筆者撮影）

そこでは、フィリピンの地方のインターネット回線は細く、シンガポールのネットカフェから連絡をとろうとしても、なかなか繋がらないと語られていたが、その状況は、何も地方に限ったことではない。例えば、ケソン市でネットカフェを営む、韓国出身のＰＣ氏（男性）は、自分の店で契約している、あるフィリピンの通信会社の「ネット回線は、ときどき調子が悪くなるんだけど、直すのに二ヶ月もかかることがある。フィリピンのカスタマー・サービスは駄目だ」と半ば冗談交じりに語っていた。

このような、フィリピンのパソコンとインターネットにまつわる「インフラ」の脆弱さは、マニラネットカフェのパソコンに必ずと言っていいほど敷設された「電圧安定器（Voltage Stabilizer）」が何よりも雄弁に物語っている。この機器は、その名のとおり、不安定な電圧を一定化する目的で設置されるものであるが、少なくとも筆者が調査を行った二〇店舗以上のネットカフェで、電圧安定器が備えられていなかったのは、外国人が多く集まるマラテのフィリピン在住の韓国人向けのネットカフェただ一店舗だけであった。実際、先に紹介したＰＡ氏の自宅のパソコンにも「友人から勧められた」という電圧安定器が備え付けられている。

パソコンを自作する人であれば、「オーバークロック

（Overclocking）」という言葉を聞いたことがある人は多いように思われる。日本では和製英語で「クロックアップ」とも呼ばれるその作業は、CPUに過剰な電圧を加えることで「クロック周波数（Hz）」を上げ、通常想定されているよりも高い性能を引き出すことを意味する。そしてその場合、CPUは発熱過多などにより、平均的な寿命よりも早く壊れることが多い。電圧が一定ではない、ということが意味するのは、それゆえパソコンには断続的に負荷がかかり続ける、ということであり、それゆえ「電圧調整器（Voltage Regulator）」が敷設されている場合もある。[*1]ともあれ、ネットカフェの電圧安定器は、パソコンやインターネットの基底となるインフラが、フィリピンでは安定的に供給されていないことを示す、重要なメルクマールとなっているのである。

このようなフィリピンのインフラの問題については、フィリピンが七一〇九の島からなる島嶼国家であるということも、その原因に数えることができるかもしれない。というのは、島嶼国家であるということは、電力にせよ、インターネットにせよ、何かのインフラを普及させようと思えば、何らかのかたちで海を越えるか、島ごとに拠点をつくるかを選択しなければならず、そのどちらも平野が大半を占める国家と比べて、多くのコストがかかるからだ。[*2]

なお、このようなインフラの問題を抱えるフィリピンの、二〇一〇年におけるパソコンおよびインターネットの家庭普及率は、それぞれ一三・一%、一〇・一%となっており、本書で扱う国と地域の中では、最も低い値となっている（ITU 2011: 153）。では、フィリピンにおけるネットカフェは、この現状に対してどのような機能を果たしているだろうか。その詳細は第II部第12章に譲り、導入としての本節では、マニラのネットカフェの特徴を数量的観点から見ていくことにしたい。

マニラは一九の市（Municipality）によって構成されるフィリピンの首都圏であり、その面積は約六三九㎢、二〇一〇年の統計に従えば、人口は約一一八六万人を誇る世界でも有数の大都市圏である（Philippine Statistics Authority 2015）。マニラのネットカフェの総数を把握することは困難であるが、——その理由は、すぐに説明することになる——、本書で扱ってきた様々な都市と比べても、非常に多いと判断できることは確かである。

このように判断できる理由として、ここではまずネットカフェで実際に働いている人たちの見解に耳を傾けておこう。ケソン市でネットカフェを経営するＰＤ氏（三八歳男性）によれば「マニラにはネットカフェは、三〇〇〇以上はあると思う。数ブロックに一軒はあるから」という答えが返ってきた。また、マニラ市でネットカフェの店長を務めるＰＥ氏（二九歳女性）は「ネットカフェはマニラで増えているか」という質問に対して「すごく増えていると思う。多分セブンイレブンと同じぐらい」と答えた。

正確な数値を抜きにして、両者が伝えたいと思っていることは、「マニラにはとにかくネットカフェが多い」ということに他ならない。なお、マニラ市とケソン市、そしてパサイ市の市役所で二〇一一年のネットカフェの商業登録数を手には入れたが、市によってはネットカフェというだけではなく、さらに詳しいカテゴリーを設けているところもあった。そのため、それぞれのカテゴリーについて担当者に話を聞いた上で、本書のネットカフェの定義に合致する項目と数値を算出したが、その情報を管理する担当者自身が分類のための正確な定義を知らない場合もあり、このことによって、マニラのネットカフェの総数把握は困難になっている。

以上の注意を念頭に置いた上で、二〇一一年のマニラのネットカフェの状況について一言で言い表すならば、それは、ソウルに次いでネットカフェが過密する都市であるということだ。[*3] 例えば、マニラの政治の中心であるマニラ市には、登録数としては八九一店舗のネットカフェがあり、その数値を総面積の三八・五五㎢で割った値、すなわちネットカフェ密度は二三・一一（shops/㎢）となる。これを具体的な感覚に近づけるとすれば、ほぼ二〇〇ｍ四方の区画に一店舗ネットカフェがあるような地域が、三八・五五㎢広がっているということである。つまり、先のインタビューでＰＤ氏が答えていた「数ブロックに一軒のネットカフェ」という想定は、マニラ市においては端的な事実だということになる。また、パサイ市には二〇〇店舗のネットカフェが登録されており、マニラを構成する一九の市のうちで、もっとも広大な面積と人口を持つケソン市のネットカフェ数は三三八店舗であった。なお、それぞれの平均密度は一〇・五二（shops/㎢）、二・〇九（shops/㎢）という値になるが、パサイ市は南部にニノイ・アキノ国際空港の敷地（の一部）を抱え、ケソン市は二七㎢にも及ぶラ・メサ・ダム貯水池と広大なエコパークをその総面積に含むため、実質的には数値以上にネットカフェ密度が高いと考えるべきかもしれない。それゆえ、マニラはインフラの問題を抱え

図18　マニラのあるネットカフェの風景（筆者撮影）

ながらも、――あるいはそれゆえにこそ――、ネットカフェの非常に多い都市となっているのだと考えることができ、パソコンやインターネットを求めて、様々な年齢層の顧客が様々な目的でネットカフェに訪れる（図18）。

なお、本書では、すでに台湾、香港、シンガポールのネットカフェの紹介において、フィリピン人移民労働者たちが、自国の家族や知人とネットカフェで連絡をとる、という実践が存在することを確認してきた。

それゆえ、フィリピンのネットカフェを分析する第II部第12章では、まずは人材の送り出し国としてのフィリピンの現状を概括しながら「両岸調査」としてマニラのネットカフェが確認されることになる。その後、フィリピンから見た海外への移民労働者が、そこで得た賃金を元手にしてマニラでネットカフェを開店するという事例をいくつか検討しながら、ネットカフェ店主となった（元）移民労働者が、情報メディア技術を人々にどのように提供すべきか、という問題に直面している状況が分析されることになるだろう。

3　宿題の格差を埋めるために

自分のことを「中学生なんですけど」と紹介したTAさん（一五歳女性）は、BTSオンヌット駅付近のネットカフェで、画面に向かって何かを一生懸命打ち込んでいる最中であった。明らかに若い女の子が、友達も連れずに一人でネットカフェに入り、かといって何か「やましいこと」をしている素振りもなさそうに見えたため、ごく自然に「今日は何をしにネットカフェに来たんですか」と名前と年齢を確認する前に投げかけてしまった筆者の質問に対して、彼女は少しはにかみながら「音楽の宿題をしに来たの」と答えた。

インタビューから得ることができたTAさんの身の上話は、二〇一一年時点でのバンコクにおける人々のパソコン・インターネット環境の現実の一部を切り取るにふさわしいものだ。ここでは主に彼女の語りを頼りにすることで、タイのインターネットカフェへの導入を果たしておく。

彼女によれば、彼女の自宅にはパソコンもインターネット環境もなく、どうしてもパソコンやインターネットを使わなければならない宿題が学校で出たときにネットカフェに来るのだという。その頻度としては「一週間に二〜三回、各一時間ぐらい」と彼女は答えている。

TAさんが生まれて初めてネットカフェに来たのは一三歳のときであり、「最初は友達に誘われてゲームをするため」だったが「そもそもあまりゲームが好きではなかった」ということもあり「最近はあまりしていない」という。ただし、こちらも「友達に誘われたから」とパソコンを起動すると同時に開くことにしているというfacebookは、彼女が宿題をしている最中もインタビューの最中もつねにブラウザに表示されていた。それなりにうるさいバンコクのネットカフェで「宿題」はできるのか、という意味も含めて尋ねた「迷惑なお客さんはいますか」という質問に対して、TAさんは「うるさい人はいるけど、そういう人は店の奥の方の席に座るので、私はいつも入口の方に座る」から、と説明した。この答えは、通訳に介された質問の背景を正確に読み取ることができるTAさんの基本的な聡明さを示すと同時に、彼女にとって「ネットカフェで宿題をする」ということが、日常のものとなっていることを示すものだろう。

彼女の家は、このネットカフェから徒歩で一〇分程度のところにあり、一四歳と一二歳の弟、そしてこの一家の生計を支えるシングルマザーの母親との四人で暮らしている。「できれば、パソコンは自分のものが欲しい」と思っているTAさんは、その理由について「出費が節約できるから」と答えた。彼女の中では、ネットカフェで宿題をすることは家計の負担となっている、という意識が非常に強い。実際、TAさんは彼女の母親の生業で得たお金の「余り」でネットカフェに来ており「一日四〇THBほどは貰っている」というお小遣いも「お菓子を買うためには使うが、全部を使い切ることはない」。インタビューのためにあらかじめ用意しておいた質問をすべて聞き終わり、彼女の将来について尋ねたところ、TAさんは「できれば専門学校で勉強をしたい」と思っており、そこで「三年間勉強して働いてお母さんを助けてあげたい」と健気にも語った。そしてぽつりと「大学にも行きたいかなぁ」と呟いた。

さらにTAさんとその家族の現状に分け入ることで、バンコクという都市で彼女の家族が置かれている社会的状況を明らかにしてみよう。TAさんの母親であるTB氏（四五歳女性）は、二〇歳のときにタイの北部に位置するプレー県から、メイドとして働くためにバンコクにやってきた。その後、工場勤務を経て、同僚であったTC氏（TAさんの父親）と結婚し、TB氏が三〇歳のときにTAさんが生まれたことで、いったん仕事を辞めた。その後、TB氏が四〇歳になったとき（TAさんが小学校三〜四年生のとき）にTB氏とTC氏は離婚し、その後、彼女はタイ式ラーメンを屋台で売る仕事に従事することで、三人の子どもを育てている。TAさんによれば、父親のTC氏は「大工をしていて、よくしゃべる社交的な人だけど、あまり会いにきてくれない」という。

TB氏の月収は「おおむね六〇〇〇THB」であり、家族四人が暮らす「家の家賃は月額三〇〇〇THB」だと語った。このような情報をもとにすれば、なぜTAさんがお小遣いを使い切ることができず（というのも、一日四〇THBをすべて使い切るのだとすれば、彼女の小遣いだけで月の家計のほぼ五分の一を占めることになってしまう）、できるだけ早く自分の母親を助けたいと思うのか、あるいは大学に行くことに対する漠然とした諦念のようなものが滲むのか、そして「できれば自分のパソコンが欲しい」というTAさんが、その理由をなぜ「出費の節約」に結び付けてしまうのかを理解することができるだろう。

なお、現実的には、TAさんの家族がパソコンを手に入れることは非常に難しい。筆者のフィールド調査によれば、二〇一一年時点でのバンコクの中古ラップトップパソコンの値段はおおむね六〇〇〇THBであり、それはTB氏の月収と同等、あるいは日々の生活を送る上での必需となる出費のことを考えれば、数ヶ月の貯蓄によってやっとまかなうことができる額である。

以上のような「宿題の格差」とでも呼ぶべき事態は、特にバンコクとその他の地方まで視野に入れながら考えれば、タイでは広く共有された認識であると言ってよい。そのことは、TAさんが宿題のために通っているネットカフェで店員として働いていたTD氏（二九歳女性）の「将来の目標」から示すことができる。

TD氏はバンコクの西に位置するラーチャブリー県の出身で、このネットカフェには四年勤務している。彼女は「二〇歳ぐらいのときに、ラムカムヘン大学で政治学を学ぶためにバンコクに来た」という。現在は「アルバイトとして働いている」という彼女の月収は一万THBであり「シフトを増やせばもっと給料は上がる」と答えた。そして、給与の面でいえば、彼女は自身が修めた政治学に関わる仕事をするよりも、ネットカフェで働くことの方が選好されてもおかしくない。なぜなら、TD氏によれば「政治についての仕事をすると、給料はとても安」く、その額は「月に七〇〇〇THB程度」にしかならないからだ。

確かに、彼女が学位を得たラムカムヘン大学はオープン・ユニバーシティ、すなわち高校卒業資格を持つ人であれば誰でも入学することができ、さらに働きながら学問を修めることができるという意味で、（チュラロンコーン大学やタマサート大学といった）エリート大学と比較すると「劣る」大学と評価せざるをえない。だが、それでも単純な意味で、バンコクのネットカフェで働くことができるということが、大学卒の資格を有しそこで学んだことを活かして働くよりも社会的な評価が高い、と言わざるをえない状況がバンコクにはあったということは、タイのみに限らず広くメディア史の観点から記録されておいてよいことだろう。

そして、このような条件のもと、ネットカフェで働くTD氏の将来の目標とは「お金を貯めて、ラーチャブリー県の実家でネットカフェを開店すること」である。ネットカフェを開店するという目標を立て、それを実行に移そうとしていること自体は、前節末でも簡単に触れたとおり、第II部第12章のマニラのネットカフェの分析において重点的に検討される。だが、ここで注意しておくべきは、TD氏をラーチャブリー県からバンコクへの出稼ぎ労働者だと考える場合、海外に出稼ぎ労働に向かい、マニラに戻ってきてネットカフェを開店したオーナーたちにとっての「海外」と、タイ人であるTD氏にとっての「バンコク」とが、ほぼ同じ意味を持っているということである。

このことについては、先に指摘した給与体系も含めて、改めて第II部第13章で検討するが、TD氏が目標としているラーチャブリー県の実家でのネットカフェの開店計画は「学校の近くにある実家であれば収入を見込むことができ」、年齢と時間とをきちんと分断すれば「大人もネットカフェに来てくれる」というものだ。すなわち、午後二時から午後五時までは子どものゲームのためのネットカフェとして経営し、それ以降はパソコンやインターネット環境を持っていない実家の周囲の大人たちのためにサービスを行うことがこの計画の要諦であり、そのために彼女がなそうとした貯蓄額は五台の新規パソコンを購入するための一〇万五〇〇〇THBであった。「バンコクでネットカフェを開業する気はないのか」という問いに対しては「バンコクの家賃は高いから」と漏らし「スクムウィット通り沿いの空き店舗は月額三万五〇〇〇THBもするから」と説明した。

とはいえ、勤務する店舗の一日の売上から電気代などの諸経費を省いた純利益が二五〇〇THBであることを知っているTD氏は、より安い空き店舗があり、勤め先のネットカフェのパソコン数である一八台に近い台数を揃えることができる貯蓄があれば、バンコクでもネットカフェを開業することができ、相応の利益をあげることができるということにもちろん気付いていた。だがそれでいてなお、彼女が実家で五台のパソコンを用いてネットカフェを経営することを選択したということは、家賃がかからず、彼女の親族に店番を依頼することが可能であるという条件を加味したとしても、当時のタイの地方では、まだまだパソコンやインターネット普及率が低く、ネットカフェを求めている人が（子どもを含めて）多いと考えられていたことの証左であると言える。

なお、パソコンやインターネット環境に関するバンコクと地方の格差という事実は、その格差の是正が政治的な政策に利用され続けている、ということをもってさらに一つの傍証とすることができる。例えば、二〇一一年に誕生したインラック政権の教育大臣は、タブレットパソコンをタイ全土の小学生から高校生まで約一千万人に無料で配布する政策を打ち出し、そのための最初の年間予算として七〇億ＴＨＢを計上した（Fredrickson 2011）。この計画は、最終的に総額二〇〇億ＴＨＢにも上るものであり、その当初から「子どもたちのお腹が満たされるのならタブレットパソコンもいいだろう」といった批判もあった（Prateepchaikul 2011）。

ただし、この政策によってＴＡさんは念願の「自分のパソコン」を手に入れることができたとは考えられない。なぜなら、このタブレットパソコンは基本的に学校に配布されるものであり、ＴＡさんがネットカフェに宿題をするために訪れるのは、学校に備え付けられたパソコンで宿題が終わらなかった場合のことだからだ（それゆえにこそ、彼女は一回一時間程度の利用時間で済んでいるとも言える）。さらに、このタブレットパソコンは小学校から配られ始めたため、仮に彼女にタブレットパソコンが配られていたとしても、数年はかかったことになるだろう。

では、仮にこのタブレットパソコンが学校にではなく、直接子どもたちに配布されたのだとすれば、ＴＡさんはそれを宿題のためにすぐさま使うことができるだろうか。こちらも答えは否である。なぜなら、彼女の家にはインターネット環境が存在せず、彼女が宿題をなすにあたって必要な情報をタブレットパソコンだけでは手に入れることができないからだ。

このように、単に「宿題をする」ということだけでも、ミクロな視点では多くの障壁が存在することが分かる。そして、この障壁はバンコクから地方に向かうにしたがって徐々に高くなっていく。例えば、先にインラック政権の教育大臣の政策を紹介した記者は、約一年後にバンコクに接するチャチューンサオ県の小学校で、この政策の成果を検証することを目的とするようなインタビューを行っている（Fredrickson 2012）。

そのインタビューによれば、例えば「これまでの授業では居眠りをしていた生徒の集中力が上がった」など、教育上いくつかの肯定的な側面があったことが語られる一方で、否定的な側面が教育それ自体とはほとんど無関係な技術的観点から指摘されている。すなわち、「タブレットパソコンの説明書にはバッテリーは六時間持つと書かれていたのに、実際には三時間未満」であり、タブレットパソコンが提供された「小学一年生たちは、つねに残バッテリーが一〇％以下になったらオレンジに光る警告灯に注意」を払わねばならない。そして「警告灯が光ったタブレットパソコンは充電しなければならないため、隣の席の同級生とタブレットパソコンをシェアすることになる」。

そして、このようなことが起こる根本的な原因も、やはりタイの地方の技術的・社会的状況にある。というのも、そもそも三時間未満しか連続駆動できないタブレットパソコンを充電するためには「五時間の充電時間が必要」であり、それゆえ何十台ものタブレットパソコンを充電する必要があるが、「学校にはそれら全部を一度に充電できるような電源がない」ため「教師が苦労して、夜遅くまで学校に残って充電をしなければならない」からだ。

さらに「いったん完全に充電されると自動的に電源が落ちる仕組みをこのタブレットパソコンは有していない」ため、教師たちはタブレットパソコンを充電器にセットして帰宅することができない。なぜなら「充電の自動切断の仕組みがなければ、タブレットパソコンは長い間ずっと充電され続けることになり、非常に高温になる」からである。安全面への配慮と過充電によるタブレットパソコンの損耗を避けるために、二〇一二年九月の段階では「タブレットパソコンを通じての指導は、一日一時間に留まる」。このような問題の対策として学校では、「かつて採用されていた、学校のブレーカーを自動的に遮断する仕組み」を再導入して解決を図った（Fredrickson 2012）。

なお、ここまでに見てきたようなタイの地方の技術的・社会的状況をほとんど顧慮しない政策は、何もこの政権に限ったことではない。例えば、S・ホングラダロムとA・エンツは二〇〇三年の論文で、「電気」の問題を始めとして、パソコンを修理する技術者やその使い方を教えることができる専門家の数を把握していないなど、ありていに言ってしまえばタイの地方の社会経済的な状況を完全に無視した歴代の政権の政策によって、学校に導入された多くのパソコンやインターネット環境が無駄になったことを明らかにしている（Hongladarom and Entz 2003: 13-6）。

ここには、前節のマニラの「電圧安定器」とよく似た事情が、タイの地方でも存在することが示されている。あるいはこの記事では触れられていないが、学校で何十台ものタブレットパソコンを毎日のように充電することになると

図 19　バンコクのあるネットカフェの店内（筆者撮影）

図 20　バンコクのあるネットカフェの風景（筆者撮影）

すれば、いくらブレーカーを自動遮断する装置を導入するとしても、かなりの電気代がかかることは間違いないだろう。その費用は学校という公的機関が負担するとして、仮にＴＡさんが自分のパソコンを購入したとすれば、電気代、インターネット接続費、修理代などは、すべてＴＡさんの家計から支出されることになる。よって、費用の面だけで考えれば、実はＴＡさんは自分のパソコンを買わず、ネットカフェを利用し続けた方がかえって経済的だと考えることもできる。バンコクのネットカフェで確認することができる宿題の格差は、バンコクにおいてそれほど裕福ではない人々が現代のメディア技術環境の中で置かれた状況と、バンコクと地方のメディア環境の差を示すものとなっているのである。

以上のことを踏まえた上で、第II部第13章では、最初にタイのネットカフェの特徴である「ガラス張りの空間」について、子どもたちのネットカフェ利用との関係から論じることになる（図19）。さらに、二〇一一年時点でのタイのネットカフェの特徴として、海外からの観光客が念頭に置かれていたことを、ネットカフェ調査の結果と様々なデータから確認する。最後に、ここまで見てきたような格差と観光が重なり合う場面として、バンコクのネットカフェ集中地域であった歓楽街に着目し、その中のあるネットカフェ（図20）におけるサービスについて考察することによって、マニラとは別のかたちで、メディア技術を人々にどのように提供すべきか、という問いが発露していることを確認する。

II　東アジア・東南アジアのネットカフェから日本へ向けて

第7章　誰がためにゲームはある——韓国におけるネットカフェ

1　オンラインゲームと韓国

本章のイントロダクションである、第Ⅰ部第4章第1節では、韓国のネットカフェとオンラインゲームの関係について簡単に触れておいたが、ここではまず、韓国（ソウル）のネットカフェの分析に分け入っていく上での前提として、韓国の人口分布とネットカフェの関係について、一言で述べておこう。韓国とは、人口とネットカフェが首都のソウルとソウルの周辺に過剰に集中している国である。

例えば、ソウル、ソウルをとりまくかたちで形成される県である京畿道、そして韓国の空の玄関口の一つである仁川国際空港を含む広域市に指定されている仁川広域市の二〇一〇年の人口（Korea National Statistical Office 2013）、ネットカフェの総数（ilovepcbang 2011）、そして面積（Ministry of Land, Infrastructure and Transport 2016）を確認すれば、総人口の四八・八八%にあたる約二三四六万人と、総ネットカフェ数の五五・七四%にあたる一万三三一店舗が、韓国の総面積の一一・八%にひしめいている計算になり、さらにソウルが、人口密度とネットカフェ密度の双方で他を圧倒している。

なお、韓国における、このような人口集中の傾向を捉えるには、相応に大きなタイムスパンでの人口移動を確認する必要がある。韓国の統計データに従えば、一九九八年に明確な谷があるものの、基本的にこの三つの行政地域に対して他の行政地域からの人口流入が続き、二〇一一年に初めて全体として人口流出が人口流入を上回った（Korea National Statistical Office 2016）。この三つの行政地域に対する他の行政地域からの人口流入は一九七〇年からの四二年間の総計で約九三三万人にのぼり、その内訳はソウルが約六五八万人、京畿道が約二四〇万人、仁川広域市が三五万人となる。人口動態としては強い中央志向を持つと言えるこのような結果は、後にソウルへと移動する人々のネットカフェ利用との関係で、再度着目することになるだろう。

他方、第I部第4章第1節で紹介したとおり、韓国のネットカフェは大勢の友達と一緒にゲームをしに行く場所として認知されており、このことはデータとしても示されている。例えば、韓国政府の行政機関の一つである女性家族部は二〇一二年に中学生・高校生を対象とする「青少年のメディア利用と有害環境実態調査」（Ministry of Gender Equality and Family 2013）を実施したが、その中の「ネットカフェに共に行く人」という質問項目に対する回答結果を参照すれば、男子（計二二四二人）で「一人で」と答えたのは全体の〇・九％であり、女性（計二三七五人）では〇・三％と、両性とも非常に低い数字になっている。逆にもっとも多かったのは「同性の友人」であり、男子で七一・九％、女子で八七・五％という回答結果が示されている。なお、この傾向はソウルの中学生・高校生というカテゴリーで見た場合も同様であり、「一人で」と答えた生徒は全体（計八三三人）の〇・三％である二人という結果であり、「同性の友人」と答えた生徒は全体の八三％に上る六九一人という結果であった。

ここで、今後の説明の簡便を図るために、本書におけるオンラインゲームに関する一般的な定義を示しておこう。それは、インターネットを含むネットワークを利用し、パソコン上で操作可能なアイコン（シンボル）を用いて他者との交流を図り、そのような相互行為の中で何らかの目標を達成することを目的とするプログラムである。

なお、ソウルのネットカフェは、このようなオンラインゲームを行うためのパソコンに特化されている。例えば、KBくんが利用していたパソコンは、CPUがIntel i5-760 2.8 GHz、RAMが三・二四GB、Video CardがNVIDIA Geforce GTX 460であり、二〇一一年時点でほぼ最新と言ってよい性能であった。また、ソウルのネットカフェのパソコンはキーボードとマウスの性能が総じて良く、それはオンラインゲーム上のアイコン（シンボル）を精密に操作するためのものである。

さらに、日本と比較した場合に、ソウルのネットカフェではあまり積極的になしえないことに注目することで、その特徴を示すこともできる。それは、第Ⅰ部第4章第1節で、日本のネットカフェを複合文化施設と呼び、さらに「とても勉強が捗りそうです」とＫＡ氏が言っていたことと関連する「静かな環境で仕事をするための個別ブースの利用」である。

このような利用者のために、日本のネットカフェのパソコンには、基本的にMicrosoft Officeのような、現代の事務作業や営業活動などに欠かせないソフトウェアがインストールされていることが大半である。しかし、ソウルのネットカフェでは、これらのソフトがそもそもインストールされていないことも多々あり、仮にインストールされていたとしても、Microsoft Officeとの互換性が完全には保証されていないOpen Officeのような無料のソフトであった。このことは、ソウルのネットカフェにおいて、事務作業や営業活動のための作業を行うことは、基本的にはほとんど想定されていないことを意味している。

また、そもそも韓国のネットカフェが「PC 방」と呼ばれていることからも、この場所が「みんなで遊ぶために利用される」ものであることを説明できるかもしれない。「방」とは第Ⅰ部第4章第1節で訳語をあてたとおり、単体としては「部屋（Room）」を意味する単語であるが、それは、ネットカフェ以外にも様々な娯楽施設を指し示すために使用され、その場合は基本的には「複数名で利用する外部から遮蔽された場所」という意味を持つ。例えば、カラオケであれば「노래（Norae）방」、ビデオ視聴室であれば「Video 방」、韓国式サウナであれば「찜질（Jjimjil）방」といったかたちである。それゆえ、韓国のネットカフェは名称そのものからして、一人で来るような場所として、また仕事をするような場所として想定されていないことになる[*1]。

しかし、第Ⅰ部第4章第1節の問いを引き継げば、このようなオンラインゲームを中心とするネットカフェは、どのような経緯で韓国に、そしてソウルに根付いたのか。このことは、パソコン・インターネットの家庭普及率が二〇〇二年以降世界の上位を占めつつも、同時に韓国国内に莫大な数のネットカフェをもたらし、その数が近年に至るまで段階的にしか減少しなかった理由を考えるために問わなければならないものである。また、韓国におけるオンラインゲームの流行や成功は、アジアのみならず、広く環太平洋地域にまで影響を及ぼした（Hjorth and Chan (eds.) 2009）。このような現状を踏まえれば、ネットカフェを主題とする本書においても、オンラインゲームを利用する人々を主要顧客とするネットカフェが、アジア各国／各都市においてどのように受容され、どのような問題があると考えられ、どのような規制が加わることになったのかという論点を、無視することはできない。

そこで以下では、韓国におけるオンラインゲーム文化と多数のネットカフェが存在することとの関係について概略的に説明し、主にＫＣ氏（二七歳男性）へのインタビューを基礎にしながら、適宜このことに関する研究書などをもって補完したい。前者を優先する理由は、ＫＣ氏が二〇〇一年七月から継続的にゲーム雑誌において、フリーランスのライターをしているという点、および彼自身が韓国のオンラインゲーム文化の中で育ってきたということから、当時の韓国におけるネットカフェが何であったのかを実体験をもって語りうるからに他ならない。

ところで、韓国のオンラインゲーム文化を論じるにあたって、最初に確認されるべきことは、「朝鮮戦争以来の、最大の国難」と評されることもある、タイ・バーツを発端とする一九九七年の「アジア通貨危機」である。[*2] このことについて、ＫＣ氏は「一九九八年あたりは本当にひどかったです。[*3] 水原でもソウルでも多くの失業者が街にたくさんいて、みんなチキンの配達をするかPC 방で働くか、という状態でした」と当時を振り返った。

韓国の空前絶後の不況の中で、なぜネットカフェで働くことが人々の選択肢に上がったのか。歴史的な背景を説明すれば、通貨危機の際の韓国では、起亜自動車の法的管理申請を始めとする、韓国国内の様々な企業の倒産や、金融機関の不良債権問題が露呈し、一九九七年一一月二一日に国際通貨基金（ＩＭＦ）に救済を仰ぐことになった。文京洙の指摘に従えば、一九九八年の「経済成長率はマイナス五・八と前年度から一〇ポイント以上も下落した。一万ドルを超えていた一人当たりＧＮＰも六八二三ドルにまで落ち込み、失業率は六・八％に跳ね上がった」（文 2015: 190）。

このような社会的混乱の中で、韓国政府が採ったのは「選択と集中」、および既存の財閥にとらわれない産業政策であり、玄武岩によれば、政府は民主的な市場経済システムの整備をめざし、財閥依存からベンチャー企業を中心とする産業政策への転換を図る。それは国家主導型であるという限界はあっても、技術集約的なベンチャー企業の育成をもたらすものであった。そのうちの三割は情報通信関連のベンチャー企業であった。

（玄 2005: 71）

そして、その政策の中には、韓国国内のブロードバンド化も含まれており、通信部門で韓国国内を独占していた国営企業の韓国通信が民営化され、現在では SK Telecom の子会社である SK Broadband として知られる Hanaro Telecom 社が一九九九年にＡＤＳＬ回線を韓国全土に敷設する事業に参入した。このことによって、韓国では技術的な観点から、ネットカフェが全国に拡大する環境が整った。

ただし、それはＫＣ氏が述べた「チキン配達か PC 방での勤務か」という選択が成立する条件の一つであり、単にＡＤＳＬ回線が韓国全土に普及するだけでは、パソコンとインターネットの家庭普及率が伸びるのみであったとしてもおかしくない。では、なぜネットカフェは韓国にここまで広がることになったのか。ＫＣ氏はこの点について、「スタークラフト（Star Craft）というオンラインゲームが流行し始めて、韓国の PC 방に若者が殺到するようになった」と述べる。スタークラフトは Real-Time Strategy（以下、ＲＴＳと略記）というジャンルのゲームで、「勝利」のためには相応の技術と知識を要し、同時に非常にゲームバランスがとれた、いわゆる「面白いゲーム」であった。

しかし、「スタークラフトというゲームの面白さ」だけが韓国全土にネットカフェが広がった要因ではない。この点について、Ｊ-Ｓ・ホの説明（Huhh 2009）を概括すれば、そもそもこのゲームは、ＬＧソフト（LG Soft）が一九九七年に、スタークラフトの制作会社である Blizzard Entertainment からの版権を受けて販売したものであるが、一九九七年の通貨危機を受けて、親会社であるＬＧ電子は起業のスリム化を図らざるをえなかった。そこで、ＬＧソフトの経営スタッフであったＹ-Ｍ・キムが Hanbit Soft という会社を設立し、スタークラフトをベースとした新しいゲームを作り、それを韓国中のネットカフェに無料で配った。

もちろん、新しいソフトを無料で配布した理由は、それをてこにしてスタークラフト本体をネットカフェの経営者に購入してもらうことであったが、そのような「呼び水」のような工夫を行った結果、韓国ではスタークラフトが広く認知され、そのゲームを求める人々の受け皿としてのネットカフェが爆発的に増加し、人々に「ネットカフェの従業員」という選択肢が用意された。加えて、KC氏の説明するところによれば、「スタークラフトのグローバルランキングの一位にY・H・イム（Lim Yo-hwan）という韓国人の名前が掲載されたことも、とても大きな出来事でした」という。イムは、現在は引退しているが、二〇〇〇年代にプロゲーマーとして活躍し、現在は「e・スポーツ」[*4]として世界で実施されているオンラインゲーム文化を、世界に先駆けて韓国で広げることになった代表的な人物である。

このような韓国におけるオンラインゲーム文化の端緒となったスタークラフトというゲームソフトを考える上で、KC氏が「思い出」として語ることは、このゲームがいかに韓国において普及していたのかを示す良い材料となるだろう。彼は、スタークラフトの普及の事例として「二〇〇〇年、僕が高校生の頃は、スタークラフトで友達と昼ご飯を賭けて勝負することができました」と説明した。

先にも簡単に触れたとおり、――また、以下でも詳しく説明するが――、スタークラフトは対戦相手に勝つために相応の技術と知識が必要であり、偶然に頼ったのではほぼ負けるようなゲームである。それゆえこのような「賭けスタークラフト」が成立するためには、皆がこのゲームのシステムを知り、その操作に慣れた上で、多くの人のゲームの操作技術がある程度のレベルにまで達している、ということが条件となるだろう。というのも、そうでなければそもそも「賭け」に至らない、つまり、おおむね拮抗した条件の対戦相手であり、「勝てるかもしれない」と賭けを持ちかけられた人が考えることがなければ、賭けそれ自体が成立しないからだ。また、二〇一一年時点での次のような事実も、韓国のオンラインゲーム文化の展開として指摘しておくことができる。それは、ケーブルテレビの番組であり、韓国ではOngamenetとMBC Gameという、二つのチャンネルのオンラインゲーム対戦の専門番組が放送されていた、ということである。

このような経緯で、韓国はパソコン・インターネットの家庭普及率が世界的に高水準の国でありながら、同時に世界一と言ってよい数のネットカフェを持つ国になった。以下ではさらに、韓国のオンラインゲーム文化の展開とネットカフェの関係について説明しておこう。

まず、先にも述べたとおり、一九九八年以降、[*5] スタークラフトを中心として、RTSというジャンルのゲームが流行した。この種のゲームの特徴を一言で述べれば、時間的な成長特性の違う集団を数人の操作者が個別に操り、互いに妨害し合いながら最終的に対戦相手より多くの陣地を獲得するゲームであると言える。

例えば、ゲーム開始時点から素早く成長するが、ある時点で頭打ちになる集団A、ゲーム開始時点から継続的に成長し続ける集団B、ゲーム開始時点から序盤にかけては非常に成長速度が遅いが、ある時点から急激に成長してAとBを追い越す集団Cを互いに操作することを考えてみれば、集団Aの操作者はとにかく素早く集団Bと集団Cを妨害することが目指され、集団Cの操作者は成長が集団Aと集団Bを越えるまで可能な限り生き延びることが目指されるだろう。そのとき、集団Bの操作者の立ち位置如何では、どの集団にも勝つチャンスが生まれる。このような、その時々（Real-Time）に応じた戦略（Strategy）で、自らの操作する集団を勝利に導くゲームがRTSと呼ばれるものであり、その代表がスタークラフトであった。

その後、Massively Multi-User Online Role-Playing Game（以下、MMORPGと略記）と呼ばれるジャンルのゲームの代表であるリネージュ（Lineage）が二〇〇一年に、その続編であるリネージュII（Lineage II）が二〇〇四年に発売され、それぞれ大きな流行となった。KC氏によれば「二〇〇一年頃にはスタークラフトが流通し終わり、ネットカフェにおいても上手いプレイヤーのプレイを観戦すること」が始まった。彼のこの言葉は、オンラインゲーム対戦の専門チャンネルとして先に挙げたOngamenetの開局が二〇〇〇年七月であり、それが二四時間放送になったのが二〇〇一年六月（Ongamenet 2016）だという事実が裏付けしてくれるだろう。

なお、MMORPGとは、オンライン上に用意された仮想の冒険空間で、操作者が自らの分身となるキャラクターを操作し、別の操作者のキャラクターと協同して様々な課題を解決するゲームであると言える。先のリネージュには漫画の原作があり、それがゲーム化されたものであるが、KC氏によれば、その「リネージュというゲームのシステムのある種の不備」の結果として、現代社会でも散見され、またオンラインゲームの負の側面として語られがちな問題が姿を現わす。

まず、この種のゲームは、基本的には協力ゲームであり、例えば強大なモンスターを倒すなどの課題を、オンライン上の冒険空間で出会った別のキャラクターと一緒に解決し、様々な報酬（アイテム）を得ることが目的となるが、システムとしてあるキャラクターが別のキャラクターに対して攻撃を加えることができる仕様となっていたため、PK（Player Kill, Player Killer）と呼ばれる、他のキャラクターを襲ってそのキャラクターが収集していた報酬（アイテム）を奪うという行為が横行し始めた。また、ゲーム内で得た報酬（アイテム）が貴重なものである場合、MMORPG内での物品取引を、現実の金品を媒介にして行うというRMT（Real Money Trade）という行為が生まれ、このような状況が加速していく中で、KC氏によれば「開発者の自宅に脅迫電話がかかる」までになった。また、オンラインゲームと現実社会との関係が強化されることで、いわゆるオンラインゲームを行い続ける「ゲーム中毒」や、卑称としての「ゲーム廃人」という言葉ができたのもこの頃であり、以上のような問題は、現代のスマートフォンアプリのゲームにも受け継がれている。KC氏は、このような問題が先鋭化したのは二〇〇五年頃であったと説明し、実際、リネージュ、リネージュⅡのRMT対策が始まったのも同時期である（Internet Watch 2006）。

なお、ここまで紹介したゲームを行うためには、当時の市販の一般的な性能のパソコンでは十分な動作が望めなかった。そのため、人々は高性能のパソコンを揃えているネットカフェに向かう必要があったが、KC氏に従えば「二〇〇六年頃を境にMMORPGが自宅のパソコンでできるようになり始めた」、つまり、MMORPGのオンライン上の冒険空間を画像処理するために必要な性能を満し、人々に「MMORPGはそれで十分に綺麗だ」と感受させることを可能にする画像処理速度を超えるパソコンが、人々の手に入りやすい価格で発売され始めた。

このような事態に至って、韓国のネットカフェでは、新しいジャンルのオンラインゲームの流行と、ネットカフェ利用へのインセンティヴを付加する実践が見られ始めるようになる。

まず、新しいジャンルのオンラインゲームとはFirst Person Shooting（以下、FPSと略記）と呼ばれるものであり、一人称視点（First Person）で銃や武器を利用して敵を倒していく（Shooting）ゲームである。なお、「ゲームの暴力性」といったことが問題になる場合のゲームの多くはこのジャンルのものであり、代表的なソフトとしてはカウンター・ストライク（Counter-Strike）などが挙げられる。本書の他の都市において「オンラインゲーム」と呼ぶときには、ほぼこのジャンルのゲームのことを意味すると言ってよいまでに、この種のゲームの伝播が進んでいる。[*6]

また、他の都市のネットカフェとの共通点という観点からすれば、FPSは技術的には非常に性能の高いパソコンを要求するという側面があることには、注意が払われてしかるべきである。ゲームの目的としては、これまでのジャンルに比べて、いくぶんか単純なものであると解釈することも可能であるFPSだが、一人称視点、すなわち人々の目に映る世界を可能な限り画面上で再現しようとすれば、例えば髪の毛や落ち葉などの「自然なゆらぎ」についても画像処理を行う必要があり、そのためには非常に高度で複雑な計算が必要となる。よって、このジャンルの最新ゲームを起動させるためには、その時々において高性能と呼ばれるパソコンを準備する必要があり、このことは本書で扱うすべての都市のネットカフェのパソコンにも当てはまる。つまり、オンラインゲームを利用する人々を主要な顧客層とするネットカフェでは、その都市（国）のパソコン・インターネット普及率とは無関係に、かなり性能の高いパソコンが置かれているということである。

他方で、KC氏によれば「カジュアル・ゲーム」と呼ばれるジャンルのゲームも流行し始め、それは時間をかけず手軽に遊ぶことができるゲームの総称だと表現できる。このジャンルのゲームの代表としては、例えば、二〇一六年三月まで運営されてきたエクスビート（X-Beat）、――そもそもは「オーディション」や「ダンシングパラダイス」という名で親しまれてきたもの――、があり、それは流れる曲に合わせてタイミングよく矢印を押す（ことによって操作するキャラクターが踊る）という極めてシンプルなものである。このようなゲームでは、キャラクターを着飾らせるための「アイテム」を、現金やゲーム通貨を使うことによって購入することができ、それを友人などに見せるといったコミュニケーションが発生し、「女性にも人気が出て、女性がPC방にもかなり足を運ぶようになった」とKC氏は

説明する。

また、近年の傾向として、ネットカフェのパソコンが韓国の人々にとってそれほど高性能でなくなった、あるいはKC氏の言葉を用いれば「PC방の価値が下がった」ため、韓国のネットカフェでは「PC방専用アイテム」といった、そこでゲームを行うことによって付加される特典をサービスにすることが多くなった。さらに、ネットカフェの料金にあらかじめアイテム購入のための料金を加算するような実践もなされている。[*7]

以上に説明してきたような状況下で、韓国のネットカフェの価格はそれ単体としては段階的に下がり続けている。実際、筆者がパイロット調査を行った二〇〇八～二〇〇九年の段階では、ソウルではおおむね一時間一〇〇〇～一五〇〇KRWという価格であったが、二〇一一年の調査では一時間一五〇〇KRWという店舗は発見できず、逆に一時間一〇〇〇KRWを下回る価格で営業している店舗が見られた。加えて、ここまでに確認してきたように、ネットカフェは様々な社会問題の発生源とみなされ、韓国ではネットカフェに対する規制が強化されることになった。例えば、店内の分煙対策の徹底や成人用コンテンツに対するフィルタリングソフトの導入の義務化などがそれにあたる。加えて、韓国のネットカフェは基本的に二四時間営業であるが、インターネット利用に住民登録番号を用いていることを利用し、青少年の夜間のオンラインゲーム利用を強制的に中断する「シャットダウン制度」が二〇一一年から導入された。このようなネットカフェ業界への参入障壁とネットカフェの維持障壁の高まりは、オンラインゲーム文化の展開における負の側面から導かれるものであるが、韓国のネットカフェの数を段階的に減らしていく直接の原因となったと考えることができる。

2　ソウルのネットカフェ密集地域

では、オンラインゲーム文化とともにあったと言うことができる韓国のネットカフェは、ソウルにおいてどのように分布しているのだろうか。ここまでの確認から容易に想像がつくことは、その主要顧客層が学生や若者たちだということだろう。そして、ネットカフェは基本的には住宅街／繁華街を問わずに分布しており、住宅街ではその地域の住民を対象として経営されている。

そのことを示す、もっとも分かりやすい例は、ソウル地下鉄の高速バスターミナル駅の付近にあるネットカフェである。この駅は、その名が示すとおり、ソウルから地方都市への高速バスの発着ターミナルに隣接している。そして、このネットカフェはそのターミナルから徒歩で数分という場所にあり、その北側には広大な団地がある。

そのような環境にあるネットカフェの店長のＫＤ氏（四三歳男性）は、日本のネットカフェを念頭に置きながら質問した「この店の近くにはバスターミナルがありますが、主要顧客はどのような人ですか」という質問に対して、「この辺りの住民が九八％、バスターミナルに関係する顧客は二％」だと答えた。このネットカフェと同じように近隣の住民を主要顧客として経営されるネットカフェは、ソウルのいたるところに存在する。また、大学生たちが集まる場所として、弘益大学の最寄り駅である弘大入口駅から、その東のソウルの若者街の中心と言える新村駅、さらに東にある梨大駅という広範囲の約二・五㎢には、三三店舗のネットカフェが立ち並び、本章第1節で述べた様々な「방」も発見できる。

だが、筆者の二〇一一年の調査において、ソウルでネットカフェがもっとも集中していた場所の一つは韓国鉄道公社とソウル地下鉄九号線の乗り継ぎ駅である鷺梁津周辺であった。鷺梁津駅はその近くに水産市場を持つことで有名であるが、もう一つの顔は公務員試験のための予備校街である。この付近のネットカフェの数は、二〇一一年の段階で、〇・二五㎢に三九店舗であった（図21）。

おそらく、このような密度を具体的に想定することは、大きな困難を伴うだろう。ただし、以下の章でも、鷺梁津と同等のネットカフェ密度を持つ場所をいくつか紹介するため、ここではその補助のために、この場所で感じた筆者の個人的な感覚を述べておけば、このような密度を持つ場所でおもむろにカメラを向けたり、少し下を向きながら歩いて、ふと顔を上げたりすると、必ず「PC 방」の看板がフレームや視界に入ってくる。あるいは、フィールド調査との関係で説明すれば、この場所でネットカフェの位置を地図に落とし込むために、地図を開いて位置を確認し、ボ

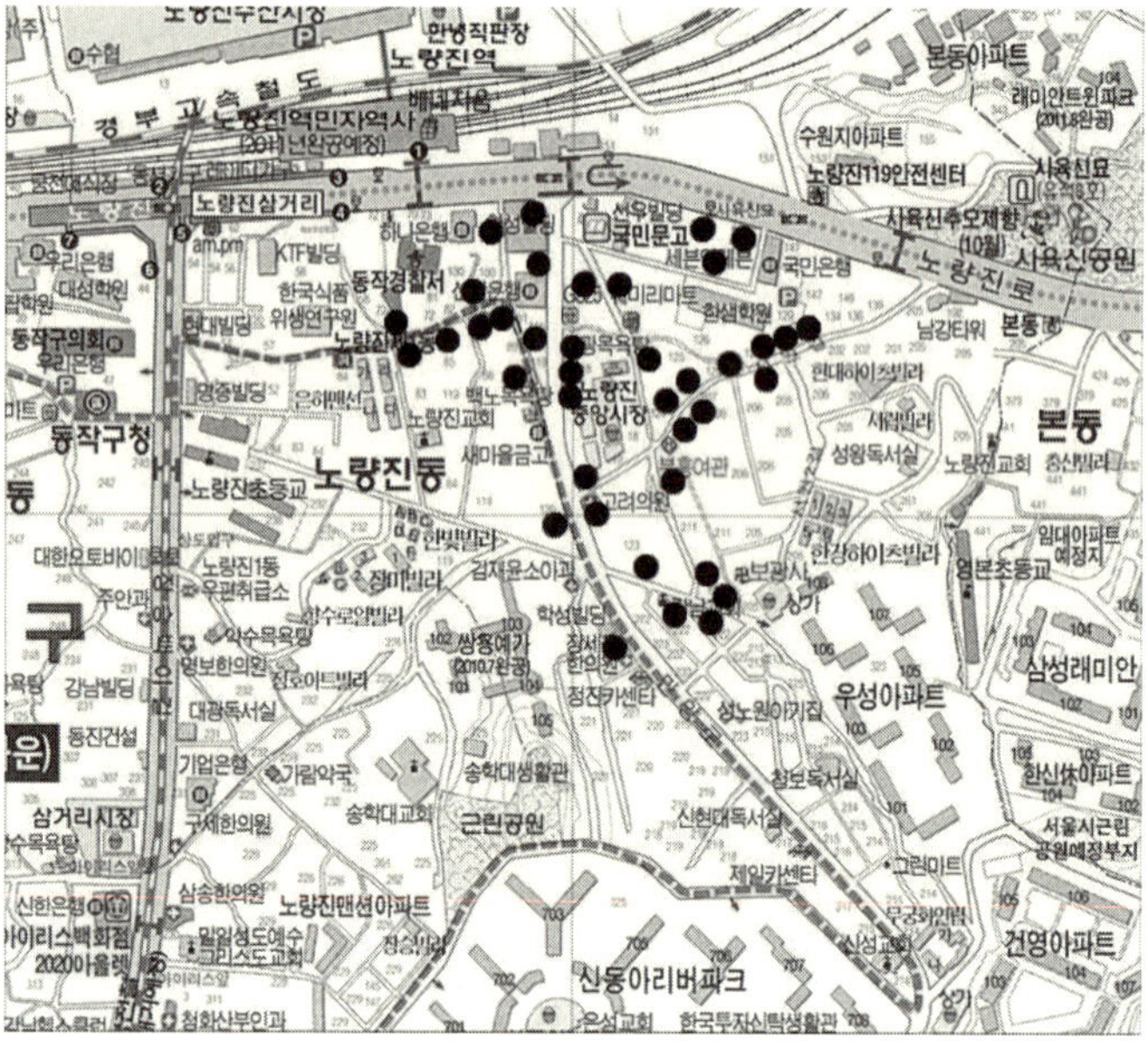

図21　鷺梁津駅周辺のネットカフェ（최 (ed.) 2010: 105）

ールペンで地図にネットカフェの場所を記載するということを繰り返すとすれば、〇・二五㎢（五〇〇m四方の区画）のそれほど道も多くない場所であるにもかかわらず、すべてのネットカフェを記載するために三時間程度かかることになる。

なお、このような公務員試験のための予備校街と、その周囲の僅か二～三畳の「考試院」と呼ばれる部屋で暮らす若者たちの生活実態については、雨宮処凛のルポルタージュ（雨宮 2008）が存在するが、ここではさらにネットカフェとの関係を見るために、鷺梁津のあるネットカフェで店員として働くＫＥ氏（三二歳男性）の言葉を引いておこう。

ＫＥ氏は韓国の南東部に位置する慶尚北道出身で、「このネットカフェで働き始めて一年以上」である。「月曜日から金曜日の夕方五時から深夜二時まで勤務している」彼は、この周辺の考試院で暮らす公務員志望の受験生でもあり、「三年間勉強しているが試験には受からないため、試験準備の間にお金を稼ぎたい」と考えて、このネットカフェで働いている。彼の「時給は四五〇〇～五〇〇〇ＫＲＷ」であり、毎日九時間も働いていることについて実際どのように考えているのかを尋ねると、「最近、あまり勉強ができていない」と答えた。

韓国のオンラインゲーム文化とネットカフェとの関係についての歴史的経緯を説明した前節で、韓国全土にADSL回線が敷設された経緯の端緒には、アジア通貨危機とIMFの救済があったことを説明した。その後、ネットカフェの爆発的普及があり、確かにネットカフェを含むIT関連産業の躍進はあったが、そのことは韓国の雇用条件それ自体を良くしたわけではない。特に、この雇用問題は若者世代に大きな打撃を与え、イタリアの若者たちの「一〇〇〇ユーロ世代」というスローガンに影響を受けつつ、それを韓国に適用した「八八万ウォン世代」という言葉を韓国社会に投げかけた禹晳熏と朴権一は、韓国のアルバイト労働にも適用される最低賃金が、二〇〇七年の時点で時給三四八〇KRWであり、それが二〇〇八年には時給三七七〇KRW、二〇〇九年には時給四〇〇〇KRWとなる見込みであることを確認しつつ（それゆえ、このような傾向の中に、KE氏の時給もある）、それでも他のOECD諸国と比較すれば、この最低賃金が圧倒的に低く（KE氏の時給は三二四〜三六〇円であり、月収に直すと八一万KRW、すなわち五万八三二〇円となる）、多くの場合は「ピンはね」のようなことが横行している（禹・朴 2007=2009: 65-8）と論じている。

また、KE氏が、両親の期待に応えるべく公務員試験に挑む日々を送っているということ、あるいは鷺梁津の別のネットカフェでゲームをしていたKF氏（二七歳男性）が、「地方大学の大学生だけど、今休学して公務員への合格を目指している」と身の上を語り、KE氏と同じく鷺梁津の考試院で暮らしていることは、総じて学歴社会（ないしは日本の「学閥」のような学縁社会[*8]）のバリエーションの一つとしての韓国の特徴を強く示すものである。

有田伸は韓国の教育制度について、その選抜形態が「大学進学段階集中型」、「国家管理型」、「一元的選抜システム」（有田 2006: 83）という特徴を持つと言い、高等教育段階に選抜機能を集中化させて重要度を高めるものであり、私立大学の定員の決定も含め、国家がその選抜機能の重要性を管理するもの（有田 2006: 96-7）であったと論じる。また、このような選抜システムの中に専門大学も含まれること（一元的選抜システム）になり「高等教育機関の間の序列化」（有田 2006: 99）が急速に進んだ。加えて、韓国の一九八〇年代頃の高等教育改革は全体として大学の定員数の増大を図るものであったが、本章第1節でも示したようなソウルへの人口の一極集中が問題視されていた当時の社会背景から、「ソウル、およびその近郊における大学・学部の新設や定員増大はほとんど認められなかった」(有田 2006: 100)。その結果、ソウル周辺の大学の「入りにくさ」が相対的に上昇し、「ソウル所在大学か否か」を起点とする階層性が強化されることになった(有田 2006: 100)。

このように、社会構造がソウルを頂点にしたピラミッドを形成し、さらに若者たちが不安定な雇用環境にあるとすれば、KE氏やKF氏のような地方からソウルへの移動者のみならず、ソウルに在住する若者たちにとって、それがたとえ倍率一〇〇倍と言われるような狭き門であるとしても、公務員試験への合格は社会的地位の向上を目指す上での最後のチャンスとなり、かつ摑まなければならないチャンスとなってしまう。[*9][*10] そしてネットカフェはこのとき、彼ら/彼女らの置かれた厳しい状況の息抜きや休息の場所として機能することになる。

なお、一般的な予備校、あるいは、マニラのネットカフェについて考察する第II部第12章とも関連する語学学校と韓国のネットカフェとの関係は、韓国統計局が提示する二〇〇六年と二〇〇七年の「事業基盤統計調査結果」において、すでに一位から五位までが並行して掲載されていた(Korea National Statistical Office 2007, 2008)。その調査では、ソウルの江南が、一般的な予備校や語学学校のもっとも集まる場所として示されており、ネットカフェが集中する場所としては、鷺梁津と肉薄する四位であったことが示されている。なお、二〇一一年の調査の段階では、江南はネットカフェの集中度としては鷺梁津には及ばなかったが、このように見れば、オンラインゲーム文化、そしてその背景にあった韓国のネットカフェは、アジア通貨危機以降の同国の様々な局面を映し出すプリズムのような役割を担っていると言える。

そして、ここでさらに視野を広げるべく、先の調査で、二〇〇六〜二〇〇七年にかけて、もっともネットカフェが集中する場所として挙げられていた新林のネットカフェについても紹介しておこう。二〇〇六年には八〇店舗、二〇〇七年にも七〇店舗あったとされる新林は、江南や鷺梁津と同じく、予備校生向けのネットカフェが開店されている場所であった。だが、ilovepcbang の二〇〇八年の記事に従えば、ここまでに挙げてきたような規制のあおりを受け、急激にその数を減らしたことが確認されており（ilovepcbang 2008）、二〇一一年時点では〇・四㎢で二〇数店舗にまで減少した。

ここで、「二〇数店舗」という表現を用いたのは、少なくとも ilovepcbang はそれを「PC 방」とは換算せず、本書においても定義の観点からそれをネットカフェに含めることはできないが、しかしそれでも、それを「ネットカフェ的なるもの」と呼びながら言及する必要があるものが含まれるからに他ならない。それは、夜の深い街でもある新林のネオンサインと同様に妖しく光る看板を掲げる「成人向け PC 방」である。成人向け PC 방は、パソコンやインターネットを用いて、法的には禁止されている換金制カジノやいわゆる「出会い系」と呼ばれるような風俗営業を行うネットカフェであり、「周囲にいる人々が自由に出入りできる」という本書のネットカフェの定義に抵触するという点で、ネットカフェ的なるものと表現せざるをえない。また、法に触れる可能性のある店舗の内情を知られることを好まないためか、新林の成人向け PC 방ではインタビューを断られ続けた。

だが、新林ではない、ある成人向け PC 방で「場所と名前と年齢を明かさないならば」という条件でインタビューに答えてくれた店員がいた。KG 氏は、アルバイトとしてある成人向け PC 방に勤務しており、午後十二時から午前〇時までのシフトに入っている。給料は食事込みで月収一〇〇万 KRW であり、「収入は十分ではないけど、ここ以外では働いていない」と説明した。

このような成人向け PC 방の特徴として、日本の個別ブースよりもはるかに気密性の高い「部屋」が用意されていることが挙げられ、利用方法の観点から、よりプライバシーに配慮されたものとなっている。ただしその分、利用料金はソウルの一般的なネットカフェに比べて非常に高い。例えば、KG 氏の成人向け PC 방では、パソコンとインターネットのみを利用するのだとしても、一時間五〇〇〇 KRW、三時間一万 KRW、八時間二万 KRW 程度の費用がかかり、さらに「電話」サービスが付け加われば、一時間一万五〇〇〇 KRW、多分に性的な意味を持つオンラインビデオサービスを加えれば、一時間二万四〇〇〇 KRW となる。KG 氏は、このような成人向け PC 방の営業形態は、二〇〇〇年ぐらいに韓国の南端の釜山から徐々に北上してソウルに入ってきたもので、「そりゃあ日本から入ってき

たんだよ、ファッションなんかもそうじゃないか」と笑いながら述べた。

現代のメディア環境下において、文化の伝播がどのような道筋をたどったものかを正確に遡行することは難しく、KG氏の説明が本当に正しいかどうかを検証する術はないため、ここでは「影響」という表現に留めるが、実際に成人向けPC방は、現代の日本のネットカフェといくつかの共通点を持っている。続けて、彼のこの店についての説明を聞いてみよう。

まずKG氏は、成人向けPC방には「顧客層に規則的なものはない」という。この店では、顧客はおおむね男性であるが、例えばその年齢層は四〇代から七〇代までと幅広い。「七〇代」という言葉を聞いたときに、それが「(風俗のような)成人向け利用」とつながらず、聞き間違いではないかと考えて、改めて「七〇代の人が来るのですか?」と聞き返したが、KG氏は落ち着いて「おじいさんたちは、普通のネットカフェには行きづらいんじゃないかな。うるさい子どもたちがたくさんいるし」と説明した。よって、少なくとも彼の勤務する成人向けPC방に来る高齢者は、一時間あたりおよそ五倍の金銭を支払って、「静かにパソコンとインターネットを利用する環境」を購入していることになる。

このことと関連して、KG氏に従えば、「ここ〔成人向けPC방〕では、酔っ払いも含め大きな声で騒ぐのはそもそも禁止」しており、それは「風俗のような」利用も含め、様々な顧客がこの店を訪れることから、なくてはならない規則である。その代わりに、ソウルの一般的なネットカフェでは、付加サービスとして購入しなければならないノンアルコールの飲み物については、この成人向けPC방では無料で提供されている。さらに、「ホームレスのような人たちが、ソウルの冬の寒さを逃れるためにここに駆け込んでくることもあって、そのときは人道的な意味で受け入れるよ。ただし、後でお金はもらうけどね」とKG氏は語った。[*11]

成人向けPC방が「ネットカフェ的なるもの」として論じられなければならない理由は、以上の点にある。すなわち、(1)高齢者の人々、つまり、自宅でパソコンを様々な理由から使うことができず、かといって彼ら/彼女らにとっては「若者向け」と言えるソウルのネットカフェには、その雰囲気の点からなかなか足が向かないような人々が、も

し「ゲームをしたい」と思ったときの選択肢の一つが、ここに説明してきたような成人向けPC방となっている可能性があるということ、そして、(2)このような人々が成人向けPC방に来る理由が、日本から伝播した可能性のあるネットカフェの個別ブースと、個別ブースに転写された理念の結果である「静寂」だということ、さらには、(3)このような場所がホームレスのような人々の「避難場所」にもなっているということ、である。

ホームレスのような人々が寒さをしのぐためにネットカフェに駆け込むことは、それが必需であるという点からこれ以上の説明は必要ないだろう。だが、高齢者の人々はなぜ自宅のパソコンでゲームに触れることができないのだろうか。ここまで何度も指摘してきたが、韓国のパソコンとインターネットの家庭普及率が世界でも有数なのであれば、このことは確認されてしかるべきである。また、この問いは、オンラインゲーム文化とネットカフェを中心に韓国を、そしてソウルを論じてきた本章の議論を、ある都市の特定の世代に関する課題として解釈するのではなく、さらに広い視野からのものとして考えるために、是非とも答えなければならないものでもある。

3　様々な人々のためのゲーム

ただし、韓国では青少年のオンラインゲーム利用については、ここまで挙げてきた統計データを含む大量の資料、あるいはこのことについて論じられた様々な言説、加えて、――KH氏（二五歳男性）の「パソコンやインターネットの子どもに対する影響なんて考えるのは余計なお世話だよ。「子どもに悪い影響」なんて言っている人は、自分もそのような環境にいることを考えていない人なんだから」という、それを尋ねた筆者に対する手厳しい批判も含めて――、インタビュー調査における様々な立場の様々な意見があるが、高齢者の（オンライン）ゲーム利用について論じられたものは、管見の限り存在しない。

それゆえ以下では、筆者のフィールド調査とインタビュー調査で遭遇したあるネットカフェの事例から、前節末で提起した問題に答えてみたい。そして、この回答は同時に、地方からソウルに出てくる若者たち以外の、ソウルへの移動者とネットカフェとの関係を示すことになるはずだ。

二〇一一年六月四日、ソウルの中心地での調査を終え、最後にそこから少し離れた加山デジタル団地に向かった。同名の最寄り駅はそもそも「加里峰駅」と呼ばれ、周辺には九老工業団地が立ち並ぶ場所だった。九老工業団地は、韓国の現代史において特別な意味を持つ。なぜならそこは、一九八五年に、付近で工場群を形成する大宇アパレルなどの大企業を相手取って、各企業に勤務する労働者たちが同盟を組んでストライキを敢行し、「そうした企業の枠を超えた連帯闘争の成果の上に八月、解雇された労働運動家などを中心にソ労連（ソウル労働連合運動）が結成された」（文 2015: 155）という経緯を持つ場所だからである。つまり、加里峰は韓国における人々の民主化のための闘いの跡が刻まれた場所なのだ。そのような歴史を持つこの場所は、加里峰から名前が変わったことと相即するかたちで、その装いが一新されるまでに再開発がなされ、駅前には大きなビルやショッピングモールが立ち並び、団地も過去の痕跡をほとんど留めてはいない。

だが、このような再開発から部分的に取り残された区画に中国の朝鮮族の人々が住み始め、チャイナタウンが形成されている場所がある。ソウルの街ではほとんど目にすることのない「漢字のみ」の看板が立ち並び、急激に中国の風景が広がるその小さなチャイナタウンには、鷺梁津や新林、あるいは江南にはまったく及ばないものの、数店舗のネットカフェが存在する。[*12]

その中のネットカフェの一つを夫婦で経営するＫＩ氏（六一歳女性）は「この店は二〇〇〇年ぐらいから始めた」と語り始め「ただ、二〇〇五年から周囲のお客さんのことも考えて、中国人向けのネットカフェにしちゃった」と続けた。「中国人向けのネットカフェ」が意味することとは、店内のパソコンおよそ五〇台のうち、Windows ハングル版のＯＳをインストールした五台を残して、残りの約九〇％のパソコンをすべて Windows 簡体字版のＯＳをインストールしたものに変えた、ということである。なお、彼女が語るには、もともとこの店はゲームセンターであったが、ＫＩ氏が「ゲームセンターが嫌いで、パソコンが世の中に出回り始めた頃に PC 방に変えた」という。

しかし、この店舗はなぜ、中国人向けのネットカフェへと変貌したのか。というのは、彼女（と彼女の夫）が採った経営判断とは、小さなチャイナタウンを取り囲むように暮らす周囲の韓国人の存在を一見無視するようなものだからだ。この点について、彼女が説明するには「それはパソコンの言語の問題と、特にソフトとの相性の問題」があったからである。Windows系のOSでは、OSのバージョンが合っているWindows用のアプリケーションソフトであれば、言語がどのようなものであろうとも、基本的にはそれをインストールすることができる。だが、当該ソフトの仕様によっては、あるいは使用しているWindowsがそのソフトの表示言語にそもそも対応できなければ、起動したソフトに並ぶ文字列は「-」や「$」や「・」などになってしまい、意味をなす言葉として表示されない。彼女の店に起こったことは、まさにこのようなことで、様々なオンラインゲームソフトの簡体字版を、Windowsハングル版のOSのパソコンにインストールすると「まったく動かなくなってしまった」からである。そこで、この店の周囲の環境と今後の再開発の動きを先読みするかたちで、彼女の店舗はほぼ中国人向けのネットカフェへと転換した。

とはいえ、彼女は「PC 방の経営はなかなかに苦しい」とこぼした。具体的な月収や年収は明かしてもらえなかったが、このネットカフェは「一時間一〇〇〇KRWの料金で、アルバイトを雇わずに、私と夫の二人で一二時間ずつ働いて、それでぎりぎり」やっていくことができており「この歳にまでなって夜更かしして〔店を〕やりたくないけどね」と答えながらKI氏は微笑んだ。実際、彼女の店舗は二四時間営業だが、筆者が入店した午後八時には、すでに店内は閑散としており、顧客は目視できるだけで四人程度であった。このような状況を踏まえた上で、「なぜ二四時間営業にする必要があるのか」と彼女に問うと、KI氏は「お客さんが夜中に一〜二名来ることもあるし、〔お店が〕やってなかったら悲しいじゃない。追い払うことはできないよ」と答えた。

それゆえ、彼女はまさにこのネットカフェの周囲で暮らし、その周囲に集まる中国人のために、ネットカフェを経営しているのだ。事実、彼女は簡単な中国語であれば話すことができる。「文化センターで勉強したんだけど、本を読むかたちで勉強したので、しゃべるのは苦手」だというKI氏は、しかし「珍しく韓国人のお客さんが来たときには、その韓国人に「中国語は話せないけど良い?」と逆に聞かれる」程度には、流暢な中国語話者である。[*13] このような彼女の語りは、次章で改めて、「移動する中国人にとってのネットカフェ」を考える上での導入のような役割を果たすだろう。例えば、ＫＩ氏の言葉に従えば、「中国からはたくさんの工場労働者が韓国に来ているよ。中国で教師をしている人が、出稼ぎにきたこともあった」という現実は、中国のネットカフェと移動とを考える上で、確認されておくべきことである。

ところで、彼女の店舗には、一人の高齢の韓国人男性客がいた。ＫＩ氏が夫婦でこのネットカフェを経営していると聞いた段階で、この顧客が彼女の店舗に残された僅か五台のWindowsハングル版のＯＳがインストールされたパソコンの前に座っているのを見て、早合点した筆者が「あなたが彼女の夫ですか」と尋ねてしまったときに、「それは失礼だよ」と大笑いしたＫＪ氏（七二歳男性）は「この〔加里峰〕の近くに住んでいて、今日はオンラインゲームで象棋（中国の将棋）をするために来たんだ」と身の上を語ってくれた。そこで先に説明したＫＩ氏のインタビューを挟んで、改めてＫＪ氏に「なぜ自宅でゲームをされないんですか」という質問を続けたところ、彼は「家族は、息子と、息子の嫁、そして二人の孫がいて、パソコンは家に二台あるんだけど、息子や孫がパソコンを使うのでそれでね」と答え、「おばさん〔ＫＩ氏〕が優しいから、ついふらふらここに来ちゃうんだよ」とおどけて見せた。

ただ、――ＫＩ氏が優しいという理由以外にも――、ＫＪ氏にとってこのネットカフェは非常に居心地のいい場所である。なぜなら「中国から来る人たちは、みんな静か」だからだ。彼はパソコンの使い方を学んだ後、一〇年ぐらい前からネットカフェに通っており、その中でＫＩ氏の経営するネットカフェに出会ったのだと説明した。そして「子どもたちは自分の家でパソコンやインターネットを使うのが一番だよ。親が見守りながら時間を決めてできるから」と配慮をしつつも、ＫＪ氏は「PC 방は良いところだと思うよ。自分のしたいことができるんだから」とにこやかに言葉を紡いだ。

ＫＪ氏の説明は、家庭にパソコンやインターネットが普及した後も、すべての人にパソコンとインターネット環境が行き渡らないのだとすれば、家族を構成する誰かがパソコンやインターネット利用を譲ることになるという、ある意味では当然の事実を思い起こさせてくれる。そしてこのことは、スマートフォンが普及した現代にあっても、スマートフォンとパソコンでなしうることに差があるのであれば、基本的に変わりはない。そしてその場合、青少年のネットカフェ利用の規制を強める韓国の社会的文脈においては、ＫＪ氏が述べるように、家庭でのパソコン・インターネット利用において優先されることになるのは、子どもの利用だということになるだろう。

ただし、そのときＫＪ氏のような人々は、家を出て静かなゲーム環境を求めることになる。その受け皿の一つが、成人向けPC방となっていたことは、前節で確認したとおりである。その意味で、彼は非常に幸せなネットカフェとの出会いを果たしたことになるのかもしれない。他方、ＫＪ氏のような人たちのために、ソウルのすべてのネットカフェが静かになってしまうならば、子どもたちが集って遊ぶ場や、大学受験や公務員試験の「息抜き」のようなかたちで利用される場としてのネットカフェの機能は失われてしまうことになるだろう。

なお、ソウルのネットカフェがすべて日本のネットカフェのような「静かさ」になることは、ありえない想定である。ただし、このような想定は決して無意味なものではない。なぜならそれは、単に韓国の若者たちがそのようなネットカフェを望まないのではないか、ということについて想像力を働かせることのみならず、「ＫＩ氏のネットカフェに集う中国人の顧客は静かにオンラインゲームをすることを本当に望んでいるのだろうか」ということについての想像力を喚起させることに役に立つからだ。

それゆえ先のＫＪ氏の回答は、ゲームは誰のためのものなのか、人々にとってまったく違う意味でオンラインゲームがなされるネットカフェという場所は誰のためのものなのか、という問いを韓国に、そしてソウルに投げかけることになるだろう。この問いに対する解答は、ゲームという主題ではあるものの、それが社会的資本や社会的財の分配に関わるという意味で、優れて政治的かつ解きがたい課題であり、すぐさま何らかの方策を示すことは難しい。だが、二〇〇四年に開催された第九回ヴェネチア・ビエンナーレ国際建築展の韓国館の館長が「방の都市（Ciry of the Bang）」と題した文章で、「방」を異質的なものを同質的なものへと回収するための社会的機能として肯定的に捉える次の説明は、本書で述べてきた様々な問題を等閑に付すという点で、避けられるべき答えの代表と言えるだろう。

韓国の各都市での방の増殖は、民族的・言語的同質性との相関関係を持ってきました。韓国人たちは、単に公

的なものから〔様々な방のような〕私的なものとされた環境へと引きこもったのではなく、絶えず彼らの関係性の感覚を再確認することによって、疎外感に対する恐怖を和らげるために、このような場所を使っているのです。それを、É・デュルケームは機械的連帯と呼びました。爆発的なインターネット利用と携帯電話利用は、……このような機械的連帯に関する表現を強化し、多様化することに貢献しています。韓国の「ネチズン」と呼ばれるインターネットユーザーたちは、オンライン上のコミュニティやサイバーカフェ〔ネットカフェ〕、ポータルサイトやゲームサイトのチャットルームを通じた営みを満喫しています。そして、このような営みは、しばしばオフラインのそれへと転化しています。방の都市は、このような一見異質的ですが排他的でもある社会文化的ネットワークをその基礎構造へと吸収するのです。

（Arts Council Korea（The Korean Culture and Arts Foundation）2004）

第8章　娯楽はどのように提供されるか――中国におけるネットカフェ

1　中国を論じるということ、中国大都市部のネットカフェを論じるということ

中国のネットカフェを語るということの難しさ、正確には中国を総体として、何か一つの観点から語ることの難しさを考えるためのきっかけを摑むには、岩波書店から出版されている「叢書 中国的問題群」と題されたシリーズを一瞥してみればよい。そのシリーズが示すことは、近・現代中国のあり方、およびその諸問題・諸課題に携わる日本の著名な研究者をして、主題別に全一二冊が刊行されるという、非常に多岐にわたるものとしてのみ、中国を何とか語ったことになるということだ。[*1]

「何とか語ったことになる」と但し書きを付けた理由は、「領域としての中国の国土とそこに暮らす人々に関する」という条件が加えられなければ、この叢書はさらに冊数を増やす必要があるように思われるからだ。例えば、現在、中国の国籍を持ちつつ海外へと出稼ぎ労働に出る人々も、中国国内という領域にはいないものの、中国的問題群の範疇に加えられる権利はあるだろう、という見解を示すことも可能であり、その場合、各大陸／各地域別の中国的問題群が姿を現すことになる。また、中国の「近・現代」という問題とも関わるが、例えばこのシリーズの第一巻である『党と国家――政治体制の軌跡』のあとがきでは、その記述の方法のレベルから、二人の著者の間での「中国」に対する認識、あるいは「中国観」の齟齬が出ていたことが赤裸々に語られている（西村・国分 2009: 243-5）。

それでもなお、中国について何かを論じるとなれば、必要とされることは自らの議論の射程とその限界を自分自身であらかじめ丁寧に論じておくことだろう。本章の記述は、正確には北京、天津、上海でのフィールド調査とインタビュー調査をもとに構成されたものであり、決して中国全体のネットカフェという代表性を持つものではない。だが他方で、本章では、「首都と沿海地区という中国の中でも経済的により豊かな地域におけるネットカフェの実情」のみならず、ネットカフェという主題をもって何らかの「中国」についての議論をなすつもりである。

では、なぜこれらの都市のネットカフェから何らかの「中国」を語ることができると考えられるのか。それは第I部第4章第2節のイントロダクションでも示したとおり、中国大都市部のネットカフェの主要顧客が地方からの出稼ぎ労働者であり、現代中国における都市と農村の問題の結節点[*2]にあたる場所として、大都市部のネットカフェを論じることができるからに他ならない。

それゆえ、本章では三つの都市のネットカフェについて、第I部第4章第2節の冒頭で触れたような事態、つまり、どの都市のネットカフェに行っても、その都市の戸籍を持たない人々がおり、そのような人々がネットカフェで働いていたり、ネットカフェの主要顧客層となっていたりする事態が見出されることを踏まえ、このような人々がネットカフェで何をしていることになるのかを確認し、その問題について考察する。

なお、移動する人々とネットカフェとの関係は中国のネットカフェの様々な部分に示されており、またそれを取り巻く中国の各都市（北京、天津、上海）の状況とも密接な連関を持っているが、それは非常に見えにくくなっている。例えば、第I部第4章第2節で確認したとおり、農村のネットカフェ問題は、本来農村からの出稼ぎ労働者の問題と併せて論じられるべきものであるが、「ネット利用者建言活動」の一つとして示されたのは、二〇一七年に入ってからである。

それゆえ本章では、その「見えにくさ」を示すために、少し複雑な次のような論述の方法をとる。まず本節では、ここまで述べてきた「移動」という観点をいったん宙吊りにし、中国のネットカフェのいくつかの共通点を確認した上で、北京、天津、上海におけるネットカフェの集中地域について、それらを「移動」という観点を持たずに見る場合に、各都市の集中地域にまったく共通点を見出すことができない、ということを証示する。そして、このことを踏まえた上で、次節（第２節）では、移動という観点を用いて各都市のネットカフェの集中地区の共通点を、北京のそれに準拠しながら再構築する。最終節（第３節）では、そこまでに得られた知見をもとにして、改めて中国における移動する人々とネットカフェの関係を問うことで、本章の帰結とする。

　このような本章の論述の手法上の注意を踏まえた上で、まずは、北京、天津、上海の三つの都市のネットカフェに共通する部分を簡単に指摘しておくことしよう。

　中国のネットカフェは「网吧（Wang ba）」と呼ばれ、「网」が「ネット」を、「吧」が「様々な人が集まる（雰囲気のよい）場所」[*3]を意味する。後者については、例えば、吧は「酒」と結びついて「酒吧」、いわゆる「（様々な酒が提供される）バー」のようなかたちで使用されることもある単語である。[*4]

　なお、中国のネットカフェを営業形態の側面から捉えれば、基本的にそこはオンラインゲームにも対応した場所として開店しているため、最新とまではいかないものの、完全に古くなったとは言い難いパソコンが提供されている。例えば、二〇一一年時点の北京のあるネットカフェのパソコンは、ＣＰＵがAMD Athlon 64[*2] Dual 5200+ 2.71 GHz、ＲＡＭが二ＧＢ、Video Card は NVIDIA Geforce 9600 GSO という性能であり、二〇〇八〜二〇〇九年頃であれば「おおむね高性能」と呼ばれたであろうパソコンである。

　また、中国のネットカフェは基本的には二四時間営業であり、インスタントラーメンやソフトドリンクが付加的なサービスとして提供されている。加えて、他の国にはない特徴として、個室というかたちではないが、一般的なオープンスペースから区別されたＶＩＰ ＲＯＯＭと呼ばれるスペースを提供するネットカフェもある。二〇一一年二月一日以降、ネットカフェの利用料金は、本章で扱う中国のどの都市でも一時間三ＣＮＹであったが、それ以前は一時間二ＣＮＹで固定されており、ＶＩＰ ＲＯＯＭを利用する場合には、そこにさらに数ＣＮＹが上乗せされる。

　他方、中国のネットカフェでは、二〇一一年時点で、パソコンとインターネットの利用のために、「居民身分証」すなわち一六歳以上の中国公民に発給されるＩＤカードの提示が求められる。このことからも分かるとおり、現在は

小・中学生である生徒たちはもちろん、一八歳未満の若者は、ネットカフェには原則立ち入り禁止となっている。ただし、念のため断っておけば、韓国の「成人向け PC 방」とは違い、中国にネットカフェが登場した段階から一八歳未満の若者を入店させないという施策がなされていたわけではない。このような措置が取られるようになったのは、ネットカフェと若者をめぐる様々な問題が報道などによって表面化するに至ってのことである。この点において、本書は中国のネットカフェを段階的に規制が強められていったが、そもそも基本的には周囲にいる人が自由にパソコンやインターネットを利用できる店舗であった「ネットカフェ」として扱う。

あるいは端的に、規制のあるところには、規制を逃れる実践も存在することを明記した方が分かりやすいかもしれない。つまり、このような規制をかいくぐり、若者たちがネットカフェを利用すること、——例えば、一八歳以上の近親者や友人のＩＤカードを借りてネットカフェを利用することや、黒网吧（非合法なネットカフェ）に行くということ——、は、彼ら／彼女らにとってはそれほど難しいことではないのである。

以上の注意を踏まえた上で、さらにＩＤカードと関連する、中国でのネットカフェ利用と規制の関係について付言しておけば、まず、インターネットを利用せずにただネットカフェに入店するのみであれば、——そのような「場のみの利用」は通常ほとんどなされないが——、ＩＤカードを提示する必要はない。また、外国人が中国でネットカフェを利用する場合には、ＩＤカードの代わりにパスポートの提示が必要となる。

ここまで、中国のネットカフェの特徴をいくつか指摘してきたが、ネットカフェという場所に関わる共通点として提示できることは以上であり、「ネットカフェの利用形態」のようなものに共通点を求めようとすると、中国のネットカフェは途端にその焦点がぼやけはじめる。その一例として、本章のタイトルである「娯楽」に着目してみよう。娯楽の観点から中国のネットカフェを正確に語ろうとすれば、次のような言い回しになってしまう。「中国のネットカフェは、現在では基本的に娯楽が提供される場として人々に享受されている」。

むろん、この娯楽には様々なものが含まれる。そして、中国のネットカフェについては、これ以上何らかの限定をかけることが不可能であるほどに、多様な利用がなされている。例えば、先にも述べたオンラインゲームはもちろん、動画視聴やＳＮＳを用いたコミュニケーション、はてはオンラインゲームユーザーや長時間の動画視聴者のために用意されている、ある程度質の良い椅子で眠ることなど、人々によって様々な利用がなされているとしか言いようがない状態があり、そこには、日本のネットカフェの個別ブースのような、人々のニーズを可能な限り満たすような包括的なアイデアとして着目できるものも存在せず、また、ソウルのネットカフェにおけるオンラインゲームのような、特化された何らかのサービスがあるわけでもない。そのため、中国のネットカフェは人々に多様な楽しみを提供していると表現する他ないのである。

また、先の言い回しにおいて「現在では基本的に」と表現したとおり、娯楽以外の利用方法も中国のネットカフェには存在する。例えば、二〇一一年の天津でのネットカフェ調査においてインタビューに応じてくれたＣＥ氏（二三歳男性）は北京からの出戻りで、つい最近天津に帰ってきたのであるが、「実家には帰りたくない」ため「今日はネットカフェにゲームしがてら、一人暮らしのできる部屋を探しに来ました。多分何日かかっても、ここで部屋探しをしています」と身の上を説明した。

彼の話自体は、現代中国における未来志向の独立心旺盛な若者の考え方を知る上で、非常に興味深い例であることは確かだが、彼のようなネットカフェ利用を単にオンラインゲームに分類することは不正確であろう。このようなネットカフェの利用方法が、主流ではないが決して存在しないわけではないことの傍証としては、二〇〇八年の北京におけるパイロット調査で出会ったある顧客が、ネットカフェから就職活動用の履歴書を送った経験があったことを指摘しておくことができる。

そして、中国のネットカフェの特徴が判然としない、ということまでに説明してきた問題は、北京、天津、上海それぞれのネットカフェの集中地域を見るときによりはっきりと示される。なぜなら、これらの都市のネットカフェは、そもそも基本的に分散傾向にあり、さらにどこかに集中地域が形成されるとしても、各都市内、および各都市相互の共通点を見出すことが困難だからである。

例えば、二〇一一年の段階の北京のネットカフェ集中地域の一つとして、北京の北西部の北京外国語大学、中央民

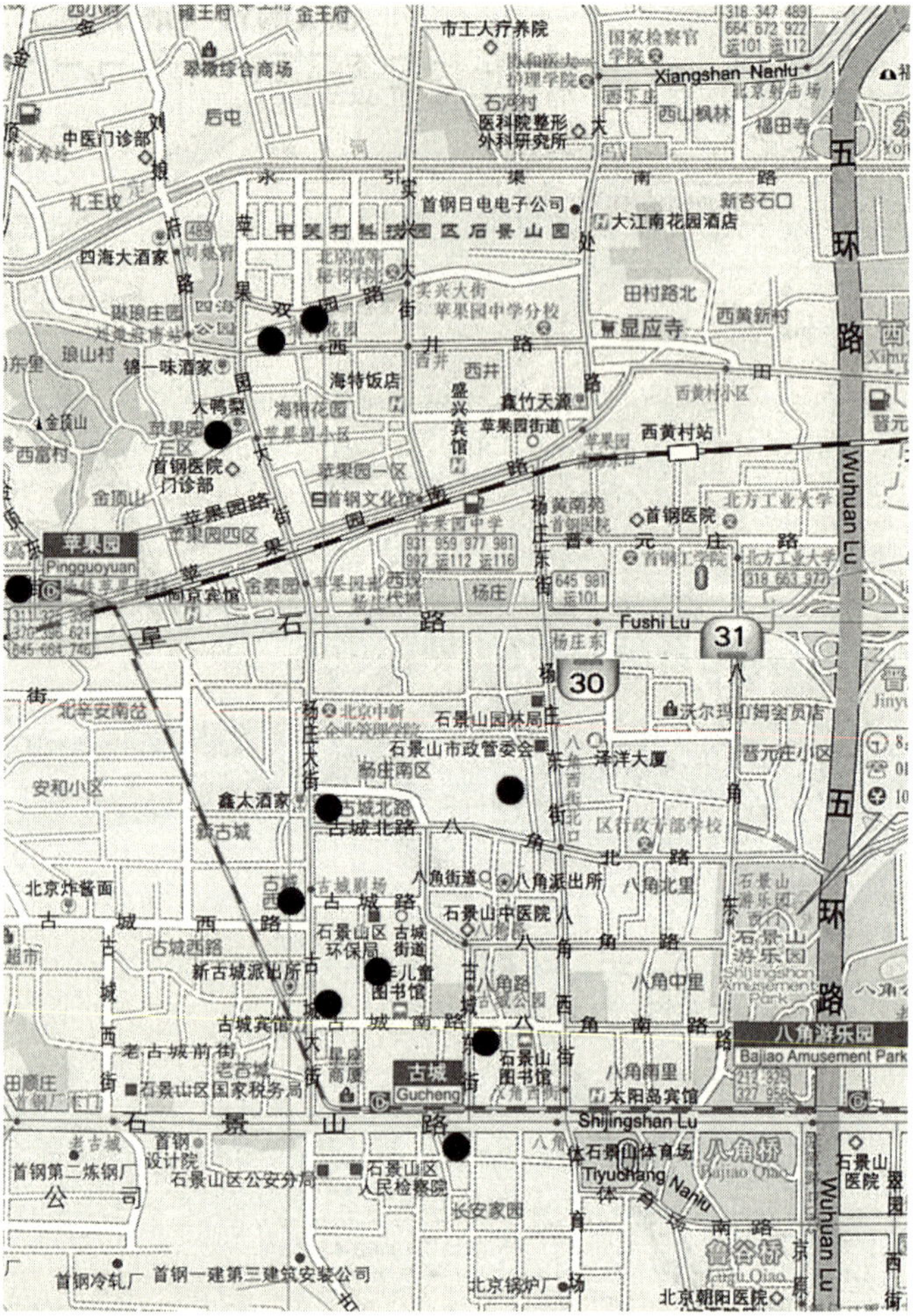

図22　苹果園駅周辺のネットカフェ（中国地図出版社 2010: 30-1）

族大学、北京理工大学が集まる北京の環状道路である三環路付近から北に向かい、中国民族大学を越え北京大学の南の四環路へと至る、大学が集中する地域の約二㎢には九店舗のネットカフェが存在する。だが他方で、北京を東西に貫く、北京地下鉄一号線の西側の終着駅である苹果園駅周辺から、次の駅である古城駅にかけての約二㎢には、一一店舗のネットカフェが存在する（図22）。ただし、北京の中心街にもネットカフェは存在し、故宮から見て東側の中心地である東城区にある張自忠路駅を中心とする約三㎢には、八店舗のネットカフェがあった。

もちろん、大学周辺や首都の中心地に、――特に後者についてもう少し正確に述べれば、東城区は、さらにその東に位置し、様々な大企業のオフィスが立ち並ぶ朝陽区とは違い、多くの小店舗も立ち並ぶところであるが――、ネットカフェが多く確認できる理由は、そこに若者たちが集まっているのだと想像することができる。だがそのような想定では、北京の郊外とも言え、そこからさらに西に向かえば、北京の中心街とはうってかわって昔ながらの「中国」のイメージが残るような街並みが広がる苹果園駅のようなところにネットカフェが集中している理由が、まったく理解できなくなる。

他方で、北京の衛星都市であるが、それ自体が人口約七五〇万人を有する巨大都市でもある天津では、ネットカフェの分布の様子がまったく異なる。天津の中心街は、天津駅の目の前を流れる海河の対岸に位置する和平区になるが、そこにはいくつかのネットカフェが点在するものの、北京の東城区のようには集中してはおらず、同じように三㎢で見たとしても、ネットカフェは五店舗数えることができるのみである。だが、天津駅の北側に向かい、人々の居住区が立ち並ぶような地域にまで向かえば、約一・六㎢の区画に八店舗のネットカフェが集中するような場所に行き当たる。

また、天津における大学街のような場所は、北京と同じようなネットカフェの集中度を持つ。例えば、天津中医薬大学、天津大学、南開大学、天津師範大学などが立ち並ぶ地域では、北京と同じようにこれらの大学付近の二㎢を見る場合に、八店舗のネットカフェを数えることができる。ただし、この区画とは別に、少し街中の方に入った天津外国語大学や天津財経大学馬場道校区の周囲の約一㎢にも、五店舗のネットカフェが存在する。

このような天津におけるネットカフェの分布は、天津それ自体で捉えれば、中心街から少し外れることを前提条件として、(1)大学が集まっている場所、ないしは(2)住宅街という大まかな指標を手に入れることはできる。だが、北京との比較の観点からすれば、なぜ天津には「中心街から少し外れる」という前提条件が付け加わることになるのかが分からなくなる。加えて、北京郊外の苹果園駅付近のネットカフェの集中度が大きな違和となって残る結果となる。

さらに、二〇〇九年末と二〇一二年の初頭といういくぶん時間をおいた調査となった上海については、この都市の内部のネットカフェの機能分化とその結末を語りうるものになっている。というのは、まず、二〇〇九年末の時点で、先に言及した街の中心地である南京東路以南の約〇・五㎢には九店舗のネットカフェがあり、他方でその中心地からは北東にかなり離れた復旦大学に接するように四店舗[*5]、上海交通大学付近の約〇・五㎢に五店舗、また上海から地方へと向かう交通の起点である上海駅付近にも三店舗のネットカフェがあった。それが二〇一二年の初頭になると、南京東路のネットカフェのみが大幅に減少し、その他のネットカフェはかたちを変えながらも継続的に残り、あるいは上海交通大学付近のように、ネットカフェが増加した場所も確認された。

このような上海のネットカフェの推移は、人々が集まるようなところにネットカフェがあったとしても、そこに継続的に通う「リピーター」のような人々を確保できなければ、店舗としては継続しないことを示している。またそこに集まる人々のパソコン・インターネット環境の変化に応じて、そのような中心街でわざわざネットカフェに行く必要がない人が増えたと分析することもできるだろう。その意味では、上海駅付近のネットカフェはそもそも二〇〇九年の時点でそれほど数は多くはなかったが、二〇一二年になってもその数が減少していない理由について、駅の利用客がそのネットカフェを利用しているからではないかと推察できる。

事実、二〇〇九年に上海駅付近のあるネットカフェでインタビューに答えてくれたＣＦ氏（三〇代男性）は、ビジネススーツを着こなし、しかし、リラックスした様子でソファが備え付けられたネットカフェのＶＩＰ ＲＯＯＭでドラマを閲覧中であった。今日は何のためにこのネットカフェに来たのかを尋ねると、彼の会社の所在地であり、また彼の出身地でもある杭州へと向かう電車を待っている最中で、その時間つぶしのためにこのネットカフェを訪れたという。彼は「仕事のために上海まで出てきたその帰りにここに寄った」のである。杭州への列車は、上海駅からはおおむね一時間に一本の頻度であり、自分の乗ろうとしていた列車に乗ることができずに、このネットカフェに来たであろうと思しきＣＦ氏は「ドラマが面白いところだったので、時間を延長して次の列車にしようと思っていたところだった」と語った。

このような確認から、上海のネットカフェで起こっていたことをまとめるとするならば、上海は都市の内部で、機能分化されたネットカフェを消費してきたのだと言える。ではなぜ、このようなことは、他の都市では起こらなかったのか。この問いは、上海のネットカフェのある地域への集中度合いが、他の二つの都市に比べて、極めて狭い範囲であることから、当然問われてしかるべきだろう。だが、そのような要因は、北京や天津と上海を比べた場合の、人々の利用のあり方からは特段発見できなかった。

以上のように、単に各都市の集中地域を眺めているだけでは、中国におけるネットカフェの特徴やネットカフェ利用の特徴を発見することは困難である。だが、「移動する人々」、特に第I部第4章第2節で紹介したような、北京、天津、上海の戸籍を持たない出稼ぎ労働者を念頭におくことで、これらの都市に起こっていたことを説明できる。次節では、なぜそこにネットカフェが集中するのかという疑問の核とも言える北京の苹果園駅周辺のネットカフェに注目し、まさに第I部のイントロダクションにおいて写真付きで紹介したネットカフェに勤務していたCG氏（二三歳男性）と、北京市街地のネットカフェで店長という肩書を持っていたCH氏（二六歳男性）という二人のネットカフェ店員へのインタビュー調査の結果から、このことを明らかにしていこう。

2　北京・天津・上海のネットカフェと集中地域の種差

二〇一一年に、苹果園駅の周辺のあるネットカフェでアルバイトをしていたCG氏は、河北省出身で「二〇〇八年に北京に来て、この仕事を始めて二年になる」と自分のことを紹介した上で、「もうすぐこの店を辞めるんだけど……」と濁しながら、中国におけるネットカフェ調査にとって、重要な情報を少しずつ語ってくれた。

これらの言葉に続けて、CG氏はさらに北京に「来て一ヶ月は仕事がなかった」と当時を振り返った。それゆえ、彼は基本的に働くために北京に出てきたことになる。さらに彼は「店の収入は一日二〇〇〇CNYぐらいだけど、自分の収入は月収一四〇〇ＣＮＹから一五〇〇ＣＮＹ」だと答え、「一二時間のシフト制で働いている」と説明した。そして、この店の顧客層について尋ねると、「北京の人はあまり来ず、この辺りで建設現場の労働者として働く出稼ぎ労働者がほとんどだ」と答えた。そのような人々は「大体二〇歳から三〇歳ぐらいで、男性と女性は八対二ぐらい。三時間から四時間ぐらい利用していく」という。

また、北京の中心市街地の近くのネットカフェで働くＣＨ氏は北京の出身で、やはりＣＧ氏と同じように「一二時間のシフトで働いている」が一応「店長」という肩書を持っている。ただ、「二〇〇五年から勤めているのに、月収が一六〇〇ＣＮＹしかないので、社長に文句がある」と憤る彼は、その実、会社の社宅に住んでおり、「前の職業もネットカフェの店員だったけど、すごく大変なのでもうやりたくない〔その立場に戻りたくない〕」と説明した。これまでの彼の人生について、少し話が及ぶことになると、彼は「一応高卒だけど、正直中学校もまともに行っていない」と少し恥ずかしそうにしながら「勉強のセンスがなかったんだよね」と笑った。そして、彼の店舗の主要顧客について尋ねると、最初に「出稼ぎ労働者が半分ぐらいで」と答え、続けて「若者、そして周辺の〔様々な〕店の店員」だと語ってくれた。

彼らが説明する状況は、二〇一〇〜二〇一三年にかけての中国のネットカフェについて、中華人民共和国文化部（中華人民共和国文化部 2011）、および中国互連网上网服務営業場所行業協会が報告するいくつかのデータ（中国互連网上网服務営業場所行業協会 2013, 2014）とかなり高い合致を見せる。

例えば、ＣＧ氏が述べるとおり、中国のネットカフェの利用者の男性の割合は、二〇一〇年から一貫して八〇％を超えており、具体的には二〇一〇年が八三・二％、二〇一一年が八〇・六％、二〇一二年が八七・二％となっている（中華人民共和国文化部 2011; 中国互連网上网服務営業場所行業協会 2013）。

さらに、ネットカフェ利用者の年齢についても、二〇一一年のデータでは一八〜二四歳が全体の五八％、二五〜三〇歳が全体の二三・六％となり合計八〇％を超え、二〇一二年のデータでは、一八〜二四歳が六七％、二五〜三〇歳が二三・五％となり、こちらは合計すれば九〇％を超える（中国互連网上网服務営業場所行業協会 2013）。

他方、二〇一二年のデータのみであるが、ネットカフェ利用者の平均利用時間についても、一時間未満が一・七%、一〜二時間が一〇・四%、二〜三時間が三一・九%、三〜五時間が三五・九%、五〜七時間が一二・七%、七〜一二時間が四・四%、一二時間以上が三・〇%（中国互連网上网服务营业场所行業協会 2013）という結果であり、「三〜四時間」というCG氏の回答におおむね一致する。

また、この報告書では、「ネットカフェの効率の悪さ、スタッフのインセンティヴの欠如などの結果として、ネットカフェ業界は全体として従業員の流動性が非常に高い」（中国互連网上网服务营业场所行業協会 2013: 16）ことが示唆されており、同じく二〇一二年の調査では、ネットカフェの従業員の就職から離職までの期間について、三ヶ月未満が二三%、三ヶ月〜一年が五四%、一〜二年が一四%、二〜三年が二%、三年以上が七%（中国互連网上网服务营业场所行業協会 2013）と報告されている。

それゆえ、CG氏はもうすぐやめると言っていたが、一般的なネットカフェ店員に比べて、彼は比較的長く勤めてきた方だと言える。またこの報告書では店員の流動性が高いこともあり、「従業員の〔店舗に対する〕忠誠度も低く、このような状態では、ネットカフェの管理やサービスの質や収益性の向上が望めず、そのことが悪循環を形成している」（中国互連网上网服务营业场所行業協会 2013: 12）と、あたかもCH氏の不満を裏打ちするかのような記述が続いている。

ただし、CH氏が給与の面から自らの雇用主に対して述べていた文句は、所以なきものではない。実際、二〇一四年度版の報告書には、データは記載されていないものの、次のような文章が掲載されている。

> 全国のインターネットサービス業の主要な持ち場には、レジ打ち、通常従業員、ネットワーク管理者、店長／経理の四種類があり、それぞれの持ち場ごとに段階的に待遇が良くなりつつある。調査では、五割前後のレジ打ちと通常従業員の給与が約一五〇〇CNYとなり、六割のネットワーク管理者の給料は二〇〇〇CNYを超え、店長は一般的には二五〇〇CNY以上となっている。

……福利厚生について言えば、インターネットサービスに関わる従業員の流動性が高く、〔経営上の〕コストの観点、および従業員の社会保険に対する認識の薄さもあり、事業所に対する調査では、従業員〔全員〕の社会保険料を納めることは稀で、中心的な従業員の保険料を納めるに留まることが明らかになった。また、労働時間については、ネットワーク管理者とレジ打ちは、基本的な三シフト体制であり、一二時間働いた後、二四時間の休みがあり、宿舎と食事、仕事の後の無料インターネットアクセスが提供されている。

（中国互連网上网服務営業場所行業協会 2014: 36-7）

インタビューから二年後の資料であるが、CG氏については、二年間勤務してきた上での相応の給料の増加であると考えられる。他方、この報告書の記述が正確なものであるとすれば、レジ打ちと勤務時間は同じであるが、すでに勤続六年を迎え、まがりなりにも「店長」の肩書を持ち、「コンピューター学部卒の奴らは基本的なインターネット接続の方法すらわかってない」と苦言する程度にはネットワーク管理も行っているCH氏が「自分の給料が明らかに低い」と不満を顕わにすることに、首肯することができよう。

なお、CH氏が「勉強が苦手だった」と語っていたことについては、ネットカフェに勤務する従業員の教育水準に関するデータが、先の二〇一三年度版の報告書に記載されている。それに従えば、二〇一一年には、ネットカフェ従業員の八〇・九%が短大卒までの学歴を持つ人であり、二〇一二年にはその数値は七七・五%に落ちる（中国互連网上网服務営業場所行業協会 2013）ものの、総じて大卒などの比較的高水準とされる教育機会を得ることができなかった人々が勤務していることが示されている。[*6]

以上の確認から、CG氏やCH氏は、中華人民共和国文化部と中国互連网上网服務営業場所行業協会が報告するデータからすれば、典型的な「ネットカフェ従業員」であると言ってよく、彼らへのインタビューの結果とそれぞれの報告書に食い違う部分はほぼない。だが、彼らのみならず、北京、天津、上海の大学周辺以外のネットカフェに勤務する店員にインタビューを行うと、全員が口をそろえて「主要顧客の一つは出稼ぎ労働者である」と答えるにもかかわらず、ここまでに参照した報告書ではそのようなカテゴリーを積極的に把握しようとしているようには見えない部分がある。というのも、これらの報告書の調査では、出稼ぎ労働者が自らを含めるカテゴリーが一意に確定できないかたちになっているからだ。つまり、調査に際して用意された「学生」、「フリーター／自由職」、「普通の会社員／工場員」、「個別／私的商工業」、「機関／事業体の幹部」、「その他」、「農民」、「企業の高級管理役職」、「教師／弁護士／研究者」というカテゴリーでは、――学生や高級管理職、あるいは教師といったものを除いては――、出稼ぎ労働者たちが自らをどこに含めるかは、彼ら／彼女らの雇用主が彼ら／彼女らをどのような形態で雇用しているのかによって決まるため、その総数と全体に対する割合をはっきりと把握できないのである。

そして、[*7]出稼ぎ労働者のような「移動する人々」という観点から、改めて中国の大都市ネットカフェを捉えなおせば、「それぞれの都市において建設現場があるのはどのような場所か」を問う必要性が導かれ、それは北京においては「拡張する都市のフロンティア」であり、二〇一一年当時のフロンティアの一つが五環路と六環路の間の苹果園駅周辺であった。その傍証として、ここでは北京市人民政府が提示する「北京市統計年鑑」（北京市人民政府 2005-14）を参照しておこう。北京の人口は、二〇〇五～二〇一三年にかけて、約一五三八万人から約二一一五万人に増加したが、その増加分である約五七七万人の七七・二二％、すなわち約四四五万人は北京以外の戸籍を持つ人々であり、さらにその四四五万人のうち九二・六四％は、北京の近郊と郊外[*8]に位置する区での継続的な増加分である。

この間、北京の近郊と郊外では、交通網の整備を含む大規模な都市機能の拡張が起こっていた。その一大契機となったのは二〇〇八年の北京オリンピックであり、その開催にともなって環状道路や地下鉄網が整備され、二〇〇八年以降もその傾向は継続している。というのも、北京市規画自然資源委員会が提供する「北京市土地利用現状集計表」の二〇〇九～二〇一三年版までを参照すれば、わずかな例外を除いては、北京近郊では約三〇五九ha、北京郊外に至っては約一万二五二八haの土地が、農耕地や農園、森林、草地、水域や水利施設用地から居住用・鉱工業用地および交通運輸用地へと転換[*9]されている（北京市規画自然資源委員会 2014-5）からだ。もちろん、このような莫大な規模の土地開発のためには、多数の建設業従事者が不可欠だったと推測することができる。

また、建設現場で働く労働者がネットカフェの顧客に多いということは、北京のネットカフェ利用者の男性の割合が高くなるということを意味する。その具体的な数値が、先のCG氏、CH氏をはじめとする、北京の大学周辺以外のネットカフェの店員たちの顧客の男女比に対する「八対二」ないしは「九対一」という回答や、中国互連网上网服務営業場所行業協会の報告書のデータとして現れていたのである。

しかし、ネットカフェ店員である彼ら／彼女らは、なぜ顧客が北京の人かそうでないのかがすぐさま分かるのだろうか。もちろん、ネットカフェ店員たちは顧客に対して、逐一出身地を尋ねているわけではない。だが、店員たちの答えは、例えば外見上の特徴から北京の人とその他の人々を判別するといった、個人的な感覚に基づくものでもない。彼ら／彼女らが顧客の出身地の判別に用いているのは「居民身分証」であり、そこに付された個人番号から、店員たちはネットカフェ利用者の出身省市区町村がある程度理解できてしまう（あるいは、少なくとも北京の番号さえ分かっていれば「北京であるか否か」は判別できてしまう）。この点で、主要顧客の出身地の割合に関するネットカフェ店員たちの答えは、厳密さは欠くとしても十分に傾聴に値する。

以上のような、大都市圏への出稼ぎ労働者とネットカフェとの関係を念頭に置けば、なぜ上海の南京東路周辺のネットカフェが急激な減少に至ったのか、あるいは天津の中心街にはネットカフェがあまり存在せず、なぜそこから少し離れた場所に集中するのかを、主に都市の再開発との関係から説明することができる。まず、上海について、筆者が二〇〇九年に調査を行っている最中、往来する上海の人々は、少なからず厚手のマスクを付けていた。なぜなら、二〇一〇年の上海万国博覧会を控えて、急ピッチで上海の中心部を含めた様々な場所の再開発が進められており、つねに粉塵が舞っていたからである。それゆえ、町の再開発に従事する人々が都市の中心部にあふれているときは、そこでネットカフェを開店することが理に適っていたと言える。そして、二〇一二年にはそのような再開発が落ち着きを見せたことと並行して、ネットカフェも姿を消したと考えることができる。

他方、天津についても、二〇一一～二〇一二年時点で中心街を再開発中であったが、上海に比せば、その再開発はそれほど急速に進められていたわけではなかった。それゆえ、天津では、建築現場の労働者たちがある程度の長期にわたって金銭的に住みやすいような場所や、建築会社が労働者たちの集合宿舎として安価に維持できるような場所、――ただしそれは、以下でも触れるとおり、食事つきではあるものの、地下一楼（地下一階）のような窓のない場所であったり、四～八人が一部屋に集められた上で、二段ベッドの一角のみがパーソナルスペースであるような複数の人々との相部屋であったりする可能性が高いのだが――、が用意されていたとしてもそれほど驚くことはないだろう。そして、そのような場所は中心街から外れることになり、ネットカフェがその状況を後追いした結果、天津の中心部ではネットカフェが少なくなったと考えることができる。

3　ネットカフェにおける娯楽

さらに、北京近郊および郊外への北京以外の戸籍を持つ人々の集中的な増加と、土地利用の変遷に鑑みれば、建設業によって産出される工場における生産業、そしてその周辺に増加する可能性の高い飲食をはじめとする様々なサービス業に従事する人々が増加することも想像に難くない。実際、現代のメディア環境下におけるサービス業の典型と言ってよいネットカフェ店員という職業に、出稼ぎ労働者が従事していることも珍しくはなく、少なくも筆者が各都市で行ったネットカフェ店員および経営者へのインタビュー調査において、当該都市の出身者は一〇名中二名しかいなかった。それゆえ、ネットカフェのオーナー自身は各都市の出身者であったとしても、その場所を切り盛りする店員と、そこに集まる主要顧客のことを考えれば、中国の各都市のネットカフェは、都市の「外部」のような趣を持つものとなるだろう。各都市のネットカフェ調査の中で、それぞれの都市で生まれ育った人々を対象としたインタビューの際にときおり聞かれた、漠然としたネットカフェに対する「恐怖」の表明は、このことに由来すると言える。おそらく、このような漠たる恐怖は、日本のネットカフェの個別ブースの利用者たちが、近隣のブースの他人に感じているそれに比することができるだろう。だが他方で、その規模も条件もまったく異なるという点で、ここでの恐怖については非常に抽象的な意味においての比較しかなしえないことにも、注意を払っておくべきである。[*10]

以上のような確認を踏まえた上で、では、北京のネットカフェの主要顧客である出稼ぎ労働者たちは、ネットカフェで何をしているのか、と改めて問うてみよう。というのも、一般論として、彼ら／彼女らがネットカフェで娯楽を享受しているということは本章第1節で確認したことだが、前節の議論を踏まえれば、彼ら／彼女らが娯楽をなぜそこで享受することになるのか、ということを論じることが可能になるからだ。結論を先に言えば、彼ら／彼女らはネットカフェで娯楽を享受するのだが、——すなわち、オンラインゲームに興じたり、その多くは違法にアップロードされた映画やドラマ、動画を視聴したり、あるいはそれに付加されるかたちで、SNSなどを用いて様々な情報を得たりしているのだが——、彼ら／彼女らがこのようなことをネットカフェでなすのは、他の場所では同じようなことをなすのが困難であり、現実的にはほぼ不可能に近いからである。

彼ら／彼女らが、娯楽をネットカフェでしか享受できないということを説明するには、中華人民共和国国家統計局が提示する「全國農民工監測調査報告」を参照するのが一番の近道である。ここで改めて農民工に注目する理由は、彼ら／彼女らが受けることができる基本的な社会保障サービスの脆弱さや、彼ら／彼女ら自身の金銭的余裕のなさなどを念頭に置けば、他の出稼ぎ労働者たちと同等、ないしはそれ以上の境遇の厳しさを、明確なかたちで示してくれるからである。なお、第Ⅰ部第4章第2節でも確認したとおり、農民工の存在は、中国において連綿と続く「農」に関わる問題の現代的表出であると言え、「全國農民工監測調査報告」とは、農民工の抱える問題とこれまでなされてきた政策のあり方を踏まえた上で、今後の目標設定を行うための基底として用いられる調査である。

この調査に従えば、二〇一二年時点での彼ら／彼女らの平均月収は二二九〇CNY（中華人民共和国国家統計局 2013）であり、相当高い買い物であるものの、中古のラップトップパソコンにまったく手が出ない月収ではない。さらに二〇一六年の調査（中華人民共和国国家統計局 2016）に従えば、平均月収という数字上のものではあるが、三〇〇〇CNYを超えており、新品のラップトップパソコン、ないしはスマートフォンを何とか購入することができる程度にまで収入は増加している。

だが、このような収入を得たとしても、彼ら／彼女らの多くがラップトップパソコンやスマートフォンを自由に使うことができる場所はほとんど存在しない。先の報告の二〇一三年度版では、実家住まいで自らの住む郷の外で働く人々を除けば、彼ら／彼女らの七九・五％は、前節末で出稼ぎ労働者一般について論じた際に確認したとおり、見ず知らずの人との相部屋の宿舎や職場などで暮らしていることが示されている（中華人民共和国国家統計局 2013）。そして、その相部屋であてがわれるのは、先にも述べたとおり、二段ベッドの一角のみということも珍しくなく、それゆえ、デスクトップパソコンの購入という選択肢はそもそも彼ら／彼女らにはありえない。[*11]

ただし、外に出たとしても、ラップトップパソコンやスマートフォンを継続的に使うには、少なくとも安定的に電力を得ることができる場所が必要となり、そのような場所は、例えばスターバックスのような一杯が農民工の一日の収入の三分の一を超えるような飲料を提供する喫茶店しかない。となれば、彼ら／彼女らが、二〇一一年当時一時間二〜三ＣＮＹのネットカフェに、自らにとっての十全なネット環境と、パソコンやインターネットを利用することによってのみ得ることができる娯楽を求めることは驚くにあたらないだろう。

この点について、北京外国語大学教授の周維宏氏が語る、過去と現代の「メディア」の問題は傾聴に値する。第Ｉ部第4章第2節でも触れたが、今まさに変革の時を迎えている中国の戸籍制度は一九五八年に作られた非常に「歴史」のあるものだ。それゆえ、農村から都市に出稼ぎに向かうということ自体は、現代の農民工問題が噴出する以前から継続的に存在していた。そのとき、出稼ぎ労働者たちの苦労を慰めていたメディアは、簡易の屋外映画であり、その料金は現在とは物価が違うとはいえ、現代のネットカフェと同じく、一〜二ＣＮＹ程度であった。そのことを踏まえた上で、周氏は「現代のシネマ・コンプレックス化した映画は、出稼ぎ労働者たちにとって高すぎるのではないだろうか」と提起した。

実際、二〇一一年のネットカフェに関する調査の合間に、現代的な「シネコン」に立ち寄った際に確認した電光掲示板の映画の放映時間、席の種類、そして料金は、「一二〇分、ＶＩＰ、活動票〔チケット〕八〇ＣＮＹ」であり、確かに出稼ぎ労働者として働く人々にとって、わずか二時間の娯楽に支払う対価としては、かなりの大金であると考えることができる。そして何より、現在の彼ら／彼女らには、一時間二〜三ＣＮＹのネットカフェがある。そこでは、

——その多くが違法にアップロードされたものであり、最新のものは観ることができないかもしれないが——、娯楽としての映画やドラマを楽しむことができる。

現在、中国のネットカフェで娯楽が提供されるのは、このようなかたちにおいてである。そして、このような娯楽の提供のあり方が、本当に出稼ぎ労働者として働く人々にとって良いものだと言えるのだろうか、と問うべきはこのような地点においてである。その理由は、彼ら／彼女らに提供されている娯楽、わけても映画やドラマ、アニメといったコンテンツが違法にアップロードされたものだからではない。というのは、例えばコンテンツの配信に関わる違法性の問題は、その配信の契約内容やそのサービスの運用システムの工夫如何によっては、十分に解消しうるものだからである。[*12]

以上のような確認を踏まえた上で、ここで考えられてしかるべき問題とは、出稼ぎ労働者たちが現在のようにネットカフェで娯楽の提供を受ける限り、彼ら／彼女らは映画やドラマをつねに遅れて見続けることになる、ということであり、その状態はこれまで出稼ぎ労働者が置かれてきた立場を反復してしまっている、ということである。例えば、第Ⅰ部第4章第2節で確認した「先富論」は、まさに出稼ぎ労働者たちとその出身地域をこのような状態に置き続けてきた典型的な発想であると言えるだろう。なぜなら先富論とは「遅れて富がやってくる場所は、先に富んだ場所に追いつくまで、ずっと遅れたままである」と宣言したに等しかった、と解釈することができるからだ。そしてそこでは、「いつ追いつくことになるのか」がまったく明示されていない、という問題もある。

このように考えるときに、天津駅付近にあるネットカフェで、「これから地元の安徽省に帰るところだ」と自己紹介をしてくれたＣＩ氏（二一歳男性）とＣＪ氏（二〇歳男性）とのエピソードに注目する意義が生まれる。彼らは、地元の安徽省から「見習い」の出稼ぎ労働者として、二〇一〇年一二月に天津にやってきた。どちらかと言えば上海に近い都市が多い安徽省から天津に出てきた理由について、彼らは「勉強があまりできずに大学に行くことができなかった」ため、「天津で美容院を営むＣＩ氏の親類の家に三ヶ月間住み込みで働いて、洗髪と染髪の勉強をしていた」と説明してくれた。

なお、彼らへのインタビューは、ネットカフェの調査としては二つの意味で「失敗」の範疇に入るものだ。なぜなら、筆者が日本人であり、大学でネットカフェを含む広い意味での文化研究を行う立場にあることが彼らに伝わった瞬間に、こちらが聞きたいことが遮られるかたちで、逆に日本の様々な状況について多数の質問を受けることになってしまったからである。

彼らが最初に筆者に尋ねた日本の状況とは、「NARUTO―ナルト―」はいったい、いつ最終回を迎えることになるのかということ（インタビューが行われた二〇一一年三月当時は、まだ『週刊少年ジャンプ』で連載されていた）であった。そして、次に尋ねられたのは、ウルトラマンのカラータイマーは、なぜ三分で切れるという設定なのか、ということである。インタビューの主客が入れ代わってしまったことを失敗の一つと捉えるなら、もう一つの失敗は、これらの問いに憶測でもってしか答えられなかったことだった。

むろん、このようなやり取りから示されることは、彼らが日本のアニメやマンガ、特撮といった自分たちが興味関心を持つものについて、いくぶんか詳しい知見を有している（ように映る）人物から、何らかの情報を引き出したいと願うような「ファン」だということであろう。そして、その彼らがこのような話の流れから語った次のような言葉は、先に提起した「つねにコンテンツを遅れて見続けること」に対する明確な異議申し立てになっている。というのも、彼らは「もし『週刊少年ジャンプ』の簡体字版がネットよりも早く読めるのなら、一冊三〇CNYまで払う」と説明し、筆者の「お二人は本当に日本のコンテンツが好きなんですね」という言葉に満足げにうなずきながら、「ネットよりも早く日本の劇場版アニメを中国で観ることができるなら、一五〇CNY出してでも行くよ」と断言したからだ。

ここでCI氏とCJ氏が求めているものが、単にコンテンツではなくそれが配信される「早さ」であることは説明するまでもないだろう。そして、その場合の早さとは、日本のコンテンツが彼らにとって解するものとなるためにかかる時間のことであり、このような観点からすれば、彼らにとって「ネットは遅い」のだ。なお、CI氏とCJ氏が感じている「ネットの遅さ」の背景を理解すべく、中国の人々が日本のコンテンツをより早く視聴するための既存の流通網を確認しておけば、遠藤誉（遠藤 2008）が紹介するように、現代の情報メディア環境下において、特に日本のアニメやマンガといったコンテンツは、動画（ファイル）共有サイトなどを通じて日本と中国の間で共有され、「字幕班」と呼ばれるような、日本語に堪能な無償のボランティア翻訳集団が簡体字の字幕を付けて、再度動画（ファイル）共有サイトにアップロードする、といった実践がこれまでなされてきた。そして、このような実践は中国に、日本文化に関心を持つ非常に多くの中国の若者を育みつつ、同時に非常に大きな海賊版市場を産出する契機となった（遠藤 2008: 134-42）。

それゆえ、CI氏とCJ氏がネットを「遅い」と表現するのは、どうしても人々の手が介在する現在のコンテンツ流通の仕組みでは、（ほぼ無料であるという）安さは享受できたとしても、決して同時性を享受できてはいないという訴えなのである。そして、同時性を突き詰めた場合に得られる発想である、公式の中国語版（簡体字版）の『週刊少年ジャンプ』が日本語版と同時に発売され、同じく公式の中国語版（簡体字版）の劇場版アニメが日本と同時に公開されるならば、CI氏とCJ氏はそれぞれに対して、二〇一一年のレートで三〇CNY（約三七〇円）と150CNY（約一八五〇円）を支払ってもよい、つまり日本人が日本でそれらを購入するよりも高い料金を支払ってもよい、と言っていることになる。

もちろん、彼らの考え方を中国の人々の総体と考えることはできない。だが、彼らの意見が、学歴が特段高いわけではなく、また現時点でそれほど金銭に余裕があるとも思えない出稼ぎ労働者というカテゴリーに属する若者たちから発されたものであるということを踏まえれば、コンテンツが人々に到達する（情報）物理的な意味だけではない早さの観点から、人々に娯楽が提供される「より良きあり方」を改めて議論する上で参照されるべきものであると言える。

加えて、先にネットカフェでの娯楽の提供のあり方と先富論との関係を論じたとおり、より良き娯楽の提供のあり方を考えることと、中国の都市における人々のより良き包摂のあり方を考えることとの間に同型の問題が確認できるのであれば、都市における出稼ぎ労働者たちの状況が変わろうとしている現在において、彼ら／彼女らにはどのように娯楽が提供されるべきかを考えることは、今後の中国を考える上での喫緊の課題だと言えるだろう。そしてもし、このような考察の中で、より良き娯楽の提供のあり方が提起されうるのだとすれば、インタビューに対する回答としてほとんどの人がなした「貧しい人が残り続けるから、絶対にこの都市には（中国には）ネットカフェが残り続ける」という答えを、良い意味で裏切ることになるのだろう。

第9章　郊外化する店舗とその裏側――台湾におけるネットカフェ

1　台湾のＩＴ産業とネットカフェの郊外化

本書の第Ｉ部では、台湾（台北）と子どもへの娯楽の提供（第Ｉ部第4章第3節）、および台湾（台北）と移動する人々（第Ｉ部第5章第1節）という二つの主題から、それぞれ違った台北のネットカフェの風景を紹介しておいた。両者を統合しつつ、台湾および台北のネットカフェを分析しようとする本章では、両者の関係を段階的に示すべく、まずは台湾の基幹産業としてのＩＴ産業をめぐるいくつかの論点を提起しておきたい。そしてこのような指針から、まずもって指摘されるべきことは、台湾の企業が世界のパソコンを支えているという事実である。ここで言われる「台湾の企業が世界のパソコンを支えている」とは、二つの意味に解される必要がある。すなわち、世界のパソコンメーカーの多くが台湾のメーカーが作り出す（パソコンやデジタルデバイスの構成）部品を利用しているということ、そしてそれゆえ、世界の人々のパソコン環境の支えとなっているということの二つである。

ところで、パソコン産業の分野において、市場占有率すなわち「シェア」という言葉を使うことは容易ではなく、特にパソコンを構成する部品にまで目を向ければなおさらである。例えば、アメリカの調査会社ＩＤＣによれば、二〇〇九年および二〇一〇年の世界のパソコンの出荷数は、二〇〇九年が三億四七八万三〇〇〇台、二〇一〇年が三億四六一九万八〇〇〇台であり、供給メーカー別の世界のパソコンのシェアは、二〇〇九年と二〇一〇年のどちらも一位がHewlett-Packard（ヒューレット・パッカード）でそれぞれ一八・五％、一九・七％、二位がDell（デル）でそれぞれ一二・五％、一二・六％、三位がAcer Group（エイサー・グループ）でそれぞれ一二・三％、一二・六％という結果になっている（IDC 2011）。台湾の企業であるAcer Groupが二〇一〇年度のシェアで三位につけているが、本書が問題にしたいことは別にある。それは、一位のHewlett-Packardや二位のDellのパソコンの製造は、実質的には海外のメーカーが行っているということであり、その代表的な企業は台湾の会社である、ということだ。

また、パソコンを構成する様々なパーツ別で見たシェア一位というものも存在し、それもやはり台湾の会社が多い。ここでパソコンを構成するすべてのパーツに言及することはできないため、一例としてマザーボードのみの実績を見たとしても、台湾を代表するメーカーの二〇〇六〜二〇一〇年の出荷数は絶大な数を誇る。以下に言及するマザーボードに関する数字は、供給メーカーに対するもののみならず、マザーボード単体での一般流通分も含む。それゆえ、単純なかたちでの先の資料との比較は難しいが、それでもパソコンの出荷総数が三億四七八万三〇〇〇台（二〇〇九年）、三億四六一九万八〇〇〇台（二〇一〇年）という数字である中で、台湾の大手マザーボードメーカーが同じ年にそれぞれ一億四二七五万個（二〇〇九年）、一億五一九九万個（二〇一〇年）ものマザーボードを出荷している（Tsai 2011）ということは、注目されてよい。

このような事実から、例えば台湾のマザーボード業界最大手のうちの一つのＡＳＵＳ（Asusteckが縮約されたブランド名）は、その自社のホームページで次のように述べることができるのである。

マザーボードの世界シェア№1

ＡＳＵＳはマザーボードの生産量が世界一で、世界シェアの約四〇％を占めており、今日ではコンピューターの三台に一台はＡＳＵＳマザーボードを搭載している計算になります。二〇〇八年の売上げ個数は二四〇〇万個以上、長さを継ぎ足すと台北１０１ビルの一万件〔軒〕分、エベレストの六〇〇倍に達します。

（ASUS 2018）

だが、このような基準をもとにして、「マザーボード業界を席巻している台湾こそが世界のパソコンシェアのトップである」と評価することは難しい。以下では、二〇一〇年に問題となったある事件をもとに、パソコンのシェアを論じることの困難さを、IT関連産業をめぐる台湾と中国との関係の複雑さから説明しておく。

問題になった事件の発端は、台湾のマザーボード業界大手のFoxconnが経営する中国の深圳市の工場で、自殺者が多発している、ということが報じられたことである。Foxconnは自社製品の一般流通以上に、他のパソコン供給メーカーの製品の製造に力を入れている会社であり、深圳工場ではおよそ四五万人の労働者が作業に従事していたが、二〇一〇年に入ってから五月末までに九人の飛び降り自殺者を出した（Ogg 2010）。なお、このことと関連して、Foxconnは二〇〇六年にも従業員の賃金が法律で定められた最低賃金に満たないこと、あるいは残業などの超過勤務が多いことなど、工場の労働環境が劣悪であることがすでに報じられていた（Macworld Staff 2016）。そして、数ヶ月で多数の飛び降り自殺者を出したという問題を受けて、Foxconnに製品の製造を委託していた企業、――先にも確認したHewlett-Packard、Dell、そしてAppleなど――、が大挙して自主調査を行うことになった。同社のCEOはこの問題の対策として、メディア関係者を招いて工場の視察ツアーを自ら行ったが、それが終わった数時間後、一〇人目の自殺者が出てしまった（Ogg 2010）。

この事件には、いくつかの注目すべき点がある。まず言及されるべきは、この事件に、世界システム論の表現を用いれば「国際的分業体制」（Wallerstein 1974）、あるいは「現代の搾取」とでも呼ばれるべきものが姿を見せていることである。それは前章で触れた中国の「農民工」や地方都市からの出稼ぎ労働者たちの問題の一側面であると考えることができる。つまり、「パソコンのシェア」の問題の裏側には、それを支えるパソコンのパーツを製造する地域レベルでのシェア、すなわち「Made in xxx」レベルでのシェアがあり、一般的に「パソコンのシェア」が論じられる際には、それが覆い隠されてしまう可能性がある。さらにこのことは、原材料レベルでの「シェア」の問題にも遡及される。例えば、二〇一〇年に話題となった「尖閣諸島問題」から波及して、日本では「レアアース問題」、すなわち希土類の世界シェアを持つ中国からの供給がストップするのではないか、という懸念が生じた。そして、特に中国において、農民工を初めとする出稼ぎ労働者の人々がパソコンやインターネットに触れるのが「网吧」であることは前章で確認したことであったが、このような問題は、台湾にも折り返される必要がある。なぜなら、台湾にもパソコンに関わる様々な工場が存在し、そこでは、多くの外国人労働者が働いているからだ。

他方でこの事件は、特に台湾と中国の間には、政治的な対立、ないしは分断という経緯[*1]を超えて、すでに経済的な非常に強い結び付きが存在していることを示す例ともなっている。特に台湾のＩＴ関連産業については、二〇〇〇年以降、積極的に中国に生産拠点が移されてきた（楊・伊藤 2004）。その要因の一つには、一九九七年のアジア通貨危機を乗り切ったものの、二〇〇一年のいわゆる「ＩＴバブル（.com bubble）」の崩壊を受けて、経済成長がマイナスとなったことが挙げられる。それ以降の台湾のＩＴ関連産業の躍進は、先にパソコン・マザーボードの「シェア」として先に確認したとおりであり、二〇一一年の台湾の統計では、「電子部品」の輸出金額が七五四億七二五〇万ＵＳＤにのぼり、それは同年の台湾の輸出総額の二四・四八％を占める[*2]（Ministry of Finance 2001-15）。

ここまで、台湾のＩＴ産業、そして台湾とＩＴ産業との関係から、台湾が世界で現在置かれている位置を大まかながらに確認してきた。様々な問題を抱えつつも、台湾はパソコンの世界的な供給元として世界に君臨し、台湾の人々の多くは、その経済的恩恵を被っていると考えられる。実際、彼ら／彼女ら自身のパソコン・インターネット環境という側面もその例外ではなく、台湾は世界的に見てもパソコン・インターネットの家庭普及率が非常に高い。例えば、二〇一〇年のその数値は、パソコンで七一・二％（Directorate-General of Budget, Accounting and Statistics Executive Yuan, Republic of China 2011b）、インターネットで七六・七九％（TWNIC 2014）に達する。

では、このようなパソコン・インターネット環境を享受している台湾の人々、わけても「中央政府所在地」である台北の人々にとって、ネットカフェとはいかなる存在なのか。第Ⅰ部第4章第3節では、二〇一一年に台北で正式に登録されていたネットカフェが六九店舗であり、それは本書で扱う他のアジアの都市と比べてかなり少なく、さらにネットカフェ密度も低いということを指摘し、併せて台北のネットカフェの集中地域が繁華街と重なることにも言及しておいた。後者について、具体的な地域とともに、より正確にネットカフェの集中度を示しておけば、二〇一一年時点で、台北でもっともネットカフェが集中していたのは、MRT台北車站、MRT西門站、MRT台大醫院站付近の一㎢であり、その数は一五店舗に及ぶ（図23）。続いて、北京市政府および台北101ビルの北西の、MRT國父紀念館站から二つ西隣のMRT忠孝復興站に至る忠孝東路四段沿いに、八店舗のネットカフェがあった（図24）。

台北の三〇％近くのネットカフェは、台北車站や西門站を中心とする、台北の古くからの繁華街、および「頂好」と呼ばれる新しい繁華街に重なる地域に存在する。むろん、どちらの繁華街も、若者の集まりやすい地域であり、日本のネットカフェの「影響」も含め、そのような若者たち向けのネットカフェが、台北では様々な形態をとっていることも、第I部第4章第3節で見たとおりである。なお、その利用価格は基本的に非常に安価で、おおむね一時間二五〜三〇TWDであり、多くの店舗は二四時間営業で、一〇時間一五〇TWDといった割引価格で営業している。管見の限り、最も安いもので一二時間一〇〇TWDという価格を設定している店舗があったが、この店舗についてはまったく別の文脈から改めて次節で触れることになるだろう。

このような確認を踏まえた上で、改めて第I部第4章第3節で提示した問いを再掲しておこう。台北のネットカフェが若者文化の様々な側面に適応するかたちで展開しているにもかかわらず、なぜ台北にはそもそもネットカフェが少なく、それらは繁華街のみに集中してしまうのか。第I部第4章第3節では、この疑問に対して、台北のネットカフェをめぐる規制の厳しさの観点から回答を行った。すなわち、台北では、学校の周囲二〇〇m以内ではネットカフェを開店できず、それゆえ学校が周囲に存在しない、若者たちが集う場所である繁華街にネットカフェが集まるのだ、と。

他方、本章ではこの問いに対して、もう一つ別の回答を用意してみたい。それは、台北という街の郊外化である。例えば、台北を囲うかたちで形成される新北に属する区のうちで、二〇一〇年時点で(1)人口一五万人以上であり、かつ(2)MRTもしくは臺灣鐵路によって直接台北へとアクセスが可能であった区について、——そのような区は新北の二九区のうちの九区であり、具体的には板橋、三重、永和、中和、新店、土城、蘆州、汐止、樹林の各区であるが—

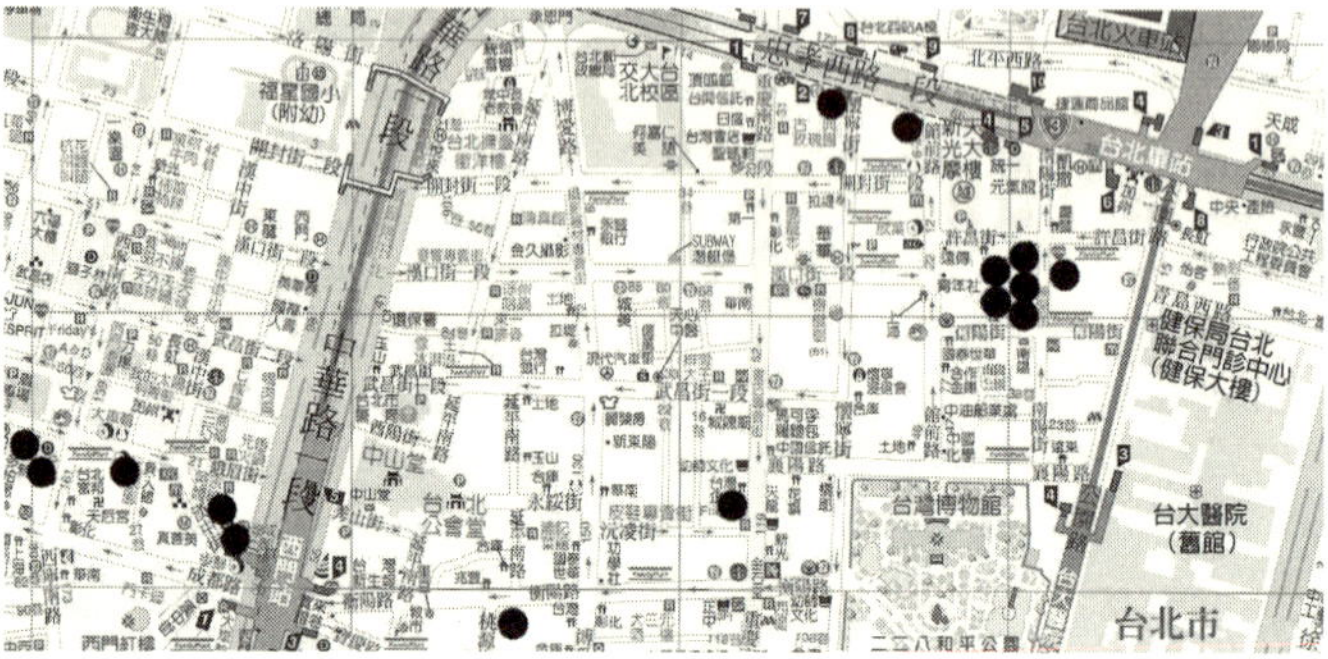

図 23　台北車站周辺のネットカフェ（大輿出版社股份有限公司 2011: 56）

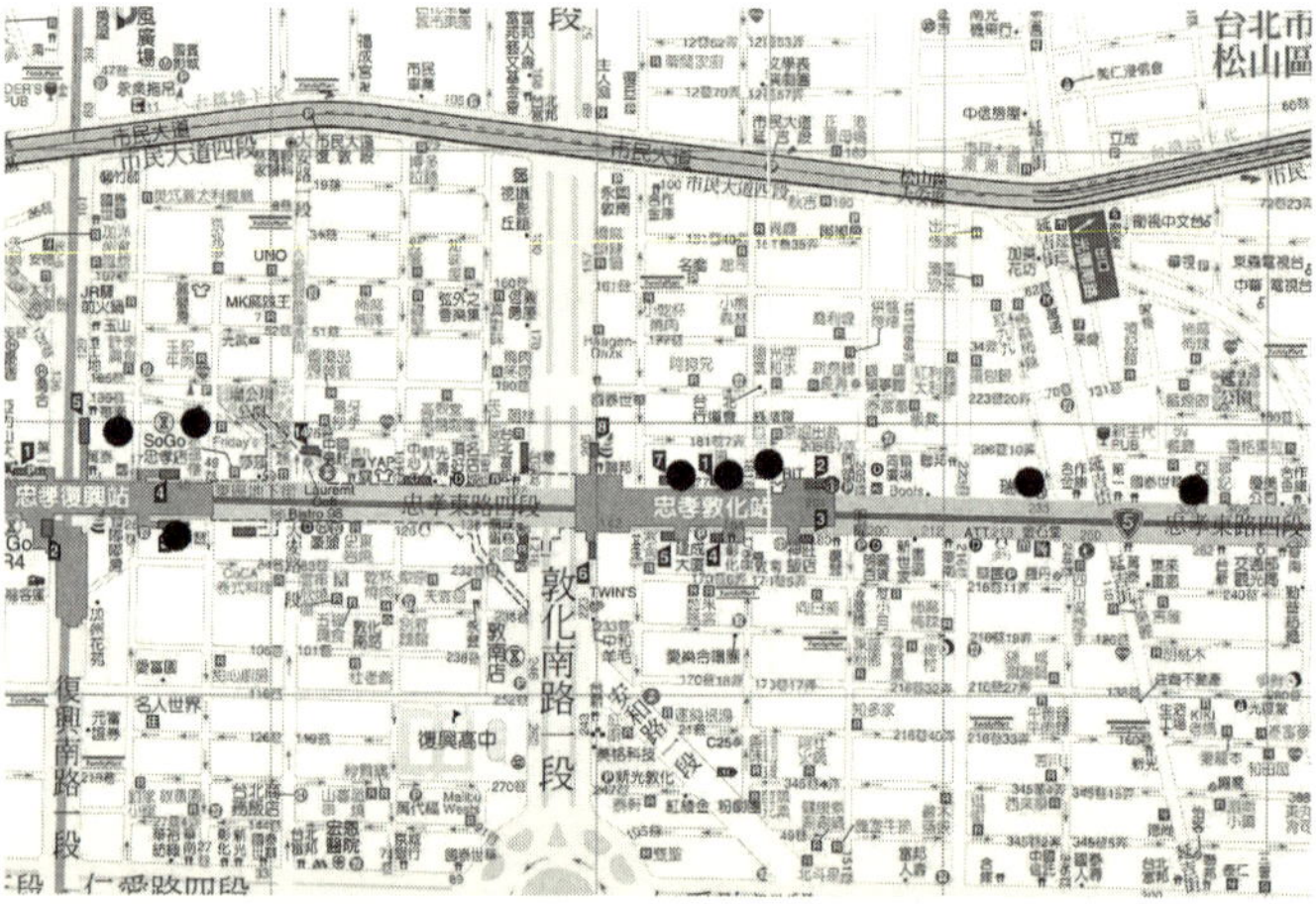

図 24　忠孝東路四段付近のネットカフェ（大輿出版社股份有限公司 2011: 57-8）

――、過去三〇年間の人口変動を見れば、永和以外の各区は一九八一年から現在に至るまで増加傾向にある（Directorate-General of Budget, Accounting and Statistics Executive Yuan, Republic of China 2011b）ことが分かる。

さらに、上記の九区を合計した人口変動と台北の人口変動と比較してみれば、台北は一九九〇年を境に、人口が減少傾向であるのに対し、新北の先の九区は現在も増加傾向にあると言える。具体的な数値に置きなおせば、一九八一年時点での九区の総人口は一六七万六〇九二人で台北の総人口にまったく及ばなかったが、二〇一〇年時点での九区の総人口は二六九万一八三二人であり、三〇年間で一・六一倍に増加して台北を抜いた（Directorate-General of Budget, Accounting and Statistics Executive Yuan, Republic of China 2011b）。さらに、ＭＲＴ新荘線が二〇一三年に開通した新荘、――新荘は二〇一〇年時点で、板橋、三重、中和に負けずとも劣らない四〇万二二〇四人の人口を抱え、三〇年間で二倍以上人口が増えた区（Directorate-General of Budget, Accounting and Statistics Executive Yuan, Republic of China 2011b）であるが――、を加えて、旧台北県であったときに市と呼ばれていた一〇区[*3]を見れば、その総人口は三〇九万四〇三六人となり、この一〇区の人口は三〇年間で一・六六倍に増加したことになる。

さらに、このような新北の人口増加について、台北から新北への移動人口数と、新北から台北への移動人口数の一七年間の推移を比較すれば、一九九八年を除いては、ほぼ一貫して台北から新北への流入が、新北から台北への流入を上回る結果となっており、前者から後者を引いた数値を示せば、この一四年間で二三万五三五六人が台北から新北へと移ったことになる。（Ministry of the Interior 1994-2010）。

このような台北の人口減少傾向とその近隣である新北の人口増加傾向は、併せて郊外化と呼ばれる現象であろう。ここでは郊外化全般を論じることはできないが、それでも新北市政府に登録された「資訊休閒業」が、台北の三・七一倍である二五六店舗にのぼり、その八〇・四％の二〇六店舗が先の九区内にあること、さらに新荘区を加えた一〇区内では二二七店舗、割合としては八八・七％に及ぶことは、人々の郊外化と連動して、ネットカフェの郊外化が進んでいる証左であると言える。

他方で、新北全体の面積約二〇五二・五七㎢に対して先の九区が占める面積の割合は、わずか一五・九七％に過ぎず、さらに新荘区を加えて一〇区としても、その割合は一六・九三%にしかならないということは、ネットカフェが「郊外の外部」に決定的に少ないことを示している。実際、ここまでに述べてきた新北の九区、および一〇区のネットカフェ密度は、それぞれ〇・六三、〇・六五(shops/km²)であり、台北のそれの約二・五倍であるのに対して、一〇区を除く残り一九区のネットカフェ密度は、わずか〇・〇二(shops/km²)であり、台北と比較しても約一〇分の一、ここまで述べてきた新北の一〇区と比較すれば、およそ三〇分の一となる。

なお、詳述は避けるが、このような状況は新北の人口分布と相関しているように思われる。というのも、先に挙げた九区と一〇区の総人口は、二〇一〇年の新北の総人口三八九万三七四〇人のそれぞれ六九・一三%、七九・四六%を占め、一〇区の人口密度は八九〇三・二二(persons/km²)となる一方で、一〇区を除く残りの一九区の人口密度は、四六九・〇二(persons/km²)となり、やはり一九倍の開きが出るからである。

以上のことから、郊外化する台北および新北の状況にともなってネットカフェも郊外化し、台北のネットカフェは必然的に若者が集まりやすい繁華街のみに集中することになったと考えることができる。

2　場所に根差された裏側、時間に根差された裏側

ところで、第I部第5章第1節で紹介したとおり、聖クリストファー教会の近くの、あるビルの中のネットカフェでは、「資訊休閒業」として登録はされていないネットカフェがあり、そのネットカフェが入るビルの周囲の環境、そのネットカフェで提供されているパソコンの性能や付属デバイス、そして店内に掲示されたサービスの貼紙などから、ケア・ギバーやDW/DHとして台北で働くフィリピン人女性移民労働者がこのネットカフェの主要顧客層となっていることを確認した。そして、そこではSkype、Yahoo! Messenger、あるいはfacebookなどを用いた、自国に残してきた家族や友人とのコミュニケーションがなされている。

ここではさらに、以上のような情報を提供してくれた、このネットカフェの店員であるWB氏について、彼自身が

フィリピン出身の移民労働者であるということに着目して、彼の職業来歴と現在の収入を見ながら、ケア・ギバーやDW／DHとして働く人々との比較を行うかたちで、本章の議論を進めていくことにしよう。

WB氏は一五年前に、フィリピンのマニラ市から、仕事を求めて台北を訪れた。最初は染色工場での仕事に従事していたが、七年前からラップトップパソコンや携帯電話に使われていた廃プラスティックのリサイクル工場に勤めている。そこでの月収二万五〇〇〇TWDが、彼の生活の本収入であるが、それだけでは生活が苦しいため、リサイクル工場の仕事がないときには、週三〇〇〇TWDになるネットカフェの店員をして家計を支えている。それゆえ、彼の月収の総額は、約三万七〇〇〇TWDである。この収入は、二〇一一年の台湾全土の平均可処分所得である年額五〇万七〇三八TWDには近いものの、物価の高い台北のそれが年額七〇万四〇二四TWDであること（Directorate-General of Budget, Accounting and Statistics Executive Yuan, Republic of China 2012）を念頭に置けば、非常に低い賃金であると言えるだろう。

また、彼の勤務するネットカフェに顧客として訪れるフィリピン人女性の給料も高いとは言えない。Philippine Overseas Employment Administration（POEA）の規定に従えば、台湾での彼女たちの月収は、フィリピン政府が定める最低賃金の四〇〇USDは支払われていると言われている（POEA 2011）が、その賃金は先のWB氏と比較すれば、およそ三分の一である。もちろん、彼女たちは、家賃や食費などの基本的な生活費が雇用主から無償で提供されるという条件があるため、単純な比較はできない。だが、ケア・ギバーやDW／DHといった職業は、非常に拘束時間の長い仕事であり、場合によれば二四時間ということにもなるだろう。それゆえ、他の仕事をアルバイトとして行うことはできず、加えて、最低賃金の引き上げの対象から排除されているということも報じられている（United for Foreign Domestic Workers' Rights 2011）。

なお、ここで改めて、台湾に在住する外国籍の労働者はフィリピン人のみならず、インドネシア、タイ、ベトナムといった国々から渡ってきた人々も数多くいるということは確認されておいてよい。第Ⅰ部第5章第1節での確認を繰り返せば、台湾に在住するインドネシア、フィリピン、タイ、ベトナム出身の

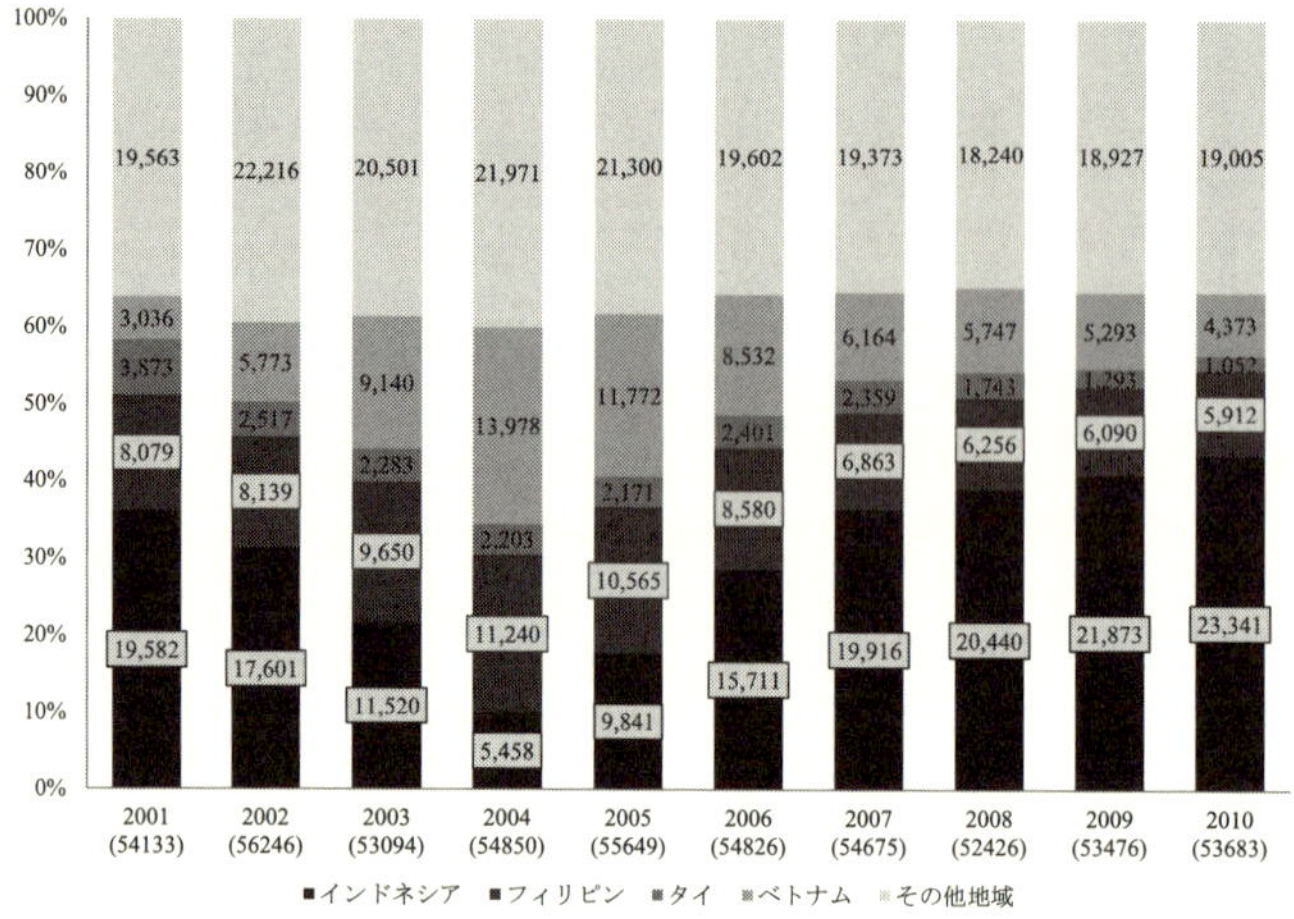

図25　台北に在住する外国籍の人々の割合（2001-2010）＊西暦を除くそれぞれの数値は人数を表す（Ministry of the Interior 2001-10）

人々は、多少の増減はあるものの、二〇〇一～二〇一〇年の一〇年間、毎年四〇万人強の数が維持され、インドネシア、フィリピン、タイ、ベトナム出身の人々で全体の九〇％近くが占められてきた（Ministry of the Interior 2001-10）。また、二〇〇一～二〇一〇年の一〇年間、外国籍を持つ人々のおよそ四五％が台北、新北、そして桃園という三つの都市に在住しているが、台北に在住するのは外国籍を持つ人々全体の一二～一四％である（Ministry of the Interior 2001-10）ことも、先に見たとおりである。

それゆえ、台北在住の外国籍の人々の割合は、台湾全土の割合と比べると大きな差異がある。例えば、台北では、インドネシア、フィリピン、タイ、ベトナムの国籍を持つ人々の割合は、一〇年間継続しておよそ六〇％強であり、台湾全土の割合よりも約三〇％も低い（図25）。他方で台北に目立って多くなる外国籍の人々は、教師などの比較的安定した職を持つアメリカ合衆国や日本出身者である（Ministry of the Interior 2001-10）。加えて、ある人が住み込みでケア・ギバーやＤＷ／ＤＨに従事するということは、当人にとって職場が「家庭」と合致するということを意味するため、それほど頻繁に外出することが難しくなると考えられる。また、第Ⅰ部第5章第1節でランの議論を参照しつつ指摘したことだが、ケア・ギバーやＤＷ／ＤＨたちが外出することについては、雇用主たちの疑念の目があったことも、ここで思い起こしておいてよい。これらの点から、先の四ヶ国の出身者は台北における社会的プレゼンスが低くなり、彼ら／彼女らのネットカフェ利用は、台北のネットカフェ利用における「裏側」のような性格を持つことになるだろう。またこのような観点から、台北のネットカフェが、間接的に台湾の人々のケアの充実の機能を果たしていたかもしれないということは、台湾の人々には見えづらくなっている、と考えることも可能かもしれない。

ところで、ここまでに確認してきた移民労働者たちのネットカフェ利用が、場所に根差された裏側であるとするならば、これから紹介するもう一つ裏側は「時間」にかかわるものである。

前節で、台湾のネットカフェの価格に言及した際に、一二時間一〇〇ＴＷＤという料金のネットカフェがあることに言及しておいた。その価格を設定している、台北車站の周辺にあるネットカフェでは、深夜になると多くの男性が仮眠をとっている姿が散見される。また、ある者は深夜に坦々とオンラインゲームに興じ、ある者はおそらく違法にアップロードされた日本の有名なアニメの主題歌を何曲も視聴していた。若者から中年まで一〇名以上の男性がソファをベッド代わりにして寝息を立て、廃棄されたパソコンや机やソファがむき出しで放置されている、お世辞にも綺麗とは言えないこの店舗は、「ネットカフェ難民」が集まる日本のそれを思い起こさせる環境である。

ただし、その店舗で従業員として働くＷＤ氏（三〇歳男性）によれば、これらの男性客は「ホームレスではない」という。ＷＤ氏は彼らがどのような人々なのかについて「例えばガードマン等の職に就いていて、深夜にまで業務が及ぶため、電車が動いている時間に郊外にある自分の家に帰ることができない人」だと説明する。前節で確認したとおり、台北のネットカフェは郊外化し、新北に移ってしまっている。彼らはそこまで辿りつくことができず、――もちろん、そこに辿りつくことができるならば、彼らは自宅に帰ることを選択するかもしれないが――、職場に近いネットカフェで仮眠をとり、朝になると再び職場に戻るのである。

深夜帯に勤務することがしばしばあるＷＤ氏は、そのような状況を目の当たりにして、このネットカフェの店長に「簡易シャワールームと仮眠室」の設置を進言したが、実現には至っていない。なお、付言しておけば、これらをネットカフェに設置すること自体は、台北の条例上、特に問題はない。第Ⅰ部第４章第３節で確認したとおり、簡易パーティション付きのネットカフェは台湾にはすでに存在し、条例に明記されているのは「パーティションを設けるとすれば、いつでもとりはずしが可能なものとすること」（臺北市法規查詢系統 2015）という規定のみである。

だが、このネットカフェで仮眠をとる男性たちには、近くにあるホテルなどに泊まるという選択肢はないのだろうか。あるいは、「マック難民」のように二四時間営業のファストフード店に入るという選択はありうるのだろうか。WD氏によれば、そのどちらもこれらの顧客にはインセンティヴがない。なぜなら、彼らはホテルに泊まることができないわけではないが、ネットカフェと比べれば割高であり、いずれにせよ最後は寝るだけなのであれば、ソファのあるネットカフェで十分である。対して、スターバックスはそもそもコーヒーの値段が高すぎ、マクドナルドは騒がしい。とにかく、深夜のネットカフェは「静かで安い（Quiet and Cheap）」のであり、これが彼らにとっての魅力であるというのが、彼の理解だった。

ただし、この店は深夜に仮眠をとる人だけを主要顧客としているのではない。日中は学生がオンラインゲームをするためにこのネットカフェを訪れ、台北車站の近辺という立地から、旅行客も訪れる。そして、このネットカフェが私たちに教えるもっとも重要なことは、入店時間の制限が、昼間の主要顧客層と深夜の主要顧客層を交わらなくさせているということである。そして、そのような傾向は、入店時間の制限が厳密に遵守されればされるほど、強くなっていくだろう。

このような時間による顧客層の分断は、場所の分断に敷衍されて、最終的にはそのような分断を「サービス」として提供するという、WD氏の発想に至る。例えば、彼は今後の台湾のネットカフェにとって重要なことは「エリア分け」であると説明する。つまり、オンラインゲームを中心とする顧客層と仮眠をとる顧客層、そして女性の顧客層を互いに時間的・場所的に分断しながら、その人たちに合ったサービスを提供していくということである。その意味で、彼にとって、ネットカフェを含めた日本のサービス一般は「非常に優れている」。なぜなら、日本のサービスは「顧客のことを最優先に考えることによって、最終的には利益を生み出す」という発想に基づいているからだ。対する、台湾のサービスは「店主にとってすぐさま利益になるか否かによって採用されたり採用されなかったりする」からである。

また、ＷＤ氏もＷＡ氏と同様、台北のネットカフェは減っているという認識を持っている。そしてその理由として、パソコンの価格が安くなり、家でパソコンやゲームをする人が増えてきたから、という説明を行いつつ、「だからこそ台湾のネットカフェは、ここまで言ってきたようなサービスをめざす必要がある」と力説した。例えば、この店舗では、深夜の顧客は休息のための仮眠をとるのと同時に、「自宅のパソコンではできないことをするために訪れる」。具体的には、スポーツブック（Sportsbook）などでのギャンブル、あるいは、主に日本のアダルトビデオを視聴するなどである。このようなパソコンの利用は、自宅では家族に咎められるという理由から、ネットカフェという場所で行われる傾向が非常に高くなる。それゆえ、様々な顧客層を互いに「摩擦なく」、すなわち迷惑な干渉なく取り込むために、上のようなサービスが必要である、という認識に至るのである。

3　台湾のネットカフェは安親班たりうるか？

だが、これまで見てきたとおり、台北のネットカフェは、総数としては少ないながらも、すでに様々なサービスを提供している。そして、日本のネットカフェにおいて個別ブースに密閉できる扉をつけて「本当の個室」にしてしまったり、許可なく映画などを提供してしまったりするといった問題があったように、「台湾でネットカフェが提供するサービス」の中には、第Ⅰ部第5章第1節で見てきたような条例に抵触するおそれがあるものも存在し、そのようなサービスは、本章で確認してきた二つの「裏側」を総合したときに、子どもたちに対するケアの問題として提起される。

そのサービスとは、具体的にはネットカフェを「安親班」代わりに使うというものである（中時電子報 2011）。なお、あらかじめ断っておけば、このニュースはそもそも高雄報導が報じたものであり、筆者はそのような実践を台北のネットカフェで実際に確認できたわけではない。だが、台北の小学校でそのことに対する懸念が表明されていたことは事実であり、後に触れるとおり、台北ではこのネットカフェのサービスを法的な側面から提供することはできず、そのことは基本的には台湾全土にも妥当する（中時電子報 2011）ため、厳密には「サービス」と呼ぶことは難しい。だが、それでもこのような実践が「ネットカフェにおけるサービス」として報じられている点だけでも、本書にとっては注目に値する。

では、そもそも安親班とは何か。それは、日本の文脈に置き換えれば「学童保育」に近いものであり、小学校の高学年の生徒を中心として、両親が仕事で不在の家庭の子どもを放課後に預かるという、基本的には民間の営利施設である。安親班の歴史は、それゆえ台湾の共働きの歴史と機を一にしており、一九八〇年代以降の女性の社会進出を支えてきた（新居 2011）。例えばそのことは、一九八一年以降の男女別の労働力人口の全人口に占める比率の変化からも理解できる。台湾では、男女を合わせた労働力人口の全人口に占める割合は、三〇年間で約一％の上昇であり、ほとんど変化はないが、その内訳には大きな違いがある。というのも、男性の労働力人口が男性の総人口に占める割合は三〇年間で一〇％以上減少している一方で、女性のそれは逆に一〇％以上増加しているからだ（Directorate-General of Budget, Accounting and Statistics Executive Yuan, Republic of China 2011b）。

また、二〇〇九年の時点で二五歳以上の男女を一〇歳刻みに分類し、各コーホートの高等教育就学率を男女別に示したデータを参照すれば、年齢の若いコーホート集団ほど、女性の高等教育就学率が高まり、二五〜三四歳というコーホートでは、女性（六〇・二〇％）が男性（五四・八〇％）を上回っている（Directorate-General of Budget, Accounting and Statistics Executive Yuan, Republic of China 2011a）。むろん高等教育のみが、社会進出の要因であるわけではないことは確かだが、台湾では近年、女性の高学歴化と社会進出とがともに増加傾向にあることは、明記されておいてよいだろう。

そして、このような女性の社会進出を安親班、そして外国人家事労働者が裏から支えていたことの傍証の一つとして、台湾で労働力人口に参入しない人々をその理由別に弁別したデータは参考に値する（Directorate-General of Budget, Accounting and Statistics Executive Yuan, Republic of China 2011b）。

この調査では、人々が労働力人口に参入しない理由について選択肢が五つ用意され、三〇年間その数値がほぼ横ばいの選択肢は「家事のため〔Housekeeping〕」である。他方、他の四つの選択肢、すなわち「学校に通っている、あるいは学校にいく準備をしているため」、「高齢、あるいは心身に障がいが出たため」、「働くつもりもあり働くこともできるが仕事を探していない」、「その他」は、すべて数値が上昇している。そのため、家事を理由に労働をしない人々の全体に占める割合は減少しており、ここから、台湾では「家族の誰かが家事をするべき」という規範は全体としては弱まっていると同時に、その規範は一貫して一定数の支持を得てきたと推測できる。

以上のような確認から、安親班はこのような「家族の誰かが家事をするべき」という社会的要請を部分的に肩代わりしてくれるものとして、直接的／間接的に女性の社会進出に貢献してきたと考えることができる。そして、ランに従えば、ケア・ギバーやＤＷ／ＤＨについても同じことが当てはまる（Lan 2006）。事実、安親班の起源は「帰宅しても自宅に誰もいない児童を集めて世話をするＮＧＯの活動」が「人気を呼び、民間の託児所や幼稚園が営利事業として安親班を開設し始めた」（新居 2011）ことにあるからだ。

ただし、現在の安親班は、すでに託児の域を超えてしまっており、むしろ塾の様相を呈してきている。そして、単に子供たちを預かるのみならず、子どもたちに様々なカリキュラムを用意している安親班が増加し、そこに子どもを預ける費用がかさむようになってきている。このことについて、深谷野亜は、安親班でのフィールド調査をもとにして、その印象を次のように論じている。

> 昨年、台北の子育て事情を知るために、台北の子どもの多くが通う「安親班」という施設を数箇所訪れた。台北の小学校のほとんどが午前中で授業が終わるため、それぞれの家庭が選んだ安親班で午後を過ごすことになる。日本の学童保育とイメージが重なるかもしれないが、安親班の多様さには目を見張るものがあった。それぞれの安親班は、その施設ごとにカラーを打ち出しており、ほとんどのカリキュラムが英語で行われるものや、音楽などに力を入れたものなど、きちんとしたカリキュラムや教育方針を打ち出している。外部のものからすると、台北の基礎教育は学校ではなく、安親班によって支えられているかに思えるほど、熱心に学校外で子どもの教育を

しているのである。全般的に安親班の月謝は高いが、評判のいい安親班ほど月謝は高く、およそ四〇〇〇～一万元〔TWD〕とその価格に開きがある。そして、教育熱心な親は、複数の安親班に通わせることも珍しくはないと聞いた。現在の台湾の四大卒の併給初任給がおよそ二万六〇〇〇元であることから、この月謝は大きな負担になるのである。

（深谷 2008:196）

それゆえ、深夜まで労働をしなければならず、それでも低所得であるような親にとって、安親班はそこに子どもを預けたいと思っても、預けることができない高嶺の花のような存在になるだろう。そのとき、「家に一人で子どもを残しておくぐらいであれば、ネットカフェにいてくれた方が安心だ」と考える親がいたとしても不思議ではない。

なお、二〇〇三年からは、台湾政府主導で、まさに日本の学童保育のように、公立小学校の内部に施設を設け、月額一五〇〇～二〇〇〇TWDの費用で、夜七時まで子どもを預かる「放課後班」が始められた（新居 2011）。だが、「夜七時まで」という制限が、低所得かつ深夜まで労働を行う親の利用を妨げる可能性は否定できない。そしてもちろん、これまでに確認してきたとおり、台北でも新北でも一五歳未満の子どもが誰の付添もなくネットカフェに入ることは、条例で規制されていたのであった。

ここで示されているのは、台北のネットカフェ利用の二つの「裏側」の問題が、安親班の代替機能のようなかたちで間接的に結び付けられるとき、「表側」としての子どもたちのネットカフェ利用のあり方への問いへと展開してしまう、ということである。それゆえ、台湾のネットカフェは、その現れとしては日本とはまったく別種の、現代の家族のかたちとケアの問題を示す一つの場所となっている、と考えることができる。

とは言え、第Ⅰ部第5章第1節でも述べたとおり、ここまでの議論は本書の課題である共にあることの現代的な困難とも無縁ではない。なぜなら、改めて述べておけば、ケアの概念を広くとる場合、日本でネットカフェ難民と呼ばれる人々が抱える問題とは、実際、台北における子どもと移民労働者がある個人の中で重複してしまうような状況のことであり、台北においても、双方に監視（管理）の視線が向けられていたからだ。他方、台北のネットカフェにおけるサービスは、そこを「個室」の代わりとして使うことは目指されてはいないものの、時間的・空間的な摩擦を減らす方向で、その多様性が確保されようとしている。これらの知見は、共にあることの現代的な困難に対する解答を編み上げる上で、重要な役割を果たすことになるだろう。

第10章　移民の歌と託児所——香港におけるネットカフェ

1　香港のネットカフェと地域差

正式名称「中華人民共和国香港特別行政区」、すなわち中国の特別行政区という位置付けを持つ香港は、約一一〇四㎢の面積を持ち、大きな地域としては南側に位置する香港島とその対岸の九龍、九龍を除く大陸部の新界の三つに区分され、二〇一一年の段階で通常居住者（Usual Residents）は七〇〇万人を超える。なお、第I部第5章第2節では、この通常居住者という言葉との関係で、香港の「外部」をめぐる問題を紹介したが、ここで「通常居住者」の正確な定義を紹介しながら、本章の分析を進めていこう。通常居住者とは、まず、(1)香港永住者のうちで、調査時に香港に在住しているか否かを問わず、調査時以前の六ヶ月間に少なくとも三ヶ月間香港に在住した者、および調査時以降の六ヶ月間に少なくとも三ヶ月間香港に在住した者であり、さらに、(2)香港非永住者で調査時に香港に在住した者、である。その際、その国籍別の数値の内訳の観点から、インドネシア国籍とフィリピン国籍を持つ人々が、突出して多いことには注意が払われてよい。

二〇一一年のデータに則れば、一八四一年以降、長きにわたって中国から香港の割譲を受けていたイギリス国籍の人々が三万三七三三人であるのに対し、インドネシア国籍の人々は一三万七四〇三人、フィリピン国籍の人々は一三万五〇八一人を数え、これら二つの国籍を持つ人々が香港全体の約三・八五％を占めている[*1]（Census and Statistics

Department 2001–11)。また、同じデータに従えば、香港国籍を持つ人口を除く、いわゆる外国人の総数に対して、インドネシア国籍、フィリピン国籍を持つ人々が占める割合は、それぞれ二三・六一％、二三・二一％となる（Census and Statistics Department 2001–11)。

では、これらの国籍を持つ人々は、どのような特徴を持つだろうか。まず、男女比について言えば、同じ二〇一一年のデータでは、インドネシア国籍の男性一四〇二人に対して女性一三万六〇〇一人、フィリピン国籍を持つ男性八三七四人に対して女性一二万六七〇七人と、どちらも圧倒的に女性が多いことが分かる（Census and Statistics Department 2001–11)。また、国籍別・性別別に見た外国人家事労働者の総計を参照すれば、年末集計のために前出の数値との誤差を生んでいることを加味したとしても、少なくとも二〇一一年の両国出身の女性のほぼ一〇〇％、そしてフィリピン国籍の男性の四〇％以上の人々が、ケア・ギバーやＤＷ／ＤＨとして働いていることが分かる（Census and Statistics Department 2012)。

なお、第I部第5章第2節で確認したとおり、香港の外国人移民労働者にとって、「七年」という壁は非常に高い。そのことはデータ上にも現れており、インドネシア国籍を持つ人々とフィリピン国籍を持つ人々の香港滞在年数を、「一年未満」、「一年以上四年未満」、「四年以上七年未満」、「七年以上一〇年未満」、「一〇年以上」という五つのカテゴリーに分けて集計する場合、――「一〇年以上」という人々が累積的になるため、それを措くとすれば――、「一年以上四年未満」というカテゴリーを山とする、全体としては右肩下がりのグラフとなる（Census and Statistics Department 2001-11)。例えば、同調査の二〇〇六年と二〇一一年の数値に着目すれば、インドネシア国籍を持ち、香港に一〇年以上滞在している人々は、二〇一一年に減少している。また、フィリピン国籍を持ち、香港に一〇年以上滞在している人々について言えば、二〇〇六年に七年以上一〇年未満香港に滞在している人々は一万六〇〇二人であったが、二〇一一年には少なくともその六〇％を超える一万九八人が香港を去ったことがデータとして示されている(Census and Statistics Department 2001-11)。

ここまで、私たちは香港における移動する人々の特徴を、統計データを用いて概括的に見てきた。移動する人々、特にインドネシア国籍を持つ人々とフィリピン国籍を持つ人々に注目した理由は、もちろん第Ⅰ部第5章第2節で紹介したような、移動する人々のネットカフェ利用の存在が、香港において無視できるものではないからである。香港のネットカフェは、子どもたちのオンラインゲーム利用がある一方で、移動する人々のためにあるものとしても存在している。本節では以下、そのことを順を追って確認していくことにしよう。

香港のネットカフェは減少傾向にあり、一時間あたりの利用料金も落ちてきている、――これは、インタビューを快諾してくれたインフォーマントのほぼすべてが口をそろえて言っていたことである。例えば、HA氏は、彼女が中学生の頃、つまり二〇〇〇年代初頭には、現在では高層マンションが立ち並び、香港の郊外として機能しているMTR沙田駅周辺にも、一〇店舗以上のネットカフェがあったという。だが、二〇一一年に行ったフィールド調査においては、一店舗たりともその存在を確認することはできなかった。

なお、第Ⅰ部第6章第1節でも確認したことであるが、二〇一一年時点の香港のネットカフェの一時間あたりの利用料金は、おおむね一〇〜一五HKDの間に収まり、筆者の調査でもっとも安い場合でも八HKD、もっとも高い場合でも一六HKDであった。また長時間利用の割引料金を加えれば、平日の夜一〇時から朝の一〇時までの一二時間で四〇HKDという場合もある。これらの価格は、現地の若者も含めて収入がそれほど多くない人々にとっても、非常に安価であると考えられる。

このような値段設定にもかかわらず、香港のネットカフェが減少している理由、あるいは価格競争のために、このような値段設定になってしまった理由としては、まず、香港には多くの無料の公共インターネットアクセスポイントが設置されている、ということが挙げられる。例えば、香港政府はGovWiFiと呼ばれる無料のWi-Fiスポットを、二〇一二年一二月末の時点で、香港全土の政府関係施設に三九五ヶ所設置しており（Audit Commission 2013）、二〇一六年には、その総数は六一一ヶ所となっている（GovHK 2016）。これらのアクセスポイントからは、無線でインターネットに接続可能な機器を持ち合わせていれば、香港居住者はインターネットアクセスを行うことができ、観光地のアクセスポイントであれば一時滞在の旅行者も無料でインターネットにアクセスできる。

またインターネット回線速度を求めるとすれば、これに加えて、例えば香港の代表的な通信系企業であるPCCWを始めとする一般業者の有料アクセスポイントが、香港全土に存在する。さらに付け加えておけば、香港では電話ボックス型の公衆のアクセスポイントが街のいたるところに存在するほか、ファストフード店、スターバックスなどの大型コーヒーチェーン店はもちろん、小さな喫茶店でもWi-Fiを設置しているところが多く、単に「インターネット接続」という意味では、無線インターネット機器さえ手に入れていれば、まったく困ることはない。[*2] あるいは、自宅に戻れば、多くの人にとってパソコンやインターネット環境は当然のように存在する。序章で確認したとおり、ITUの資料に従えば、香港のパソコンとインターネットの家庭普及率は、二〇一〇年の時点でそれぞれ七七・三%と七五・五%に達している（ITU 2011: 152）。

実際、二〇〇〇年代初頭から一〇年間という期間を設定すれば、ネットカフェの減少傾向に疑いをはさむことはできず、香港のネットカフェは一〇年前ほど前を頂点として、段階的にその数が少なくなってきたというインフォーマントたちの認識は、香港政府が示すデータとも合致する。例えば、香港の民政事務局（Home Affairs Bureau）の二〇〇七年の報告書によれば、「インターネット・コンピューターサービスセンター（Internet Computer Service Centers, ICSC）（一般的には「インターネットカフェ」と称される）の数は、過去三年間で約二一〇店舗であり、二〇〇三年の約三〇〇店舗よりも少ない」（Home Affairs Bureau 2007）とある。ただし、同じ民政事務局の二〇〇九年の報告書によれば、「二〇〇九年六月の警察総区別のICSCの数」は、二三一店舗であり、二〇〇七年よりも一〇%増加している（Home Affairs Bureau 2009）が、ともあれ大きな流れで見た場合の、香港におけるネットカフェは、二〇一一年時点でも減少傾向にあるか、少なくともほぼ下げ止まりという評価を下すのが適切であるように思われる。

また、この民政事務局のデータを用いて、香港のネットカフェがどのような分布様態をもって存在するのかを、ある程度推し量ることができる。以下の表3は、警察総区（Hong Kong Police Force 2016）ごとの面積を、公開されているデータをもとに可能な限り精確に割り出し、[*3] そこから各総区におけるネットカフェの密度を示したものである。

この表3から、香港においてネットカフェが突出して集中している地域は、九龍西であり、香港島がそれに続くこ

表3　香港警察総区別の香港のネットカフェの総数（2009）（Home Affairs Bureau 2009; Hong Kong Police Force 2016）

総区（面積） 行政区画	ネットカフェの数 （%）	ネットカフェ密度 （shops/㎢）
香港島（80.59㎢）： 東区・灣仔区・中西区・南区	42 （18.18）	0.52
九龍東（156.89㎢）： 黄大仙区・観塘区・西貢区	36 （15.58）	0.23
九龍西（26.37㎢）： 油尖旺区・深水埗区・九龍城区	61 （26.41）	2.31
新界南（301.71㎢）： 沙田区・葵青区・荃灣区・離島区※	43 （18.61）	0.14
新界北（508.01㎢）： 北区・元朗区・屯門区・大埔区※	48 （20.78）	0.09
水警（29.94㎢）	1 （0.43）	0.03
総区全域（1103.51㎢）	231 （100.00）	0.21

※ 離島区としてここに含まれるのは、赤鱲角と大嶼山のみである。
※ 大埔区のうち、北西貢は6総区の新界南に含まれ、さらに北区、屯門区、大埔区の島嶼部は6総区の水警（Marine）に含まれる。

とが分かる。特に後者については、そこに含まれる南区を始めとして、香港島全体が丘陵であることを考えれば、実質のネットカフェ密度をさらに高く見積もることも可能だろう。

さらに以下では、いくつかの地域においてネットカフェの集中する場所を分析する下準備として、各地区の特徴を把握しておくことにしよう。九龍西地域を構成する三つの区のうち、油尖旺区は、油麻地、尖沙咀、旺角といった、九龍の中心市街地といってよい場所であり、地元の人々はもちろん、海外から香港を訪れる人々が多く集まる場所でもある。また、深水埗区は、古くからある住宅街と茘枝角周辺の比較的裕福な人々が暮らす地区とが混在する場所であり、九龍城区は、九龍塞城が取り壊されて後に広大な公園として民衆に開かれたのを筆頭に、多くの公園や運動場が設営され、啓徳空港跡地もクルーズターミナルへと変貌を遂げた。さらに、現在九龍塞城公園となっている区の中心部の南側は、タイからの移民たちが居住する地域になっており、そのような人たちが始めたタイ料理店で夕食をとろうとする香港人で、深夜

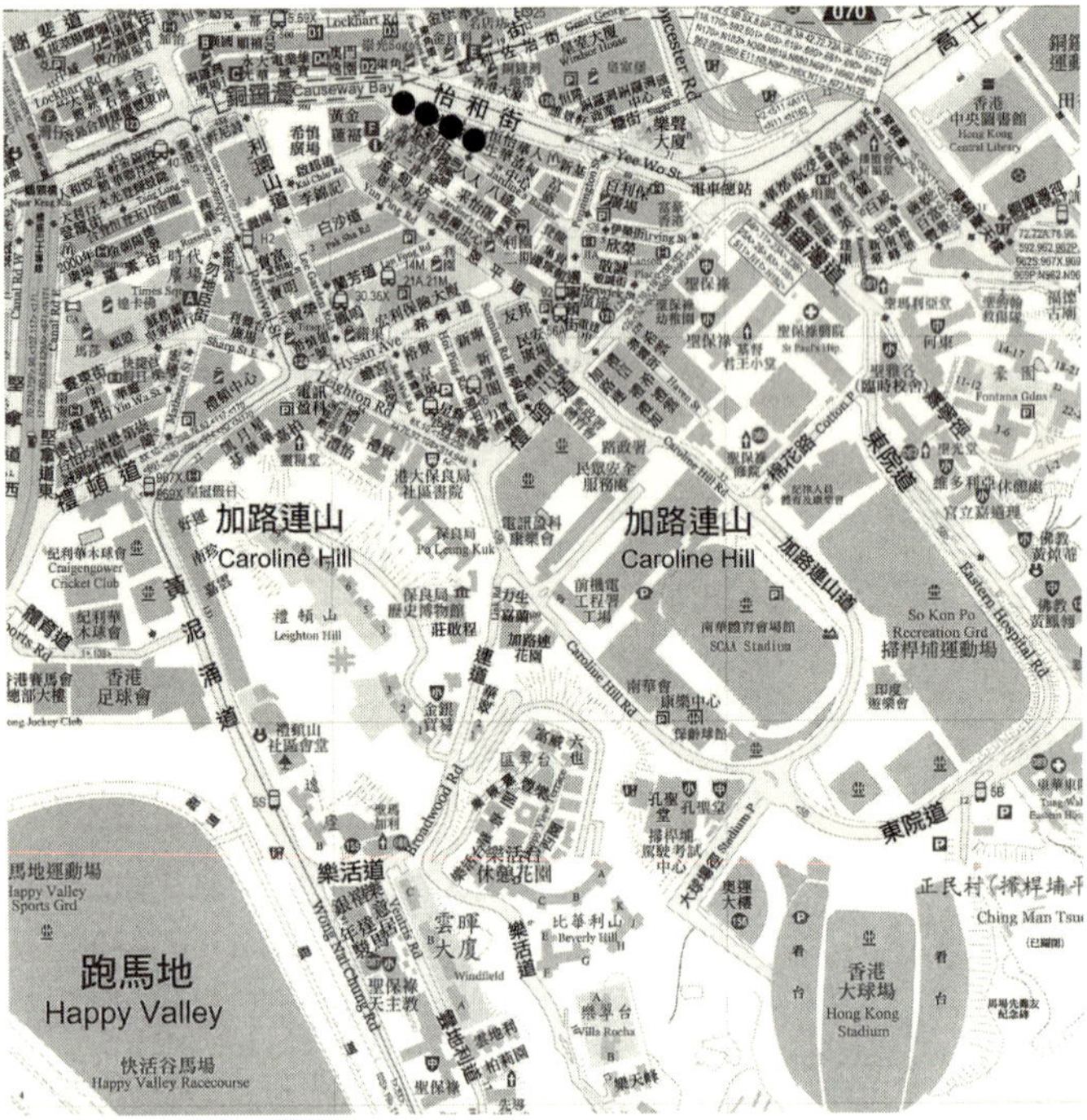

図26　銅羅灣駅周辺のネットカフェ（萬里地圖制作中心 2011: 68）

まで賑わっている。

他方、香港島を構成する南区以外の残り三つの区についても、簡単な特徴を記しておくことにすれば、まず、東区は、そのもっとも西側に一大市街地の銅羅灣がある。だが、そこからＭＲＴに沿って東に北角、鰂魚涌、そして柴灣へと続く街並みは、現代の香港の庶民の生活を映し出すものとなっている。また、灣仔区は、ヴィクトリア・ハーバーを挟んで尖沙咀の対岸に位置し、海岸線には政府系のビルが林立する一方で、少し南に下れば、東の銅羅灣から続く市街地が、東西の軒尼詩道に沿いながら西に向かって連なっている。さらに、中西区は、灣仔区の政府庁舎や市街地を東側から引き継ぎつつ、海岸部には一〇の埠頭を備える波止場を持ち、西側には香港大学と西灣の下町の街並みを残している。

では、香港において具体的にネットカフェが集中している場所はどこにあるのか。本章では、香港島と九龍西、そして比較対照のために新界北を取り上げ、一つの指標として、

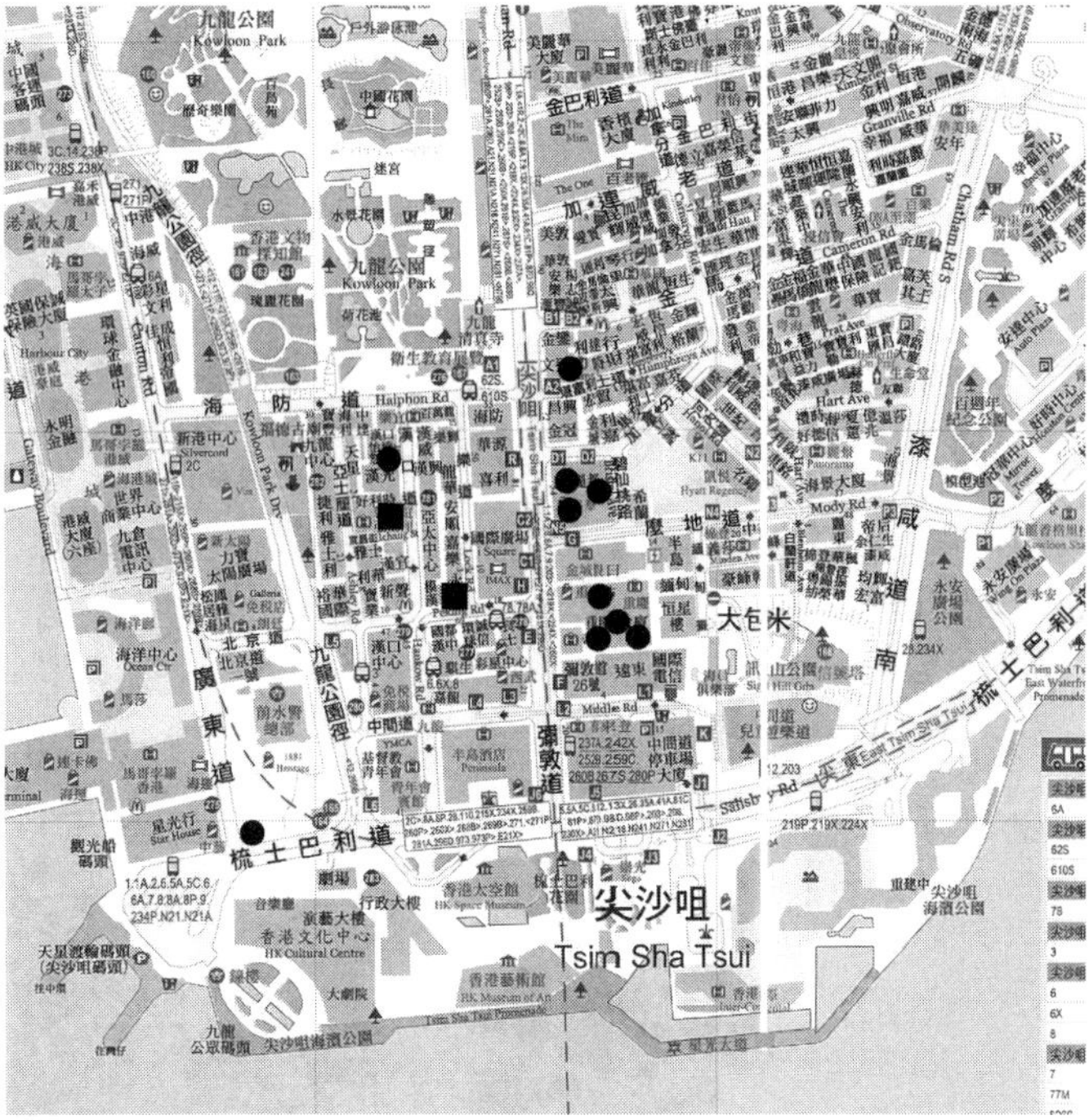

図 27　尖沙咀駅周辺のネットカフェ（■は閉店した店舗）（萬里地圖制作中心 2011: 112-3）

それぞれの地域のネットカフェの総数の一〇％前後を一㎢に持つ場所に注目する。すなわち香港島であれば一㎢のうちに四店舗程度のネットカフェが集まる場所、九龍西であれば一㎢のうちに六店舗程度のネットカフェが集まる場所、同じく新界北であれば五店舗程度のネットカフェが一㎢に存在する場所について検討を加える。

まず、香港島において先の条件を満たす場所は、ＭＲＴ銅羅灣駅付近の連続する二つのビルであり、合計四店舗のネットカフェがある（図26）。続いて、九龍西において先の条件を満たす場所は、ＭＲＴ尖沙咀駅を中心とする一㎢であり、二〇一〇年初頭のフィールド調査中では合計一二店舗のネットカフェが確認できたが、うち二店舗は二〇一一年九月時点で閉店していた（図27）。新界北については、面積が広いこともあって、ネットカフェはかなり分散傾向にある。だが、それでもＭＲＴ朗屛駅の南側には、少なくとも四店舗のネットカフェが一㎢に集住している場所が

図28　朗屏駅周辺のネットカフェ（萬里地圖制作中心 2011: 202）

ある（図28）。

これら三つの場所のネットカフェを考察するにあたって、最初に確認されるべきことは、銅羅灣駅および朗屏駅周辺におけるそれらと、尖沙咀駅周辺におけるそれらとでは、パソコンにインストールされたOSの言語に違いがあるということである。前者のネットカフェのパソコンには、基本的にはWindowsの簡体字版がOSとしてインストールされている。他方で、後者のネットカフェのパソコンには、OSとしてWindowsの英語版が利用されている。

このことは、前者と後者の主要顧客の違いを示すものである。すなわち、前者のネットカフェは一般的に中国語を使う人々が利用し、後者のネットカフェは一般的に英語を使う人が利用する、ということである。むろん例外も存在するが[*4]、多くの場合、尖沙咀駅周辺のネットカフェでは英語版OSが用いられ、その他の場所では簡体字版OSが利用されていると考えてよい。

上記に加え、尖沙咀駅周辺のネットカフェとその他の地域のネットカフェでは、それぞれに設置されているパソコンの性能に決定的な差異がある。例えば、現在は閉店してしまった尖沙咀駅周辺のあるネットカフェのパソコンの性能は、Intel Celeron 2.4 GHz*2のCPUに五一二MBのRAMであった。また、第I部第5章第2節および第6章第1節でも紹介した美麗都大厦にあるネットカフェのパソコンの性能を改めて想起してもよい。その性能は総じて、オンライン上にアップロードされた「きかんしゃトーマス」をその例とするような、「動画が何とか映ればよい」というレベルのものである。

それに対して、例えば銅羅灣のネットカフェでは、快適なゲーム環境を求める顧客のために、必要最低限の性能を備えたパソコンが用意されている。例えば、銅羅灣付近のあるネットカフェのパソコンはCPUとしてIntel Pentium D 3.2 GHz*2、RAMは二・〇GB、そしてVideo CardはNVIDIA Geforce 9900 GTを備えていた。また、別のネットカフェのパソコンは、性能面では少し劣るが、CPUはIntel Core 2 Duo E6550 2.33 GHz*2、二・〇GBのRAM、NVIDIA Geforce 8600 GTという構成であり、こちらも二〇一一年時点のゲームには対応できる。また、朗屏駅付近のネットカフェは、完全にオンラインゲームを意識した仕様であり、詳細は確認できなかったが、そこで提供されていたパソコンは、CPUがIntel Core i3-540 3.06 GHz、RAMは三・〇GBという、かなり高い性能を持つものであった。

以上に見たパソコンの性能差は、同時にインストールされているアプリケーションソフトの種差も説明するものとなる。つまり、尖沙咀駅周辺でのネットカフェで最新のオンラインゲームをすることは非常に難しく、主にはSkype、Yahoo! Messenger、MSN Messengerといったコミュニケーションのためのアプリケーションソフトのみがインストールされ、その他の地域では、ここに挙げたコミュニケーションのためのアプリケーションソフトはもちろん、さらに古いものから新しいものまで、少なくとも一〇本以上、ときには一〇〇本を超えるゲームが各パソコンにインストールされている。

だとすれば、各地域のネットカフェの主要顧客層は、本節の確認のみでも容易に想像がつく。すなわち、尖沙咀の周辺の主要顧客は旅行客、わけてもそれほど金銭を持たずに旅を続けるバックパッカーのような人々である。他方、銅羅灣や朗屏などにおける主要顧客は、地元の学生を始めとする若者であり、それらの人々はオンラインゲームの利用が中心である。例えば、銅羅湾のかなり大きな（約一〇〇台のパソコンを有する）規模のネットカフェでアルバイト店員として勤務していたHF氏（二五歳男性）に従えば、平日の主要顧客は一四歳から一八歳の学生であり、たいていの場合四～五時間程度オンラインゲームのために利用する、と説明があった。

ただし、上記の説明に留まらず、香港のネットカフェで移民労働者たちに焦点が当たる場面があることは、これまで何度も確認してきたとおりである。そして、その一端は、銅羅灣駅と尖沙咀駅の周辺のネットカフェでは、すべてのパソコンにヘッドセットとウェブカムが付属デバイスとして完備されていたことに示されており、実際、祝祭日には、これらのネットカフェはケア・ギバーやDW／DHたちが主に利用する場所となる。次節では、このような人々のネットカフェ利用とその背景について、より詳細に説明していこう。

2　移動する人々と香港のネットカフェ

前節の最後で紹介したHF氏は、「平日と祝祭日でネットカフェのサービスに違いはありますか」という質問に対して、「休日や祝祭日の午前中には店舗の照明を少し明るくする」のだと答えた。では「照明を明るくする」ということが、なぜ「サービス」になるのか。

このネットカフェでも、休日や祝祭日の午前中は、インドネシア系の移民労働者が、――そのほとんどが女性で、ケア・ギバーやDW／DHとして二年契約で働く人々であるが――、自国に残してきた彼女たちの家族や親類、友人たち、さらには別の国にいる（同業者を含む）知り合いとのコミュニケーションに興じている。その際、店の照度を少し上げることによって、ウェブカムに映される彼女たちの顔の映り具合が良くなるのである。

逆に、地元の若者をはじめとするオンラインゲーム利用者は、「画面に集中するためか、暗い照明を好む」とHF氏は続けた。それゆえ店舗の照度の変更は、顧客の利用時間帯を的確に把握しているがゆえになされうる、きめ細やかなサービスだということになる。実際、銅羅灣のネットカフェのパソコンにはゲーム用のスピーカーが備え付けられているため、休日や祝祭日には、インドネシアからケア・ギバーやＤＷ／ＤＨとして香港に働きにきた人々がそのスピーカーを「転用」して音楽が流される場合もあり、ＨＦ氏によれば、休日や祝祭日の売り上げは平日の二倍の五〇〇〇～六〇〇〇ＨＫＤになるという。[*5]

そのため、銅羅灣のネットカフェにおいては、先に見たようにオンラインゲームにも対応できる性能を持つパソコンが提供されつつも、同時にヘッドセットやウェブカムが備え付けられたままになっている。他方で、主要顧客がゲームユーザーにほぼ固定されている朗屏のネットカフェでは、ヘッドセットやウェブカムは「貸出」の手続きを踏まえなければ利用できない。

銅羅灣のネットカフェと朗屏のネットカフェの差異は、インドネシアからの移民労働者たちが集う銅羅灣という街の特性からも説明できる。前節で銅羅灣は香港の一大市街地であると述べたが、休日や祝祭日には、その中心に位置するヴィクトリア・パークやＳＯＧＯ百貨店の周囲にインドネシアからの女性移民労働者が集まり、広い道路に架けられた陸橋の階段も含め、そこは歓談を楽しむ場所となる。このような状況の下で、インドネシアに残してきた家族や親類と会話をしたいと考える人々が、パソコンの性能としてはほとんどオンラインゲームに特化したような環境を持つネットカフェに集うことになるのである。

また、このような人々の集まりは、銅羅灣の次の駅である北角にまで続く。実際、ＭＲＴ北角駅の内部には、インドネシアを中心として、フィリピン、タイなどの雑貨を取り扱う店があり、そこに簡単なインターネットサービスを提供する店舗が存在する。そこで働くＨＧ氏（女性）によれば、この店は中華系インドネシア人のオーナーが経営しており、インドネシアから来る移民労働者たちのためのサービスの一つとして、パソコンやインターネットを提供している。さらに北角周辺の雑貨屋では、雑貨を購入したサービスとしてパソコンやインターネットを無料で利用できる店舗もあるという。

なお、インドネシアからケア・ギバーやＤＷ／ＤＨとして香港に働きにきた人々にとって、銅羅灣のネットカフェのパソコンのＯＳが簡体字版であることは、まったく言語の障壁とはならない。というのも、インドネシア国籍を持つ香港在住の人々は、かなりの割合で普段は広東語を利用しているからであり、さらに注目すべきは、香港ではインドネシア国籍を持つ人々が広東語を含めた中国語を普段利用する割合と、フィリピン国籍を持つ人々が英語を普段利用する割合が継続して高いということだ。インドネシア国籍を持つ人々が普段広東語を利用する割合は二〇〇六年の時点で七五・七〇％であり、すべての中国語を含めると八一・〇〇％、二〇一一年においては、それぞれ七〇・六七％、七三・五八％になる。他方で、フィリピン国籍を持つ人々が普段英語を利用する割合は、二〇〇六年と二〇一一年でそれぞれ八三・四二％と八二・三四％となる（Census and Statistics Department 2001-11）。

逆に、インドネシア国籍を持つ人々が普段英語を利用する割合は二〇〇六年と二〇一一年で、それぞれ一二・三三％と一四・五五％である一方で、フィリピン国籍を持つ人々が普段（広東語以外も含むすべての）中国語を利用する割合は二〇〇六年と二〇一一年で、それぞれ九・五五％と四・六九％になる（Census and Statistics Department 2001-11）。このように見れば、それぞれの国籍を持つ人々があたかも二つの言語を分け合っており、近年その関係が少しずつ崩れ始めてきていると考えることができるだろう。

なお、このような言語の分け合いのような状況が起こる理由は、それほど難しいものではない。というのも、インドネシアからケア・ギバーやＤＷ／ＤＨとして香港に働きに来る人々は、仲介業者によって手配された広東語の習得プログラムを渡航前に受けるため、基本的な中国語の読み書きや会話が可能となっているからだ。

ところで、尖沙咀のネットカフェにおいても、やはり休日や祝祭日には多くのＤＷ／ＤＨたちが自国に残してきた家族との会話を楽しんでいる。銅羅灣のネットカフェとの違いは、尖沙咀のネットカフェはインドネシア出身の人々以上に、フィリピン出身の人々が多く訪れるということである。加えて、先にも述べたとおり、尖沙咀周辺は旅行客としての外国人も多数集まる場所になっている。それゆえ、休日や祝祭日の尖沙咀のネットカフェは、様々な人々が「英語」を用いてやり取りをする、非常に国際色豊かな場所となる。

ここで改めて、「休日や祝祭日」ということと関連して、インタビューから得られた情報をもとに、現代のメディア環境を中心にしたケア・ギバーやＤＷ／ＤＨたちの生活環境を考えてみることにしよう。前章でも言及したことだが、ケア・ギバーやＤＷ／ＤＨとして働く人々は、基本的には雇用主の家庭に住み込みで勤務している。つまり、彼女たちの居住スペースはまさに職場にあると言ってよい。このことは、彼女たちのメディア利用、特に「家族とのコミュニケーション」という観点からのそれに、大きな制限をもたらすことになる。なぜなら、当然のことと言えば当然のことであるが、そのようなメディア利用はあくまでも「私用」であり、「職場」においては制限されるべきものであるからだ。

それゆえ、ここまで紹介してきたような、ネットカフェにおける自国に残してきた家族や親しい人々との会話という利用がなされるのであり、さらに第Ⅰ部第6章第1節で紹介したような、パソコンの順番待ちの際に、海を越えた家族同士の場所を共有しない待ち合わせを国際電話によって行う、といった状況も生まれることになる。

では、そのような順番待ちを避けるために、彼女たちは自分自身のパソコンを購入できる経済的状況にあると言えるだろうか。あるいは、自分自身のためのパソコンを購入することに、強いインセンティヴが働くと考えられるだろうか。結論を先に述べれば、彼女たちが自分自身のパソコンを購入できる可能性は完全にないわけではないが、非常に望みが薄いと言わざるをえず、また購入に対するインセンティヴは非常に弱いと考えざるをえない。

このことについて、まず確認しておくべきは、彼女たちの月収である。香港の勞工處では、ＤＷ／ＤＨとして働く人々の最低賃金を規定しているが、その金額は二〇一一年六月時点では月額三七四〇ＨＫＤであり、二〇〇八年に規定された月額三五八〇ＨＫＤからわずかに値上げされた[*6]（The Government of the Hong Kong Special Administrative Region, 2011）。この点について、ＤＷ／ＤＨとして働いている人々で、インタビュー調査で自らの月収を語ってくれた九名のインフォーマントの月収の平均は、――これらの人々の契約は二〇〇八年の最低賃金をベースにしている――、三六〇〇ＨＫＤであった。このことは、二通りの意味に解されねばならない。すなわち、先の規定は概ね遵守されていること、そして、彼女たちの賃金は最低賃金がほとんどの場合最高賃金であるであること、の二点である。実際、一九九〇年から断続的に二〇年近く香港でＤＷ／ＤＨとして働いてきたＨＨ氏（四七歳女性）の月収は最低賃金の三五八〇ＨＫＤであり、もっとも給料が高かった香港在住六年目のＨＩ氏（三八歳女性）でも、その月収は三八八〇ＨＫＤに留まった。

他方で、二〇一一年の時点で、香港で中古のパソコンを購入しようと思えば、かなり古いものでも最低三〇〇〇HKD程度は必要であり、新品のパソコンであればその倍の六〇〇〇HKDというのがおおよそ見積もられるべき金額であった。[*7] それゆえ、香港でDW／DHとして働く人々にとって、パソコンとは月収の一〜二ヶ月分に相当するものということになるだろう。むろん、各人にとってどの程度の性能のパソコンが必要かという点については人それぞれであるが、単純にパソコンの価格と彼女たちの月収の割合だけを見るならば、十分に購入可能であるようにも映る。

ただし、上のような考え方が成立するのは、彼女たちの収入のすべてが、彼女たちが香港で生活することのみに利用されるならば、という仮定に基づくものであり、彼女たち自身が自由にできるという意味での収入は、圧倒的にと言ってよいほど低い。例えば、先に言及した九名のインフォーマントは、最低でも自らの月収の五〇％以上、多ければ七〇％を超える額を家族に送金している。実際、先にもっとも高い給料を得ている人物として挙げたHI氏は、「最低でも月に三〇〇〇HKDは家族に送金している」という。

加えて、彼女たちが結ぶ契約が仲介業者によってなされる場合、業者に対する仲介手数料を支払うことになるが、その料金は月収の七ヶ月分に相当する。つまり、仲介業者を介して二年契約のDW／DHといった職業につく場合、彼女たちの表現を用いれば、「給料は一七ヶ月分しか入ってこない」のである。それゆえ、香港に来て一〜二年というDW／DHにとってみれば、――彼女たちは少なくとも継続して同じ雇用主に雇われていないという点では、確実に仲介手数料を仲介業者に支払っていると言える――、自らが自由にできる収入はさらに減少することになる。

彼女たちが行う送金とその意味については、次章のシンガポールの事例も踏まえた上で、改めてフィリピンのネットカフェについての考察において総合的に言及することにするが、ここまでの確認から、彼女たちが一ヶ月に自由にできる金銭が概ね一五〇〇HKDを超えず、一二〇〇HKD程度を平均として、ときには一〇〇〇HKDを下回るということには注意すべきである。それはつまり、彼女たちにとってパソコンとは、中古のものでも月収の二〜三ヶ月分、新品であれば月収の五〜六ヶ月分に相当することを意味するからだ。

それゆえ、彼女たちのほとんどは、自分のパソコンを持つに至っておらず、事実、先の九名のうちの七名は自分のパソコンを持ってはいなかった。また、自分のパソコンを持っていると答えた残り二名についても、現在はそのパソコンを使っておらず、その理由がいずれも「すでに古くなっており、買い換えたいけどお金がない」というものであったことは、彼女たちにとってのパソコンというものを推し量る上で、非常に有益な回答であろう。また、彼女たちの居住スペースが職場であり、基本的な契約期間が二年である、ということを念頭に置けば、仮に契約が途中で切れたり、二年目以降の更新が不可能で、祖国に帰ることになったりする場合の持ち運びがきくように、もしパソコンを買うのだとしても、相対的に高価なラップトップパソコンの購入が目指されることになる。

以上のことは、パソコンを保持し、それを保持し続けるということが、香港でＤＷ／ＤＨとして働く人々にとって非常に難しいことを説明するに十分なものであろう。[*8] それゆえ、休日や祝祭日にネットカフェのパソコンを用いて家族や親類、そして友人とコミュニケーションをとるということは、自分のパソコンを携えるには経済的余裕がなく、また携帯電話での会話やＳＭＳに比べて、圧倒的にコストパフォーマンスが良いという点で、非常にリーズナブルな選択だったということになるのである。

3　ネットカフェに響く移民の歌

では、総じて香港のネットカフェはどのような社会的環境のうちにあると言えるだろうか。第Ⅰ部第5章第2節でも紹介したとおり、二〇一一年の段階で、香港では基本的にネットカフェに対する年齢や時間による入場制限は設けられておらず、年齢制限と時間制限の検討が始められたのは、二〇〇九年に入ってからであった。それゆえ、香港は台湾と比べて、若者がネットカフェに親しみやすい環境にあったと言ってよい。[*9] また、韓国のネットカフェと同様に、彼ら／彼女らは友人と一緒に複数人数でネットカフェを訪れることが多く、ネットカフェは皆で集まりながらゲームをする場所になっている。

もちろん、香港のネットカフェにほとんど制限がないことに伴う問題もある。いわゆる「不良少年」と呼ばれる青少年たちが、長くネットカフェにたまるというのがその一例である。ＨＦ氏は、「自分の店舗でも、そのような学生たちが顧客として時折姿を見せる」のだと説明している。それでも、彼の勤務する店舗では、そのような青少年たちは比較的少なく、旺角や柴灣の方が圧倒的に多いという。このような状況はまた、朗屏駅付近のネットカフェにも当てはまる。例えば、朗屏駅付近のあるネットカフェでは、店員自身がその取り巻きとのオンラインゲームに没頭し、顧客の出入りをまったく把握していない、という状況も確認することができた。加えて、ＨＦ氏によれば、日本の「ネットカフェ難民」のように、金銭をあまり持っていないため、ネットカフェで寝泊まりする顧客もいるという。それゆえここには、前章で台北のネットカフェで夜を明かしていた人々との関係も含めて、先進国特有のネットカフェに関わる社会問題が伏在していると言えるだろう。

とはいえ、以上のような問題があるという事実も含め、これまでの議論は、基本的に香港のネットカフェが、人々に開かれた場所を提供していると評価するのに十分なものであったと思われる。例えば、バングラディシュ出身のＨＪ氏（三〇歳男性）は、尖沙咀のネットカフェに来て、リサイクル工場での仕事が紹介されたページをスクロールしていた。つまり、彼にとってネットカフェは職探しのための場所となっているのだ。彼は普段、尖沙咀の露店で模造品の時計を観光客に向けて売っている。ＨＪ氏が「ニセモノの時計」という日本語を知っているということは、日本人観光客も彼の「顧客」となりうることを示しているが、彼はそのような「仕事」を辞めて、普通の仕事に就くべくほぼ毎日ネットカフェに来ている。ネットカフェで職探しをする理由は、彼のパソコンが遠い昔に買ったものであるため用をなさず、加えて職探しのためには、大量の連絡先を印刷するためのプリンタが欠かせないからだ。

また、これまでに詳しく見てきたように、ケア・ギバーやＤＷ／ＤＨとして香港で働く人々にとってのネットカフェは、自国に残してきた自らの家族や親類、あるいは友人との会話を楽しむために開かれた場所であると言うことができる。ここでの「開かれた」という形容詞は単なる比喩ではなく、休日や祝祭日のネットカフェは、青少年がオンラインゲームに夢中になって声を上げるのとは違う意味で「騒がしく」なるという事実を含むものである。つまり、各々がSkypeなどを用いて話をし始め、ときには音楽まで流れるため、必然的にネットカフェ全体に声や音が響くことになるのだ。日本のネットカフェではもっとも大きな問題であった「物音を立てること」は、香港のネットカフェではごく日常の光景として見過ごされるのである。

例えば、一九九七年からシンガポールでDHとして働き始め、二〇〇二年に「子どもをつくる」という目的でフィリピンに戻った後、長男の大学の費用を稼ぐために再び二〇〇五年から香港でDHを始めたというHK氏(三七歳女性)は、他の客の迷惑な行為は何かと尋ねたときに、「ときどき大きな声で話をする人が本当にうるさくて困る」と答えた。しかし、彼女はすぐさま「でも、私も話すときはうるさいし、お互い様よね」と付け加えた。

彼女は、現在では閉店してしまった尖沙咀のネットカフェにときどき立ち寄って、そのような「うるさい環境を楽しんでいる」とも語り、またそのような行為を許容するような場を、このネットカフェは提供していたと考えられる。なぜなら、そこでは数HKD払えば、フィリピン出身の店長が用意した、簡単なフィリピン料理を食べることができ、そのためのスペースがネットカフェの窓際のもっとも眺望の良いスペースに設けられていたからである。それゆえ、その店舗では、フィリピン人のみならず、香港で数十年来暮らすというアメリカ合衆国出身の女性も姿を見せ、ブランチをとりながらネットカフェで過ごすといった利用もなされていた。

香港のネットカフェを論じるための本章のタイトルの一部が「移民の歌」となっているのは、このような文脈からである。というのは、尖沙咀のもう一つの閉店したネットカフェでは、ある女性移民労働者が、画面越しの自分の子どもをあやすために歌を歌っていたからだ。二〇一一年一月の半ばごろであったため、曲目は“We Wish You a Merry Christmas and a Happy New Year”であったが、その女性は少しだけ周囲をうかがったのみで、後は平然と歌を歌い、周囲もそれにまったく動じる様子はなかった。そしてこの状況は、彼女が続けざまにリコーダーを取り出して同じ曲を演奏したときにもまったく変わることはなかった。

また、第I部第5章第2節で紹介したような、ネットカフェに訪れてしまった子どもを「大人総出でおとなしくさせる」ような事例は特別なものだと言えるが、それでも香港のネットカフェが持つこのような性格は、DW/DHが散歩ついでに自分の雇用主の幼い子どもを連れて遊びに来る場所という機能をもたらすものとなる。先に確認したとおり、二〇一一年時点では、香港にはネットカフェの入店に関する制限は存在しなかった。それゆえ、DW／DHが自分なりに適切なネットカフェを選択して、そのような場所で子どもの面倒を見るということが可能となっていたのである。

ただし、あらかじめ第I部第5章第2節において注意を促しておいたとおり、香港という文脈におけるこのようなネットカフェの利用方法に関して確認されてしかるべきは、香港における子どもの保護のあり方である。香港では、割譲されていたイギリスの影響を強く受けるかたちで、保護者の必要な子どもが、一人自宅で留守番をすることを法律で固く禁じている。例えば、香港の「人に対する違法行為に関する条例〔Offences against the Person Ordinance〕」の第二六項と二七項には、保護監督権を持つ一六歳以上の人が、一四歳未満の子ども、もしくは一六歳未満の若者を一人で危険に曝したり、適切な保護を与えなかったりした場合、「一〇年の懲役、ないしは即決判決での三年の懲役」(Department of Justice 1997b) と規定されている。むろん、すぐさまこのような厳しい処置が施されることはないが、それでも子どもを放置しておくことは、通報の対象となりうる。

それゆえ、香港では、例えば子どもがいる共働きの夫婦が、彼／彼女の両親(子どもにとっての祖父母)と同居などをしていない場合、自分たちの代わりに子どもを監督する者を見つけなければ、通報や告発といった事態にもなりかねない。そして、そのことを避けるための回答の一つがケア・ギバーやDW／DHの存在であることは疑いえない。歌を歌うことができ、託児所の機能が付与されるような香港のネットカフェの背後には、日本と比較すれば、子どもへのケアを行う「保護者」の役割を担う人々に対する、極めて厳しい条件が存在するのであり、仮にここで得られた知見を、共にあることの現代的な困難という課題の解決のために応用するとしても、このような社会的背景の検討が欠かせないのである。

第11章　多民族国家と統合という課題――シンガポールにおけるネットカフェ

1　シンガポールの民族編成とネットカフェの集中地域

管見の限り、シンガポール政府が提供する統計データの中には、ネットカフェの総数を直接示す資料は存在しない。もっとも近い数値を挙げるとすれば、二〇一三年の「サービス業白書」の「情報通信サービス」の項目に含まれる「Telecommunication」の企業数が二〇〇九年に六五一、二〇一〇年に七四五、二〇一一年に七八三となっている（Singapore Department of Statistics 2018b）。ただし、その数には次のような業種も含まれていることには、注意しておかなければならない。(1)固定電話サービス業（国内／海外向けの公衆交換電話網や専用回線を含む）、(2)携帯電話業、無線呼出業、および無線遠隔通信業、(3)衛星遠隔通信業、(4)遠隔通信再販業／第三者遠隔通信供給業（高度情報通信網技師を含む）、(5)インターネットアクセスプロバイダー、(6)インターネットカフェ、(7)これらに分類されないその他の遠隔通信業、例えば（日本のＩＰ電話会社のような）VoIPの供給など、である（Singapore Department of Statistics 2018a）。

それゆえ、シンガポールのネットカフェの総数はあくまでも「先の数値を超えない」と考えるのみに留めておくべきである。なお、第Ⅰ部第5章第3節の最後に、シンガポールのネットカフェが集中する場所とは、それがそのまま移民たちの集まる場所だと紹介しておいたが、それらのネットカフェの密度は、先に提示された六五一、七四五、七八三という数値をシンガポールの総面積である七一四・二㎢で割った〇・九一、一・〇四、一・一八（shops/㎢）をはるかに上回るものである。そしてそれらは、HDB居住区にはほとんどネットカフェが存在しないのとは対照的に、二〇一一年時点で、他の都市と比べても特筆すべきネットカフェの集中地域と呼ぶべき場所であった。それは、具体的にはリトル・インディア、ゲイランという二つの地域、そしてラッキー・プラザという大型のショッピングモールである。

これらの地域、およびショッピングモールに言及する前に、本章の導入として、シンガポールへと移動する人々の状況を指し示す、いくつかの指標を見ておこう。

まず、シンガポールに移動する人々も含めた、シンガポールの居住総人口は、一九八〇年に約二四一万人であったものが、二〇一〇年には約五〇八万人と約二倍になっており、特に一九九〇〜二〇一〇年までの二〇年では、一〇年刻みでほぼ一〇〇万ずつ増加している（Singapore Department of Statistics 2016: vi）。

ただし、その内訳は一九八〇年と二〇一〇年では著しく異なる。シンガポールでは、シンガポール市民（Singapore Citizens）と永住権取得者（Permanent Residents）を併せて、シンガポール住民（Singapore Residents）と称するが、ここで注意すべきは、永住権取得者はそもそも外国籍の人々であったということである。それゆえ、海外からの移民／移住という観点から人口の内訳を考える際には、永住権取得者と非住民外国人（Non-Residents）を併せる必要がある。

その場合、一九八〇年には総人口の九・一〇%、約二二万人であった海外出身の人々の割合は、二〇一〇年には総人口の三六・三七%、約一八五万人になり、一九九〇〜二〇一〇年の間に人口が一〇年刻みで約一〇〇万人ずつ増えたと先に述べた内訳は、一九九〇〜二〇〇〇年のシンガポール市民の増加が約三六万人に留まるのに対して、永住権取得者と非住民外国人の増加が約六二万人、二〇〇〇〜二〇一〇年のシンガポール市民の増加が約二四万五〇〇〇人であるのに対して、永住権取得者と非住民の増加が約八〇万五〇〇〇人となる。[*1]

このような、比較的単純な数値からでも、シンガポールがいかに多くの人々を海外から受け入れてきたのかが分かる。なお、シンガポール政府は、ネットカフェの総数と同様に、非住民外国人を含めた海外から移民・移住する人々の国籍別・民族別の総数とその割合を明らかにしてはいない。

だが、シンガポール住民を基準にしながら、そのおおよその傾向性をうかがい知ることができる。まず、シンガポール住民の出身国について二〇〇〇年と二〇一〇年の数値を比較すれば、僅かな例外を除いて、出身国別の人口は軒並み増加しているが、その中でも特に人口増加数が多い国および地域は、マレーシア出身の人々の八万二一五一人、南アジア（インド、パキスタン、バングラディシュ、スリランカ）出身の人々の六万五一八五人、そして、その他のアジアの国々の人々の七万五六八四人であった。また、人口増加率が高い国および地域は、南アジアの二・一二倍、インドネシアの一・八六倍、そして、その他のアジアの国々の六・二三倍である（Singapore Department of Statistics 2001b, 2010）。

なお、ここでの「その他のアジアの国々の人々」の内訳については、二〇一〇年の時点でのフィリピン出身の人々の総数が三万九九一八人に上り、それに続くタイ出身の人々（計五六五〇人）、日本出身の人々（計四九四一人）との差が際立つ結果になっている。加えて、二〇〇〇年時点で、フィリピン出身でシンガポール永住権を保持していた人々の数が一五二人であったこと（Commission on Filipinos Overseas 2000）に鑑みれば、この間における「その他のアジアの国々」出身の人々の人口増加数と人口増加率について、フィリピンという国の存在は非常に大きいと推測することができる。

他方、二〇〇〇～二〇一〇年にかけての人口増加数、および人口増加率について名前の挙がったマレーシア、インドネシアについては、マレーシア・インドネシア出身の中華系シンガポール住民とその他の民族のシンガポール住民の割合を示した、シンガポール統計局のデータにその特徴が色濃く現れている（Singapore Department of Statistics 2001b, 2010）。

そのデータに従えば、二〇〇〇年のマレーシア出身のシンガポール住民三〇万三八二八人のうちの八五・〇五％（計二五万八四〇六人）が中華系、二〇一〇年においては、三八万五九七九人のうちの八七・七〇％（計三三万八五〇一人）が中華系であった。他方、二〇〇〇年のインドネシア出身のシンガポール住民二万一八五八人のうちの七四・五七％（計二万一八五八人）が中華系、二〇一〇年においては、五万四四〇四人のうちの七八・二五％（計四万二五七一人）が中華系であったことが示されている（Singapore Department of Statistics 2001b, 2010）。また、この間のマレーシア・インド

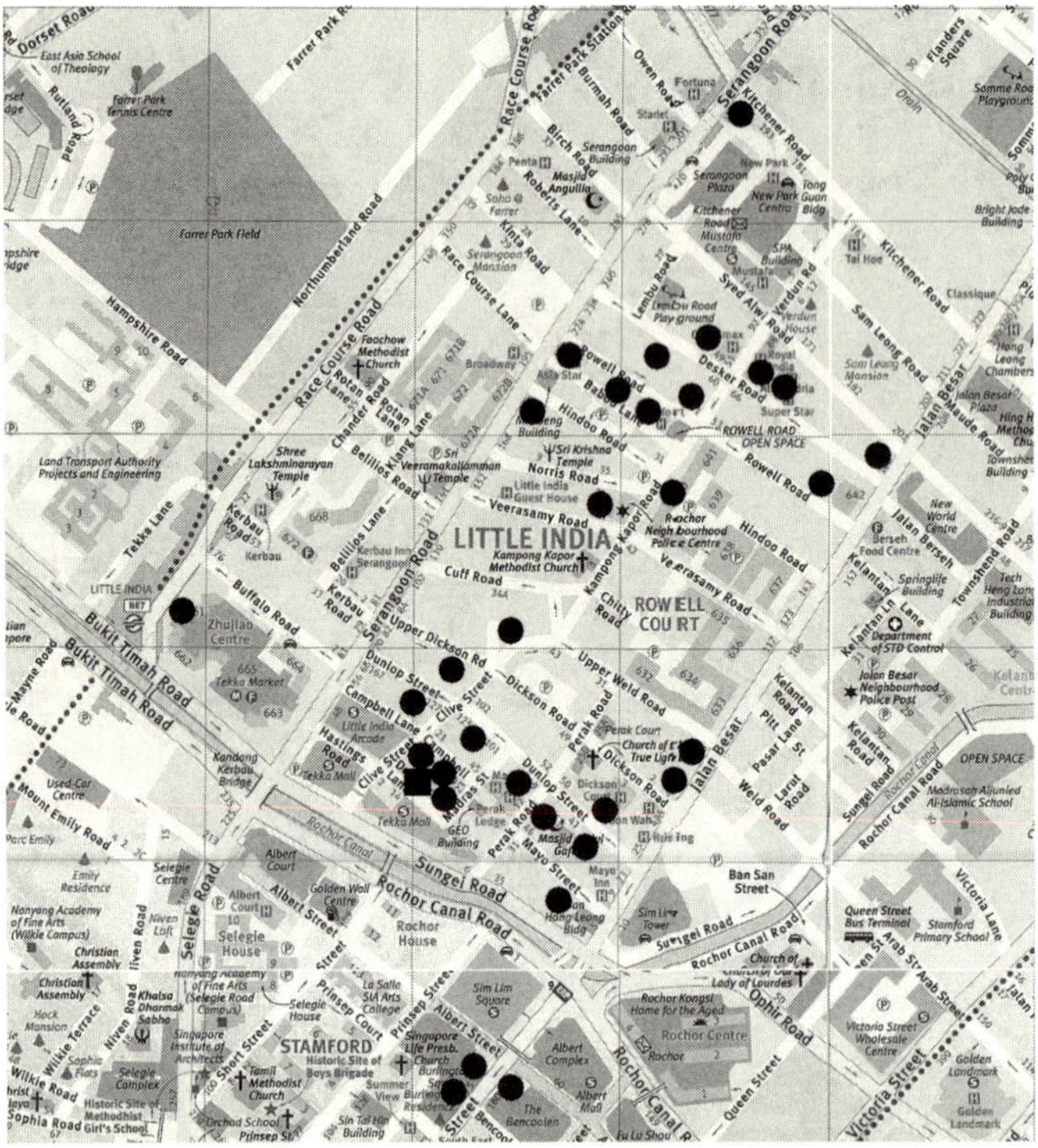

図29　リトル・インディア周辺のネットカフェ（■は閉店した店舗）（Periplus Publishing 2006: 120-1, 130-1）

ネシア出身の中華系シンガポール住民の増加人口は、それぞれ八万九五人、二万七一三人であり、それらの数が、マレーシア・インドネシア出身のシンガポール住民の増加人口数に近いことも分かる[*2]（Singapore Department of Statistics 2001b, 2010）。

それゆえ、これらを総合して見るとき、シンガポール住民の人口増加を支えているのは、(1)インド系の人々、(2)中華系の人々、(3)フィリピン系の人々だということになるだろう。[*3]そして、このような人口増加の傾向は、シンガポールでネットカフェが集中する地域と場所に注目する場合に、非住民外国人の増加傾向にも適用できるように思われる。なぜなら、先に述べたリトル・インディア、ゲイラン、そしてラッキー・プラザのネットカフェの主要顧客は、それぞれインド系移民労働者、中華系移民労働者、そしてフィリピン

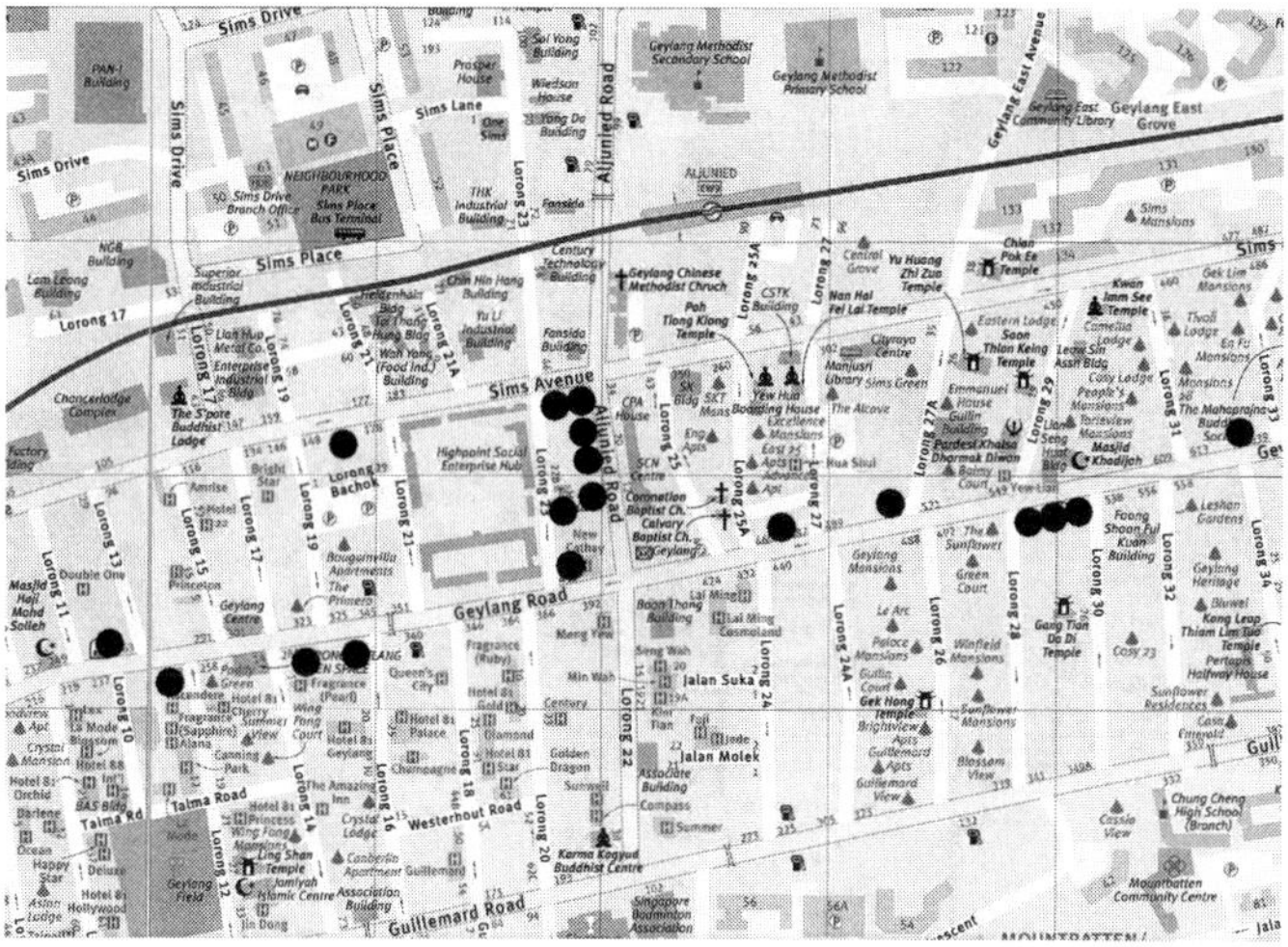

図30　ゲイラン周辺のネットカフェ（Periplus Publishing 2006: 150-1）

系移民労働者だからである。以下では、改めてこれらの地域と場所の特性と、ネットカフェの集中度を確認しておこう。

まず、リトル・インディアとは、その名が示すとおり、シンガポールの中でも大規模なインド人街が形成されている地域である。最寄り駅のMRTリトル・インディア駅に降り立ち、大通りであるセラングーン・ロードから入る細い路地が密集する辺りは、バックパッカー街としても有名な場所であり、多くのゲストハウスやホステルが立ち並ぶ。それゆえ、リトル・インディア近辺には、曜日を問わずインド系の人々、そして海外からの旅行客が集まる。

リトル・インディアのネットカフェは、先のMRTリトル・インディア駅のすぐ西側のレースコース・ロード、そしてセラングーン・ロードの二ブロック先にある東側の大通りであるジャラン・ベザール、北側はリトル・インディアの代名詞であるムスタファ・センターの北のキッチナー・ロード、南側はジャラン・ベザールを南に向かって進み、ローチョー運河を越えてベンクーレン・ストリートに少し差し掛かったところまでを含めた、形状として北東から南西に向かう長方形約一㎢のうちに、二〇一〇年の時点では三三店舗のネットカフェが、二〇一一年の段階ではそのうちの一店舗が閉店し、三二店舗のネットカフェが存在していた（図29）。

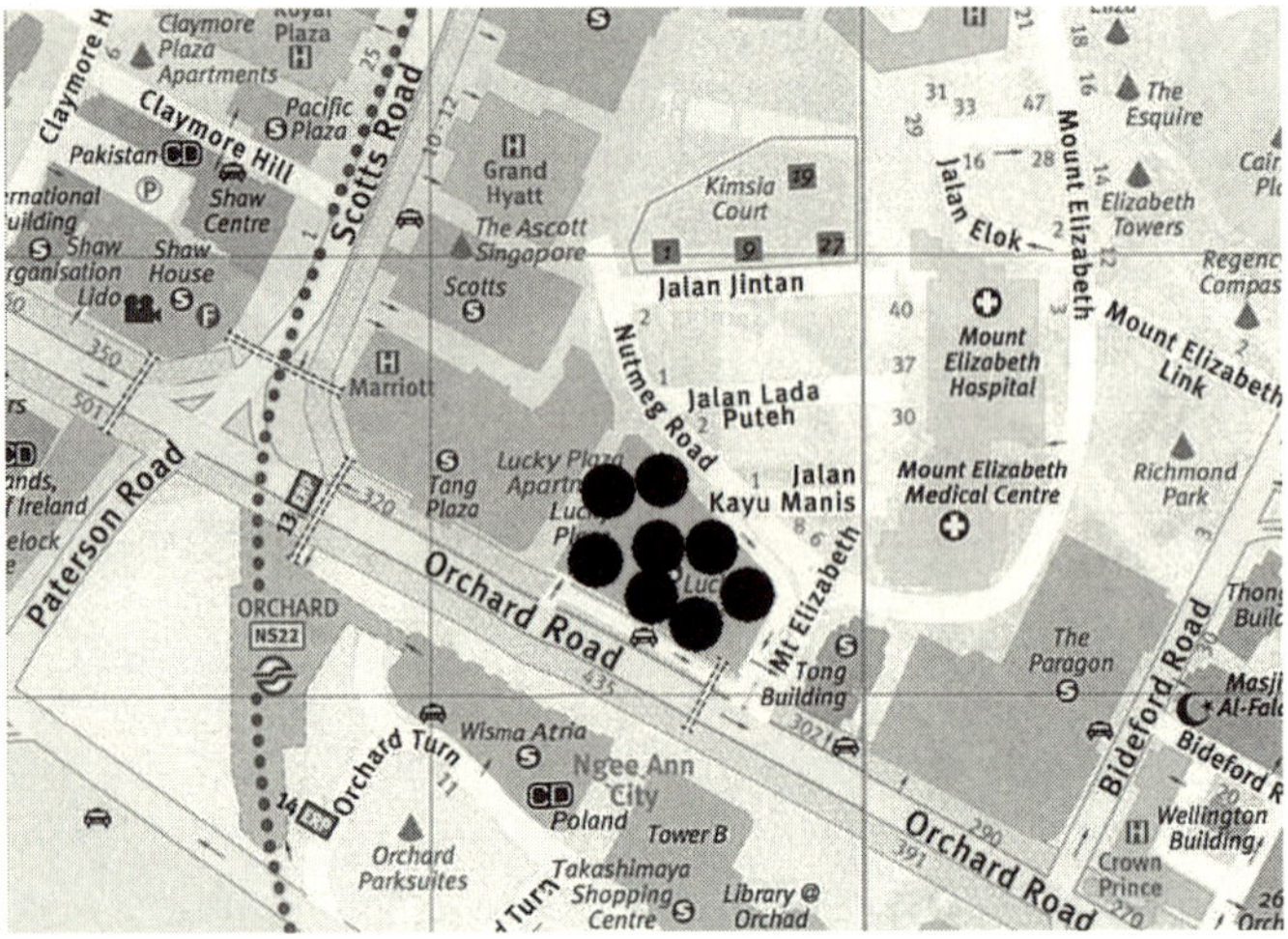

図31　ラッキー・プラザのネットカフェ（Periplus Publishing 2006: 118-9）

次に、ゲイランは、シンガポールの中心部から東に位置する地域であり、行政区分で言えば、東区との境目にある。この地域は、最寄り駅のアルジュニード駅に夕方以降に降り立ち、少し南に歩いてシムズ・アベニューを越え、次の東西に伸びる道であるゲイラン・ロードまで出れば分かることであるが、シンガポールでは公的には認められていない売春宿が立ち並ぶ場所である。だが、他方でこの地域は、中華系の移民が集まる場所でもある。そのことは、ゲイラン・ロードを実際に東西に歩いてみればすぐに分かる。そこには、漢字で書かれた看板が立ち並び、多くの中華系の人々が中華料理を楽しんでいる姿を見ることができる。

ゲイランのネットカフェは、東西に伸びるシムズ・ロードとゲイラン・ロード、そしてその二つの道を南北につなぐ、マレー語でレーン（Lane）を意味するロロン（Lorong）と呼ばれる比較的細い道の一一番から三三番までの長方形の区画約〇・二㎢のうちに、二〇一一年時点で一八店舗存在した（図30）。

最後に、ラッキー・プラザは、シンガポールの中心街であるオーチャード・ロード沿いにある、フィリピンからの移民労働者向けの巨大なショッピングモールである。MRTオーチャード駅から徒歩数分のこのモールは一九七八年にオープンし、地下一階から六階までのフロアに五〇〇を超える小売店舗が入っている。また、一九八一年からは上部九階から三〇階までの間に八八の居住アパートメントが設けられた（Lucky Plaza 2018）。日曜日や祝祭日のラッキー・プラザは、フィリピンからの移民労働者、特にケア・ギバーやＤＷ／ＤＨとして働く女性が大挙して押し寄せ、地下一階にあるフードコートは、インドネシアからの移民労働者も含め、女性たちが会話を楽しむ場所として賑わっている。

ラッキー・プラザがフィリピン人移民労働者向けであることの証左は、Western Union を始めとする送金所やメイド仲介業を営む店舗が、ネットカフェよりも多く入っているという状況からも説明できる。とはいえ、このモールにおけるネットカフェの存在感もまた際立っていた。なぜなら、ラッキー・プラザには、一フロア一店舗を超える八店舗のネットカフェがあったからだ（図31）。ここではあえて「密度」を示そうとは思わないが、周囲をシンガポール・マリオット・ホテル、シンガポール・パラゴン、ヴィスマ・アトリア、イセタン・オーチャード、シンガポール高島屋Ｓ．Ｃ．といった、高級ホテルや百貨店に囲まれている地理的な条件で、これだけのネットカフェが密集して一つのモールに入っていたことは、特筆されるべきことであるように思われる。

2　それぞれの民族の、それぞれの民族による、それぞれの民族のためのネットカフェ

では、これらの地域とショッピングモールでは、どのようなネットカフェの利用がなされているのだろうか。[*4]

まず、リトル・インディアのネットカフェは、第Ｉ部第5章第3節で言及したＨＤＢ居住区内のネットカフェのように、それほど性能の高くないパソコンがたくさん並べられ、そこでインド系移民労働者が、――その大半が男性であるが――、昼夜を問わず就職活動用の履歴書を作成したり、インターネットを使いながら求人案内を検索したりしている。それゆえ、基本的に二四時間営業のリトル・インディアのネットカフェには、確実に文書作成ソフト（一般的には Microsoft Office Word）がインストールされており、価格としては一時間あたり〇・六～二ＳＧＤという設定になっている。[*5]

例えば、インド南部のハイデラバード出身のＳＤ氏（二五歳男性）は、二〇一〇年の八月にインタビューを行った

段階で、シンガポールに一ヶ月前に渡ってきたばかりであったが、リトル・インディアのあるネットカフェで次の就職先を探している最中だった。彼はハイデラバードではホテルの従業員をしており、そのときの給料は月収四〇〇〇インドルピー（約七〇〇〇円）であったが、それよりも給料が高いシンガポールのインド料理屋で働くために、六ヶ月の労働許可（Work Permit）[*6]を取得して、シンガポールに渡ってきた。だが、彼によれば、レストランの仕事は非常にきつく、また、寝る場所も同じようにシンガポールに渡ってきた人々との相部屋であり、加えて契約では六〇〇SGDであったはずの月収が、実際には三〇〇SGDしか払われなかった。

SD氏は自分のパソコンを持っておらず、金銭に余裕があったら買いたいと考えているが、現在の状況ではもちろん買うことができない。そのため、ネットカフェに来て多くの場合は職を探し、たまにナショナル・ジオグラフィック・チャンネルを見たり、簡単なゲームをしたりする。また、彼自身は家族との会話手段としてパソコンを用いることはなく、連絡が必要な場合は携帯電話を使う。ともあれ、彼にとってネットカフェは、彼のパソコンやインターネット環境を支えるものであり、ネットカフェに対するイメージも悪くない。

リトル・インディアのネットカフェを、SD氏のように仕事に関わる作業を行うための場として利用している顧客は非常に多い。例えば、図32は、リトル・インディアにあるネットカフェのパソコンのデスクトップに残されていた履歴書である（個人が特定できるような部分は消去している）。リトル・インディアのあるネットカフェの店員は、この付近のネットカフェは「仕事をする人のためのもの」だと端的に答えていた。実際、このネットカフェを含め、リトル・インディアのネットカフェには、コピー機が敷設されている場合が珍しくない。その理由は、インド系移民労働者のシンガポールでの継続雇用や転職に際して、労働許可の更新を行うために、パスポートの写しが必要となるからである。それゆえ、リトル・インディアのネットカフェでは、日本のネットカフェの「個室」とまではいかないものの、左右正面をパーティションで仕切った空間にパソコンが設置されていることもよくあり、店頭に"100% Privacy"という看板を掲げる店舗もある。

また、先のSD氏は、家族とのコミュニケーションには携帯電話を使うと述べていたが、彼と同じハイデラバード出身で、別の店舗の店員のＳＥ氏（二七歳男性）によれば、多くは建設現場で働くインド系移民労働者が、ネットカフェで家族とのコミュニケーションをとっている。事実、リトル・インディアの多くのネットカフェでは、ヘッドセットとウェブカムが敷設されており、ＳＥ氏の当時の見解によれば、旅行客はラップトップパソコンを持ち歩いていない人も多く、インド系移民も含めそのような顧客がいる限り「ネットカフェは堅実さのある〔stability〕仕事であり、シンガポールに確実に残り続ける」と説明していた。特に旅行客との関係で言えば、リトル・インディアのネットカフェは、ゲストハウスやホステルの一階部分が、どのような人でも入ることができるネットカフェとなっている店舗も少なくなかった。

ＳＥ氏自身は、ネットカフェを経営する企業のシステム・アドミニストレーターとしても働いており、月収は当時のP2 Pass相当の六〇〇〇ＳＧＤにのぼる。彼はインドに在住時から大手コミュニケーション企業であるTATA Communicationに勤めていたが、システム・アドミニストレーターの仕事を紹介されてシンガポールに渡った。彼は「この仕事は非常に満足で、金銭的なことだけではなく、シンガポールの治安に惹かれている」と語った。

他方、リトル・インディアで一五年来ネットカフェを経営してきたＳＦ氏（四四歳女性）は、ネットカフェを経営しているにもかかわらず、自身はパソコンやインターネットをほとんど使わないという。その理由は「何もすることがない」からで、利用状況としては月にメールを二〜三通送るだけに留まる。彼女は、一五年来の経験から、ネットカフェの売り上げの変化について、次のように説明してくれた。「一〇年前は、パソコンごとに一ヶ月二〇〇〇ＳＧＤの売り上げがあった。そのときは、一時間四ＳＧＤでもお客さんが入ってくれたから。今は一時間二ＳＧＤになって、パソコンあたりの売り上げも、ちょうど半分になった」。彼女のネットカフェは六台のパソコンを備えるため、売り上げの総額は二〇一〇年時点で六〇〇〇ＳＧＤであるが、電気代などを払い終えた彼女の月収は、およそ三〇〇〇ＳＧＤになってしまうという。

また、彼女は「自分の店舗ではブースを設置するつもりはない」とも説明した。その理由を尋ねたところ、昔はブースを使っていたときもあったが、そのせいで、ポルノ動画を視聴する人、競馬の賭けをする人、そして違法に労働

- Issuing Flight Tickets – Domestic and International
- Respond to customer service requests and assist travelers with all needs.
- Coordinating with travel agents to assist them on waitlist follow up, special requests etc

3. Oct' 2005 to Dec' 2005: Worked as a Trainee **Reservation Executive** in [redacted]

Job responsibilities:

- Respond to customer service requests and assist travelers with all needs.
- Coordinating with travel agents to assist them on waitlist follow up, special requests etc.

Industrial training:

1. Undergone "On the Job Training in [redacted]" – For the period of One month as Handling Passenger – Information Counter.

2. Tour co-ordinator in [redacted]-15 days.

Honors and activities:

1. [redacted]

2. [redacted]

Strengths:

Team player, positive attitude, dedicated to the handling task, sincere and loyal to work, and self-motivated.

DECLARATION

I hereby declare that the above Information are true and correct to the best of my Knowledge and belief.

Yours Sincerely,

[redacted]

図32　リトル・インディアのネットカフェに残されていた履歴書

[redacted]

[redacted]

==

Objective:

Seeking an opportunity to perform and excel in the industry of travel and tourism, to prove my sincerity and capacity to work hard.

Education qualification:

[redacted]
Bachelor of Business Administration (Tourism & Travel Management)
May 2005

Distance Learning in [redacted]
Achievement,
March 2008

Specialized course:

Diploma in
International Airlines and Travel Management

Galileo – Reservation
[redacted]

Work experience:

1. Feb, 2009 to Mar, 2010: [redacted]

   Position: **Sr. Reservation Executive**

Job responsibilities:

- Issuing Flight Tickets – Domestic and International
- Respond to customer service requests and assist travelers with all needs.
- Documentation Assistance like Passport & VISA.

2. July, 2006 to Feb, 2009: [redacted]

   Position: **TRAFFIC OFFICER**

Job responsibilities:

- Check-In Formalities (Passenger Check-In, Issuing Baggage Tags, Boarding Pass etc) at Check-In counters in [redacted]
- Ramp Formalities (Planning of Cargo Loading, Baggage Loading etc) at Ramp area.
- Boarding the passengers at Boarding area
- Special Services to the Passengers. (Wheel chair, Meet and assist etc)

許可の有効期限を書き換えようとする人が出てき始めた。何より、酔った状態でポルノ視聴や賭け事をすると、熱くなってパソコンが傷むような行為に及ぶ人が後を絶たない。ＳＦ氏は「客はたった二ＳＧＤしか払わないのに、それでパソコンを駄目にされるのは、本当に馬鹿らしいから」と、ブースを設置するのをやめた。

他方、ゲイランのネットカフェは、ほぼオンラインゲームのために利用されていると言ってよい。ここで「ほぼ」と断ったのは、中国のネットカフェについて論じた第Ⅱ部第8章でも確認したとおり、もう一つの主な利用方法として動画視聴があり、顧客はソファでくつろぎながら中国の動画共有サイトにアップロードされた映画やドラマなどを観ているからだ。価格は一時間一〜二ＳＧＤで二四時間営業ということはリトル・インディアと変わらず、他国のオンラインゲームユーザーを主要顧客としていたネットカフェと同様に、長時間の利用に対しては、割引料金を適用する店舗が大半である。

先に、ゲイランという地域の風景から、ここの主要顧客が中華系の人々だということを説明したが、ネットカフェの設備環境を見ればそのことはよりはっきりする。まず、ゲイランのネットカフェのパソコンは、シンガポールの郊外のネットカフェのパソコンと同程度、もしくはそれ以上の性能を備えているが、それらにはほぼ例外なくWindows簡体字版がＯＳとしてインストールされている。この時点で、中国語が読めない人々は、よほどの急ぎの理由がない限り、わざわざこの地域のネットカフェを利用することはないことが容易に理解できる。加えて、ゲイランのネットカフェの店員の多くは、英語を使うことができない。

以上の二点は、英語を公用語としているシンガポールでは、かなり特異なことである。というのは、シンガポール住民であれば、たとえ「シングリッシュ」のような言われ方をしようとも、普段のコミュニケーションが取れる程度には、英語に慣れ親しんでいるからである。それゆえ、ゲイラン周辺のネットカフェに集まるのは、そこで働く人々も含めて、中華系の移民であることは明白だと言える。実際、そのような環境であることをあらかじめ伝えるために、“Welcome Chinese”という看板を掲げるネットカフェも少なからず存在する。

これらの点について、ゲイランのネットカフェでアルバイトとして働くＳＧ氏（二三歳女性）は「この辺りは本当のチャイナタウン（Real Chinatown）だから」と笑いながら語った。彼女は中国の大連からシンガポールに留学中の大学生で、二〇〇九年には中国本土の幼稚園で中国語を教えていたが、シンガポールの大学に留学するためにその職を辞し、二〇一〇年七月からネットカフェでアルバイトを始めた。ネットカフェで働いている理由を尋ねると、家族からの仕送りだけでは生活がきつく、ネットカフェの店員は「掃除をすることとお客さんのお世話をするぐらいなので非常に楽」だからだと説明した。ただ、SG氏の勤務時間はかなり長く、基本的に一日一二時間、一週間に三〜五日働く。給料は時給五SGDであることから、一週間で一八〇〜三〇〇SGD、月額に直せば七二〇〜一二〇〇SGD程度の収入にはなる。

SG氏に従えば、彼女の店舗の主要顧客は中国人とマレーシア人であり、ほぼ一〇〇％男性である。これらの客は「お金がなくて自分のパソコンが買えない人が多く、情報を知りたい、ゲームをしたいと思ったら、ネットカフェに来るしかない」。それゆえ「そのような人たちの集まるゲイランという地域には、ネットカフェがこれほどまでにあるのではないか」と彼女は説明した。

このような認識は、リトル・インディアの南の端にあるネットカフェの店員SH氏（男性）も共有していた。彼の店はリトル・インディア近辺にあるが「インド系の人々の顧客の割合は五〇％程度」に留まり「残りはタイ人、ベトナム人、フィリピン人、ミャンマー人などの様々なアジアからの来た移民労働者たち、そして五％程度のシンガポール・ローカルの人々が顧客」となっていると彼は説明した。アジアの国々の人々は、主に労働許可、学生ビザ（Student Visa）の更新と、Skypeによる家族との会話にネットカフェを利用する。SH氏の言葉を借りれば「シンガポールのネットカフェの顧客はロケーションに依存する」、すなわちリトル・インディアやその近辺には、ゲームユーザーがほとんどいないため、そのようなネットカフェもほとんどない。逆に、ゲイランは中国系のゲームユーザーが集まっているため、リトル・インディアで見られるようなネットカフェはまったく存在しない。

筆者が出会ったゲイランのネットカフェの顧客であるSI氏（男性）は、上海出身だという。彼は英語をまったくしゃべることができず、それゆえコミュニケーションはすべて筆談で行われた。そのネットカフェは、日本のネットカフェに慣れた人にとっては変わった造りをしており、二人掛けのソファとテーブル一組に対してパソコンが二台置かれ、隣同士の人が全く見知らぬ人だとしても、相席になる。筆者が店員にＳＩ氏の隣の席に案内されたとき、彼は二人掛けのソファに靴を脱いで寝そべって、中国映画を堪能している最中であった。

筆者が席に着こうとすると、彼は申し訳なさそうにソファから足をおろし、こちらを少しばかり気にしながら、煙草に火をつけた。こちらが自己紹介程度に英語で話しかけると、彼は少し困ったような顔をし、改めて筆者が片言の中国語で「我是日本人（僕は日本人なんです）」と伝えると、彼は非常に嬉しそうにして自身のことを説明すべく、筆者の調査のためのノートとボールペンを手に取って、自分が数ヶ月前に上海から来たこと、シンガポールでは左官職人として毎日壁を直しているということ、ときどきネットカフェに来て映画を観るのだということを「語って」くれた。そして、改めて煙草に火をつけて、筆者にも一本勧めてくれた。

このやり取りにおいて、筆談の内容ももちろん注目すべき点であるが、決定的に重要なものは煙草である。シンガポールでは、空調が備えられている商業店舗を含め、基本的に人々が集まる公共施設は全面禁煙と法律で定まっており、それに違反すれば厳しい罰則が科せられる。むろん、シンガポールは赤道直下の国であり、空調設備が存在しない公共施設はほとんどないと言ってよい。よってゲイランのネットカフェは、シンガポールにおいて決定的に例外的な場所なのだ。

最後に、ラッキー・プラザのネットカフェでは、これまで台湾や香港で見てきたように、多くはフィリピン出身の、ときおりインドネシア出身のケア・ギバーやＤＷ／ＤＨとしてシンガポールで働く人々が、Skype や facebook、Yahoo! Messenger などを用いて、自国に残してきた家族や知人との会話に勤しんでいる。このことを物語る事実は、ラッキー・プラザにある二つのネットカフェのパソコンにインストールされているインターネットブラウザのデフォルトのホームページが、facebook になっているということである。

これらのネットカフェの利用価格は、本節でこれまでに見てきたネットカフェと変わらず、一時間あたり一～二ＳＧＤだが、そのパソコンの性能は、お世辞にも良いものとは言えない。実際、ラッキー・プラザのとあるネットカフェでは、二〇〇三〜二〇〇四年当時のパソコンが使われており、CPUはPentium 4 3.0 GHz、RAMはOn board Videoとのシェアで九六〇MB、Video Cardは、VIA Chrome 9 HC IGPであった。パソコンの状態にもよるが、この性能ではSkypeと同時に何か別のアプリケーションソフトを動かせば、それぞれの挙動が悪くなってしまうだろう。だがもちろん、すべてのパソコンにはヘッドセットとウェブカムが敷設されている。なお、ネットカフェの営業時間については、ラッキー・プラザ自体が午後8時には閉店するため、必然的にネットカフェもその時間で閉店となる。

第I部第6章第1節で紹介したSC氏は、ラッキー・プラザのあるネットカフェで店員として働いている。さらに詳しく紹介しておけば、彼女はマニラのカローカン市出身で、二〇〇八年からシンガポールで働き始め、すでに説明したとおり、このネットカフェには二〇一〇年七月から勤務している。彼女の月収一八〇〇SGDで、当時の基準ではS Pass保持者であった。彼女の店の主要顧客はもちろんケア・ギバーやDW／DHであり、その割合は全体の七〇%にのぼるという。SC氏の勤務形態は、日曜日と祝祭日を含む週六日勤務で、午前九時から午後八時まで、昼休憩を一時間挟んでの一〇時間労働である。このネットカフェで働くまで、彼女はシンガポールで別の仕事をしていたがその職場を解雇されて、S Passが切れる直前でこのネットカフェの店長に雇ってもらったのだという。

では、ラッキー・プラザのネットカフェに来る顧客は、ケア・ギバーやDW／DHとして働くフィリピン出身の移民労働者が多いとして、具体的にはどのような人々だろうか。

第I部第6章第1節において、SC氏の「迷惑な客」のエピソードの中で、インターネット回線が細い地域として話題に上がった、ザンボアンガ市出身のSJ氏（三七歳女性）は、シンガポール中央部のブキ・メラでDW／DHとして、雇用主の家に住み込みで働いている。彼女の月収は三五〇SGDで、毎月二〇〇SGDを家族に送金しているという。彼女がネットカフェに来るようになった理由は「facebookを使うため」であるが、それはあくまでも友達を作るためのもの、あるいは彼女の言葉を用いれば「ネットカフェは遊び（Just for fun）のため」のものであり、彼女にとってもっとも大切なメディアは現在でも携帯電話であるという。

SJ氏が提供してくれた情報から、シンガポールでの彼女たちを取り巻く状況について、説明を加えておこう。まず、彼女の月収三五〇ＳＧＤについて、台湾のネットカフェを論じた際にも触れたが、フィリピン政府は、海外でＤＷ／ＤＨが働く際の最低賃金を四〇〇ＵＳＤと定めている。三五〇ＳＧＤは、これに全く満たない給料であり、筆者が聞き取りをした中での最高額の四二〇ＳＧＤでも、四〇〇ＵＳＤには届かない。

シンガポール政府は、基本的にはこれらの問題について、これまであまり積極的な改善策を打ち出してはこなかったと言ってよい。事実、彼女たちには、シンガポールの雇用法が適用されておらず、給料に関してはシンガポール政府とフィリピン政府の間で四〇〇ＵＳＤとし、さらに後には五〇〇ＵＳＤとするという取り決めを設けながら徐々に改善を目指す姿勢を見せつつも、それは実際には雇用主とＤＷ／ＤＨとの間の合意に基づくものであった（Ministry of Manpower 2014）。それゆえ、これまでに見た香港や台湾と比べて、彼女たちはかなり低い賃金で働かざるをえないことになる。加えて、香港の事例で確認したとおり、ＤＷ／ＤＨとして働こうとする場合は、仲介業に給料の約七ヶ月分を支払うことになるため、経済状況はさらに苦しい。よって、リトル・インディアでネットカフェを経営しているＳＦ氏が述べるように「今〔二〇一〇年〕、シンガポールでは大体三〇〇ＳＧＤ出せば、中古のラップトップパソコンが買え、月額二〇ＳＧＤの定額でインターネットができる」のだとしても、ＤＷ／ＤＨとして働いている人々にとってみれば、非常に高価な買い物になる。実際、筆者が聞き取りを行ったフィリピン出身のＤＷ／ＤＨで、パソコンの所有状況について答えてくれた四人は全員、自分のパソコンを持っていなかった。

このことは、少なくとも現在のラッキー・プラザのネットカフェに顧客が集まる上での、強いインセンティヴとなっており、特にケア・ギバーやＤＷ／ＤＨといった仕事に従事する人々は、日曜日や祝祭日に、同じ職を持つ友人や知人らと待ち合わせなどをし、各自の用事を済ませながら、一緒にネットカフェに来ている。その証左となるのは、ネットカフェに備えられた予備の椅子である。ラッキー・プラザのネットカフェの多くは、各店舗が所持するパソコンよりも多くの椅子を準備している。その理由は、彼女たちがネットカフェを訪れる際には複数名で来ることが多く、店内が混雑してくると必然的に椅子が足りなくなるからであり、一つの画面を複数人で共有する光景はなじみのものである。[*7] ＳＣ氏が働く店舗のように、待合い席を用意しているネットカフェも存在するが、日曜日と祝祭日の混雑具合は待合い席の量をはるかに凌駕するものであった。

3　ネットカフェが語るもう一つの分断

以上に見てきた、シンガポールでネットカフェが集中する三つの場所とそこで営まれている社会的実践は、それぞれが分断されて存在しているという点、加えてそれぞれの場所にあるネットカフェの店員の多くは、主要顧客と同じ民族の人々が務めているという点で、シンガポール政府がＨＤＢについて高らかに宣言していた「民族統合と民族調和」の理念が、ＨＤＢから排除されたネットカフェとその集中地域において失効していることを示すものであるように思われる。[*8]

とはいえ、ここまでに紹介してきたような民族別のネットカフェの分断を解消するかたちで、すぐさま一つに統合し、それぞれの民族の人々が、それぞれ隣り合って「自分の好きなことを何でも」し始めるとするならば、そこにもたらされるのは大きな混乱以上の何でもないだろう。他方、第1部第5章第3節の言葉を用いれば、このような分断は、まさに分断がなされているがゆえに、シンガポール住民には見え「ない」ものとなってしまっている可能性もある。

ところで、シンガポールの中心部に位置するチャイナタウンは、――こちらはゲイランのものではなく、一般的に知られるものであるが――、リトル・インディアにインド系の人々が昼夜を問わず集まるように、日々中華系の人々が街のいたるところを闊歩し、大きな賑わいを見せている。

だが、筆者の印象では、チャイナタウンの夜はリトル・インディアのそれに比べれば早い。その理由は定かではないが、二〇〇〇年と比べて二〇一〇年では、中華系のシンガポール住民の六五歳以上の人口の割合が他の民族と比べて圧倒的に高くなっていることが、その一端となっているのかもしれない。例えば、シンガポール住民を民族別に見た場合、六五歳以上の人口の割合は、二〇〇〇年時点で、中華系が七・五％、マレー系が五・五％、インド系が七・

四%であったのに対し、二〇一〇年時点では、中華系が一〇・一%、マレー系が六・一%、インド系が五・七%となっている(Singapore Department of Statistics 2001a, 2011a)。

なお、チャイナタウンもブギスと同じく、シンガポールの中心に位置するにもかかわらず、ネットカフェがほとんど存在しない場所であり、例えば東西線との乗換駅であり、チャイナタウンの雰囲気を少し残す場所でもあるMRTチャイナタウン駅から北東線で南へ一駅下ったMRTアウトラム・パーク駅付近でも、ネットカフェは二店舗を数える程度であった。その双方の店舗が入っている駅に隣接したモールの四階にあるネットカフェは、二〇一〇年の時点でかなり寂れており、店員は「この辺りはネットカフェをするには場所が悪い」と言っていたが、彼の見立てどおり、二〇一一年にはこの店舗は閉店していた。

ネットカフェから見たチャイナタウンの特徴はこのようなものであるが、チャイナタウン駅付近のある店舗では夜遅くまで子どもがオンラインゲームやオンライン上にアップロードされた動画を楽しんでいるのを見かけることができた。第I部第5章第3節で触れたとおり、シンガポールでは一六歳未満の子どもでも、夕方の六時三〇分以降、深夜の一二時までネットカフェにいることができる。さらに拡大解釈をすれば、彼らは日曜日や祝祭日、学校が休みの日には、一日中ネットカフェにいることも可能だ。

そのネットカフェの店長であるSK氏(五五歳男性)は、一〇年来続く自分の店の現在の主要顧客が周囲のHDB住宅に住む中学生であり、そのような子どもたちは「店で提供しているインスタントラーメンを夕食代わりにして、ここにずっといる」のだと語った。彼が説明するには「ネットカフェには一八歳未満の子どもは入れてはいけないというのが一般的な認識だけど、それは親がネットカフェに子どもを入れないように文句を言えば」、という条件が付く。つまり、親がネットカフェに文句を言えば、一八未満の子どもを入れないようにし、そうでなければ先の規制に対する解釈のとおりにネットカフェを営業する、ということである。ちなみに、彼の店は午後一〇時頃に閉店するため、規制に悖ることはない。

では、先のような子どもたちは、なぜSK氏のネットカフェに来て、インスタントラーメンを夕食としながら夜まで過ごすことになるのだろうか。彼に従えば「このネットカフェ周辺で比較的安いHDB住宅に住む家族は低収入であるか、離婚して一人で子どもを育てている家庭が多く、メイドを雇うことができず」また「現在HDB住宅には、インターネット回線が敷設されているものも少なくないが、このような家庭では、親がパソコンを必要とはあまり考えないため、インターネット環境が整わない」場合が多い。ただしこのような家庭でも「子どもに夕ご飯代も含めた小遣いを、一日一〇SGD程度渡すことはできる」ため、子どもたちはネットカフェに来て、学校のある日であれば最長で三時間三〇分ゲームや動画を楽しんだ後に、――SK氏の店の料金は一時間二SGDであるため、インスタントラーメンを食べてもおつりがくる――、自宅に帰ることになるのだ。

それゆえSK氏は、この店舗に来る子どもたちの親は、「子どもに対するケアがない［No care for children］」とつぶやくように説明した。では、誰が子どもたちのケアをしていることになるのか。それはもはやSK氏や、共同で店を切り盛りしている彼の家族たち以外にはありえないだろう。また、SK氏のように子どもを憂慮している店主がいるだけこの地域は恵まれていると言えるだろうが、このような問題が、シンガポールの郊外において起こっている可能性も捨てきれない。なぜなら、二〇〇〇年と二〇一〇年を比較した場合、シンガポール住民の共働きのカップルが、四一・一％から四七・一％へと増加しているのに対して、夫だけが働くカップルは四〇・二％から三二・六％に減少し、妻だけが働くカップル、どちらも働いていないカップルは、それぞれ一・二％、〇・四％の増加に留まるからだ(Singapore Department of Statistics 2011b)。

なお、このことに関連して、シンガポール子ども協会（Singapore Children's Society）の報告では「シンガポールの子どもの保護における今後の課題」として「多くの家庭で両親ともに働くことが必要になるにつれて、鍵っ子や外国人メイドに育てられた子どもの増加が懸念すべき現象となるだろう」（Singapore Children's Society 2005: 12）と論じられている。

このような言明からも分かるとおり、シンガポールでは香港のように子どもを家に一人で置いておくことに対する罰則は存在しない。とはいえもちろん、「鍵っ子」と「外国人メイドに育てられた子ども」が並置されるこの言明には、無意識の作為ないしは差別めいたものを感じざるをえないが[*9]、このような家庭が今後も増加するとするならば、そしてシンガポールの人々にとって、ネットカフェが見えないものになっているのであれば、なおのことシンガポールは改めて「民族統合と民族調和」の実現という課題に直面することになり、さらにこの問題の基底に人々の分断があるのであれば、それは共にあることの現代的な困難を解決しようとする私たちに折り返される課題ともなっているのである。

第12章　英語と電圧安定器——フィリピンにおけるネットカフェ

1　人材の送り出し国としてのフィリピン

フィリピンが多くの自国民を海外に送り出していることは、周知の事実であると言ってよい。インタビュー調査でも単に「ＯＦＷ（Oversea Filipino Worker）」と言えば通用し、各種新聞でもこの略称が用いられない日は少ないという点で、言葉としても存在としても人口に膾炙したものになっているフィリピン人海外出稼ぎ労働者の多くが、異国でそれほど高くない給料で働きながら、その収入の多くを自国の家族に送金しているということを、ここまで本書ではネットカフェにおけるインタビュー調査をもとに確認してきた。

そこで本節では、再度この事実をフィリピンの現状に即しながら見ておくことにしよう。まず、二〇一〇年一二月時点で、海外在住のフィリピン人の数は約九四五万人（Commission on Filipinos Overseas 2010）であり、これは同年のフィリピン全体の人口である約九二三四万人（Philippine Statistics Authority 2015）の九・三％にあたる。また、ＰＯＥＡのデータに従えば、ＯＦＷの総数は二〇一〇年で約一四七万人に、二〇一一年で約一六九万人に及ぶ（POEA 2014）。

さらに、世界全体に広がるフィリピン人の行き先として、重要な地域が二つある。それは、西アジア（中東）を含むアジア全域と北米（アメリカとカナダ）である。ただし、この二つで人々が置かれる環境は、まったく異なっている。先の海外在住フィリピン人についての報告によれば、アジア諸国に渡ったフィリピン人計三〇八万三三〇六人のうち、九二・八％は「一時的（temporary）」か「非正規（irregular）」のいずれかのカテゴリーに当てはまり、逆に北米に行ったフィリピン人三八三万四二〇三人のうち、九〇・〇三％は「永住（permanent）」というカテゴリーに当てはまる。このような数値について、私たちはここで再度、台北のフィリピン人向けネットカフェで、カナダへのビザの獲得をサポートする旨の広告があったことを思い出しておいても良いだろう。

ともあれ、フィリピン人の海外流出は非常に大規模であり、このような状況を引き起こした大きな要因の一つとして、まずはフィリピン国内の雇用の不安定さを挙げることができる。このことを論じるために、フィリピン統計局（Philippine Statistics Authority 2015）が提示する、二〇〇一〜二〇一一年までの一五歳以上の労働力人口（Labor Force）のカテゴリー別の人数とその全体に対する割合についてのデータ参照しておこう。なお、ここで言うカテゴリーには次の四つがある。まず、「一五歳以上の雇用された人々（Employed person）」に属する三つのカテゴリー、すなわち、「現在の就労環境で金銭的な問題がない人々」、「週に四〇時間以上働いていており、さらに労働時間を増したい人々」、「週に四〇時間未満しか働いておらず、さらに労働時間を増やしたい人々」であり、最後のひとつは、いわゆる失業者であり「雇用されていない人々」である。

この統計データに従えば、フィリピン国内の失業率は徐々に低下しており[*1]、二〇〇一年には一〇％を超えていたものが、二〇一一年には約七％にまで減少した。だが、「さらに労働時間を増やしたい（Underemployed）」と形容される二つのカテゴリーに属する人々を足し合わせれば、失業、もしくは不安定な労働環境に置かれている人々は、ここ一〇年ほど二五％前後となっている。

さらに、ここで忘れてはならないのはＯＦＷの存在であり、それらの人々は、フィリピンに十分な職がなかったからこそ、海外に出稼ぎとして働きに行くのだと考えられる[*2]。それゆえ、先に見た二五％という数字は、さらに下部を底上げして見なければならない。つまり、「失業者」および二種類の「さらに労働時間を増やしたい人々」に分類される人々は、本来であればさらに数％高いはずが、人々がＯＦＷとして海外に出稼ぎ労働へと出ることで、先の水準になっていると考えるべきである。例えば二〇一〇年のフィリピンの労働力人口は約三八八九万人、二〇一一年のそれは約四〇〇〇万人であり、これらの数値にはOFWは含まれていない。それぞれの労働力人口に、先に確認した二〇一〇年と二〇一一年のOFWの人数（それぞれ約一四七万人、約一六九万人）を加算した上で、OFWが労働力人口の全体に占める割合を計算するとすれば、その値はそれぞれ三・六四％、四・〇五％になる。

また、別の指標を用いて、フィリピンの労働環境の悪さを指摘することもできる。例えば、二〇〇一〜二〇一一年の間に雇用された人々が「過去数週間で、週あたりに働いた時間」について、「四〇時間以上」、「三〇〜三九時間」、「二〇〜二九時間」、「二〇時間未満」、「働かなかった／無回答」という選択肢から回答を行ったデータ（Bureau of Labor and Employment Statistics 2008; Philippine Statistics Authority 2014）を参照すれば、週四〇時間未満のいわゆるパートタイムに近い労働者が、二〇〇一年以降継続して四〇％近く存在し続けている。それゆえ、先に「現在の労働環境で金銭的な問題がない人々」として示された層にも、週四〇時間未満で働く人々がかなりの数で存在すると考えなければならない。

加えて、フィリピンでは、政府が定めた最低賃金が支払われないこともままあり、そのような事例を現代のサービス業の範例とも言えるネットカフェで確認することができる。

例えば、ケソン市のネットカフェに勤務するPF氏（二五歳男性）は、ある私立大学でコンピューター・エンジニアリングを専攻していたが「学部卒なので、ここ二年間ずっと一ヶ月六三〇〇PHPで働いている」のだという。政府の定める最低賃金は、非農民労働者で一日四二六PHPであるため、例えば一ヶ月二八日勤務するのだとすれば、彼の給料はその六〇％にも到達していない。彼は週六日この店で勤務し、一日八時間働くことから、上の表で言えば「四〇時間以上」の分類に入るのであるが、決して金銭的に十分な生活ができているとは言えないだろう。

あるいは、マニラ市のあるネットカフェで働くPG氏（一七歳男性）の状況はさらに過酷とも言える。九歳のときにレイテからマニラに来たという彼は、このネットカフェに「一週間毎日いる」。なぜなら「それ以外にやることがない」からである。このネットカフェはフィリピンのある下院議員が主導する地域振興政策の一環として造られたものであり、二〇代半ばのオーナーとPG氏は、とあるNGO団体が開催する職業訓練セミナーで同じコンピューターに関するトレーニングを三ヶ月間受講し、このネットカフェで働くことになった。

そのようにして得た仕事ではあるが、彼が毎朝八時三〇分頃にこのネットカフェを開店し、平日は二一～二二時、休日は二〇～二一時に閉店するという一二時間前後の勤務を一ヶ月ずっと続けて彼が得られる賃金は二〇〇〇PHPにしかならず、雇用保険も受けていない。「一八歳になったら雇用保険に入ることができる」と言われてはいるものの、その保証はなく、インタビュー当時に彼が語っていた夢は「二〇歳までに自分のパソコンを持つこと」であり「そのために今は少しずつパーツを集めている最中」だと笑っていた。

このような状況から、相対的にではあれ現在よりも良い環境で働くことができる場所があるならば、たとえ海外であったとしても、それを追い求めたとしても不思議ではない。事実PF氏は、インタビューを行ったときに、サウジアラビアに行くかどうかを検討している最中であった。というのは、彼のおじの友人が、サウジアラビアから帰ってきて、現地でITエンジニアを募集していることを教えてくれ、その話が進み始めていたからである。

なお、先にも確認したことであるが、フィリピンという国から見て、西アジア（中東）の国々は距離的には遠いが、多くのフィリピン人がそこで暮らしているという意味では「近しい」という印象を持たれることも少なくない。加えて注目されるべきは、西アジア（中東）に移動するフィリピン人の数の多さはもちろん、フィリピン人のアジア全体への移動に占める西アジア（中東）への移動の割合、そしてその中での「一時的」や「非正規」といった滞在の仕方の割合である。実際、西アジア（中東）で暮らすフィリピン人の一時的滞在、非正規滞在の割合を合計すれば、その数値は九九・八％と、ほぼ一〇〇％に近い値になる。

ただし、このような割合の偏りは、何も西アジア（中東）に限ったことではない。例えば表4のようなかたちで、これまでに本書で扱ってきた台湾、香港、そしてシンガポールに滞在するフィリピン人の状態を確認するとき、彼ら／彼女らがやはり不安定な環境に身を置くことが多いことが分かる。[*3] また、この三つの国と地域で、東アジア・東南アジア・南アジアに移動するフィリピン人三四・八一％が占められることも付記されてしかるべきである。

以上のことから、西アジア（中東）も含めてアジアに向かうフィリピン人の多くは、国内にいるのとは違う意味ではあるが、それでもやはり不安定な環境に身を置くことになるのだと結論付けることができる。なお、筆者の調査で

表4　台湾・香港・シンガポール在住のフィリピン人の数とその状態（2010）（Commission on Filipinos Overseas 2010）

国	永住（%）	一時的（%）	非正規（%）	合計
台湾	8,437（ 8.49）	88,077（88.61）	2,885（ 2.90）	99,399
香港	23,509（13.85）	141,240（83.21）	5,000（ 2.95）	169,749
シンガポール	44,000（27.50）	67,420（42.13）	48,600（30.37）	160,020

は、西アジア（中東）のネットカフェは直接の対象とはなっていない。だが、マニラのネットカフェの集中地域についての考察から、フィリピンにおける「西アジア（中東）」の存在を浮かび上がらせることができる。

以上のような確認を踏まえつつ、マニラのネットカフェの集中地域に目を向ければ、二〇一一年時点、マニラでネットカフェがもっとも集中していたのは、マニラ市にあるイースト大学付近の二・二五㎢で、そこには九二店舗のネットカフェがあった（図33）。後にも詳しく触れるが、その周囲には聖トーマス大学を始めとする五つの大学（分設キャンパスも含む）と三つの単科大学があり、若者たちがひしめく場所となっている。

ただし、特に海外への出稼ぎ労働者との関係で私たちが注目してよいのは、LRTリベルタッド駅の西側に広がる、比較的所得の低い層の人々が集まる地域一㎢に、二九店舗のネットカフェが存在したことである（図34）。ネットカフェの密度だけで言えば、先の地域に負けずとも劣らないこの辺りのネットカフェでは、Skype、facebook、Yahoo! Messenger などを用いて、出稼ぎ労働者として海外にいる家族とコミュニケーションをとる人々を確認することができた。

このリベルタッド駅付近にあるネットカフェで働くＰＨ氏（二五歳女性）は、彼女の働く店の特徴として、店舗が二つのブロックに分かれていることを挙げている。一方のブロックはこの店の周囲に住む子どもたちがオンラインゲームをするために来ると開放する、普段は閉じられた区画である。そして、レジやプリンタ、スキャナーなどが設置された他方のブロックにおける、主要な利用方法の一つが、これまでに描写したような、海外にいる自分の家族とコミュニケーションをとることであり、[*4] 両ブロックはドアで仕切られている。これら二つのブロックの差異を示すには、本書のこれまでの議論と同様、パソコンの性能の差を見るのがもっとも手っ取り早い。例えば、後者の区画の二二台のパソコンには、NEC Mate MY25X/R-G という機種

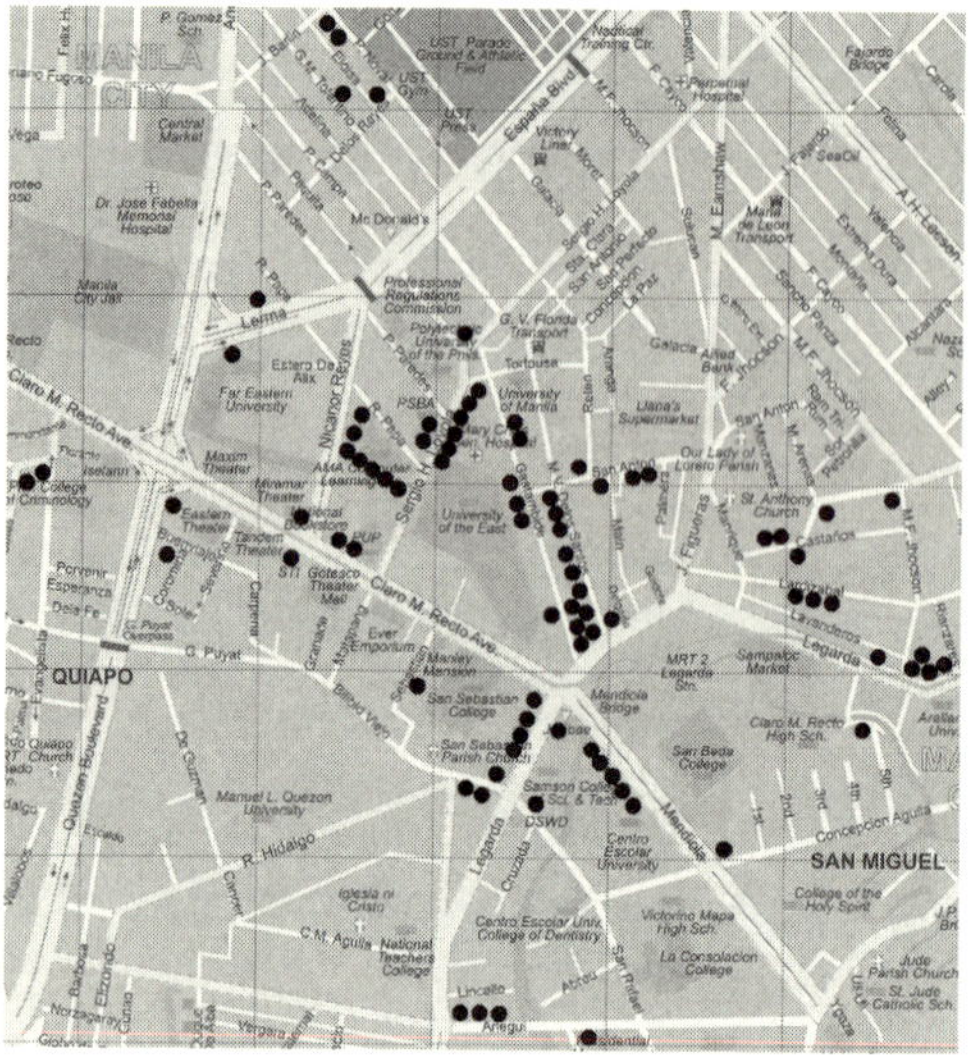

図 33　イースト大学付近のネットカフェ（Jersey *et al.* 2007: 84）

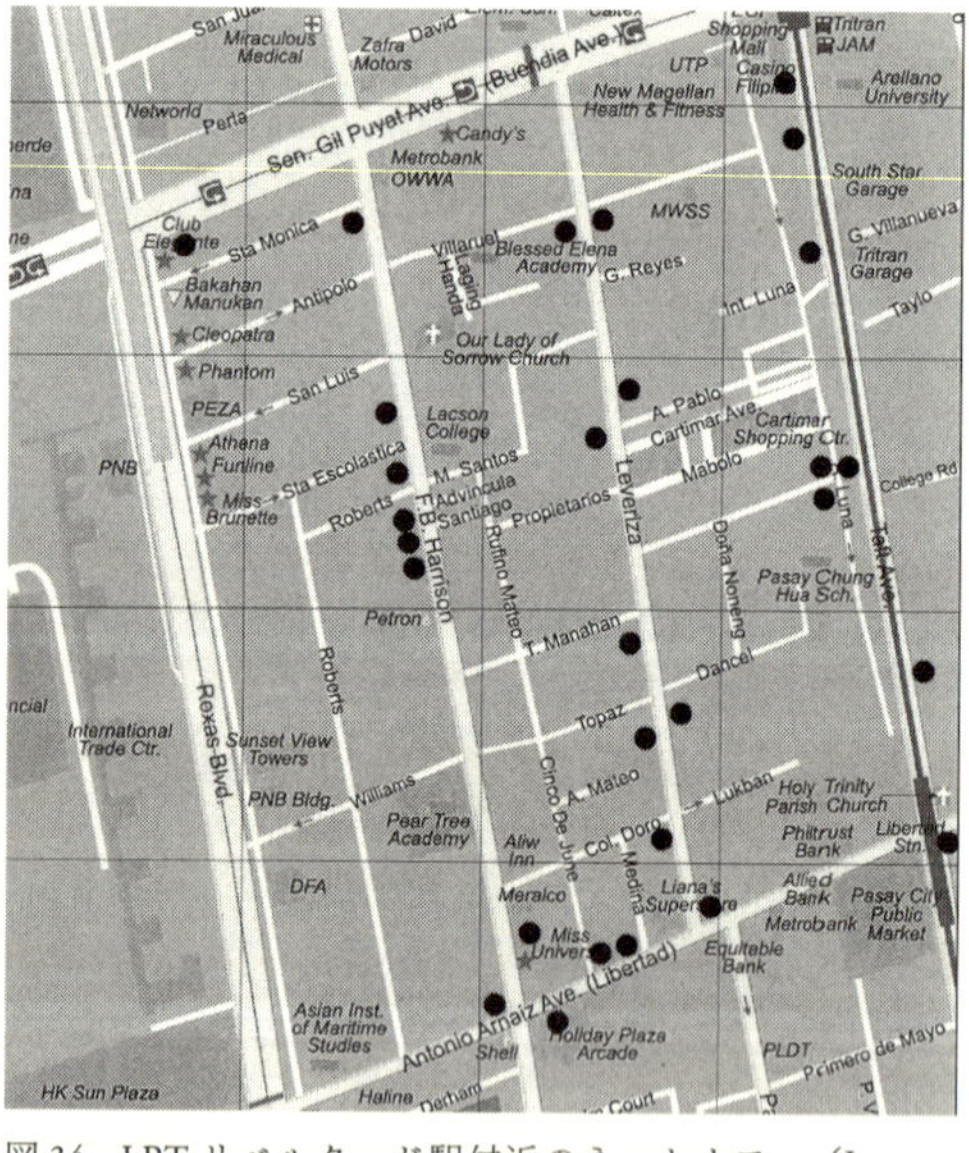

図 34　LRT リベルタッド駅付近のネットカフェ（Jersey *et al.* 2007: 109）

が用いられている。その機種のリリース年は二〇〇五年五月であり、性能の進展の速いパソコンの世界では、すでに骨董品と呼べる代物である。つまり、後者の区画では、第Ⅰ部第6章第1節で確認したことと同じように、基本的にはSkypeやfacebook、Yahoo! Messengerが動けばそれで問題はなく、そのような利用に応じた性能のパソコンが選択されているのだ。なお、マニラのネットカフェの価格は、一時間二〇〜三〇PHPが相場であるが、このネットカフェは、一時間一五PHPで営業しており、PH氏によれば、そのことがこの店のもう一つの特徴であり、「売り」になっているのだという。

また、マニラの北部のカローカン市とマラボン市のちょうど境で「二〇一一年七月にネットカフェを開店したばかりだ」と説明したPI氏（四八歳女性）も、このネットカフェの近所に住む大人たちが、海外に出稼ぎに行っている身内と話をするために、平日の深夜から夜半過ぎにかけて、このネットカフェに訪れるのだと付け加えた。[*5]

ここで私たちは「深夜」という言葉に込められた意味を理解する必要がある。PI氏のネットカフェの近所に住む大人たちは、なぜ深夜にネットカフェを訪れることになるのか。それは、自分と会話をする相手との時差を考えるからである。例えば、東アジアや東南アジア、そしてオセアニアであれば、時差は存在しないか、あっても一時間前後であるため、わざわざ深夜に訪れる必要はない。また、北米であれば、時差はおおむね一三〜一六時間となるため、フィリピンの深夜は相手方の昼から夕方にかけてであり、仕事の真っただ中という可能性がある（もし、相手の仕事終わりに合わせるならば、むしろフィリピンの早朝の方が、都合が良いことになる）。フィリピンが深夜に近づくときに、相手の仕事が終わって少し時間がたったころであるのは、約五時間の時差のある西アジア（中東）なのである。[*6][*7]

他方で、私たちは海外に在住するフィリピン人の送金額が、フィリピン経済全体にとって極めて大きなものであることを把握しておくべきだろう。世界銀行のデータに従えば、二〇一〇年に海外送金を受け取った額が多い上位五ヶ国は順に、インド、中国、メキシコ、フィリピン、フランスであり、それらの送金額のGDPに対する比率は、インドが〇・二三％、中国が三・一三％、メキシコが二・一〇％、フィリピンが一〇・八〇％、フランスが〇・七五％であった（World Bank 2010, 2011a）。

インドと中国が飛びぬけて多い理由が膨大な人口にあり、五位にEUとして経済統合がなされたフランスが入ることは容易に理解できる。また、アメリカを近隣国とし、多くの移民労働者を送り出すメキシコが、海外送金を受け取る額が多いことは分かりやすい。その中で、フィリピンが世界で四番目に海外送金の受取額が多いという事実は、人材の送り出し国フィリピンという評価の妥当性の証明となるだろう。加えて、これらの国の中でフィリピンのみが持つ、際立って大きな特徴は、送金額のGDPに対する比率の高さと、フィリピンという国単位で見た場合の、OFWに対する依存度の高さである。というのは、対労働力人口比でわずか三~四%程度のOFW、そしてその多くはOFWとしての経験を持つであろう永住者たちが、フィリピンのGDPの一〇%以上に相当する額をフィリピン国内に送金し、――ということは、これらの人々はそれ以上の金銭を稼ぎ出していることになる――、それがフィリピン国内の各家庭に還流されていることになるからだ。[*8]

では、このような海外からの送金は、どのような目的で使われているのだろうか。いったん家計に入る金銭の流れの数値の総体を追うことは、非常に困難であるため、ここではOFWたちがどのような目的で海外に働きに出ることになるのかを、一つの単語から考えてみたい。それは「犠牲（Sacrifice）」である。

筆者がインタビューを行った、台湾、香港、シンガポールのフィリピン人のネットカフェ利用者は、例外なくフィリピン国内で暮らす家族への送金を行っており、その目的は「家族の家計を支えるため」や「子どもの養育費や学費を稼ぐため」というものであった。その中で、彼女たちの口から出ることの多いのが「自分は家族の犠牲〔Sacrifice for My Family〕」であるという表現である。そして、それは女性だけに限ったことではない。実際、本節で紹介したサウジアラビアへの渡航を考えているといっていたPF氏は、海外で働こうとする理由をシンプルに「Sacrifice and Expose」であると語った。後者が「（自分を厳しい環境に）曝す」ということを意味し、海外で働くことが彼自身の未来の人生の糧として考えられているとすれば、前者は家族の未来の人生の糧（を提供するための金銭の獲得）を表現するものであると言えよう。

それゆえ、フィリピン人がOFWとして働きに出る場合、少なくとも、海外で金銭を獲得するということに付随する二つの意味があることになるだろう。つまり、一つは自分自身の将来に向けての経験値を上げるという意味、もう一つは家族の将来の人生を支えるという意味である。そして、ＯＦＷにとってのネットカフェは、パソコンとインターネット環境を安価に提供することで、これらの行為の下支えをしていたと言うことができる。

例えば、ＯＦＷの中には、ネットカフェが良い場所だというイメージを持つ理由として「安価にパソコンやインターネットの利用方法が学べるから」という人が少なからず存在する。ＯＦＷが自分自身のパソコンやインターネット環境を持つことが金銭的に難しいということは、これまで確認してきたことであるが、そのような人々にとってネットカフェは、初めてパソコンやインターネットに触れる機会を提供する場所ともなっており、その誘因は家族や知人とのコミュニケーションである。

だから、ＯＦＷは、まさにＯＦＷとなって家族から離れることによって、パソコンやインターネットの基本的な使い方を習得するチャンスを得ることになる場合もある。このような例の一つが、シンガポールのラッキー・プラザに顧客として来ていたＳＬ氏である。

ＳＬ氏は、二〇一一年八月現在、シンガポールでＤＷ／ＤＨとして働いていたが、それ以前の二〇〇三〜二〇〇七年にかけての六ヶ月間、香港で同じくＤＷ／ＤＨとして働いた経験があるという。ただ、彼女にとっては、香港はよい場所とは言えなかった。なぜなら「すべての人が英語をしゃべることができるわけではなく、文化的になかなか慣れることができなかったから」である。彼女が携帯電話を使い始めたのは二〇〇三年の少し前からであり、パソコンやインターネットについては、彼女がシンガポールで働き始めた頃から使っている。それゆえ、彼女にとっての現代のメディア技術との接触の経験は、ＯＦＷとして海外に出る経験と機を一にしていると言える。

ただ、彼女の場合、パソコンとインターネットを使い始めたのは、彼女のシンガポールでの雇用主が、彼女に格別の配慮をしてくれたおかげである。というのは、彼女の雇用主が、ＳＬ氏に「何か勉強したいことがあるなら、その時間と費用を提供する」と申し出てくれたため、そのときに少し興味があったパソコンとインターネットの使い方を学ぶことになったからだ。

パソコンとインターネットの使い方、という基本的なスキルかもしれないが、彼女にとってみれば、ＯＦＷとして働くことによって得た経験値であると言えるだろう。そして、このようなことが可能であるのは、――シンガポールのネットカフェについて触れたときには、賃金の面であまり肯定的には扱わなかったが――、逆説的にも、ＤＷ／ＤＨとして働くときにシンガポールの雇用法が適用されず、様々な条件が雇用主とＤＷ／ＤＨとの間の合意に基づくものとなっているからである。簡単に言えば、彼女は「良い」雇用主に出会ったのであり、前章で最高額の四二〇ＳＧＤで働くＤＷ／ＤＨとして紹介したのも、彼女である。

その結果、ＳＬ氏は現在では、facebookの「ヘビーユーザー」となっており、携帯電話に比べて圧倒的に家族とのコミュニケーションがとれるこのＳＮＳを愛用しているという。「Skypeはどうですか？」という問いに対しては、「face to faceは確かに魅力だけど、話したいそのときに環境が整っていないこともあるしね」というのが彼女の意見であり、facebookを自由に使いたいという理由から、彼女はいつか自分のパソコンが欲しいと思っているが、いまだ購入には至っていない。そして、ＳＬ氏が自分のパソコンを購入したいと考える理由は、彼女がそれなりにパソコンやインターネットに関する知識や技術を持っているものの、パソコンを購入できないがゆえにネットカフェに来ざるをえないことに直結するものである。というのは、彼女はネットカフェにおいて、自分以外の顧客の迷惑なふるまいを本当に「うるさい」と感じており、その迷惑な行為とは、その顧客たちがパソコンやインターネットの知識がないことが原因であるにもかかわらず、アプリケーションソフトがうまく挙動しないことをパソコンのせいにして文句を言うことである。中には「メールの使い方が分からない人もいる」という彼女の言葉は、「知っていて当然」ということを含意し、以上のことは、総じてパソコンやインターネットに関する知識の習得度とその度合いが違う人々が、同じ場所に共在する際に生み出される可能性のある摩擦を示している。

本節ではここまで、フィリピンのネットカフェとＯＦＷとの関係について、シンガポールの例にも再び戻りつつ、いくつかの事例の検討を行ってきた。ただし、先に上で紹介したリベルタッド駅のネットカフェでは、これまでに見た海外に暮らす家族や知人とのコミュニケーションの他にも重要な利用方法がある。次節では、それを確認するために、ＳＬ氏が香港になじめなかった理由の一つであり、人材の送り出し国フィリピンのもう一つの重要なプッシュ要因でもある「英語」の存在を確認した上で、マニラでもっともネットカフェの多かった地域であるマニラ市のイースト大学付近のネットカフェについて、考察を拡張していくことにしよう。

2　英語の功罪とネットカフェの地域への受容

フィリピンが人材の送り出し国である主要な要因としては、前節で見てきたような労働環境の他に、国民の多くが英語によるコミュニケーションを習得していることが挙げられる。少し古いデータになるが、二〇〇〇年の人口統計をもとした報告に従えば、フィリピン全土で英語の使用状況は次のようになる。

五歳以上の世帯人口のうちで、英語を話すことができる者は六三・七一％にのぼる。ＮＣＲ（National Capital Region, マニラ）では、その割合が八一・七五％であり、フィリピンのあらゆる地域の中でもっとも高い。それらに続くのは、イロコス地域の七三・七五％、ＣＡＲ（Cordillera Administrative Region、コルディリエラ行政地域）の七〇・九九％、中央ルソンの七〇・一二％である。もっともその割合が低いのは、ＡＲＭＭ（Autonomous Region in Muslim Mindanao、イスラム教徒ミンダナオ自治地域）の二九・四四％である。

（National Statistics Office 2005）

これだけ多くの人が英語を話せる理由には、公用語としてフィリピノ語（タガログ語）と英語が採用されていることもあるが、それに加えて義務教育時代からの英語教育の存在を挙げることができる。例えば、フィリピンの私立学校では、小学校の段階から理数系科目で英語が用いられることも多く、そのことが「かえって、子どもたちが成長した後のリテラシー不足に結びつくことにもなるのではないか」といった報道（Quismundo 2010）もなされるほどに、フィリピンの英語教育は教育現場に浸透している。そのことのネットカフェへの影響は、フィリピンのネットカフェのパソコンには、例外なくWindowsの英語版がOSとして用いられているということを紹介するだけでも十分だろう。あるいは、香港のネットカフェと移民労働者の普段用いている言語との関係について論じた際に、フィリピン出身の人々とインドネシア出身の人々との間に、英語と中国語の使用割合に大きな差があったことを思い起こしてもよい。OFWは、英語が必要とされている環境で、現在でも重宝されているのである。

フィリピンという国の英語普及率の高さは、そのままフィリピンに対するアメリカ合衆国の統治の長さとその文化的影響の強さを示すものである。また一〇〇を超える地域言語が使用されているという状況もあって、フィリピンの高等教育の現場では英語による講義がほとんどであり、この国におけるビジネスの現場や法律文書でも基本的に英語が用いられる。

他方で、英語普及率の高さは、現代の文脈においては、別種のビジネス・チャンスを生み出している。それは、英語語学教育の分野である。国際移住機関 (International Organization for Migration, IOM) によれば、フィリピンへの短期語学留学のための「特別就学許可証」と呼ばれるビザの発行数が、二〇〇九年の七五六九件から二〇一二年の三万八五六〇件へと急増したことが報告されており (IOM 2013b: 50)、別の資料に従えばその中でもアジア、とりわけ韓国からの語学留学が盛んであることが指摘されている (IOM 2013a: 80)。先に見たとおり、フィリピンの労働環境は決して良いと言えるものではなく、様々な賃金は低いままに留まる。だが、このことは裏を返せば、安価に英語を習得したいと考える、アジアをはじめとする非英語圏出身者にとって、講師料や生活費などを含めた様々なものが (他の英語圏の国々と比べて) 安価であるということになり、この点で彼ら/彼女らにとって、フィリピンへの留学はインセンティヴが高いことになる。

それゆえ、先のデータが示す語学留学生の急増は、英語がフィリピン人にとっての海外へのプッシュ要因であると同時に、英語を求めるアジア人にとってのフィリピンへのプル要因となっていることを示すものである。そして、英語というスキルがフィリピン人にとっての海外でのビジネス・チャンスであると同時に、英語話者を多く生み出す環境そのものがメディアによって他所と媒介されるとき、英語話者であるフィリピン人に別のビジネス・チャンスをもたらす。その例としては、フィリピンの「コールセンター」の増加や、日本でも徐々に浸透してきたSkypeを用いた英会話講習などを挙げることができるだろう。

英語にまつわるフィリピンのプッシュ要因とプル要因は、フィリピンのネットカフェとも無関係ではない。なぜなら、フィリピンでは韓国人が経営するネットカフェがチェーン店化しているからだ。[*9] そのチェーンの店舗の一つが、第Ⅰ部第6章第2節で、電圧安定器の「ない」ネットカフェとして紹介したマラテにある韓国人向けのネットカフェである。そのネットカフェに勤めるフィリピン人の店員によれば、主要顧客は「韓国から来た留学生が多い」が、地元のフィリピン人もかなり来るという。そしてこの店舗は、フィリピン国内でチェーン店化しながら、フィリピン人の子どもたちにもパソコンやインターネットを提供する場となっている。

もちろん、これまでの章で見てきた各国の大都市でも、ネットカフェのチェーン店は存在し、ある国にとっての外国人が自国出身の人々に向けてネットカフェを開く事例も確認してきた。同じような例は、もちろんフィリピン国内でも確認することができる。例えば二〇一一年時点でフィリピン国内に一一六店舗を展開する大規模なネットカフェチェーンがあり、また、外国人街であり、もう一つのネットカフェ集中地域であるマラテ[*10]（三五五頁の註10を参照）には、中国人がオーナーであるというネットカフェも存在した（なお、この店では電圧安定器は敷設されていた）。だが、「外国人オーナー」と「ネットカフェチェーン」がつながる事例は、ここまで見てきた都市では存在しない。実際、第Ⅰ部第6章第2節で紹介した、ケソン市でネットカフェを営業している韓国出身のPC氏がフィリピンでネットカフェを始めた理由は、「韓国では若者が起業をするのは、金銭的な面も含めて非常に難しい」ため「学生時代に来たことがあって、英語が通じるフィリピンで何か仕事を始めてみたいと思った」からである。

ただし、フィリピンにおける「英語のスキル」の遍在化とでも呼びうるここまで確認してきたような事態は、そのスキルに関してほとんど差異のない人々を大量に生み出すことになる。さらに前節で確認したように、フィリピン国内の労働環境は非常に厳しく、また就職口があったとしても、それが安定しているとはとても言い難い。

以上のことから、リベルタッド周辺のネットカフェでNEC Mateが設置されたブロックにおける、パソコンやインターネットのもう一つの利用方法としての「就職活動にかかわる作業」が帰結される。PH氏の説明をそのまま用いれば「この周辺にはパソコンを持っている人もいるけど、それらの人たちはインターネット回線を引いていない人もいるし、プリンタを持っていない人もいる」ことから、インターネットを用いた求人案内の検索、履歴書の作成、自宅で作成した履歴書や書類のプリントアウト、履歴書用の写真のスキャン、といった作業がネットカフェでなされることになる。実際、筆者が彼女にインタビューを行っている際も、ひっきりなしに客が訪れ、中には自分の子どもを連れて、履歴書の作成を行っている女性がいた。

それゆえ、PH氏の勤めるネットカフェは、むろん一時間一五PHPという値段設定もあるのだろうが、昼は就職活動のための書類作成や求人情報の検索、そしてプリントアウトをしに来る顧客やfacebookの閲覧に訪れる顧客で、夜に近づけば海外にいる家族や知人との会話にパソコンを利用する顧客で、毎日非常に混雑している。彼女が説明するには、この店舗の一日の売り上げは最低でも五〇〇〇PHP以上になるという。この五〇〇〇PHPという売り上げが、彼女の店のNEC Mate二二台のすべてが、午前八時の開店から午後一一時の閉店まで、ずっと人で埋まり続けていた場合に発生する売り上げにちょうど釣り合うこと、つまり22 (PCs) × 15 (Hours) × 15 (PHP) = 4,950 (PHP) となることは、それゆえ偶然ではなく、そのため彼女へのインタビューは三日に分けて行わなければならなかった。

また、このような競争の激化は、マニラ市で複数の大学が集中する地域にネットカフェが集中することについての説明の一つともなりうるものである。なぜなら、この付近のネットカフェは、ちょうどここまでに確認してきたリベルタッドのネットカフェがゲームのための区画と様々な作業のための区画を分けていたように、オンラインゲームを専門にする店舗と、大学生の「作業」、――すなわちレポートの作成やその準備のためのインターネットの利用――、のための店舗に分かれているからだ。

このことについて、マニラ市のネットカフェの登録にはいくつかの種類があり、普通のネットカフェ (Internet Café) という分類の他に、教育用パソコン提供業 (Computers for Education) とゲーム用パソコン提供業 (Computer Games) があることを紹介しておこう。大学の周辺には、若者が集まるという点で、オンラインゲームを中心とするネットカフェが存在することは、それほど不思議なことではない。だが、改めてフィリピンのパソコンやインターネットの家庭普及率の低さを思い起こしておけば、大学生が自分のパソコンを持っていないということは、当然ありうる状況である。そのような人々に向けて、この地域には教育用パソコン提供業に分類されるネットカフェが多数存在する。

そのような店舗では、二四時間営業ではないものの、朝は七時前後から夜は九時前後までパソコン・インターネット環境が提供され、そこでは大学生がレポート作成や情報の収集に明け暮れている。その傍証として、店舗の入り口付近には二〇一一年当時の最新版である「Microsoft Office 2010 使えます」というのぼり旗の広告がたくさん並べられており、コピーや製本サービスを敷設する店舗も少なくない。もちろん、Office の最新版が広告となりうるためには、まさにそれを必要とする人々が主要顧客となっていなければならず、コピーや製本サービスが敷設されるのは、そこに資料や書籍を持った人々が訪れるからに他ならない。そして、このようなネットカフェの主要顧客となっている学生は、そこで勉学に励み、良い成績を修めるためにネットカフェを訪れる。なぜなら、その良し悪しが、フィリピンでの少ない就職機会に結びついたり、海外の優良企業での就職への道を開いたりするからである。その結果、大学や学校関連施設が多くの面積を埋め尽くす中で、九二店舗ものネットカフェが集まる区画が出来上がってしまったと考えることができる[*11]。

以上のようなフィリピンにおける英語の功罪は、ネットカフェと関連して別種の問題と結びついている。例えば、二〇〇五年の読売新聞には、「先進国の「夫」探せ――比レイテ島、ネットカフェに少女ら殺到、一三歳も「結婚」」と題された、多少なりともセンセーショナルな記事が掲載された。その記事によれば、フィリピン中部のレイテ島のタクロバンで、アメリカやオーストラリアなど、英語が通じる国の男性、――ただし彼らはかなりの高齢であるが――、との結婚を目指して、若い女性たちが「恋人」を探すためにネットカフェを利用している（中谷 2005）。むろん、そのような行為の誘因は、先進国に住む結婚相手が見つかれば、その男性が持つ財産によって、自身と自国にいる家族の生活が一変するからである。この記事に登場するフィリピン人記者の言葉を用いれば「一人が結婚をして豊かになると、われもわれもとネットに群がる。まるで伝染病」（中谷2005）という事態が発生していたという。

また、この記事でさらに注目すべきは、このようなネットカフェが「個室」を用意していた、ということである。それは、日本から韓国に「輸出」されたとされるネットカフェにおける「個室」というアイデアが、現在は成人向けPC방となっている、ということと類比的な事態であろう。すなわち、ネットカフェにおける個室は「個人でくつろぐ」という意味が取り払われるときに、決定的な質的変化を被り、そこにすぐさま性的な意味が付与される可能性があるのだ。[*12]

なお、筆者がマニラのネットカフェで行った調査においては、「結婚相手を探す」ような状況は確認することができなかったが、このような事例を含めて、英語スキルの偏在化にまつわる様々な意味での「競争」は、ネットカフェという低価格でパソコンやインターネットを提供する場に媒介されることによってさらに苛烈なものとなり、このことは、グローバル化する社会の縮図の一つとして、フィリピンという国とそこにあるネットカフェを把握することを許すものであると言えるだろう。[*13]

ただし、偏りがないように付言しておけば、マニラでは、ネットカフェでのオンラインゲームも非常にポピュラーであり、そこに子どもたちが昼夜を問わず集まっているのを見ることはそれほど難しいことではなく、むしろ多くのネットカフェの店員が口をそろえて「主要顧客は学生や生徒である」と説明する。実際、大学付近にあるネットカフェの一ヶ月の売り上げを尋ねると、金額を答えた後にすぐさま「でも、九ヶ月分しか収入はないけどね」と付け加える店主が多い。九ヶ月とは、フィリピンの学期の長さに等しい。

例えば、PG氏のネットカフェに顧客として来ていたPJさん（一五歳女性）は、「家にはずっとパソコンがなく、ネットカフェには小学校のときに宿題をしに来て以来、少し遠い場所であったとしても通っていくようなところ」であったと語る。ネットカフェと「宿題」の関係については、第Ⅰ部第6章第3節のバンコクの事例として取り上げたが、PJさんは、最近は「家の近くにできたこのネットカフェに通って」おり、「周囲にいるのは知り合いばかりなので、周りの人が迷惑なことをやっていたとしても何でも言える」のだという。筆者がインタビューを行った当日は、

「全員は知らないけど、知り合いは五〇〇人ぐらいいる」という「facebookを使うためにこのネットカフェに来た」が、彼女はただただそれに夢中であったわけではない。事実、筆者と通訳補助のPA氏という外部来訪者からのインタビューの質問に対して、そこに集う友人たちに目配せや談笑を交えながら答えていたことは、彼女がその場所をオフラインの交友のためにも使っていると解釈するに十分である。

あるいは、マニラ首都圏の北西部のLRTモニュメント駅付近で「お母さんが少し熱を出したので薬を買いに行く途中」だと自己紹介をしてくれたPKくん（一二歳男性）は、七歳の頃からネットカフェに夢中であり、実際この付近の一つのネットカフェの常連でもあるが、その選択は近所にある様々なネットカフェを彼なりに分析した上でのものであると言える。なぜなら、そのネットカフェに彼が入れ込む理由として、一〇時間一五〇PHPという割引料金、三台設置されたエアコンが涼しいこと、そして人が混雑していないこと、という三点を挙げていたからである。また、彼は彼なりの基準をもって「ネットカフェで付き合うべき人」を分けていた。というのも、彼が挙げる「迷惑な客」は「ゲームの腕を自慢する鼻持ちならない奴」であるが、同時に「ゲームが上手くて、そのやり方を丁寧に教えてくれる二八歳ぐらいの人は友達」だからである。

以上のような事例は、オンラインゲームやSNSが年齢を超えた支持を集め、それらを主にネットカフェが提供するということが組み合わさり、世代やオンライン／オフラインを超えた人間関係が形成される場所としてネットカフェが存立することの証左となっている。また、子どもたちの関係性を紡いでいるネットカフェは、例えばスクォッターなどのマニラでも比較的貧しい人たちが住む場所でも確認することができ、その場合ネットカフェは、その周辺に住む子どもたちのコミュニティ形成の場としての機能を果たすことになる。

ただしもちろん、これまでに他の国々の大都市で確認してきたような、ネットカフェと子どものケアにまつわる問題はこの国にも存在しており、第I部第6章第2節で挙げた三つの市では、それぞれの市において規制の度合いは異なるものの、ネットカフェの店舗から学校や教会までの距離などについての細かい規制がすでに制定されている。そして、ここで注目すべきは、それらが制定された年代が、これまでに見てきた大都市と比べても負けず劣らず早いということである。例えば、もっとも早いケソン市では二〇〇二年にネットカフェの立地や子どもの入店の条件にまつわる条例が、マニラ市とパサイ市でも二〇〇八年には同種の条例が制定されている。このことは、子どもとオンラインゲームにまつわる条例整備が、ネットカフェの普及と並行してなされてきたこと、そして子どものネットカフェ利用が急速に進んできたことを示すものであると言える。

ただしこれらの規制は、例えば台北のネットカフェに対する規制やシンガポールのネットカフェに対するそれのように、厳密なかたちで遵守されているというわけではない。フィリピンではどちらかと言えば、そのような規制を置きながらも、バランガイ（Barangay）と呼ばれる、都市や町構成するフィリピンの最小行政単位を経由して、住民同士の話し合いや交渉によって、ネットカフェと地域社会との共存が図られている。[*14]

このことについて、もっとも分かりやすい事例となるのは、第I部第6章第2節で紹介した、午前中に営業ができなかったサンマテオのネットカフェである。PB氏の経営するネットカフェは「もともと二四時間営業だった」という。だが、子どもを持つ周囲の住民から「二四時間営業はやめて欲しい」という苦情が相次ぎ、店舗が入っているビルのオーナーにもそのような意見がもたらされた結果、彼のネットカフェは、午前七時から午後一一時までの営業になった。他方で、彼自身もネットカフェ利用後に代金を払わない客や、ゲームをうまく操作することができずにキーボードやモニタに八つ当たりする客の対応に苦慮していた。

そこで彼が採った方法は、料金の値上げであった。サンマテオのネットカフェの料金設定の相場はおおむね一〇PHPであり、マニラのそれよりも一〇~二〇PHP安い。彼の店も昔はその価格で営業していたのだが、上記のようなこともあって、料金を一五PHPに引き上げた。そのことにより、顧客は一時的に減ったが、現在は依然と比べて落ち着いたネットカフェになったという。その理由は、他のネットカフェへと顧客が移った際に、問題行動を起こす顧客も一緒に別のネットカフェに流れたため、逆に問題行動を起こすような人々がいるネットカフェを嫌う人々が、彼のネットカフェを選択するようになったからだった。

彼のネットカフェ経営の実践は、ある町のある地域の内部での小さな戦略に基づくものであるが、その目的が自らのネットカフェを、地域に根付かせようとすることであるという点で、単なる経営戦略を超えたものとなっている。そして、このようなネットカフェの経営者とネットカフェが存する地域との対話は、――それが明示的になされるものであれ、暗黙の裡に交わされるものであれ――、ネットカフェという場所が、ある社会環境の中で存するならば、本来避けては通れないのだ。

そして、マニラのネットカフェを微視的に見れば、このような実践の具体例には事欠かない。例えば、カローカン市とマラボン市の境でネットカフェを開いたPI氏は、二〇一一年七月にネットカフェを開店し、筆者がインタビューを行った同年八月の僅かの期間の間に、すでに様々な問題が発生してきたことを語ってくれた。そこには、子どもたちがネットカフェに入り浸りになったりすることや、第I部第6章第2節で言及しておいた、様々な年齢層の顧客が様々な目的でネットカフェに訪れることによる問題、例えば、若者たちがポルノ画像/動画を幼い子どもの前で見ることなどが含まれ、彼女はこれらの問題の対策のために、地域の子どもたちの親と相談し、子どもたちのネットカフェの利用時間の制限を自主的に設けた。また、親が海外に出稼ぎに出ている家庭の子どもたちと、両親がほとんど失業中である家庭の子どもでは、小遣いの額に決定的な差があり、ネットカフェの利用時間に大きな開きが生じる。このような状況の中で、PI氏のネットカフェに来るための小遣いをもらうことができない子どもは、近所の家庭のゴミ出しを請け負うことでお駄賃を得てネットカフェに通っている。

PI氏は、自身がゲームをそれほど好きではないということもあり「ゴミ出しをしてまでネットカフェに来るなんて」と、どちらかといえば消極的に語っていた。だが、彼女が単に自らの店舗の売り上げを追求するのではなく、地域の中での自分のネットカフェが置かれている位置を意識しながら、自らの店舗を運営しているのでなければ、地域の人々との協力の中で成立する上のような実践は顕現しなかったであろう。

また、このような文脈から、第I部第6章第2節で触れたPE氏が経営するネットカフェにも触れておこう。その店舗はマラテとその北側に広がるエルミタの境目のLRTペドロ・ヒル駅の近くにあった。そのネットカフェは、どちらかと言えば軽食を出す喫茶店に近く、有名なチェーン店の分店として二〇一〇年に開業した。だが、PE氏の叔母であり、このネットカフェの本当のオーナーであるPL氏（四五歳女性）は自分の店の特色を出したいと考え、他の店では行われてはないパソコンやインターネットを提供するサービスを、一時間二〇PHPで始めた。その結果「自分の店舗はネットカフェになった」のだ、とPL氏は語った。

ただしパソコンやインターネットを提供するとはいえ、PL氏は「綺麗なお店」であることにこだわった。それゆえ、パソコンのモデルや形状にはかなり気を使ったという。また「最初はプライバシーを守るために、壁〔パーティション〕を入れた方がいいと勧められたけれど、やめて正解だった。暗かったり雰囲気が悪くなっちゃうじゃない」と彼女は説明した。つまり、PL氏はパソコンやインターネットを提供する場のあり方に、徹底的にこだわったのだ。

そして、この綺麗な店舗と、そこに敷設されたパソコン・インターネットサービスは、予想外の顧客を生み出す結果となった。彼女の店舗の主要顧客について、PL氏は「自分のお店は、目の前にあるフィリピン女子大学やフィリピン・クリスチャン大学の学生さんたちのために大学が始まる前から店を開けていて、主要な顧客は学生」だが「ときどき、お母さんたちが自分の子どもを店に預けていく」のだという。例えば、彼女の店の北側には、フィリピン総合病院があり、子ども連れの母親たちが「これから二〜三時間病院に行ってくるんだけど、子どものことよろしく頼みますね」というかたちで、PL氏のネットカフェに子どもを預けていくのだ。そして、このことを聞きつけた同じビルに入店している化粧品店で働く女性たちが、自分の子どもが通う学校が休みの日に、PL氏のネットカフェに子どもを預けて働いているのだという。

私たちは、香港の事例で、ネットカフェが託児所のように機能する可能性を確認した。そして、その要因として、ネットカフェに対する規制の「緩さ」と子どもに対する保護の要請の「厳しさ」を挙げておいた。だが、PL氏のネットカフェの事例に見ることができるのは「そこに集まる人々にとってパソコンやインターネットを使うことができる居心地のよい環境」をつくろうとした結果、「子どもを安心して預けることができるような場所」ができあがってしまった、ということである。このことは、近隣の人々や地域との対話を重ねながら、自分のネットカフェのより良いあり方を模索しようとするPB氏やPI氏の実践にも通底するものであろう。

3 「ネットカフェは私たちの夢と可能性を実現させただろうか？」

前節末で確認したことについては改めて検討するが、ここではその橋渡しとして、筆者が遭遇した一つのエピソードを起点として、これまでに見てきたいくつかの事例のまとめを行っておこう。この節のタイトルである「ネットカフェは私たちの夢と可能性を実現させただろうか（IC made us realize our dreams and potential?）」というフレーズは、ＰＬ氏のネットカフェの一つ南にある、ＬＲＴキリノ駅の角にある店に掲げられた看板のフレーズを、多少もじったものである。実際には「ＰＣは私たちの夢と可能性を実現しました（PC made us realize our dreams and potential）」と書かれているこの看板を、筆者はＰＬ氏のネットカフェに向かう途中のジープニー（フィリピンの乗合ジープ）から一瞥し、この店がネットカフェかパソコン機器の専門店であると考え、ネットカフェを調査している者としては見逃せない看板だと感じた。そして「フィリピンではパソコンはこれほどまでに肯定的に捉えられているのか」と感銘を受けて、どのような店であるか調べてみようと思った。

だが、その日の夜にこの店のことを調べてみて、先の想定が完全に的外れだったことが分かった。というのは、正式名称は Personal Collection、略して「ＰＣ」となるこの店は、まったくパソコンとは関係がなかったからだ。Personal Collection は、フィリピン全国に広がる大手の訪問販売会社であり、先の店はその直営店だったのである。

ただ、ウェブ上に掲載された会社の概要のページを眺めるに至って、筆者は奇妙な気分になった。そのきっかけを作ったのは、当時の Personal Collection のロゴマークが、明らかに子どもが描いた絵をモチーフにしていることだった。そこで、改めて概要を丁寧に読み、さらに詳しく調べると、この会社が取り扱っているものは食器洗剤やトイレ洗剤などの家事用品、美白や脂肪燃焼のための健康用品、フレグランスや制汗剤などの美容用品などであり、その中に乳幼児向けの石鹸やベビーローション、あるいは子どもの肌にも優しい洗濯洗剤が混じっていた。この会社のロゴは、おそらく自社の製品が子どもにも配慮したものであり、家族にとって「やさしい」ものであることを示唆するために採用されたのだろう。

それゆえ、"PC made us realize our dreams and potential" という文章は、「わが社は皆さんにとって良いものと考える製品をつくるという夢と可能性を実現し、そのことによって皆さんの夢と可能性を実現しました」という意味に捉えられるべきである。このことに思い至ったとき、筆者にとってのフィリピンのパソコンとは、とりもなおさずネットカフェのパソコンであるがゆえに、Personal Collection の略である「ＰＣ」を Personal Computer の「ＰＣ」と誤読したことの割り切れなさが、筆者を奇妙な気分にさせたのだ。

この「奇妙な気分」について説明するために、まずは次のように問うてみたい「ネットカフェはフィリピン人の夢と可能性を実現させただろうか（IC made us (Filipinos) realize our dreams and potential?）」。ここまでに論じてきたことは、その答えに是とも否とも答えなければならないということだ。つまり、一方でネットカフェは、パソコンやインターネットの家庭普及率が低いフィリピンの人々に、様々な恩恵をもたらし続けてきた。むろん、ＯＦＷとして海外で働く人々にとって、ネットカフェは家族や知人との連絡を可能にする重要なツールであることは、これまでに何度も確認してきたとおりである。だが他方で、まさにそのネットカフェは、フィリピンの厳しい労働環境と英語の普及率の負の部分とが重合し、苛烈な競争の現場としても機能する。もちろんその中で、人々の夢や可能性が実現される場合もあるだろう。しかし同時に、例えば一三歳の子どもの「結婚」のような「夢と可能性」とは呼び難い夢と可能性も生み出されてしまう。

ただ、筆者は本節のタイトルに含まれる "us" にもう一つの意味が付与できると考えている。そして、筆者の誤読が「奇妙な気分」をもたらした本当の原因も、まさにそこにある。"us" に付与できるもう一つの意味、それは「ネットカフェのオーナーたち」であり、さらに限定すれば、ＯＦＷとして海外で働いていた経験のあるオーナーたちである。ＯＦＷが、それほど多いとは言い難い収入を貯蓄し、その金銭を元手にネットカフェをフィリピンで開業するというライフコースは、決して珍しいことではない。実際、前節で言及したＰＩ氏とＰＬ氏は、それぞれスイスでＤＷ／ＤＨとして、日本でケア・ギバーとして働いた貯蓄をもとにして、自国でネットカフェを開業したからだ。[*15]

加えてここでは、これらの事例と関連する資料の一つとして、二〇一〇年一二月五日、シンガポールで開催された「第一回外国人家事労働者の日」の大会の一幕を紹介しておこう。そこに参加した当時の労働大臣はスピーチの中で、外国人家事労働者に対する自国の保障制度の進展を喜びつつ、シンガポールで家事労働者として働くエドナというフィリピン人女性に、次のように言及している。

このような多くの改善機会とともに、外国人家事労働者の皆さんは、より良い労働者になっただけではありません。家に残してきた家族に、さらなる貢献ができるようになったのです。エドナさんの物語を見てみましょう。フィリピン人家事労働者の彼女は、ＡＣＭＩトレーニングセンターの小規模ビジネス事業コース[*16]で、今年度の最優秀学生賞を受賞しました。エドナさんは、最終の研究課題として、彼女の出身地でネットカフェを始めるためのビジネスプランを提出したのです。二〇一一年一月にマニラでネットカフェを開店するために、過去五年間のシンガポールでの労働で得た蓄えで、彼女は四台の中古パソコンを買いました。彼女がシンガポールで仕事を続ける間は、彼女の実家での仕事であるそのネットカフェの経営を、家族に任せるとのことです。このようなかたちで、彼女は、彼女の家族に、長期的な目で見たより良い援助をすることができるのです。

(Ministry of Manpower 2010)

エドナの「ビジネスプラン」の実物が公表されていないため詳細は不明だが、少なくともここまでに確認してきたことを総合すれば、この大臣が強調するような家族への「長期的な」援助はかなり難しいということは指摘できる。なぜなら、フィリピンはパソコンにやさしくないインフラ環境にあるため、電圧安定器を設置する国なのであり、そもそも中古のパソコンは、当然のことながら新品のパソコンに比べて耐用年数が短いからだ。加えて、それら中古のパソコンは、最新のゲーム利用には不向きであることが推測され、例えばＬＲＴリベルタッド駅付近のネットカフェのような、パソコンやインターネット環境がない人々に向けたネットカフェが、エドナのビジネスプランであるならば、彼女が購入した四台のパソコンの耐用年数は、顧客が入れば入るだけ短くなるだろう。また、付言しておけば、五年間の蓄えで四台の中古パソコンを買うということは、彼女がシンガポールで働くことによってできる貯蓄のうちでパソコンに使うことができた分が、もっとも多くても五年間でわずか一二〇〇ＳＧＤである、ということを意味する。なぜなら、前章で確認したとおり、フィリピンよりも多少中古パソコンの価格が高いシンガポールでも、一台三〇〇ＳＧＤ程度で購入することができるからである。[*17]

それゆえこの労働大臣のスピーチは、エドナの物語を見ることによって、皮肉にも自国の改善機会がまだまだ十分ではなく、「私たちのパートナーの良き労働をサポートし続ける」(Ministry of Manpower 2010) ことが急務で必須の事態であると思わせるものになってしまっている。だが、このスピーチは、中古パソコンを購入してでも、ネットカフェを経営しようとするＯＦＷがいたことを示す歴史的資料としての価値を含め、いくつかの重要な論点を提供するものである。

まず、このスピーチは、私たちに次のように自問自答させる価値があるだろう。「ネットカフェはＯＦＷとして働いていたネットカフェオーナーの夢と可能性を実現させただろうか (IC made IC owners who have worked abroad as OFW realize their dreams and potential?)」。

ＯＦＷの送金の目的について触れた部分で確認したとおり、ＯＦＷは、(1)自分自身の将来に向けての経験値を上げること、そして(2)家族の将来の人生を支えること、を目的として異国で働く。これらは、彼ら／彼女らにとっての夢でありかつ可能性であると言ってよいだろう。だとすれば、ネットカフェを開店することができたという事実は、ＯＦＷにとって、このような夢や可能性がある程度実現されたことの証となる。なぜなら、ネットカフェを開店することは、先のスピーチで述べられているとおり、あくまでも余剰の貯蓄でなされることであり、それは、先の(1)と(2)がおおむね実現された上でのことだからである。

そして、先のスピーチは「長期的」という解釈こそ疑問に付されるとはいえ、ネットカフェの開店が家族への援助になるという、重要な事実を伝えている。実際、ＰＩ氏は、自分の子どもを育て上げた上で、彼女の長男を自分のネットカフェの「店長」としている。それゆえ、この店の登記上の所有者は彼女の長男であり、さらに家族に恵まれない自分の甥を、夜間のネットカフェ店員として雇っている。また、ＰＬ氏は二〇一一年時点でも日本で外国人向けのケア・ギバーとして働いているが、彼女の息子は、日本の国立大学の大学院に通っており、フィリピンの彼女の店は、姪やその友人夫妻に任せている。それゆえ、ＰＬ氏はネットカフェを開店することで、間接的に自分の姪や友人夫妻を養っていたことになるだろう。このような点でも、ＯＦＷとして働いた経験のあるネットカフェオーナーにとって、ネットカフェは彼ら／彼女らの夢と可能性を実現させていると考えることができる。

　ただし、彼ら／彼女らはネットカフェのオーナーであるがゆえに、Personal Collection と同じような立ち位置を占めることになる。すなわち、彼ら／彼女らは「私たちは皆さんにとって良いと考えるネットカフェをつくるという夢と可能性を実現し、そのことによって皆さんの夢と可能性を実現しました」と宣伝し、そのような場所を維持する立場にあることになる。彼ら／彼女らがネットカフェを開店することによって、そのような立ち位置を占めるとするならば、ネットカフェを開店する場所や、そこに集まる様々な人々との対話を欠かすわけにはいかない。それはあたかも、ネットカフェをつくることによって、彼ら／彼女らは、そこに集まる人々の保護者になるようなものであると言えるだろう。そして、そのような実践として、私たちはＰＩ氏やＰＬ氏、あるいはＯＦＷとなってはいないが、ＰＢ氏のネットカフェの経営のあり方を問う必要があるのだ[*18]。

　それゆえ「ネットカフェはＯＦＷとして働いていたネットカフェオーナーの夢と可能性を実現したのだろうか」という問いは、いまだ開かれたままである。なぜなら、彼ら／彼女らは、ネットカフェのオーナーとなることによって、――Personal Collection や保護者が子どもたちにとって「やさしい」ものや良いものを検討するかのように――、ネットカフェのあり方を考え続ける必要があるからだ。そしてもちろん、このことは本書の考究とも無関係ではない。というのも、本書を駆動させている課題の発端には、アジアを基準にすればかくも奇妙な日本のネットカフェの個別ブースがあったのだから。

第13章　ガラス張りの空間と恥──タイにおけるネットカフェ

1　ガラス張りの空間

タイ国家統計局（National Statistical Office of Thailand）は二〇〇八年にタイのネットカフェ利用に関する調査（National Statistical Office of Thailand 2008）を行っており、その調査ではタイ全土のネットカフェの総数である一万一九五六店舗から、タイの地域区分に従って「バンコク」、バンコクとその周囲五県で構成される「バンコク都市圏」（統計上はここからバンコクが除かれている）、チェンマイ県などを含む「北部」、バンコク都市圏を除くタイの中央部に位置する「中部」、ラオスやカンボジアとの国境に位置する「東北部」、タイの国土のうちでマレー半島部に位置する「南部」のそれぞれが、層化抽出法によってさらに市町村と小行政区とに分けられ、おおむね四〇%にあたる四七五九店舗がサンプリングされている。この統計では、どの地域区分においても市町村からは五〇〇店舗がサンプリングされているため、バンコクのネットカフェの総数把握という点からは参考値程度に留める他はないが、総面積が約一五六八・七四㎢、二〇一〇年時点での人口が約八三一万人（National Statistical Office of Thailand 2010）のバンコクには、五〇〇店舗のネットカフェが存在するということだけは確実だと言える。

なお、この調査に従えば、バンコクのネットカフェの主要顧客は、──ＩＴＵの調査によれば二〇一〇年のパソコンとインターネットの家庭普及率はそれぞれ二二・八%、一一・四%という数値（ITU 2011: 153）ではあるが──、三〇歳までの顧客が全体の九三・六％を占める（National Statistical Office of Thailand 2008）。ただしこの事実は、むしろ単純なフィールド調査の経験から指し示すことが可能であり、それはバンコクのネットカフェの外観的な特徴に示されている。本章の序にあたる本節では、このこととそこから派生する様々な論点について述べておこう。

まず、日本のネットカフェを知っている日本人が、バンコクでネットカフェを探すことは、実はそれほど難しいことではない。それは、バンコクで一度でも現地のネットカフェを発見することができれば、その圧倒的な印象の差から、すぐさま理解できることである。というのもバンコクのネットカフェは、基本的に入り口の扉と、入り口のある壁全体、すなわち道路や廊下に面した壁全体がガラス張りになっているからだ。そして、そのガラス張りの入り口と壁には、様々な広告であるステッカーやポスターが、外部から内部を見渡せることが考慮されつつも、いたるところに貼られている。

それゆえ、第I部第6章第3節で紹介した図19からもうかがい知ることができるかもしれないが、バンコクのネットカフェは内から見れば「明るい」空間であり、外から見れば「わざわざ店舗の入り口側の壁をガラスで製作したにもかかわらず、そこに様々な広告が並んでいる店舗」である。そしてそのため、バンコクのネットカフェは、内部空間の構造上どうしても照度が低くなる日本のネットカフェとは、似ても似つかないものとなっており、このようなガラス張りの空間の印象を一度でも持てば、その特徴を忘れ去ることは難しいということである。

では、なぜバンコクのネットカフェはガラス張りになっているのか。そして、このような外見上の特徴が、なぜバンコクのネットカフェの主要顧客群を指し示すことになるのか。バンコクの南西部に位置し、タイ国有鉄道メークローン線の起点であるウォンウィアン・ヤイ駅の前で一三台のパソコンを備えたネットカフェを営むTE氏（三〇歳男性）は、ガラス張りの入り口と壁面の規制について[*1]、「学生たちがオンラインゲームやSNSに没頭して、学校をずる休みしていないかを、警察が外からチェックできるようにするため」だと説明した。ウォンウィアン・ヤイ駅周辺は、周囲の住宅の多さや交通の便の良さも相まって、バンコクでもネットカフェが集まっている場所の一つとなっている（図35）。TE氏によれば「この店はもともと宝石店だった」が、二〇〇一年に彼の母親が宝石店と並行してネ

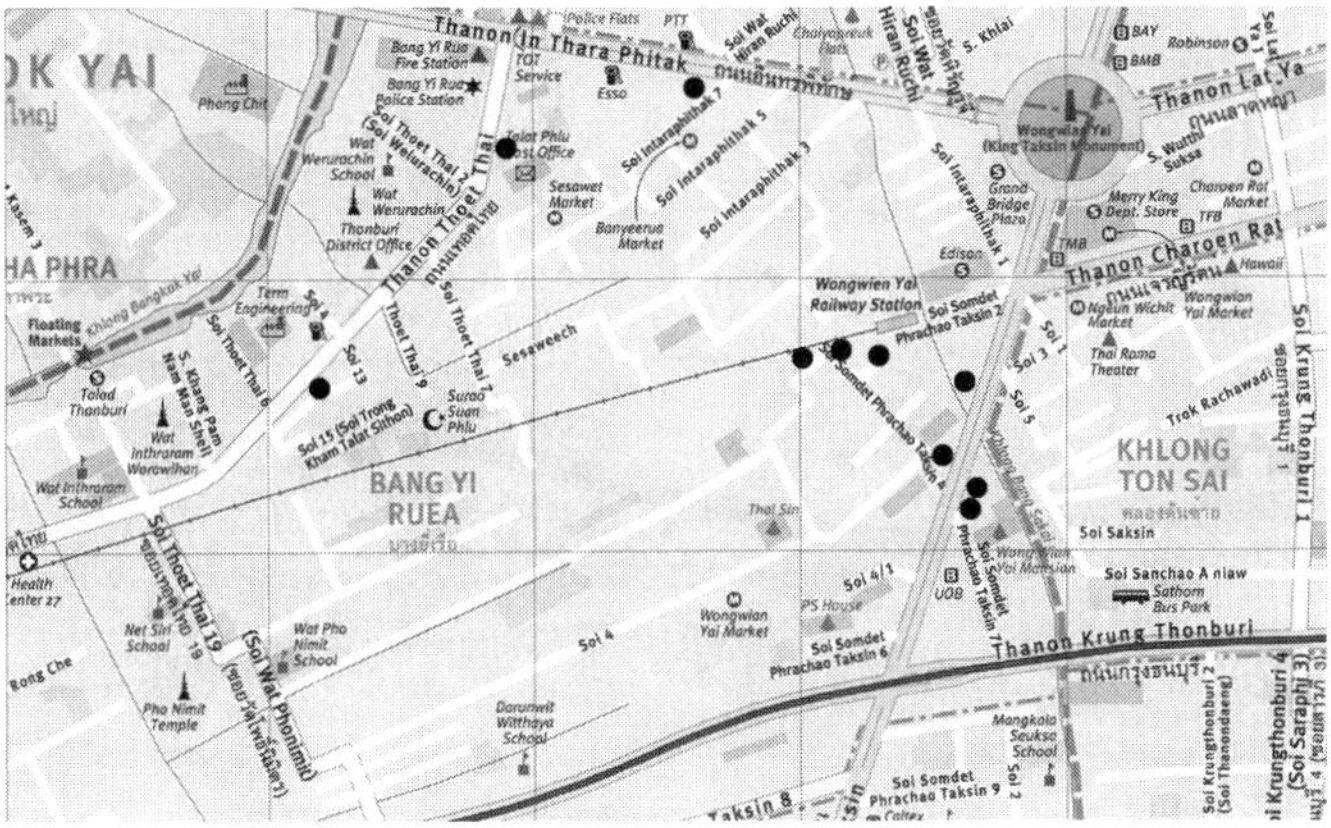

図35　ウォンウィアン・ヤイ駅付近のネットカフェ（Periplus Editions 2009: 114）

ットカフェを始めた。そして、二〇〇五年に宝石店は閉め、以降はネットカフェとパソコンパーツの取引をするHPの運営などで、TE氏の家族は生計を立てている。

彼はバンコクのネットカフェに対する規制の話に続けて、「だから午後二時前に子どもが自分の店に来たら入らせない」のだと語り、このことは程度の差こそあれ、住宅街の近くにあるネットカフェでは徹底されていた。なお、バンコクの住宅街にあるネットカフェの一時間あたりの利用料金は一〇～二〇THBであり、それは学生や若者の集まるバンコク中心部にあるチュラロンコーン大学周辺にある三店舗のネットカフェや、バンコク中心部とドンムアン国際空港とのほぼ中間に位置するカセサート大学付近のモールにある四店舗のネットカフェ[*2]でも同様であった。

また、このようなネットカフェでは、これまでの章で紹介してきた国や地域のネットカフェと同様に、長時間利用者のための割引価格も用意されている。例えば、一時間二〇THBで営業しているあるネットカフェでは、三時間で五五THB（一時間あたり一八・三THB）、五時間で八五THB（一時間あたり一七THB）、七時間で一一五THB（一時間あたり一六・四THB）、一〇時間で一五〇THB（一時間あたり一五THB）といったかたちの割引があり、TE氏の店舗は「最近近くに新しいネットカフェができたので、こちらとしては値段を下げないと」という理由から、「一時間一〇THBで営業をしている」という。

韓国のネットカフェについて論じた第II部第7章を始めとしてここま

で確認してきたとおり、オンラインゲームの提供を自らの店舗の主要サービスとするネットカフェは、その国の経済状況や周囲の環境の如何にかかわらず、相応の性能を持つパソコンを揃えている。実際、「営業において重要なことは、椅子の柔らかさと家からの近さなんだ。パソコンの性能はあまり関係がない。だって〔どの店で提供されているパソコンも〕スペックは一緒なんだから」と説明するTE氏のネットカフェの椅子の多くは、いわゆるプラスティックの「ガーデンチェア」であり、顧客を奪われて少しやるせなさそうな彼の「ライバル店」のネットカフェのパソコンの性能は、CPUがAthlon II*2 240 2.8GHz、RAMが二GB、Video CardがATI Radeon HD 4600という構成で、二〇一一年を基準にしても「超高性能なパソコン」と言えるわけではなかった。とはいえ、もちろんこの性能は当時の様々なオンラインゲームを楽しむための要件を十分に満たしている。

ところで、このようなガラス張りの空間をもって、バンコクのネットカフェは公的な視線に「晒されている」と考えると、事態を少し見誤る。確かにバンコクのネットカフェは基本的には外部から内部を覗き見ることができるのだが、特にオンラインゲームを中心とするネットカフェは、例えば日本のネットカフェや韓国の成人向けPC방のように私秘性を高めるような構造をしていることが必須なわけではなく、そもそも開かれていることを前提として成立しているからだ。

このことは、例えばTE氏が「ライバル店」と見なしていたウォンウィアン・ヤイのあるネットカフェに設置された「監視カメラ」の使われ方に顕著である。このネットカフェは、確かにTE氏のネットカフェと比べて〔多少なりとも〕座り心地のよい椅子を提供しており、周辺に住む子どもたちに人気であった。特に、まだ学校に通っていないような年端もいかない子どもたちにとっては、クーラーが効いていて、友人もたくさん集まるこのネットカフェは皆の「溜まり場」になっていた。

そこで彼ら／彼女らは、入店する顧客を逐一撮影するために導入され、場合によってはガラス張りの空間を作り出すことよりも高い効果を発揮する監視カメラを、ほとんど遊具のように使っていた。つまり、店舗の外と内でカメラ越しに立ち止まって互いに笑い合い、どのように映っているのかを伝えて歓声を上げていたのだ。そのようなある意味では「間違った」使い方に対して、店員はただただ呆れ顔でその様子を眺めているしかなかった。なぜなら、子どもたちが監視カメラに手を触れたりすることなく遊んでいるため、彼ら／彼女らを監視カメラから引き離す積極的な理由を案出することができず、かといって監視カメラの撮影をいったん中断したり、それを取り外してしまうと、そもそも監視カメラを導入した意味がまったくなくなってしまうためである。

ゲームを中心とするような、ここまでに見てきた限りでのバンコクのネットカフェでは、それゆえ「晒される」というときに問題となる「隠したいもの」、ないしは「隠されるべきもの」がそもそも構成されていない。ただしもちろん、このように断る理由は、本章のタイトルにも明示したとおり、後に晒されたくないものとしての「恥」の問題を扱うことになるからであり、その問題はここまで見てきたようなネットカフェには現れることはないのである。

2　観光とネットカフェ

では、バンコクにおけるオンラインゲーム以外のネットカフェの利用方法にはどのようなものがあるだろうか。その一つは、ＴＡさんの「宿題」のためのネットカフェとそれにまつわるバンコクと地方との格差の問題として、すでに第Ｉ部第６章第３節において紹介した。よって本節では、第Ｉ部第６章第３節において積み残していた問題、すなわち海外に出稼ぎ労働に向かい、マニラに戻ってきてネットカフェを開店したオーナーたちにとっての「海外」と、タイ人であるＴＤ氏にとっての「バンコク」とが、ほぼ同じ価値を持っているということが何を意味するのかという問題に答えることで、バンコクにおけるもう一つのネットカフェの利用方法とバンコクのネットカフェの集中地区との関係を明らかにしておこう。

なお、その利用方法は、ＴＤ氏が説明する「お客さんにはやめてもらいたいこと」に示されている。彼女は迷惑な客について、英語を用いて端的に「ビール禁止、お酒はダメ、タバコもやめて！〔No Beer, No Alcohol, No Smoking!〕」と答えた。ＴＤ氏の迷惑は、西洋からの観光客に向けられている。そして同時に、彼女がこのような観光客に応対しうるような、基本的な英会話の能力を持っていることも、この言明は示している。これらのことは、二〇一一年時点で、バンコクのネットカフェの集中地域のいずれもが観光に関わる場所であったことを裏付けるものである。

そのうちの一つは、世界で最も有名なバックパッカー街の一つであるカオサンであり、カオサン通りとその周辺〇・五㎢には、二〇一一年の段階で三八店舗のネットカフェが密集していた（図36）。もう一つは、バンコクでも有名な歓楽街であるBTSナナ駅周辺で、こちらは駅を中心とする一・五㎢に二六店舗[*3]のネットカフェがあった（図37）。

「一週間前からここで働き始めた」というTF氏（二二歳男性）は、バンコクにある大学に通いながら週三日間（水・土・日）、午前六時から午後六時の一二時間、一日四〇〇THBでカオサンのネットカフェのアルバイト店員として働いていた。彼がこの店で働き始めた理由は、「家が近くて英語が練習できると思った」からである。

彼に従えば、このネットカフェの顧客層は五〇％がバックパッカー、五〇％はインターネット環境を用意していないホテルに宿泊する観光客であり、「これだけ外国人が来る環境で、こんな普通ではないシフトの組み方をして働き方をしたい人は少ないんじゃないかな」と笑っていた。それゆえ、彼にとってはまさに「英語が勉強できると思ったこと」がこのアルバイトを行う動機になっていると言える。

実際、タイという国は世界的な観光大国であり、本書で扱ってきた各国／各地域と比較して、国際観光（いわゆるインバウンド観光）による収益の額が多く、全輸出額に対する国際観光の割合が非常に高い国である。例えば、ここまで見てきた各国／各地域の二〇一一年の国際観光収入は、一位が国土の広い中国で四八四億六四〇〇万USD、二位が中国を含めた全世界からの観光客が見込まれる香港で三三一億六九〇〇万USD、三位がタイで三〇九億二六〇〇万USDという順位であり、日本は一二五億三三〇〇万USDの六位であった（World Bank 2011b; Ministry of Finance 2001-15; Tourism Bureau 2012）。

なお、タイの全輸出額に対する国際観光収入の割合である一一・九％は一位であり、さらに通時的な観点からも、一九九五〜二〇一四年までの二〇年間、二〇〇五年の九・三六％を除いて、全輸出額に対する国際観光収入の割合が継続して一〇％以上の値をとってきた（World Bank 1995-2014）。加えて、二〇一二年に世界観光機構（World Tourism

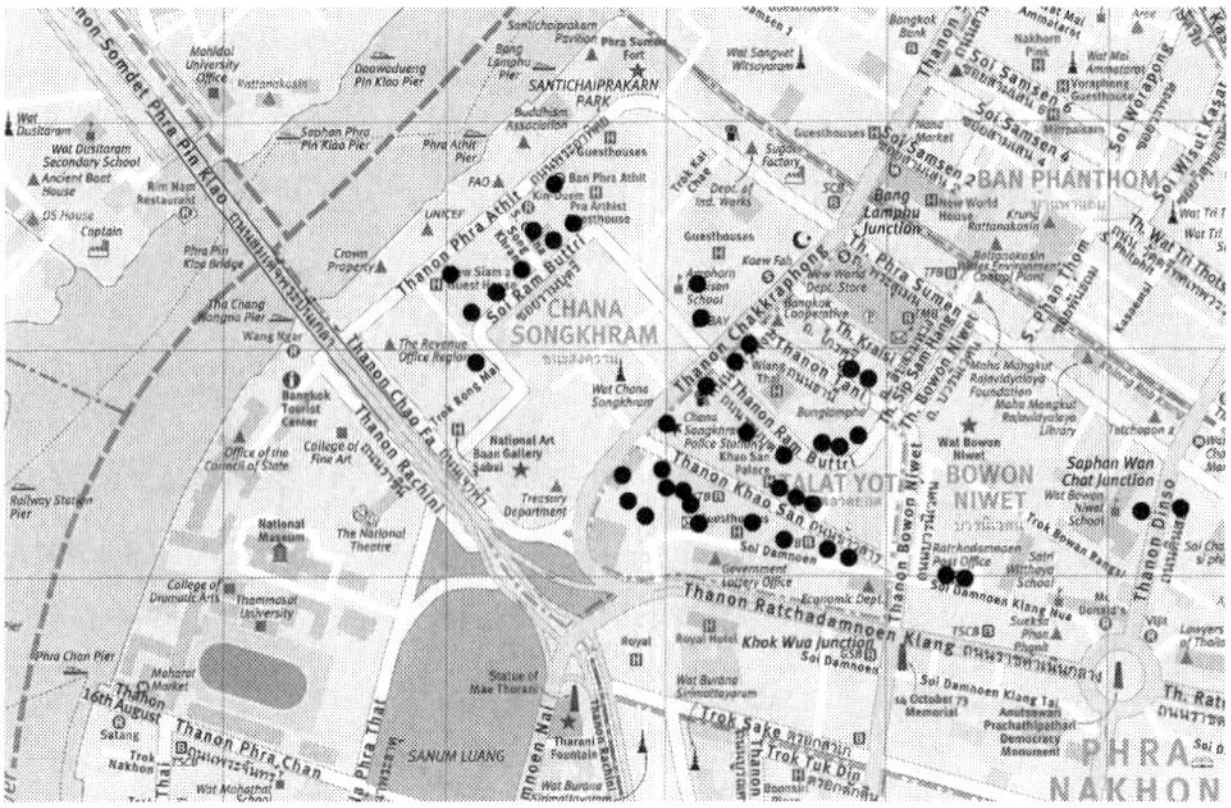

図 36　カオサン付近のネットカフェ（Periplus Editions 2009: 94-5）

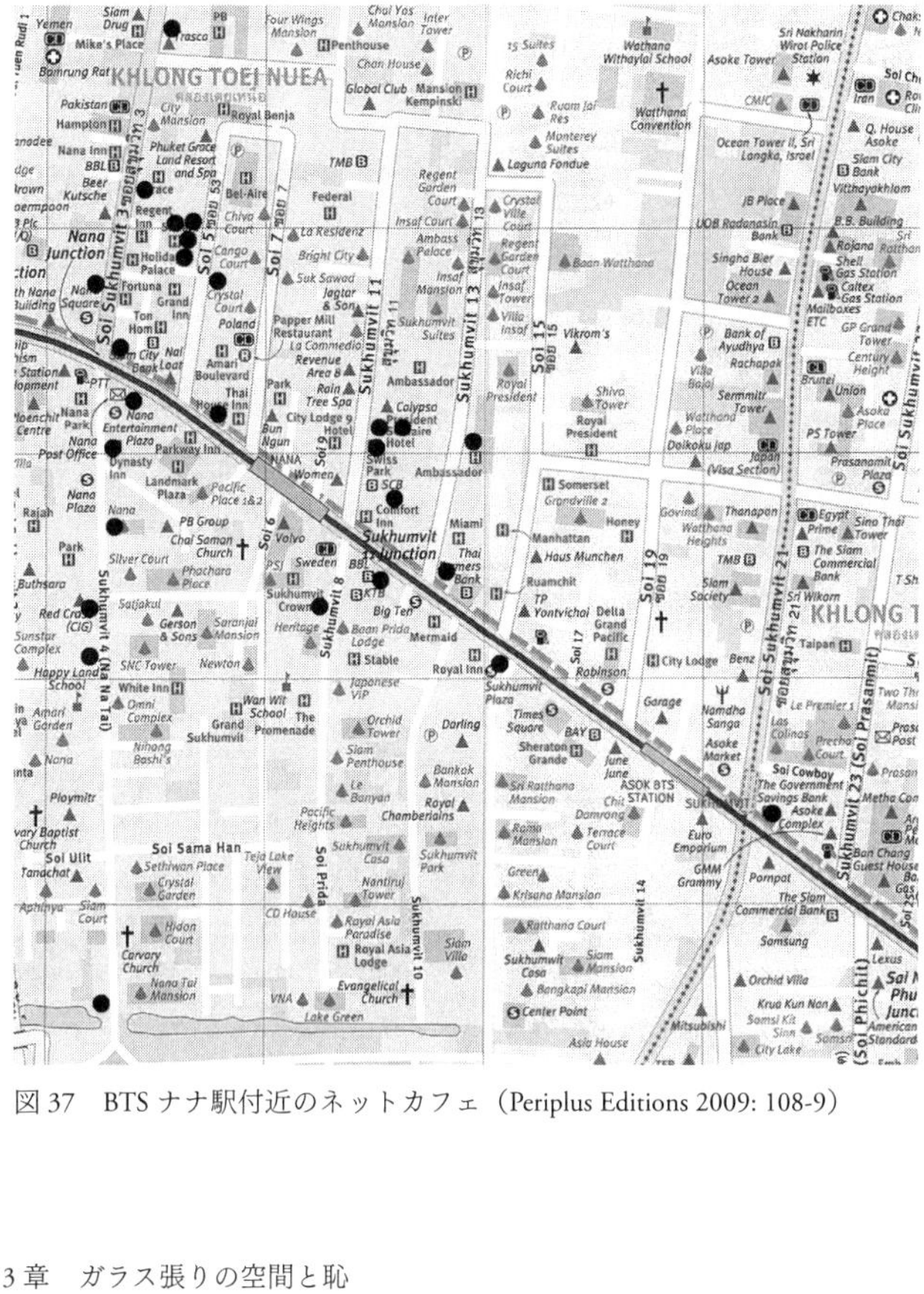

図 37　BTS ナナ駅付近のネットカフェ（Periplus Editions 2009: 108-9）

Organization, UNWTO）が編纂した統計データによれば、二〇一〇年にタイを訪れた外国人観光客のうちで、アメリカ、およびヨーロッパからの渡航者の総数およびその全体に対する割合が、英語の通用度が極めて高いフィリピンを超える数字であったことも特筆されてよいだろう[*4]（UNWTO 2012）。

以上のデータからも明らかなとおり、タイはこれまで本書で扱ってきた国や地域の中でも、西洋からの観光客が多く訪れている国であると言える。さらに、英語圏と考えてよいフィリピンを超える割合で、西洋からの観光客がタイという国に訪れているということも踏まえれば、そのような人々が集まる代表的な場所において、ＴＦ氏が「勉強をしながらアルバイトをしたい」と考えるのは、極めて理にかなったものであると考えることができる。また、ＴＤ氏が勤めるネットカフェは、どちらかと言えば地元のタイの人々が暮らす住宅地が立ち並ぶ場所にあるが、ＴＢ氏がタイ式ラーメン屋台を出しているオンヌット駅近辺の屋台市では、料金が比較的安いこともあり、海外からの観光客がタイの地元の料理を楽しんでいることも少なくない。ＴＤ氏の外国人旅行客に対する「文句」はこのような社会的背景も存在するのだ。

それゆえ、バンコクのネットカフェと、世界で相応に通用するという意味での「世界標準語」としての英語とは、非常に強い結びつきを持っている。その一例は、バンコクのネットカフェ全体に共通する特徴として、それらがガラス張りの空間である他に、ネットカフェに設置されているパソコンのＯＳが Windows の英語版だけだということが挙げられる。もちろん、英語のＯＳに付属する言語入力ソフトやブラウザは、その設定を変更することで、タイ語の文字入力や、タイ語で書かれたウェブページの閲覧に対応することが可能である。だが、ＯＳのインストール言語は、バンコクを訪れる人々も含めた「汎用性」の実現の観点から英語のままにされている[*5]。

英語のＯＳが用いられているパソコンが設置されているバンコクのネットカフェでは、それゆえ、パソコンを導入し、その基本的な組み立て知識や修理技術を持つＴＥ氏のような経営者はもちろん、ＴＤ氏やＴＦ氏のような一般店員に至るまで、相応の「英語運用能力」を持つことが要求されていることになる。むろん、ここでの「能力」は、ＴＯＥＩＣやＴＯＥＦＬといった試験などによって、ある程度客観的に測られるようなものではない。だが、英語のインターフェイスを持つデジタル機器を扱い、ときには修理などを行うための、また、英語を話す顧客が来たときに応対をするための、あるいは英語を解さないタイ人の顧客に英語で作動するソフトが何を表示しているのかを説明するための英語運用能力、ないしはそのような状況に至ったときに決して物怖じしないための英語利用に対する心理的なハードルの低さを、店員は欠かすことができないのである。事実、筆者がインタビューを行った範囲では、バンコクにおけるネットカフェの経営者や店員は、かなりの割合で大学生かもしくは大卒の資格を持った人々であった。よって、バンコクのネットカフェでは、トップエリートである必要はないが相応の英語運用能力を持つ人々が働いており[*6]、ネットカフェの店員はその他の職業と比較しても遜色のない給料を得ることができる仕事となる。例えば、筆者のネットカフェ店員に対するインタビューでは、彼ら／彼女らの月収の平均は八〇〇〇ＴＨＢであり、これは二〇一一年のバンコクの最低賃金である一日二一五ＴＨＢ（Bank of Thailand 2011: 2）と比較しても、かなり高いと言える。これらのことを踏まえれば、ＴＤ氏にとってのバンコクが、フィリピン人家事労働者にとっての「海外」となることは、タイとフィリピンにおける、英語運用能力の置かれた差から説明することができる。つまり、タイにおいては、英語運用能力を持つこと自体がタイ国内で価値を持つのに対して、フィリピンにおいては、英語運用能力が人々に遍在するため、それを利用して自らに価値を付与する必要があり、その一つが海外への出稼ぎ労働となるのである。

　他方で、カオサンのネットカフェ、および次節で詳しく検討するＢＴＳナナ駅周辺のネットカフェは、前節までに説明してきたオンラインゲーム中心のネットカフェと比べて、――どちらもガラス張りの空間であることは同じであるが――、いくつかの相違点がある。その中でももっとも特筆すべき相違点はパソコンの性能とその利用料金である。カオサンやＢＴＳナナ駅周辺のネットカフェは、これまで見てきた国や地域における「外国人向け」のネットカフェと同様、ゲーム利用が念頭に置かれていないという点で、パソコンの性能はかなり低い。例えば、ＢＴＳナナ駅の近辺にあるネットカフェのパソコンの性能は、二〇一一年の時点でＣＰＵがIntel Celeron D 2.8GHz、ＲＡＭが四八〇ＭＢ、Video CardはOn BoardのVIA/S3G Unichrome Pro IGPというものであり、これは二〇〇四年頃のパソコンの最新モデルと同じ性能である。

他方、バンコクの外国人観光客向けのネットカフェの料金は、そこに設置されているパソコンの性能の低さに反比例するように高い。例えば、カオサンのネットカフェは、基本的に一分一ＴＨＢであり、一〇～一五ＴＨＢの最低料金が課せられる。つまり、素早く用事を済ませるとしても、一〇～一五ＴＨＢは必ず支払わなければならず、もし一時間程度ネットカフェにいることになれば六〇ＴＨＢ、つまり、これまで紹介してきたオンラインゲーム中心のネットカフェと比較すれば、三倍から六倍の料金が課されるということである。

これらは、いわゆる「観光客料金（外国人料金）」と呼んでもよいものであり、例えば観光客も大勢訪れるが、同時にバンコクの地元客も利用するＭＢＫセンター（Mahboonkruong Center）という巨大ショッピングモールにあった3店舗のネットカフェは簡単なゲームを行うことができる程度の性能で、その利用料金は、ちょうど住宅街にあるネットカフェと観光客のためのネットカフェとの間をとったような、三〇分二〇ＴＨＢ、一時間四〇ＴＨＢという料金設定であった。[*7]

3　恥ずかしさの対価

ところで、前節までに見てきた、バンコクにおける英語の位置付け、およびバンコクと地方の格差、そして外国人観光客といった要因がすべてネットカフェに集中するときに、本章の冒頭で述べたガラス張りの空間に析出される「晒されたくないもの」が垣間見える瞬間がある。それは、ＢＴＳナナ駅周辺の歓楽街で性産業に従事する「バーガール（Bar Girl）」と呼ばれる女性たちのネットカフェの利用方法である。

第Ｉ部第6章第3節の最後に写真付きで紹介し、前節末でもパソコンの性能の例を挙げるためにわずかに言及したＢＴＳナナ駅周辺のネットカフェには、その店舗と周囲のもう一つのネットカフェのみで提供されている、次のような二つのサービスがある。その一つは、シンガポールのラッキー・プラザのネットカフェでも行われていた、ＳＮＳサイトへの写真のアップロードサービスであり、その料金は一枚一〇ＴＨＢである。もう一つのサービスは、タイ語から英語へ、英語からタイ語への手紙やメールの翻訳サービスであり、A4サイズの手紙で五〇～七〇THB、一通のメールで三〇THBという料金である。

このサービスを実際に提供するのは、「日中はレストランのウェイトレス」として働いており、それに加えて「午後七時から翌朝の午前四時まで、週に四日このネットカフェで働いている」というTG氏（二七歳女性）である。「同じ系列のネットカフェで働く友人から勧められて、二ヶ月前からこのネットカフェでも働いている」という彼女の半生は、それ自体が第I部第6章第3節や本章でバンコクのネットカフェを通して確認してきたタイ社会の様々な要因と共鳴する。

TG氏は、タイ東北部のカンボジアとの国境に位置するシーサケート県の出身で「実家は農家を営んでいる」という。彼女は自身の具体的な収入について「そんなに多くないから秘密」と言って教えてはくれなかったが「働き者」であることは先に見た勤務様態からも明らかだろう。そこまでして働く理由についてTG氏は「同郷の人々と同じようにバンコクに出てきて、農家を営む実家にお金を送るため」であり、特に「自分の子どもの面倒を見てくれている両親や二人の姉の手助けをしないといけないから」と説明した。

彼女は、TD氏と同じラムカムヘン大学の出身であり、大学卒業後は彼女の両親が面倒を見てくれている子どもの父親である男性と一緒に、同大学付近でベーカリーを営んでいた。だが、彼女が妊娠したときに、その男性から「自分を取るか子どもを取るかを決めてくれ」と迫られ「それで彼とはお終い」になった。以降、彼女は様々な職に就き、ウェイトレスの仕事を続けている途中で、先に説明したとおり友人からネットカフェの仕事を紹介されて、現在に至る。このネットカフェに勤め始めるまで「英語は確かに大学で習ったけど、ずっと使ってなかった」彼女だが、「英語関係の仕事ばかりだから、この二ヶ月でとても上達したと自分でも思う」と笑っていた。

このような経歴をもつTG氏が、先の二つのサービスを提供するのは「午前二時以降」であり、第I部第6章第3節の図20写真もそのような時間帯に撮影したものだ。彼女はこのネットカフェの主要顧客について、彼女が働き始める「午後七時から午前二時までは外国人観光客、午前二時以降はタイ人の女性」だと説明する。午前二時とは、

BTSナナ駅周辺の歓楽街のネオンが消え、性産業に従事するバーガールたちが帰路に就く時間である。それゆえ、TG氏がこの二つのサービスを提供するのは、バーガールとして働く女性たちであり、彼女が勤めるネットカフェの店舗のさらに奥には、このような性産業に従事する女性たちが寝泊まりする部屋が敷設されている。

実際、彼女が翻訳サービスを行う手紙やメールは、「ときどきはビジネスのための手紙」ではあるものの、多くは海外からバンコクを訪れる男性観光客への「ラブ・レター」、あるいはTG氏の直截的な表現をそのまま用いれば「セックス・レター」であり、「性的なアレソレで、クレイジーな(ting tong)[*8]内容」だと彼女は説明した。それゆえ、TG氏が扱っているのは基本的にはほとんどすべてが「ビジネス文書」であると考えるべきである。なぜなら、性産業に従事する女性たちにとってその「ラブ・レター」は、相手にもう一度自分の元に来てもらったり、あるいは自分の顧客としてつなぎ止めておいたりするための重要な営業文書であると言えるからだ。

ここで、海外の顧客に対する連絡手段としてのバーガールにとってのメディア技術という観点から指摘しておくべきことは、仮にあるメディア技術がそれまでのメディア技術に比して、一般的に「進歩した」と言われる場合でも、それを扱う当人の社会的・経済的状況が変化しなければその進歩はまったく享受されないということである。例えば、TG氏の行う「ラブ・レター」の翻訳サービスは、手書きの手紙がバーガールたちの主要なメディアであったときから存在した社会的実践である。バーガールと外国人男性観光客との間で交わされた手書きの「ラブ・レター」を多数収録することで一冊の書物となった“Hello My Big Big Honey!”の序文で、著者の一人であるD・ウォーカーは「私のタイ語のスキルが改善されるにつれ、バーガールたちは彼女たちの外国のボーイフレンドからのラブ・レターを翻訳してほしいと持ってくるようになった」(Ehrich and Walker 2000: 7)ことが、このような異例の書物が編纂されるきっかけとなったと説明している。[*9] このような意味で、バーガールたちにとってのメディア技術の可能性は、彼女たちの置かれた社会的・経済的条件に限定されたままになっているのである。[*10]

なお、タイのバーガールについては、彼女たちがなぜ性産業に従事することになるのか、またどのような社会的条件が彼女たちを性産業に従事させ続けることになるのか、といった観点をはじめとして多くの先行研究が存在する。[*11]

様々な立論がなされるこれらの研究において共通に論じられる前提とは、多くのバーガールたちは地方の貧しい家庭に生まれ育ち、しばしば高等教育を受ける機会がなかったということである。[*12] 実際、TG氏も「ほとんどのバーガールたちは小学校を卒業しただけの人で、満足に英語を読み書きすることもできないし、どうやってパソコンを使ったらよいか分からないこともある」と説明する。それゆえ、「ときどきは普通のものもあるけれど、やっぱり彼女たちの顧客に向けてのセクシーな写真をアップロードすることが多い」とTG氏が述べる、SNSサイトへの写真のアップロードサービスも、バーガールたちにとってみれば必須のものなのである。

ただし、このようなサービスは決してオンラインゲームを中心とするネットカフェへと広がっていくことはなく、また、バーガールとして働く女性たちが住宅地のネットカフェでパソコンやインターネットを利用することもない。TG氏は、特に後者がなされない理由を、多分に示唆的な「バーガールたちのプライド」という言葉で名指している。この言葉の含意は次のようなものだ。すなわち、バーガールたちは、自らが英語の読み書きの能力を持たず、パソコンやインターネットの利用の仕方を知らない者であるにもかかわらず、パソコンやインターネットを用いて英語でやり取りをしなければならない者であることが白日の下になること、――それは、バーガールとして性産業に従事していることを暗示するのだが――、を恥ずかしく感じ、その恥ずかしさを避けるプライドを保つために「深夜二時以降のBTSナナ駅のネットカフェにいるTG氏」という、自分と同じような境遇の女性たちだけに、自分が望むものと同じようなサービスを提供している人物にサービスを依頼する、ということだ。

よって、彼女のこのような観察が正しいとすれば、ガラス張りの空間には決して現れることのない「恥」を避けるプライドを保ちながら、現代のメディア技術を用いるためにバーガールたちが支払わなければならない対価は、利用料金一分一THB、一通のメール三〇THB、A4サイズの手紙一通五〇~七〇THB、写真一枚一〇THBの部分合算だということになるだろう。その金額がバーガールたちにとって高いか安いかは、(借金の返済が含まれる場合もある)家族への仕送りをこなす彼女たちが、自身の収入のうちでどの程度「営業」のために金銭をかけ、それが実際にどの程度効果があり、その効果をどのように彼女たちが評価するか、ということにかかっているため、一つの結論を導くことは難しい。

しかし、確実に言えることは、タイを訪れる外国人観光客を含めて、彼女たちほどネットカフェを利用することに金銭を支払っている人々は、タイのどこを探してもいない、ということである。そして、このようなネットカフェの利用方法と利用料金をめぐるさらなる含意は、タイにおいて小学校の頃からタブレットパソコンを配布してパソコンやインターネットの利用方法の基礎を学ばせ、それを用いた英語教育[*13]を行うことは、バーガールたちが自身のプライドをより安価に守ることには直接的な貢献を果たすことになるだろうが、(潜在的にそのようなライフコースを辿ることになる可能性のある人々を含めた) バーガールたちのこれからの生活を直接的に支えることにはならない可能性があるということだ。というのも、前章のフィリピンで確認したことは、スキルの偏在化がもたらす帰結の一つが、グローバル化する社会における競争になってしまうということであり、私たちは、一三歳の子どもの「結婚」のような、競争を経た「夢と可能性」の実現の問題について、すでに検討を済ませてしまっている、ということをここで思い起こしておく必要がある。それゆえ、バーガールのネットカフェ利用のあり方は、メディア技術の進歩を「進歩」と捉えることができるような方法であることも含めて、マニラとは別のかたちで、メディア技術を人々にどのようにより良いかたちで提供すべきか、という問いを私たちに発しているのである。

終　章　比較研究――グローバリゼーション下の歓待のために

本書の第Ⅱ部では、日本から遠く離れて、アジアの国々の大都市のネットカフェを、それぞれの国や地域に固有の文脈から分析し、そこから各国／各地域の課題を析出してきた。

「比較研究」というタイトルが付された本章では、それぞれの国や地域で得られた社会的課題を、「娯楽」（第1節）、「ケア」（第2節）、「メディア技術」（第3節）という主題のもとで整理し、本書の課題である「共にあることの現代的な困難」の解消に関する議論（第4節）への接続を見越すかたちで比較しておきたい。

1　娯楽の公正な分配はどのように果たされうるか

私たちはここまで、ネットカフェにおける様々な娯楽の実践に触れてきた。本節では特に、ネットカフェにおける移動する人々のインターネットやパソコンによる娯楽の希求とその享受のあり方が、――つまり、娯楽という観点から見た、移動する人々がネットカフェにおいて非インターネットユーザーからインターネットユーザーになるそのあり方が――、当該社会の課題の中核を占める国に焦点を合わせた比較を試みる。

このことは、換言すれば、娯楽という主題を中心として、移動する人々がネットカフェにおいて非インターネットユーザーからインターネットユーザーになる（デジタルディバイドが解消される）そのあり方やその問題点、そして現状の解決策を比較する、ということである。

そして、このように主題を設定するならば、本節で比較されるべきは、韓国（ソウル）、中国（北京、天津、上海）、台湾（台北）、そして日本（東京）のネットカフェとなることはここまでの議論から明らかだろう。なお、後の議論を先取りするかたちで断っておけば、ネットカフェにおける娯楽として、これまで本書でも何度も言及してきた子どもたちのオンラインゲームは、それが社会問題として認識されればされるほど、広い意味でのケアの一側面に位置付けられる必要性がある[*1]という点で、本節ではその対象とはしない。

以上のような確認を踏まえた上で、韓国（ソウル）のネットカフェの分析が行われた第II部第7章の移動する人々として、まずもって注目に値するのは、「公務員試験の合格を目指す地方出身の予備校生」である。彼ら／彼女らは、ソウルへの強い中央志向が存在し、同時にグローバル化の波にさらされる韓国社会の中で生きるためにこのような試験に励み、そのときネットカフェは息抜きの場として利用される。

なお、このことは地方出身者のみならず、現実としてはソウルに在住の人々にも当てはまる。その実例が、マニラの韓国人語学留学生向けネットカフェとして現れていることは、ことさら詳しく説明をするまでもないだろう。地方から中央へという移動への志向が存在すると同時に、中央から世界へという移動の志向もまた存在し、そのような移動の傍らに韓国の人々にとってのネットカフェは存在するのである。

このような現状を含め、第II部第7章で論じたとおり、韓国のネットカフェは、アジア通貨危機以降の韓国社会の特徴とその変遷を示すプリズムのようなものであると考えることができる。さらに、成人向けPC방と呼ばれる「ネットカフェ的なるもの」にまで目を向けるならば、先に述べた韓国の若者のゲーム利用から外れてしまうような人々、例えば「高齢者のゲーム利用」にまでが視野に入る。第II部第7章第2節で確認されたことは、このような高齢者が、自宅においてゲームをすることが難しい場合に、自宅から外に出て割高のネットカフェの利用環境を購入する必要があったということである。さらに韓国への移動とネットカフェという文脈から、ソウルに出稼ぎ労働に訪れた中国出身の朝鮮族の人々のゲーム利用を指し示すことも可能になった。

このような人々を念頭に置くとき、社会的資本あるいは社会的財としてのゲームという娯楽は、どのように人々に分配されるべきか、という課題が提起される。つまり、現行のソウルのネットカフェの多くは、「韓国の若者向け」にゲームを提供しており、その対象から外れるような人々は同じようにゲームをするにしても、例えば、高齢者が成人向けPC방と呼ばれる場所を利用するために高額の出費を必要としたり、中国出身の朝鮮族の人々が、中国語話者である店長が偶然、簡体字版のOSをインストールしたパソコンを多数揃えているようなネットカフェ、を小さなチャイナタウンで発見しなければならなかったりする、ということである。

むろん、ネットカフェで提供されるゲームは営利目的のものであり、その意味で「分配」という語は似つかわしくない、と考えることもできるだろう。だが、例えば、公務員試験の合格を目指す地方出身の予備校生の存在を念頭に置けば、それを商業店舗におけるゲームという娯楽であると単純に言うことができなくなる。というのは、彼ら/彼女らの置かれた状況は、これまでに確認してきたとおり、韓国という国の社会的・歴史的条件によって生み出されたものであり、そのような彼ら/彼女らが現代の韓国社会において生きていく上での娯楽の一つがゲームであれば、その分配のあり方は極めて公的な性格を有するべきものとなるからだ。そしてこのことは、シャットダウン制度が導入された後の韓国の未成年の子どもたちに、どこでどのように社会的資本や社会的財としてのゲームへのアクセスを分配するのか（あるいは、どこでどのようにゲームへのアクセスを制限するのか）というかたちで、その対象が拡張されるのである。

中国（北京、天津、上海）のネットカフェを主題とする第Ⅱ部第8章で、移動する人々として論じられたのは、「当該都市の戸籍を持たない人々」である。中国においては「農民工」に代表されるそのような人々は、十分な金銭的余裕がなく、適切な社会保障を受けることが困難である場合もあったことは、第Ⅰ部第4章第2節で確認したとおりであった。

そして、彼ら/彼女らの生活環境を踏まえれば、北京をはじめとする大都市のネットカフェは、彼ら/彼女らにとってのインフラとしてのパソコンやインターネット環境を提供する重要な場所であると言える。このことは、これらの都市のネットカフェ集中地区について、大都市へと移動する人々の労働環境を念頭に置くことによって、はじめて有意味な説明を果たすことが可能となるということからも傍証できる。

それゆえ、人々の移動の自由が徐々に認められる方向に進む現代中国においてなお、ネットカフェは移動する人々にとって、そこでのみ得ることができる娯楽が提供されるような場所となっている。このような論点は、娯楽はどのように提供されるべきか、という問題が中国の現在と未来を考える上での、喫緊の課題であることを示すものである。というのも、中国のネットカフェにおいては、ゲームのみならず動画やアニメ、映画も含めたメディアコンテンツが提供されているが、仮にそれらを享受する方法が、移動する人々にとってネットカフェという場所のみであり、その他の方法が「移民労働者」という彼ら／彼女らの属性に関わる要因から現実的な選択肢として構成されていないとすれば、(1)移民労働者となる必要がない人々との間の公平性、(2)これまで移動の自由が認められてこなかったこと、そして現在も完全には認められていないということに対する補償、といった観点から、優れて公的な性格を有する課題として提示されることになるからだ。

第Ⅱ部第8章第3節では、以上の課題を第Ⅰ部第4章第2節で紹介した「先富論」との関係から考察した。つまり、移動する人々はネットカフェにおいて、自らにとって十全なパソコンやインターネット環境を手に入れることになる、すなわちデジタルディバイドが解消されることになる。だが、そこで娯楽が提供されるあり方、という観点で見れば、彼ら／彼女らはいまだに、――そして、自らのパソコンやインターネット環境を十全なかたちで構築できる生活環境が整わない限りはおそらく今後も――、「遅れ」を伴ってそれを享受することになり、それは先富論のような社会政策とそれが生み出した社会構造によって、彼ら／彼女らが「遅れ」を引き受けさせられ、現在もその余波の中で生きている（がゆえに大都市のネットカフェのみで娯楽を享受している）ことと等価な事態となってしまっているのである。

このことを示す事例として、若い移民労働者たちにとって、自らの好みとする日本のコンテンツが、自分たちのもとに「遅れなく」届くことに対して支払おうとする代金が、日本の定価をはるかに超えるものであったことを紹介しておいた。娯楽はどのように提供されるべきか、という問いは、このような若者たちへのコンテンツのより良い提供の方法の模索をとおして、どのようにすれば、彼ら／彼女らにとってのより良い社会を、より良い方法で提供しうるか、という考究へと接続されるのである。

台湾（台北）のネットカフェを主題とする第Ⅱ部第9章で、移動する人々として論じられたのは、郊外化する台北で深夜遅くまで労働に従事する「コミューター」たちである。もちろん、このような人々は、韓国や中国のネットカフェにおける移動する人々とは、その移動距離やその属性がまったく異なる。

だが、ネットカフェにおける娯楽の享受という観点からは、むしろ彼らは積極的に議論され、比較されるべき存在である。というのも、日本のネットカフェのサービスを高く評価していた店員の言葉を改めて引用しつつ説明すれば、彼らは「自宅のパソコンではできない、家族に咎められるような」娯楽、例えばギャンブルやアダルトビデオの視聴を楽しむために、深夜のネットカフェに訪れてもいるからだ。それゆえ、この店員に従えば、ネットカフェの時間的／空間的な「エリア分け」こそが、台北のネットカフェの今後の課題となるのであった。そしてそこでなされているサービスを俯瞰的な視点から眺めれば、第Ⅰ部第4章第3節および第Ⅱ部第9章で確認したとおり、台北のネットカフェは、日本のネットカフェからの影響も受けつつ、「個別ブース」と呼んでもよいものを含めて、様々な娯楽を人々に実現しようとしている。

以上の娯楽に関する議論から確認されてよいことは、日本のネットカフェの娯楽の多様性とその提供形態のあり方それだけに着目すれば、ここまで議論されてきた課題は、「部分的には」解決しているように見えるということである。例えば、直近で述べた述べた台湾のネットカフェの課題は、日本のネットカフェサービスを高く評価していた店員が述べるとおり、個別ブースが部分的に解決してくれる可能性がある。

あるいは、韓国のネットカフェの分析から得た、誰のために娯楽はあるのかという課題は、部分的には日本のネットカフェにおいて解決済みである、と解釈することもできる。というのも、「個別ブース」の特殊性に注視してきたため、ここまではあまり触れてこなかったが、第Ⅰ部第1章第2節で確認した、東京都の条例の施行に抗するNPO自立生活サポートセンター・もやいの要望書に触れられているとおり、日本のネットカフェには、それほど多くはないながらもブースに囲われていない、比較的安価な「オープン席」が存在し、そこでオンラインゲームを楽しむ人々の存在も確認できるからだ。

「自分はネトゲ〔オンラインゲーム〕中毒です」と自己紹介をしたJF氏（二五歳男性）は、基本的に個別ブースを利用しない。彼はその理由について、オープン席が比較的安価であることを踏まえた上で、さらに「オープンスペースの方がパソコンのスペック（性能）が良く、そもそも自分はネットカフェをくつろぐために使っていないから」である。そして、続けて彼は「長時間のゲームに疲れたら、オープンスペースの利用を終えて、〔個別〕ブースで寝る」のだと説明した。[*2]

彼が行っていることは、ここまでの議論の言葉を用いれば、「好きなことが何でもできる」空間の使い分けである、と表現することができる。そして、その使い分けを適切な配分で提供することができれば、韓国の高齢者がわざわざ成人向けPC방に向かう必要もなく、また彼ら／彼女らにとって必要のない付加価値がつけられているがゆえの高額の料金を支払う必要もなくなる可能性がある。

さらに、中国のネットカフェの分析から得た、どのように娯楽は提供されるべきかという課題についても、日本のネットカフェが代表団体を形成してゲーム製作会社と交渉を行うことで利用権を確保したように、それを基点としてコンテンツ製作者との交渉を行い、ネット配信のような形式をとるような団体を構築することができれば、少なくとも「同時性」を確保できるような娯楽の提供を行うことができるだろう。それは部分的なものではあるものの、一つの解決だと見なしうるものである。

それゆえ、日本のネットカフェは、娯楽の公正な分配を部分的には実現していたということになるだろう。ただし、何度もこの語を繰り返し用いてきたように、それは「部分的なもの」であり、日本のネットカフェにおける実践を他国のネットカフェの課題に転用した場合には、次のような問題が起こることは明白である。

例えば、韓国のネットカフェの分析から得られた課題に対して、日本のネットカフェの実践を参照した解決策をとるとすれば、人々はわずかばかりの寛容を迫られることになる可能性がある。

本書ではそのことを、第Ⅱ部第7章第3節の最後に、周囲の環境に合わせるかたちで中国人移民労働者向けのネットカフェを営むＫＩ氏の店舗に集まる人々は、静かにオンラインゲームをすることを本当に望んでいるのだろうか、というかたちで問題提起しておいた。同じことは、日本のネットカフェの事例においても指摘できる。その代表的な例が、第Ⅰ部第3章第1節において、ネットカフェが静寂に包まれることそれ自体を怖いと感じながらも、静かにせざるをえなかった顧客がいたことである。

また、中国のネットカフェの課題に対して、日本のネットカフェの実践を参照した解決策を適用するとすれば、人々は現在の同時性は担保される可能性はあるが、歴史性を伴った不平等の解決にはならない。

この点については、韓国における娯楽の問題と、中国における娯楽の問題が、同じ娯楽という共通点を持ちながらも、その性質が別の位相を持っているという点から、さらに詳しく説明できる。つまり、前者においては、現状ある程度の社会的資本や社会的財を持つ者同士が、それをどのように分配するのか、という問題として立ち現れているのに対して、後者においては、社会的資本や社会的財を持つ者とほぼ持たない者が生み出されてきた中で、現在において娯楽を同時に提供することが、はたして公正の理念に適っているのか、という問題となっているのである。[*3] そしてこのことは、日本のネットカフェの課題においては、例えばネットカフェ難民と呼ばれる人々がこれまで置かれてきた社会的状況をどの程度勘案しながら、どのような方法で娯楽を提供するのが公正の理念に適っているのか、という問題として立ち現れている。なぜなら、自己責任論の立場は、「現在の状況」という、まさに今、ここの同時性という条件を基点として、そこから派生する過去と未来という観点から、我々と彼ら／彼女らを比較考慮せよ、という主張としても読み解くことができるからだ。

さらに、台湾のネットカフェの課題に対して、日本のネットカフェの実践を参照した「エリア分け」のような解決策をとるとすれば、それは端的に分離や分断を導くのではないか、という懸念が姿を現すだろう。もちろんこのことは、第Ⅰ部第3章第2節で詳述した、日本のネットカフェの課題の中核の一つである臭いとその対応としての「優しい分離」に呼応するものである。

以上のようなさらなる課題を踏まえた上で、ここで思い起こされてよいのは、日本のネットカフェには「好きなことが何でもできる」空間としての個別ブースが導入され、そこではおよそ思いつく限りの娯楽が提供され、ほぼ自室のような機能を果たすまでに至ったにもかかわらず、結果的に真の意味で「好きなことが何でもできる」空間にはならなかった、ということである。

特に第I部第3章で詳細に論じ、第I部第6章第1節でも再度触れたとおり、日本のネットカフェは「個別ブース」が導入されることによって、「他人に迷惑をかけない」という（暗黙の）規範が人々に共有される場所になり、この規範はその適用範囲の広さから、様々な娯楽の享受の仕方と、娯楽によってもたらされる人々の様々な反応の発露を、部分的には制約することになったと考えることができる。そして、それゆえにこそ、日本のネットカフェのみが静寂に包まれているのであり、この点で日本のネットカフェは、ある人にとっての娯楽が、別の人にとっての迷惑になり、それが摩擦を生み出す可能性があることを示す範例の一つとなっているのである。

以上のような各国／各都市のネットカフェ分析から導かれる課題解決と、そこからさらに派生する問題の比較考察は、例えば、中国のそれに示されているとおり、一方では日本のネットカフェで提起された課題の理解を深める効果を持つ。また他方で、このような比較考察は、日本のネットカフェから導出された「共にあることの現代的な困難」という課題を、韓国、中国、台湾のネットカフェの分析を経由したがゆえに、なおいっそう解かれるべき課題にしたとも言える。なぜなら、以上の議論から、これらの都市における社会的資本および社会的財としての娯楽の配分に関する課題の解決の指針を、日本のネットカフェで提起された「共にあることの現代的な困難」という課題の解決によって提示する、という理路が開かれたことになるからだ。

ただし、あらかじめ断っておけば、本書では日本を除く各国／各都市の諸課題に対して、具体的なかたちでその解決策を提示することはできない。というのも、それをなすためには、本書をそれぞれの国や都市を基点にして、改めて再構成をせざるをえず、紙幅の都合も含め、それは非常に困難な作業となるからである。よって、以下の節では、今後の課題として、先に述べたような解決の指針を示しながら議論を進めていく。

2　ケアとメディアはどのようにかかわりうるか

ところで、前節末で示したような「課題解決の手法」の相同と異同を比較検証するという方法は、社会背景の異なる各国や各都市における同じ主題の社会問題の様々な解決方法に照準を合わせているという点で、それらの解決方法から派生する諸問題を視野に収めうるものとなる。実際、前節で述べてきた娯楽の公正な配分の問題は、人々の間の摩擦の問題として考察されるべきであると同時に、配分される娯楽の量や質、そしてそれらを享受する人々の属性の問題やその解決方法に関する問題へと容易に転換しうる。そして、その際、このような派生する諸問題の共通点として気付かれてよいことは、ネットカフェにおける娯楽は、ある属性の人々に対しては何らかの配慮がなされつつ、提供されてきたということである。私たちは、ここで言う「配慮」について、語源としてはむしろ妥当な、もっとも広義の意味での「ケア」と地平をおなじくするものとして理解することができる。

それゆえ本節では、以上のような意味でのケアという主題から、前節と同じような理路をたどる比較を行いつつ、議論を進めていくことにしよう。そしてその際の対象となるのは、台湾（台北）、香港、シンガポール、そして日本（東京）のネットカフェであることは、もはや説明するまでもないだろう。

台湾のネットカフェの紹介を行った第Ⅰ部第5章第1節、および台湾のネットカフェの分析を行った第Ⅱ部第9章において、このような文脈からもっとも注目されるべき移動する人々は、フィリピン人移民労働者、わけても様々な家事労働に従事する人々である。これまでに確認したとおり、彼女たちは契約が不安定で低賃金、さらに実勤務時間を計測することが困難な労働に従事しているが、台湾における彼女たちのネットカフェ利用は、それが開店されている場所も含めて、表立って社会に現れることのない「裏側」の位置を占める。

なお、このような裏側が構成される機序は、ネットカフェ難民と呼ばれる人々の前史を論じた第Ⅰ部第2章第3節の議論を確認するのがもっとも分かりやすい。というのも、社会で対応するべき社会的弱者としての子どもに、ケアの視点が照射され続けてきたのとは対照的に、同じように社会的弱者であるこのような人々が、罪を犯したという点で「詐欺」の加害者として言及され、貧困問題として表立って現れるために多くの時間が費やされた背景にあるのは、よりケアされるべき子どものような存在が、当時の人々の関心事であったことだと考えることができるからだ。つまり、ケアの概念には、それが「特別な対象に対するもの」であるがゆえの、ケアを受け取りうる対象間の非対称性が内包されている。そして、そうであるがゆえに、子どものケアに定位する場合には、ネットカフェ難民と呼ばれる(ことになる人々の前史にあたるような)人々へのケアは焦点化されず、段階を追ってケアの対象として認知されざるをえなかったということである。

このような点から、フィリピン人家事労働者向けの台北のネットカフェ、あるいは台湾では正式な「資訊休閒業」としては登録されていないという点では「ネットカフェ的なるもの」が、台北において「裏側」となってしまっているということは、ケアを受け取りうる対象について、いずれかの対象に定位した場合に、別のケアを受け取りうる対象が死角に入ってしまうという問題の典型例であると考えられる。第II部第9章第3節で、台湾のネットカフェの課題として挙げた、ネットカフェの安親班的な利用とは、両親やその代理を果たすような保護者、そしてそのような代理の現代的展開である外国人家事労働者からのケアを受けることができない子どもたちを、規制に反しながらも何とか人の目のあるところに置いておこうとする実践だと解釈できるが、その際にもまた、台湾の家庭を支えているはずのフィリピン人家事労働者に向けて開店されているネットカフェや彼女たちのネットカフェ利用は、人々の死角に入ってしまい、言及されることはなかった。

なお、いったんこのような死角に入ってしまえば、外国人家事労働者たちに向けられる視線は、第I部第5章第1節で、ランの研究を引用しながら確認しておいたとおり、「彼女たちは本当に自らがケアしてもらいたい対象をケアしてくれる人物に足るのか」という疑念を孕んだものにもなるだろう。第II部第9章第3節で示唆したことであるが、日本のネットカフェ難民と呼ばれる人々は、ケアを受けうる存在としての自身と、ケアを受けうる別の対象に対して迷惑な干渉をもたらす可能性があると見なされる存在としての自身とを、どちらも内面化した人々だと理解することができる。このような意味で、ケアという文脈からの台湾のネットカフェの分析は、日本のネットカフェ難民と呼ばれる人々が置かれた状態をより精緻に理解するための参照点となっているのである。

他方で、ここまで見てきたような、移動先の国々においてケアを担う外国人家事労働者たちについて、第Ⅰ部第5章第2節、および第Ⅱ部第10章では、特にそのような人々が永住権との関係でどのような課題を香港に投げかけるのか、ということについて論じておいた。

その際に例として挙げたのは、二五年の長きにわたって香港で家事労働者として働いてきたフィリピン人家事労働者であったが、そこで提示した様々な法的・政治的問題を踏まえた上で、ここではさらに、本節のケアという文脈から、改めてこの事例を次のような問いとともに考察してみよう。それは、彼女は先に述べたような「疑念の目」、すなわち本当に自らがケアしてもらいたい対象をケアしてくれる人物に足るのか、という視線を向けられるべき存在なのか、という問いである。二五年という年月は、この問いに否と答えさせるのに十分な時間であるように思われるが、さらに重ねて考察されるべきことは、監視（管理）は、どのような対象を、どのような範囲で、どのような期間行えば終わるのか、ということを誰も決定することができず、逆にそれが永続的に続けられるのだとすれば、疑念の目を向けられたものは、そのようなものに留まり続けるのではないか、ということである。このような観点から、香港の課題も、やはり日本のネットカフェ難民と呼ばれる人々の困難をより詳細に説明するための参照点となる。なぜなら、監視（管理）の対象としての自らの存在を内面化するということは、それがそのまま自らがそのようなものに留まり続けることを自認するということに他ならないからだ。

ただし、以上のような意味で、本書の課題である「共にあることの現代的な困難」を考察するための参照点となる香港の外国人家事労働者の存在は、人々に開かれた香港のネットカフェにおいて、「多様なケア」の実践者として姿を現すことになる。

香港のネットカフェが人々に開かれたものとして存在すること、特に、台湾のネットカフェと同じく、外国人家事労働者たちが自国に残してきた親密な人々との交流を楽しむ一方で、ケアの対象である香港の子どもたちが、外国人家事労働者という保護者にあたるような人と一緒に来る、という実践も可能であることは、第I部第5章第2節の「きかんしゃトーマス」の事例や、第II部第10章第3節の「移民の歌」の事例などから、これまで何度も確認してきたとおりである。

少子高齢化の進む現代日本における子育てと親世代の高齢者の介護とのダブルケアないしは多重ケア、あるいは複合介護といった言葉とはまったく別種の、「多様なケア」とでも呼ぶべき状況が開かれている香港のネットカフェは、第I部第2章第3節の最後に確認した、地域コミュニティの夢の残滓のように、継続的な実現には至らなかった日本の「ネットカフェ的なるもの」が実現した事例にも映る。その基底には、第I部第5章第2節と第II部第10章第3節で論じたような、香港の保護監督者に対する（日本の現状からすれば）非常に厳しい規制と罰則があることも確かであるが、ここで改めて気付かれてよい当然の事実は、そのような多様なケアがなされる香港のネットカフェは、そもそもどこにでもある普通のネットカフェであったということである。香港のネットカフェの事例が示しているのは、単にネットカフェという場所が多様なケアの実践の場になるということだけではなく、どこにでもある普通のネットカフェが、例えば照明を明るくするサービスやリコーダーの独演会を楽しむ態度、あるいはアフリカ出身の店長の機転によってケアの実践の場に変化する、ということであり、そのような変化は同時にその場所にいる人々の関係性や役割の変化も促す、ということである。

香港のこのような事例を参照すれば、シンガポールへと移動する様々な民族の移民労働者とネットカフェとの関係、およびケアの対象としての子どもたちとネットカフェとの関係は、非常に固定化されたものである。

第I部第5章第3節で確認したとおり、シンガポールにおいては、「そもそも子どもが容易に行くことができるような場所にネットカフェを開店させない」という規制があり、それは子どもたちに対するケアの一つであると同時に、シンガポールの人々からネットカフェの存在を不可視なものにする可能性をもたらすものであった。このような不可視なものとしてのシンガポールのネットカフェについては、「裏側」のような台北のネットカフェと同じ機序によって導かれることを指摘することができるだろう。また、第II部第11章第2節で論じたとおり、リトル・インディア、ゲイラン、ラッキー・プラザという、民族別の移民労働者が集まるような場所で、それぞれの民族の移民労働者が店員として勤務し、それぞれの民族の移民労働者に向けて、それぞれの民族の移民労働者に合ったサービスを提供していることは、シンガポールの持つ「民族統合」の理念に疑問を投げかけ、また統合の困難を示す課題として指摘することもできる。

上記のことに加えて、ケアという文脈から、シンガポールのネットカフェが示す「もう一つの分断」として、第Ⅱ部第11章第3節でチャイナタウンのあるネットカフェの事例を紹介しておいたことを、ここで改めて想起しておこう。子どもたちが深夜まで過ごし、店内で提供されるインスタントラーメンを夕食としている、そのネットカフェの店主が口にした「子どもに対するケアがない」という言葉は、子どものケアについて保護者（にあたるような人）により重く信頼が置かれるがゆえにその分保護者（にあたるような人）の責任も重い香港と比較すれば、シンガポールでは子どものケアについて空間的規制により重く信頼が置かれるがゆえにその分厳密にネットカフェの開店場所や運用形態が定められていることの示唆であると同時に、その限界を指し示すものでもある。

ただし、空間と対置される場合の人々（保護者）によるケアの限界もまた、すでにここまでの事例から明示されている。先にも触れた、台湾におけるネットカフェの安親班的な利用はその典型例であると考えることができ、第Ⅱ部第10章第3節の香港のネットカフェを考察する過程で、不良がたむろするようなネットカフェの存在が示唆されていたことも、――すなわちそれは、子どもたちをケアするような保護者の不在を意味している――、そのような事例の一つに数えられる。また、第Ⅰ部第4章第2節で紹介した、中国の農村のネットカフェに関するオンライン建言が、その規制強化への訴えであると同時に、農村における保護者の不在を指し示すものであったことも、この文脈で指摘されておいてよいことだろう。

これら事例は、総じてケアを提供する視線の端的な限界を示すものである。だが、このことはさらに、台北、香港、シンガポールのいずれの都市でも観察された外国人家事労働者に対する漠然とした「不信」のようなものが発生する機序と日本のネットカフェの課題とをつなぐ糸となる。

実際、外国人家事労働者に対する不信は、日本の個別ブースにおける「くつろぐことができるが、何となく怖い」という感覚が構成される機序を応用して、次のように説明できる。つまり、ある者が自らのケアすべき対象（例えば、自分の子ども）に目を向けていなくても、誰かの目（例えば、外国人家事労働者）によってケアが完遂されているときに安心できるというまさにそのことが、その誰かの目が、——現在、自身が自らのケアすべき対象に目を向けていないように——、別のものに向くという可能性を担保してしまう、ということである。このとき、外国人家事労働者たちが、自国に残してきた家族や親しい人々に目を向けているという事実は、「別のものに目が向く」という可能性が現実のものとなることを示唆するような意味を持つ。そして、現代のメディア技術は、そのような示唆をつねに人々に提示し続けることになるだろう。[*4]

だとすれば、日本のネットカフェにおける「摩擦」の問題は、台湾、香港、そしてシンガポールのネットカフェに関する議論を経由したがゆえに、前節の帰結で論じたことと同じように、やはり考察されてしかるべきものになったと言える。なぜなら、日本のネットカフェにおける「摩擦」の問題の解決の指針を示すことは、これらの都市において陰に陽に示唆されている、外国人家事労働者を始めとする他者の受容に関する問題を解決する方途を提供することになるからである。

3　より良いメディア技術の利用はどのようなものでありうるか

なお、前節で提示した台湾（台北）、香港、シンガポールに共通する外国人家事労働者に対する不信という問題においてすでに暗示されていることだが、その問題の解決のために付随して解かれるべきものとして、現代のメディア技術の良き利用のあり方とはいかなるものか、という問いが派生している。

それゆえ本節では、この問いがネットカフェ利用の直接の課題となっている国について、これまでと同じような比較を行うことにしよう。むろん、このような主題において、その対象となるのは、フィリピン（マニラ）、タイ（バンコク)、そして日本(東京)のネットカフェである。

フィリピン(マニラ)のネットカフェを主題とする第II部第12章において、移動する人々として論じられたのは、――潜在的なものを含めて考えるならば――、「多数のフィリピン人」と表現する他ない。実際、同国の英語普及率の高さや労働環境の悪さなどの社会的条件は、二〇一一年当時の総労働力人口の約四%の人々をOFWとして海外へと送り出し、ネットカフェはそのような人々とその家族や友人たちとがオンライン上で連絡を取り合う場所として存在している。私たちはその事例を、前節のケアの文脈で取り上げた各国/各都市のネットカフェにおいて、何度も確認してきた。そして、このような遠隔地にいる親密な人々の存在は、第I部第6章第2節でも紹介したフィリピンのメディア技術に関わるインフラの脆弱さともあいまって、同国に多数のネットカフェを生み出してきた。

また、先に触れたフィリピンの社会的条件が、パソコンやインターネットの家庭普及率の低さと重なり合うかたちで、ネットカフェを過酷な競争の場所としても機能させていたことは、第II部第12章第2節で確認したとおりであり、さらに、英語普及率の高さと、同国の労働環境の悪さの裏面である物価やサービスの安価さが、非英語圏、わけてもアジア圏からフィリピンへの人々の移動を促してもいる。

このようなフィリピンへの人々の移動は、端的にはフィリピンにおける韓国人向けのネットカフェチェーンの存在からも把握することができ、このようなネットカフェの存在は、フィリピンからの/への人々の移動のプッシュ要因/プル要因を示唆するものであると考えることができる。加えて、このような条件の下で存在するフィリピンのネットカフェは、一三歳の子どもが先進国の男性との「結婚」を求めてそこを訪れるような事態を引き起こすことも確認された。

他方、第II部第12章第3節では、OFWが海外への出稼ぎ労働によって貯蓄した金銭を用いて、家族への糧とするべくネットカフェを故郷で開店することがままあることを紹介した。そしてそのとき、ネットカフェを開店した(元)OFWたちは、周囲の人々にパソコン・インターネット環境を提供する者として、家族のみならず周囲の人々の「保護者」のような役割を担うことになることが考察され、このような人々が、ネットカフェを開設することによって、周囲の人々にとってのより良いパソコン・インターネット利用を、バランガイをはじめとする周囲に暮らす人々との中でそのつど考えていかなければならない存在となっていることが示された。

他方、タイ（バンコク）のネットカフェが紹介された第I部第6章第3節、およびバンコクのネットカフェの分析が行われた第II部第13章で、移動する人々として論じられたのは、「タイの地方からバンコクに出てきた人々」と「観光客」である。

まず、第I部第6章第3節では、地方からの出稼ぎ労働者としてバンコクに来た後、屋台で生計を立てる母親を持つある中学生がネットカフェにおいてなす宿題に焦点を当て、その宿題が行われていた店舗に勤務する店員の将来の目標、すなわち彼女の地元でネットカフェを開店するという計画から、バンコクという都市の内部にある格差、およびバンコクと地方都市の間の格差の実態を論じた。

なお、これらの格差を埋める機能を果たすタイのネットカフェについては、さらに第II部第13章第2節において、バンコクから地元に戻ってネットカフェの出店を計画することと、OFWがフィリピンに戻ってネットカフェを開店することとの間の比較から、タイにおける英語スキルの社会的価値の高さ、国際観光国としてのタイにおける英語スキルの必要性、そしてネットカフェ店員に必要とされる基本的な英語スキルという論点を提示しつつ、より詳細に検討した。

その上で、第II部第13章第3節では、地方からバンコクに出てきて、歓楽街でバーガールとして生計を立てる女性たちのネットカフェ利用のあり方と、彼女たちに提供されているサービスとの関係が考察された。貧困から満足な教育を受けることができず、現代のメディア技術を利用するスキルがそれほど高くない彼女たちのネットカフェ利用のあり方は、用いられるメディア技術が手紙からパソコンやインターネットになったとしても、過去と現在でほとんど変化がない。そして、もっとも費用がかかるネットカフェにおいてのみ、彼女たちにとって有意味な現代のメディア技術の利用がなされることについて、そこに彼女たちのプライドが懸けられている可能性があることが示された。

ここまでの簡単な確認からでも、フィリピンとタイのネットカフェでのパソコンやインターネット利用において、最終的に問題となっていることが、より良いメディア技術の利用のあり方であることは明白だろう。ただし、両者は、その「より良さ」をめぐって、互いが互いの前提を否定する主張をなしているように思われる。つまり、フィリピンでネットカフェを開店することになった元ＯＦＷたちに要請されているものが、人々にとってのより良いパソコン・インターネット利用環境の提供であるのに対して、バンコクのバーガールたちが手紙とパソコン・インターネットをほとんど同じものとして利用し、またそのように利用せざるをえないということをもって自ずと発しているのは、人々にとってのより良いパソコン・インターネット利用なるものは本当に存在するのか、という疑問であるように映る、ということである。

このことは、例えばバンコクのバーガールたちに、何らかのより良いパソコンやインターネット利用のためのスキルを提供することを想定してみればよい。第Ⅱ部第13章第３節で論じたとおり、その中には、現在の彼女たちの助けになるものもあるかもしれない。だが、それらが将来の彼女たちの生活を変えるか、と問われればそれは疑問に付されるだろう。むろん、ここで問題になっていることは、パソコンやインターネットのある利用方法がより良いものだと、どのような根拠をもって言いうるか、ということであり、その「より良さ」を考えることの難しさは、他でもないフィリピンの元ＯＦＷのネットカフェ店主たちがその実践をもって教示してくれていることである。よって、ここにもたらされているジレンマは、フィリピンのネットカフェについて論じたことと、タイのネットカフェについて論じたことを総合させながら、次のような疑問にも言い換えられる。パソコン・インターネット利用の「より良さ」とは、どのように担保されるのか。

このように考えるとき、第Ⅰ部第３章第３節の最後で、日本のネットカフェに対する「さらなる工夫」として提示した、ネットカフェ難民と呼ばれる人々に向けての「自助組織や公的機関のＨＰへのたどりやすさ」については、むしろその「理念」の面で、さらに考究の余地が残されていることが分かる。つまり、このような工夫がネットカフェ難民と呼ばれる人々を部分的に助ける可能性があり、それは「好きなことが何でもできる」空間というインターネットやパソコンが持っている理念に根ざすものでもあるが、「好きなことが何でもできる」ということが、ネットカフェ難民と呼ばれる人々にとって、より良いものとして享受されるためには、そのような状態に自らの身を置いて良いということを支える理念もまた、同時に案出されるのでなければならない。さもなければ、先の工夫は、彼ら／彼女の現在の（現時点での）身を助けるために「好きなことが何でもできる」空間を提供したことになるだけだろう。

このような検討を踏まえれば、私たちは、ここで問われているものが、日本のネットカフェにおける「摩擦」の問題を論じた際にも発されていたことに気付くことができる。なぜなら、この摩擦とは、「好きなことが何でもできる」空間としての個別ブースにおいて、ある人が「ただ生きる」ということ自体に相容れなさを表明するような別の人が「ただ生きる」ことについて、双方をどのようにして肯定するか、というかたちで発されたものだからである。「共にあることの現代的な困難」の解消には、このような自己肯定をもたらすような理念を提示する必要があり、それは先に述べたような、フィリピンのネットカフェから導出された課題とタイのネットカフェから導出された課題に対する応答にも寄与するものなのである。

4　共にメディアを用いる人々とどのような関係が結ばれうるか

以上のような比較を踏まえた上で、ネットカフェ難民と呼ばれる人々とその他の人々との間の「摩擦」に示唆されるような「共にあることの現代的な困難」を、私たちはどのようにすれば解消できるだろうか。

改めて確認しておけば、この課題を解決することは、「エートス」のようなかたちで人々に内面化されている「他人に迷惑をかけなければ、何をしてもよい」という、自由主義的な発想を持ついかなる社会思想においても見出しうる規範に介入するという点で、個別の事例を超えた意義を併せ持つ。加えて、そのような摩擦や軋轢を、自らこそが受けていると見なすような自己責任論や、その主張を理念的・技術的に支えることになる監視（管理）に対して、何らかの別様のあり方を提示することを目指すものでもある。さらに、その際に提起される理念は、現代のインターネット利用に関する、やはり別様のあり方の示唆を見越すものでもある。

私たちは、このような一見壮大で解き難いものでありながら、同時に極めて単純な課題の解決のための指針を、すでにいくつか得ている。

例えば、第Ⅰ部第3章第3節において、自己責任論が考慮に入れることが難しいものとは、自らの他者に対する迷惑な干渉が、その他者にとって、後に別様の可能性を開くことだと論じておいた。そして私たちは、自己責任論に則る場合は難しいこのような所作が、すでに香港のネットカフェにおいては実現されていたことを知っている。以下では、共にあることの現代的な困難を解消するためのアイデアを、これまで見てきた様々なネットカフェにおける実践とその含意に見ることで、一つの方策を提示してみよう。

ここで言及した香港のネットカフェの事例は、それを理論的に突き詰める場合に、ある一つの実践的概念となる。それは、J・デリダが論じる「歓待[*5]（Hospitality）」（Derrida 1997）である。

なお、「歓待」という概念単体で見た場合に、本書の帰結としてこの概念に言及することには由来がないわけではなく、むしろ積極的に取り上げられるべきものであるとさえ言える。実際、本書でも何度か参照してきたアーリは、移動する人々の諸権利を考える上でデリダの歓待の概念に言及し（Urry 2007=2015）、また現代の監視社会論の泰斗であるD・ライアンは、ビッグデータ分析などによって、人々がすすんで自らの嗜好や行動の隅々まで監視を行き届かせるような現代社会をめぐってZ・バウマンとの対話を進める中で、E・レヴィナスの思索の総体を「歓待論」として読み解くデリダの振る舞いを肯定的に評価している[*6]（Bauman and Lyon 2012=2013）。さらに、デリダとは独立に、現代の情報社会を「ヴァーチャルなもの」という論点から解読したP・レヴィも彼の主著の最終章で「歓待」について触れ、その書の結論としている（Lévy 1995=2006）。

ただし、これだけの人々に参照されてなお、デリダの歓待論はいまだ論じられるに値する。というのも、ここに挙げた著作においては、歓待に関する議論は僅かに触れられるに留まるか、結論で一言言及されるかのいずれかであるからだ。

では、デリダの歓待論とはどのようなものか。彼は「万国の世界市民よ、もうひと努力だ！」という論文の中で、カントの「永遠平和」という概念を脱構築することで、「難民都市」という考えと歓待の関係について論じている。デリダによれば、普遍的歓待においては、こちらのみをカントは認める「訪問権」すなわち「どのような場所に行っても敵意を向けられない権利」のみならず、「歓待権」つまり「どのような場所に行っても客として迎え入れられる権利」(Derrida 1997) がすべての人に認められるべきだという。このことが意味するのは、歓待の概念の下に、あらゆる人が単に訪問者として扱われるのみならず、無条件に滞在できる者として扱われなければならないということである。それゆえ、普遍的歓待という概念は、彼の論文のタイトルにもあるように、ある種の世界市民的理念を導く。

もちろん、「無条件に人々を受け入れる」という、ここで言われるような普遍的歓待の概念は、それが確かに実現すれば本書で提出した摩擦は解消されることになるだろう。しかし、それはどのようにして現実のかたちとなるのか。デリダは、まさに歓待を主題的に論じた別の著作で、次のように述べている。

> 私が提示しようとする絶対的ないしは無条件の歓待は、通常の意味での歓待、条件付きの歓待、歓待の権利や契約などと手を切ることを前提としています。そうはいったものの、この場合でも堕落(＝倒錯)の可能性をなくすことはできないことは考慮に入れておかなくてはなりません。
>
> (Derrida and Dufourmantelle 1997: 29=1999: 63)

彼はここで妥協をしているのだろうか。すなわち無条件の歓待は、常にそれを裏切るような何かとしてしか実現せず、それはある意味で仕方がない、と。

ただ、少なくとも筆者は、次のように考える余地が残されているのではないか、と考える。すなわち、デリダに従えば、無条件の歓待は、誰にも具体的なかたちをもって実現できないがゆえに理念的なものであるように見えるのではなく、つねに何らかのかたちで限定的なものにならざるを得ず、その限定的な事例を通じてのみ、――簡単に言えば失敗を通じてのみ――、無条件な歓待を思い描くことができるため、理念的に映るのだ、と。

このことが、本書の最終節の結論として歓待に言及する、二つ目の理由となる。すなわち、この観点からすれば、例えば自己責任論が強く信奉されるような社会関係についても、それを普遍的な歓待の失敗の事例として考えることができるからだ。それは仮にネットカフェ難民と呼ばれる人々がもっとも「溜め」を持っていない（ように映る）のだとしても、自己責任論を唱える人々もやはりそれほど「溜め」を持っていないのだとすれば、それを唱える彼ら／彼女らの立場を、何らかのかたちで積極的な意味を持たせるために、——換言すれば彼ら／彼女らをも肯定するために——、必要なパースペクティブだと考えられる。

なお、歓待という実践が、そこに関与するすべてのものの立ち位置を変化させるような実践であるということは強調されてよい。例えばある者は、そこに客が到来することによってのみ主人となる。それゆえこのとき、ある者が主人であるということは、客としてそこに現れるであろうある者の存在に負っている。この意味で、主人は、客にそのようなものとして認識されたときにやっとのことで主人となる。つまり、主人は「客の客」のようなものなのであり、客は主人を迎え入れているとも言いうるだろう。他方で、ある者は主人となるかもしれない者によって客のようなものとして映るがゆえに客となる。そのとき、主人にも客にも属さない、歓待の実践に差し向けられたものとして、ある場所が開かれることになる。これが歓待の実践的含意である。

さらにここでは、國分功一郎がなした歓待と寛容の定義に関する議論を引いておこう。彼はそれを、P・クロソウスキーの『歓待の掟』における「歓待」概念から論じており、クロソウスキーが提示する歓待という概念は、まさにデリダの歓待論の一つの参照点になっている。クロソウスキーのなした描写を解釈しつつ國分は、歓待を「他人を受け入れることによって、主（あるじ）と客が共に変容すること」（國分 2002: 44）だと定義する。それに対して、彼は寛容を「既にある自分を維持しながら、他人を受け入れ、その存在に我慢（tolérer）すること」（國分 2002: 44）だと論じる。

ここで気付かれてよいのは、國分のなす寛容の定義が、「人々がただ生きる」ことの間の摩擦の中で起こっていることを説明するものになっている、ということである。つまり、寛容の関係の中にいる人々は、摩擦の中でなんの不平も言わずに互いに我慢しながら相手を受け入れている。このような意味で、第I部第3章第2節で「優しい分離」

と呼んだものは、寛容の精神における極めて理知的な実践であると言わなければならない。さらに付言しておけば、自己責任論とは、摩擦のただ中で関係するすべてのものの既存の立ち位置を維持する役割を担う主張（イデオロギー）であると考えることができるだろう。そして同様に、ネットカフェ難民と呼ばれるような人々が、ときに自己責任論を受け入れてしまうのは、それが彼ら／彼女たちの現時点での社会関係を守り、維持する唯一の方法や主張だと看取されるからである。

先の議論に続けて、國分は歓待の実践と寛容の実践の間の共通点と差異についても説明している。彼は、他者を受け入れることについての実践という意味では、二つの間に違いはなく、唯一の違いは、関係するすべての者の「変容」（國分 2002: 44）があるか否かであると論じる。[*7]

だとすれば、最初に述べた「摩擦」の解消は、次のように考えられるべきだということになるだろう。どのようにすれば、ネットカフェ難民と呼ばれる人々が、ネットカフェに関係するあらゆるものとの間で別の立場をとることができるのか、そして逆に、ネットカフェに関係するあらゆる人々が、自分自身の立場のみならず他のものの立場を、そして何となればネットカフェ難民と呼ばれるような人々の立場をも取ることができるのか。

このように問いを発するときに思い出されてよいのが、本章第1節で見たような、日本のネットカフェでは未だ十分なかたちでなされたとは言い難い、過去・現在・未来を通じた娯楽の公正な提供と、それに対する自己責任論との関係である。

改めて確認すれば、自己責任論は、現在の娯楽の分配に対して、現在の状況という今、ここの同時性という条件を基点として、そこから派生する過去と未来を比較せよ、と主張するものと考えられるのであった。そのような主張は、「今、ここの同時性」においては、他の人々には迷惑な干渉をなしていない、という無謬性を根拠としてなしうるものであるが、より正確には、そのような主張がなされる原因としての他者からの迷惑な干渉を受けたという認知と、当該の主張がなされることとの間には、「自分は他者にそのような干渉をなしていないだろうか？」という、意識にも上らない可能性のある自問自答が、——あるいは、そのような自問自答が不要であることを担保するような理念や技術としての監視（管理）によるチェックが――、あるのでなければならない。

　それゆえ私たちが注目すべきは、自己責任論における、ありえたかもしれない可能性としての他者への迷惑な干渉であり、このような違和を孕んだ自己の可能性を媒介にして、自己責任論を他者への／他者からの迷惑な干渉へと開いていく余地が生まれるだろう。

　他方、本章第2節で論じたことだが、ネットカフェ難民と呼ばれる人々は、ケアを受けうる存在としての自身と、ケアを受けうる別の対象に対して迷惑な干渉をもたらす可能性があると見なされる存在としての自身とを、どちらも内面化した人々であり、後者に孕まれる「見なされる」という他者からの視線を内面化することによって、自らを監視（管理）するような状態に置かれている、と理解することができる。湯浅が「溜め」がないと呼んでいた事態、あるいは自分自身からの排除と呼んでいた事態とは、それゆえ、自らによる自らの監視（管理）をあまりに強く実践することによって、彼ら／彼女らに可能なことが、ケアを受けうる別の対象に対して迷惑な干渉をもたらす可能性がある存在としての自分自身を監視（管理）することのみになるような状態に陥り、その監視（管理）が続く限り、自分が他者への迷惑な干渉をなす（可能性がある）ものとして、つねに否定的な意味を帯び続けてしまうということだと言える。

　だとすれば、私たちが考察べきは、彼ら／彼女らが、ケアを受けうる存在であることと、ケアを受けうる別の対象に対して迷惑な干渉をもたらす可能性がある存在であることとを、分断する手法である。その上で、本章第2節で論じたような、彼ら／彼女らに対する「不信」のような視線が向けられることがないようにメディア技術を用いることで、本章第3節において課題となった「より良さ」をそこに付与する方法を考案してみればよい。

　さらにここでの考究に、一本の補助線を引いておこう。先にも引いた湯浅の「溜め」という概念は、センの潜在能力という概念に由来することを、すでに第I部第3章第3節で確認しておいた。この概念について、セン自身は、ある著書で次のように述べている。

豊かな国では、長寿、栄養、基礎的健康、疫病の防除、識字などを含む諸機能においては、個人間でそれほどの差異は存在しないかもしれないが、個人間で非常に大きく異なる他の諸機能が存在する。友人をもてなす能力、会いたいと思う人の近くにいる能力、共同体の生活に加わる能力などは、……豊かな国においてすら個人間で大いに異なりうる。自分の衣服を恥じることなく暮らす能力は、少なくともA・スミスやK・マルクスに遡る時代から重要とみなされてきた一つの機能であり、やはり個人間で大いに異なりうる。

(Sen 1985: 30-1=1988: 66)

センによれば、この引用で述べられる「機能」の総体が潜在能力であるが、私たちがここで注目してよいことは、ここに挙げられた様々な機能のいくつかが、明確に他者依存的な性格を持つことである。例えば、典型的なもので言えば、会いたいと思う人の近くにいる能力の実現は、その会いたいと思う他者が近くにいてくれる、ということに依存する。このような他者依存性は、否定的に捉えれば、諸個人が自らの潜在能力を独力で実現できる保証が与えられておらず、潜在能力の実現自体を不安定なものにするということを意味する。

しかし、ある個人の潜在能力を（部分的に）不安定化する他者依存性には、積極的に捉えることができる側面もある。それは、他者の現状とは無関係に、ある個人の潜在能力が実現される可能性があるということである。つまり、ある個人の他者依存的な潜在能力の実現は、他者の状況如何にかかわらずなお可能であり、それゆえ、当の他者の側からすれば、自身が何かをなさずとも、――それがある個人にとって「良い状態である」と看取されるのであれば――、その個人の潜在能力の実現を援助するという「潜在能力」を実現できる可能性がある。

このような考察を踏まえれば、例えば、監視（管理）という理念や技術を次のように応用してみることが想像できるだろう。改めて確認しておけば、監視（管理）においては、迷惑な干渉を行う人とそうでない人の精密かつ厳格な区分が主たる目標となるのであった。そのとき、移動する人々は迷惑な干渉を行う可能性のあるものとして把捉され、それゆえ移動せざるをえない人々、――例えばネットカフェ難民と呼ばれるような人々――、はまさにその代表例として、厳しい監視（管理）の対象になる。そしてそれは、自己責任論の文脈で言えば、危険を避ける（ために移動することができない人々の）ために必須の理念や技術なのであった。

では、移動せざるをえないような人々に、移動しなくてよいような立ち位置を持ってもらうことはできないだろうか。例えば、第II部第13章第1節のバンコクの子どもたちが、監視カメラをまったくの遊びのために使っていたときに、かえって彼ら／彼女らがカメラに映りたいがために、あるいは友だちが映っている姿を確認したいがために、立ち止まってしまっていたようにである。このような、メディア技術と人々の関係が変容し、場の意味も変わってしまうような事例を、共にあることの現代的な困難という課題に応用するとすれば、ネットカフェ難民と呼ばれる人々が、そこで移動せずに監視をすることに意味がある別の立ち位置を持ってもらったらどうだろうか、という想像に至りうるだろう。

このとき、一例として、希望者にはネットカフェの個別ブースに住み込みで働いてもらう、――むろん、それが十分に生かされるためには、多少の工夫が必要であろうが――、といったことを、共にあることの現代的な困難を解消する方策の端緒として挙げることができる。すなわち、ネットカフェ難民と呼ばれる人々であること、つまり移動する人々であるがゆえに個別ブースを自室とせざるをえないことそれ自体に、積極的な意味を見出してもらい、彼ら／彼女らに自室を守るように、そこに集う人々の安心を担保してもらう、ということである。私たちはこのこととよく似た実践がシンガポールの「良い」雇用主のもとで働くことになったフィリピン人女性に起こったことを、すでに第II部第12章第1節で確認しておいた。そして、このようなかたちでの雇用が実現するとすれば、彼ら／彼女らには、ネットカフェ店員として半ば強制力を持つかたちで身なりを整えてもらうこともできるだろう。さらにここで、ネットカフェを利用する自己責任論者を想定してみれば、彼ら／彼女らは、ただそこを利用するというだけで、元々ネットカフェ難民と呼ばれる人々であった店員にすでに干渉してしまったことになるのだが、そのことによって彼ら／彼女らの安心は担保される。

なお、この方策をある程度一般化して述べれば、ネットカフェ難民と呼ばれる人々と周囲の人々の現在の必需を満たしつつ、その未来を未規定のまま肯定的に開くことを施策として提供するものであると表現できる。おそらく、このようなかたちであれば、ネットカフェ難民と呼ばれる人々にとってのネットカフェが「複合文化施設」のようなものへと変化し、インターネットやパソコンを含めて、そこにある様々な社会的資本や社会的財が、彼ら／彼女らの未来のために利用できるようになるだろう。その中にはもちろん「自助組織や公的機関のＨＰへのたどりやすさ」という工夫もあってよい。そして、彼ら／彼女らがそこにいる必要がなくなったときには、彼ら／彼女らによる監視（管理）もまた、終焉を迎える。

現代のメディア技術が世界を覆いつつある中で、――それは語のもっとも単純な意味での「グローバリゼーション」と呼んでよい事態だと解することができ、またここまでの議論をもって、ようやく現代のメディア技術が「世界を覆いつつある」と表現する端緒に立ったと考えるが――、私たちがより良いメディア利用のあり方を模索する上でなしてよいことは、それゆえ、人々の関係のあり方を変え、メディア技術とそれが用いられる場所の意味を変えることによって、新しい価値をそれらに付与していくことであろう。その具体的方策を詳述することは、現在の筆者の力量を超えるため、ここでは措く。だが、ここまでの議論において、十分にそのヒントは示しえたと考える。というのも、先に挙げたような方策は、現代の情報メディア環境についての議論の中で主題化される「つながり」や「切断」とは違った、「すれ違い」のような人々の関係性を志向するようなものであるからだ。

他方、より良いメディア利用のあり方を、それが形成する関係性やそれが用いられる場所の変容に求める態度は、現代のものとはまったく別のメディア技術が登場しようとも、それが「メディア」であり続ける限り、――すなわちそれが何らかの情報を媒介するものであり、その際、人々の状態の変容とともに何らかの場所性が宿ることになる限り――、変わらずに通用するものであると思われる。加えて、少なくとも現代においては、メディア技術の利用が生み出す人々の関係性やそれらが用いられる場所に新しい価値を生み出すことによって、インターネットと呼ばれるものの意味をより豊饒なものにしていくことも目指されてよいだろう。

なお、本章で用いた比較の手法は、フーコーがその最晩年に用いようとした歴史記述の手法に関する筆者の読解

（平田 2007）を、現代社会のメディア利用の比較として応用したものであるが、その限界は、フーコーが自ら述べているとおり、そのような分析から得られる問題解決についての示唆が短期的なものに留まるということである。それゆえ、先に論じた共にあることの現代的な困難に関する一つの方策には、おそらく期限があり、またそれですべてが解決できるわけではない。先に提示した方策は、現時点で考えうる様々な方策のうちでも、かなり有力なものであると筆者は考えるが、絶対的な方策であるわけではない。実際、本書で論じた国や地域をさらに他国／他地域に拡張するとすれば、また違った課題が姿を現わすことだろう。そして、そこで採られると想定される課題解決の手法と、日本のネットカフェの課題解決の手法との比較から、共通する（共有される）問題を析出し、さらにその共通する問題を解く鍵を探索するという手法が用いられる限り、解決策はつねに部分的に変容し続けるだろう。

とはいえ、少なくとも筆者には、以上のことが決定的に問題のある事態を引き起こすとは考えられない。なぜなら、部分的に変容し続ける解決策を考案し続けている限り、私たちは少なくとも、ソウルで中国からの移民労働者のために、二四時間ネットカフェを営業していた女性や、ハイハイする子どものために一席分のパソコン利用料金とインターネット接続料金をふいにしつつ保父さんになったアフリカ人の店主、あるいは子どもたちがなかなか帰らない中、それほど明るくないネットカフェで「子どもに対するケアがない」とつぶやいたシンガポールのネットカフェの店主や、マニラのネットカフェで、地元の子どもたちにどのようなインターネット環境を提供すれば良いのかを、周囲の人々と共に考え、悩み、何らかの暫定的な答えをもって人々にインターネットやパソコンを提供していた元ＯＦＷの女性たち、そしてバンコクのネットカフェで顧客から翻訳の依頼を受けた手紙を何度も確認し、タイ語と英語の文章の対照を細かく説明していた女性のネットカフェ店員たちと、同じ地平にいるからだ。

現代のメディア技術が利用される現実の場所としてのネットカフェは、スマートフォンに代表されるような個人が利用可能なインターネット接続機器が行き渡りつつある中で、徐々にその役割を終えようとしている。だが、本節において論じてきたネットカフェにおける歓待の実践とその応用は、共にあることの現代的な困難がオンライン上に散見されるように映る現在においてこそ、希求されていると考えることもできるだろう。それゆえ、このような実践とそこで得られた知見が、オンライン空間（ネット空間）と呼ばれる関係性にも展開が可能となったとき、ネットカフェは真にその歴史的な役割を果たし終えたのだと言えるのかもしれない。

註

序章　アジアのインターネット利用の比較と方法的問題

＊1　調査として現地に滞在した期間を記せば下記のとおりとなる。なお、東京に関しては、断続的な調査をすべて記載すると膨大なものになるため、本書で言及したもののみ期間を記す。

東京：二〇一〇年一月三〇日〜二月七日、二〇一一年五月一日〜五日、二〇一二年二月九日〜一五日
ソウル：二〇〇八年一一月二九日〜一一月三〇日（パイロット調査）、二〇〇九年二月二三日〜二八日、二〇一一年二月八日〜一八日、五月三一日〜六月六日
北京：二〇〇八年一一月三〇日〜一二月六日（パイロット調査）、二〇一一年二月二八日〜三月五日、二〇一二年二月二〇日〜二五日
上海：二〇〇九年一二月一八日〜二六日、二〇一二年二月二五日〜二九日
天津：二〇一一年三月五日〜一三日、二〇一二年二月二九日〜三月四日
香港：二〇一〇年一月一四日〜二二日、八月六日〜一二日、二〇一一年八月三一日〜九月一二日
台北・新北：二〇一〇年二月一三日〜一九日、二〇一一年九月一二日〜二七日
シンガポール：二〇一〇年六月一日〜七日、八月一五日〜一九日、二〇一一年八月八日〜一六日
マニラ：二〇一〇年三月一日〜一〇日、二〇一一年八月一六日〜三一日
バンコク：二〇一〇年二月二三日〜三月一日、二〇一一年七月二三日〜八月八日

なお、上記の期間の後も、筆者は断続的にこれらの都市でネットカフェに関する調査を行っており、そこから新しく得られ

た知見もある。だが、同時期の比較を念頭に置いた記述のために、本書では基本的に上記の期間に行われた調査から得られた知見をもとに議論を展開し、必要に応じて註などでその後の調査で得られた知見を補っていく。このような調査の代表的なものの期間は、以下のとおりである。

東京：二〇一三年六月七日～一〇日
ソウル：二〇一五年三月六日～一五日
香港：二〇一三年三月一一日～一四日、二〇一四年二月一六日～二四日
台北・桃園：二〇一三年二月二〇日～二五日、三月一四日～一八日
シンガポール：二〇一四年三月一〇日～一七日
マニラ：二〇一三年二月二五日～三月七日、二〇一四年八月六日～一一日、八月三一日～九月四日
バンコク：二〇一五年三月一九日～二九日

加えて、本書では積極的に取り扱っていないが、本書とも関係の深い都市での調査としては以下のものを実施した。

深圳：二〇一三年三月七日～一一日
セブ：二〇一四年八月一一日～二一日
ラワグ：二〇一四年八月二二日～三一日
ジャカルタ：二〇一四年二月二四日～三月一〇日
クアラ・ルンプール：二〇一四年三月一七日～三一日

＊2　これらの数値は導入のための概算値であり、本節では改めて各種統計データを参照しながら、可能な限り正確な数値を割り出すことにする。
＊3　むろん、これらの数値から積極的な意味を得ることができることも確かである。例えば、「この五年強で、世界のインターネットユーザーは約一・七二倍になった」と表現することは可能であり、「二〇一一年に三〇％程度であった世界のインターネットユーザーの割合が、この五年でとうとう五〇％の壁を突破する段階にまで至った」という説明もまた正しい。

＊4　デジタルディバイドという言葉は、一九九九年のアメリカ合衆国商務省電気通信情報局（National Telecommunications and Information Administration, NTIA）による「ネットからこぼれ落ちる――デジタルディバイドを定義する〔Falling through the Net: Defining the Digital Divide〕」（NTIA 1999）という報告書において大々的に提起された言葉である（初出としては前年の同省の報告書による）。そして、「こぼれ落ちる」の原語である“fall through”が、例えば「(上にいたものが）氷が割れて落ちる（fall through the ice）」のような使われ方をすることからも分かるとおり、“through”の後に続く名詞（句）の「上」と「下」が明確にされ、多くの場合「下」が良い状況ではないことが暗示される。この報告書では、インターネットを始めとするネットワークを利用している層（ネットワークの上にいる層）とそれを利用していない層（ネットワークの下にこぼれ落ちている層）との間の分断に、所得格差が存在することが論じられている。

このような出自を持つ言葉を、本書が（価値中立的な）事実を指し示す言葉として使用する理由は、実態としても、また主観的な感覚としても、私たちはすでに「ネットワークの上にいること」が（相対的ではあれ）幸福であると端的に信じられる世界にはいない、ということに由来する。実態というのは、以下でも確認するとおり、その内実を問わなければ、世界のインターネットユーザーが五〇％を超えることが現実のものとなった現在において問われるべきは、「克服されるべきデジタルディバイド」ではなく、人々が非インターネットユーザーからインターネットユーザーになる、その「あり方」はいかなるかたちなのか、そしてその際「インターネットとの付き合い方」はどのようにあるべきか、ということであり、このことを考察するためにはデジタルディバイドから「克服されるべき」という目的性を取り除いておく必要があると考えるからだ。そして、「インターネット依存症」などの問題を引き合いに出せば分かるとおり、その必要性はすでに多くの人々が主観的な感覚として保持しているように思われる。

なお、先の報告書に対しては、木村忠正が政治的アジェンダとしての「デジタルディバイド」が、アメリカの産業構造の変動から生み出された社会的・経済的格差を背景にしたものであり、そのような「狭義のデジタルデバイド」（木村 2001: 10）論に留まらず、情報技術によって「社会の総体的再編成が生成するメカニズムと再編成により生み出される経済的格差、社会的格差がどのようなものになるのか」を射程に入れた「広義のデジタルデバイド」（木村 2001:12）が考察されるべきだという見取り図を示している。また、太郎丸博は「デジタルディバイド」論を「富→情報仮説」（財を持つ層が情報技術を持ち、より有益な情報を得るという仮説）と「情報→富仮説」（情報（技術）を持つ層が、より大きな富を生み出すという仮説）とに分け、それらが円環をなす場合には「文化資本論」（Bourdieu 1979=1990）によく似た「階層再生産論」（太郎丸 2004: 57）をなしていることになるが、少なくとも日本における調査の結果からは「情報→富仮説」は棄却されることを論じている。

＊5　インターネット世界統計が用いる人口データは、――速報を重視するという観点からであろうが――、基本的に推定値が用

いられている。本節では、ある程度の誤差を加味した上で、インターネット世界統計のデータを参照しているが、正確を期すために同統計が依拠しているアメリカ合衆国統計局が提供する各地域の人口推定値を用いた。また、インターネット世界統計の二〇一一年のデータは筆者が同年に個人的に記録していたものであり、二〇一八年時点では参照できないが、このデータを用いた論文としてN・A・ヴィラとJ・A・フレブリーの論文（Vila and Fraiz Brea 2012）があり、筆者の記録と照合の上、同じ数値であることを確認した。

＊6　念のため注記しておけば、インターネット国際統計では、国際連合が規定するヨーロッパ、中東（西アジア）、南アジアとは異なる国分類を用いている場合がある。その中でも比較的大きな人口を抱える国の分類の違いとして、国際連合の規定では中東（西アジア）に含められるトルコがインターネット世界統計ではヨーロッパに含められ、同じく国際連合の規定では南アジアに含められるイランがインターネット国際統計では中東（西アジア）に含められている、という差異がある。
ただし、国際連合の分類を適用したとしても、両国が二〇〇〇年以降、ほぼ同じ人口数と非インターネットユーザー数を持つ国であったということ、そしてそれぞれの国がヨーロッパとアジアに与える影響は、人口規模的に小さいものに留まるという点で、ここでの論旨には影響を及ぼさない。

＊7　他方でアジアは、二〇〇〇年以降、他の大陸別の地域のそれをはるかに超えるインターネットユーザーが存在し、――つまり、二〇〇〇年以降、インターネットユーザー数という意味では、アジアはつねに最大であった――、その数を急速に伸ばし続けてきた地域でもある。具体的な数値を用いて確認すれば、二〇〇〇年時点では約一億一四三〇万人であったインターネットユーザー数は、二〇〇五年の段階で約三億六四二七万人を数えるに至り、二〇一一年、二〇一六年にはそれぞれ九億二二三三万人、一七億九二一六万人にまで膨れ上がる。

＊8　このことは、二〇〇〇〜二〇〇五年に非インターネットユーザー数の減少に大きく貢献したのがヨーロッパ、北米、オセアニアであるということに対応している。

＊9　なお、フィリピン、ベトナム、タイの三ヶ国は、それぞれアジアで第七位、第八位、第一〇位（イランを中東に含めるとすれば第九位）の人口を有する国である。

＊10　各国内のデジタルディバイドと国家間のデジタルディバイドをいったん分けた上で、それらの相互関係を捉えるという視点それ自体は、W・チェンとB・ウェルマンによって提示されている（Chen and Wellman 2004）。

＊11　アジア各国内におけるデジタルディバイドを論じたものとしては、註4の太郎丸のものの他に、M・カガミらの著作（Kagami *et al.* (eds.) 2004）およびD・クマーの著作（Kumar 2006）がある。他方、アジア全域を対象にした国家／地域間のディジタルディバイドについてはAPEC各国について分析を行ったB－I・チョイの研究（Choi 2000）、アジアの一八の国と地域を扱った

M・G・キビアらの研究（Quibria *et al.* 2002）、情報技術によって得られる知識に関するアジアにおけるデジタルディバイドの縮小を論じたH‐D・エヴァーズとS・ゲルクの論文（Evers and Gerke 2004）などが挙げられ、中国、香港、台湾をめぐる一次のデジタルディバイドと二次のデジタルディバイドを総合的に検討したものとしてS‐F・ツェンとY‐C・ユの論文（Tseng and You 2013）もある。また、結論としては様々に異なっているこれらの論考を互いに接続するパースペクティブを示したものとしては、拙論（Hirata 2013）を参照のこと。

＊12　ここでの人々のニーズに関する論述については、非インターネットユーザーの定義の中には直接含まれているものではないが、自然な拡張であるように思われる。なぜなら、そもそもの非インターネットユーザーの定義に、インターネット接続ができる場所に近接しないということが含まれており、だとすれば仮に物理的に何らかのネットワークのそばにいたとしても（何となれば自宅にインターネット環境があるとしても）、それが人々にとってまったく意味をなさないものであるならば、その当人の主観としては非インターネットユーザーであろうし、外部から観察する場合においても非インターネットユーザーと考えるのが妥当だと思われるからである。

上記のことと関連して、パソコンやインターネットに人々がアクセスしている状態それ自体（まさに触れている状態）をもって、あるいはパソコンやインターネットの人々に対する波及力を仮定し、それが人々に何らかの影響を及ぼしている（と想定する）ことをもって、「人々がインターネットユーザーになる」と考えるならば、ネットカフェは、人々を一時的にインターネットユーザーへと変えるが、店舗を出た瞬間に再び非インターネットユーザーに戻すような場所だと言える。このことを、人々の視点から捉えなおせば、ネットカフェに赴くことによって、人々はしばしの間インターネットユーザーになるが、ネットカフェから出ることで再び非インターネットユーザーとなる。拙論（平田 2016）では、先の「波及力」を「ウェブ文明」と換言しつつ、このことを論じた。

＊13　なお、比較社会学には「時間的・空間的に異なる社会間の比較を通じて見出される類似や差異から、社会や社会現象をタイプ化したり、そうした差異や類似を生み出す原理や構造やメカニズムを明らかにしたりする手法を持つ社会学」（大澤・吉見・鷲田（編）2012: 1059）という一般的な定義が与えられており、この定義の最初の「社会」に「ネットカフェにおけるデジタルディバイドの解消」という言葉を代入すれば、それが本書の目指すものとなることは特段説明を必要としないだろう。

＊14　なお、フィリピンに関しては、その後のインターネット家庭普及率を追う限りでは二〇〇七年の数値は外れ値として扱うのが妥当であるように思われる。

＊15　この点について、筆者がこの調査を行う過程で個人的に印象深かった経験として、北京でのネットカフェ調査の合間に、北京外国語大学教授で、日本と中国の農村とそれらの近代化に関する比較研究を行う周維宏氏と対話をする機会を得たときに、

彼にかけてもらった言葉がある。それは、彼が筆者の北京でのネットカフェ研究を「現代中国の農村問題研究と言っても良いのではないかと思う」と形容したことである。なぜそのように言いうるかは、本書の第II部第8章において詳述するため、ここでは簡単に説明するに留めるが、北京のネットカフェ（および上海や天津のネットカフェ）の主要顧客層の一つに、中国の地方都市や農村からの出稼ぎ労働者の存在があるからである。

＊16　それゆえ、タイはここ数年で情報メディア環境を一新したことになり、このような展開が可能であったことの経済的・文化的・政治的背景が問われなければならないことになる。

＊17　ＩＴＵも、もちろんこのような問題を認識している。実際、二〇一〇年の報告書において、ＩＴＵはすでに携帯電話登録数と実態との間の「食い違い」に言及し、その原因を「二重登録」、「携帯電話のシェア」、「非アクティブアカウントの数え方」、「外国人のＳＩＭカード購入数」という問題に触れ、「家庭普及率統計によるデータの質の補正」（ITU 2010: 7）の必要性を指摘している。

＊18　さもなければ、フィリピンでのネットカフェ調査における通訳補助者が教示してくれた次のようなエピソードを、どのような実践として位置付けるべきなのかが分からなくなるだろう。それは、フィリピンのルソン島の山岳部においては、携帯電話の電波状況がそれほど良くないため、ある集落では、比較的電波状態の良い家に近所に住む人々が自らの携帯電話を預けておき、必要に応じてそれを確認しにいく、という実践である。つまりこの集落は、移動通信技術を用いて共同電話のような仕組みを構築した（構築せざるをえなかった）ことになるのだ。

＊19　このことは、例えばＭＳ‐ＤＯＳのみが起動しているパソコンを考えてみれば分かりやすいかもしれない。あるいは、それまでパソコンやインターネットにまったく触れたことのなかった人々が、「（それらを用いて何をすればいいのか分からないため）自分には必要がない」と判断することを想起してもよい。

＊20　管見の限り、当時の日本のネットカフェの状況を推し量るには、各種新聞記事を参照するのが質・量の点でもっとも豊富である。例えば、一九九五～二〇一〇年までの朝日、毎日、読売の各紙データベースを、「ネットカフェ」を検索語句として、検索した際の記事の合計数は、四〇七六件にのぼる（むろん、検索の特性上、ここには「インターネットカフェ」も含まれる。なお、インターネットカフェの別称として、先の三紙では、「（インター）ネット喫茶」が用いられた記事が計一二二件、「サイバーカフェ」が用いられた記事が計一四件という結果になっている）。なお、この三紙で「ネットカフェ」を含む記事の年別の記事数の変動をグラフ化すれば、左図のようになる。

分布として近年に偏っているのは、二〇〇七～二〇〇八年の「ネットカフェ難民」を取り上げた記事が多数あり、二〇一〇年は減少傾向にあるものの、次章の冒頭で触れるとおり「尖閣諸島問題」が大きく報じられたからである。

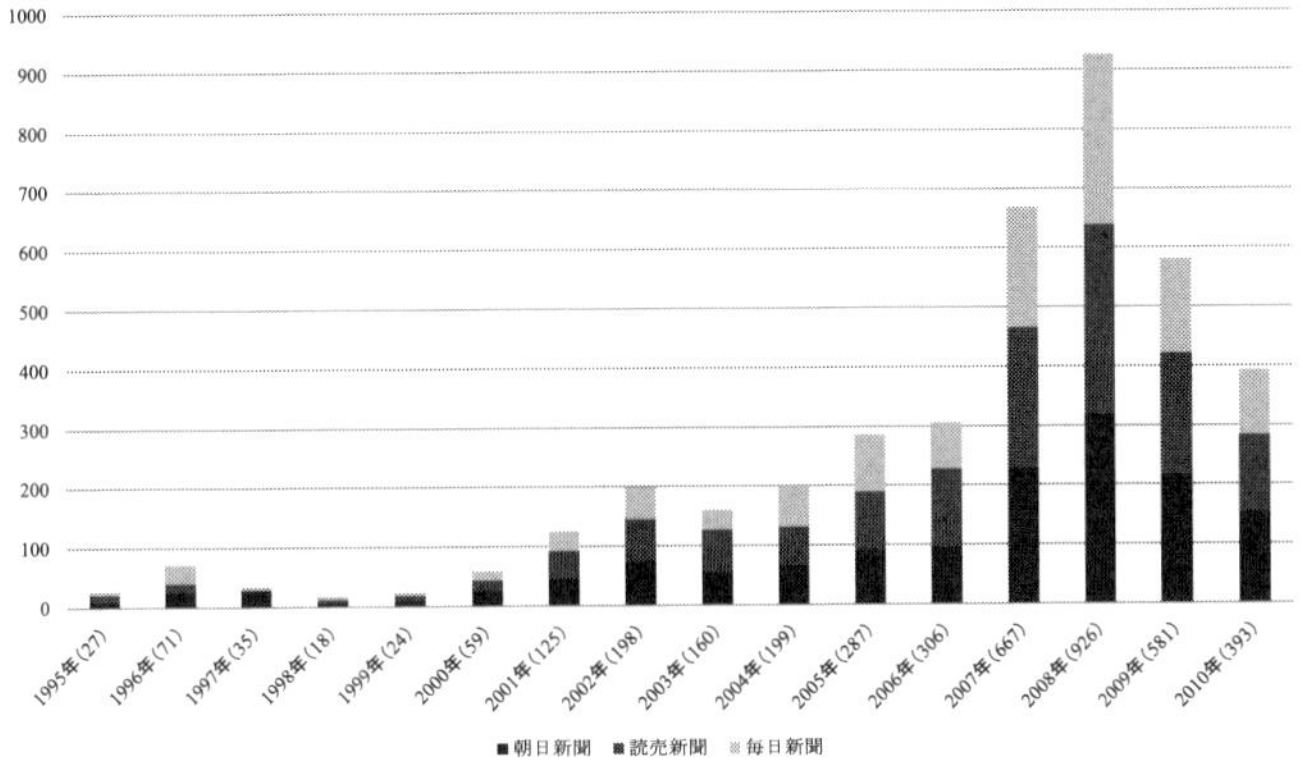

「ネットカフェ」を含む記事の年別の記事数の変動（1995-2010）（聞蔵II; ヨミダス歴史館 ; 毎索）

＊21　もちろん「言説分析」はM・フーコーの歴史記述の手法である。その手法の意味と展開、またその可能性と限界については、拙論（平田 2007）で詳しく論じたため、ここでは詳述しない。だが、彼がその最晩年に構想した歴史記述が、モノ・他者・自己を含めた関係性がゲームとしていかなるかたちで規定されるかを「問題化（problématisation）」（Foucault 2001: 1396）として捉え、それがどのように変容する傾向性を有するかを歴史的に比較するようなものであったと考えられる（平田 2007: 56）ことは、本註以下の本文でアクターネットワーク理論（Actor-Network Theory）と本書の研究手法との関係を論じるにあたって、念頭に置かれるべきであるように思われる。というのも、アクターネットワーク理論の代表的論者の一人であるJ・ロウが、「アクターネットワーク理論はポスト構造主義の経験主義的ヴァージョンの一つだと考えることもできる。例えば「複数のアクターネットワーク［actor-networks］」はフーコーの言説やエピステーメーを縮小させたものだと理解する」ことができ、「アクターネットワーク理論のアプローチは、特定の、より小さいスケールの、異質な複数のアクターネットワークの戦略的かつ関係的、そして生産的な性格を探究するように求める」（Law 2008: 145）と論じているからである。

＊22　その代表的な例として、中国で行われているインターネット検閲とそれに対する人々の解釈と実践について、ネットカフェにおけるフィールド調査から検証したH・サンの著作（Sun 2010）を挙げておくことができる。

＊23　なお、比較という観点からではなく、また調査が行われた地域も異なるが、J・バレルが著したガーナのネットカフェに関する詳細なエスノグラフィー（Burrell 2012）は、本註以下の本文でも触れるアクターネットワーク理論を部分的に踏まえた叙述によって、ガーナの若者たちにとってのインターネットの意味を描き出している。

＊24　この意味で、制御と変化は、その根底においては同一の事態に対する別

の認識のあり方であるとも言える。つまり、変化においては、単に時間的に近接した事象Aと後続する事象Bとを並列させて認識しているのでは決してなく、事象としてはまったく別のAとBの双方に基底的な同一性が把捉された上で、双方の差異が注目されている。他方、制御においては、事象としてはまったく別のAとBの双方に基底的な同一性が把捉された上で、その双方の同一性に注目が向けられている、と考えることができる。

＊25　なお、近年のアクターネットワーク理論の動向を捉えるものとしては大橋昭一の論考（大橋 2015）がある。

＊26　ネットカフェという場所とそれを可能にする技術が、本当にまずもって空港の中で試しに利用されたものであるか否か、という「起源」に関する問いはここでは措く。他方、アーリのネットカフェについての考え方とは別の見方として、M・オリガンは、バックパッカーたちのライフスタイルとネットカフェの関係について「ネットカフェはその固定性と物質的に結び付けられた地域によってだけではなく、今日の旅行者たちの複雑な移動性によっても定義づけられなければならない」（O'Regan 2008: 109）と論じている。

＊27　ネットカフェを一つの例とする「都市の空港化」について、アーリは「飛行移動、飛行機、空港、空港都市は、創発的なグローバル秩序の中心をなしている」（Urry 2007=2015: 222）と述べている。

＊28　ただし、別の要因もあるとされ、詳細はいまだ十分には解明されていない。

＊29　このことについては、そもそもアーリ自身が例として引くアクターネットワーク理論の一つの成功例としての「貧血症」に関する研究（Mol and Law 1994）が「比較」という手法を用いていたことを想起してもよい。また、これらの研究の理論的背景をなすG・ドゥルーズとF・ガタリの『千のプラトー』（Deleuze and Guattari 1980）が年号だけの主題と内容の簡単な解説となっている副題を持つ複数の章を「プラトー（高原、Plateaux）」として描き出し、そこからの引用（ないしは各章への参照）として結論を導いていることも、本書が比較を重視することの説明になる。なぜなら、そのような手法は、「器官なき身体（Corps sans Organes, CsO）」というA・アルトー由来の概念を、事例群として論じるための工夫であったからだ。なお、器官なき身体については、拙論（平田 2005）において、フーコーの「反有機化された身体（Le Corps Désorganisé）」との比較から、その獲得のあり方について論じたことがある。

第1章　個室で一人きりになりたくて

＊1　むろん、都条例の施行に伴って、（例えば、個人認証システムの導入に向けての設備投資といった）経営上の理由から、結果

的に個別ブースを撤廃してオープン席にするインターネットカフェが出現していた可能性もある。だが、ここで問題にしていることは、犯罪の防止という、警視庁としては個別ブースを撤廃するだけの十分な根拠があるにもかかわらず、それが行われないという点にある。

＊2　なお近年では、ＴＶチューナーが備わったパソコンを提供する店舗も増加している。

＊3　実際、個別ブースに普通の「ドア」を付けていた店舗が風営法違反で摘発されることは、それほど珍しいことではない。また、このことと関連して、二〇一一年以降、大阪では風営法を厳格に適用するかたちで、個別ブースのドアを透明化するような指導がなされている。

＊4　また近年では、地方大学の学生が東京近辺での就職を目指す場合に、企業訪問や試験、面接を何度もこなすために、ネットカフェに寝泊まりすることがある。

＊5　ただし、内閣府の首都直下地震帰宅困難者等対策協議会事務局の調査によれば、東日本大震災時の帰宅困難者のうちでネットカフェを利用した人はそれほど多くなかった（内閣府 2011）。

第2章　日本におけるネットカフェの変遷

＊1　このような「おしゃれ」と形容される場所としての日本のネットカフェは、その後も維持されてきた。例えば、S・コスタは、インターネットとともにある新しいインテリア・デザインを紹介する目的で、全世界から選りすぐった三〇店舗のネットカフェを、写真と間取り付きで解説しているが（Costa 2007）、そこで紹介されている三〇店舗のうちの半分は日本のネットカフェである。

＊2　その意味では、日本におけるネットカフェの変遷は、日本においてパソコンやインターネットがどのようなかたちで人口に膾炙したかを説明するものと考えることもできる。

＊3　濱野智史は、日本で初めての定額制インターネットが「夜」限定であったことに注目し、「インターネットの利用が始まったばかりの九〇年代後半という時期において、「インターネットといえば深夜に夜な夜な利用するもの」というある種の「脱社会的」なイメージを定着させる結果となった」（濱野 2014: 440）と論じている。この指摘は、日本の一般的なインターネットユーザーの歴史を考える上でも、また「個室」としてのネットカフェの個別ブースを扱う本書においても重要である。なぜなら、本註以下の本文で論じるとおり、個別ブースは何より他人からの干渉を排除することによって「くつろぎ」をもたらすものと

されているという点で、「夜の領域」（濱野 2014: 440）としてのインターネット利用の典型であると考えられ、それが典型的なものであるとするならば、日本の人々から「（自室のような場所で）一人でパソコンやインターネットを利用すること」について、改めて振り返ってみる可能性それ自体を減衰させるものであると言えるかもしれないからだ。

ただし、おそらくこのような問題に答えるには、日本における人々のメディア技術の利用の個人化の経緯を踏まえた慎重な議論が必要であろう。なぜならそれは、ウォークマンといった代表的な事例から、部分的には本註以下の本文で触れる「iモード」までが含まれる、壮大な日本のメディア史になるからだ。それゆえここでは、問題の提起と課題の指摘に留めることにする。

＊4　この「埼玉の店」とは、この記事が書かれた年代と地理的関係から、田中が初めて出店した「複合カフェ」であると考えられる（株式会社ランシステム 2016）。

＊5　その一例が前章で確認した風営法であり、ここでさらに付け加えておけば、ネットカフェは「個室」のようなものとして提供されているにもかかわらず、布団のような就寝具は提供されることはない。なぜなら、店舗側が布団を提供した瞬間に、顧客は明確な「宿泊者」となってしまうため、ネットカフェは「旅館（ホテル）」の一種となるからである。このとき、「旅館業法」（総務省 e-Gov 2016）に従って、ネットカフェには利用者＝宿泊者の名簿管理、換気を含めた衛生環境の維持などが義務付けられることになる。そしてそれらを実施するためには、少なくとも筆者のフィールド調査において把握できた、ネットカフェで同時に勤務している店員の数、――比較的小規模なネットカフェでは一名、比較的大きなものでも四〜五名程度――、では基本的に手が回らないことになるだろう。それゆえ、ネットカフェにおいて提供されるのは「ひざ掛け」としてのブランケットのみなのである。

＊6　なお、個別ブースの導入当初から、それが「安価な暇つぶしの場所」の提供を目指すものであったか否かについては、田中が自身の著作で明示的に語っていないため、その真偽はここでは措く。他方、少なくとも二〇〇三年には、この社員も含め、個別ブースが「安価な暇つぶしの場所」と認識されていたことを念頭に置けば、現代のスマートフォン利用者が、どの程度スマートフォンを「明確な目的」のために利用しているのかを把握し、調査を試みることには学術的な意味があると考えられる。というのも、この調査の結果次第では、日本ではここ一五年来、インターネット接続のためのデバイスが様変わりし、SNSに代表されるようなインターネットを介した人間関係の形成に多様な手法が用いられるようになってきたにもかかわらず、人々のインターネット利用の根本的な目的にはまったく変化がなかったことになるからだ。

＊7　結核のような空気感染が主たる感染症の予防には換気が欠かせないが、ネットカフェは旅館（ホテル）ではなく、その顧客は宿泊者ではないため、このような対策が十分になされない場合もある。この点については、本章の註5も参照のこと。

＊8　当時の地域情報化政策の実態と課題については、田畑暁生の研究（田畑 2005）が参考になる。

第3章　日本のネットカフェが開く問題圏

＊1　一般的に「他者危害原則（Harm Principle, Non-aggression Principle）」と呼ばれるこのような規範とその正当性に関する問題については、「多文化主義（文化多元主義）」における他者危害原則の位置付けとの関係で、拙論（平田 2008）において論じた。

＊2　調査票では「その他」の欄は空欄となっており、厚生労働省によれば、その具体的な解答例は「区役所・福祉事務所」などであることが示されている。

＊3　なお、現代の日本の女性の貧困を描き、インターネット利用とも関連が深いものとしては黒羽幸宏や鈴木大介のルポルタージュ（黒羽 2010; 鈴木 2008）などがある。

＊4　このことと関連して、生田武志はホームレスの人々とそのような人々を（しばしば大きな理由なく）襲う若者たちとの間の「共通性」について論じている（生田 2005）。生田は、ホームレスの人々を襲撃していた男子大学生へのインタビューから、この若者がホームレスの人々を襲撃した理由に注目を促している。それは、彼がこのような人々を、何の努力もしてこなかった無価値な者、と見なしていたということである。むろん、この理由付けにはかなり無理がある。というのも、彼はなぜ彼が襲撃したホームレスの人が「何の努力もしてこなかった」と判断できるかという根拠を、「現在ホームレスであるという状況」からしか説明できないためである。そして、そのとき忘れられているのは、努力という原因が必ずしも良い結果に結びつかないことがある、という端的な事実である。

だが、生田はここで、この若者が自宅や学校で似たような言葉をつねに言われてきたのではないか、と推察している（例えば、「何事も一生懸命しなければ、役に立たない人間になってしまうよ」など）。そして、彼はこのような価値観を受け入れることでしか、家や学校で自分の場所を保つことができなかったのではないか、と論じる。もし、生田の推論が正しければ、この大学生は、非常に少ない「精神的な溜め」しか持っていなかったことになるだろう。

＊1　この表現から得た課題については、日本のネットカフェをめぐる「リアリティ」について述べられた書籍をレビューした拙論（平田 2010）で示した。また、ここでの議論は、本書の終章で改めて考察する。

＊2　なお、この間の韓国のネットカフェの増加を傍証するものとして、第2章で簡単に言及した韓国のネットカフェが日本で初めて紹介された記事が挙げられる。そこでは、東京ゲームショウに初めて韓国の展示ブースができたことが紹介され、そのブースにいたゲーム総合支援センターの職員の「夏までに国内〔韓国〕に七〇〇〇以上の店ができた」（『朝日新聞』全国夕刊一九九九年一〇月七日）という言葉が掲載されている。

＊3　この数値は毎月更新され、過去の数値が上書きされていくため、筆者が確認した参考値であることに留意されたい。なお、二〇一六年九月時点の韓国全土のネットカフェの数値は一万七四九店舗、ソウルにはその内二三三〇店舗がある（ilovepcbang 2016）。

＊4　この点については、前註で示した二〇一六年時点のソウルのネットカフェの数値である二三三〇店舗の方が、私たち感覚に近づけやすいかもしれない。というのは、東京の同一業種の事業所数でこの数値にもっとも近いのは、あらゆる宿泊業を足し合わせた二〇九七という数値だからである（東京都 2014）。

＊5　例えば、日本の環境省は「騒音に係る環境基準」を定めてはいるが、それは「騒音（うるささ）」を規定しているというよりは、むしろ「静穏（静かさ）」からの逸脱度合いを規定している、と考えられるべきである（環境省 2012）。

＊6　このことについて、本論の補強となる事例を紹介しておこう。前述のパイロット調査において、KA氏の知人の紹介で、ソウル市内のある小学校でインタビューを行う機会があった。筆者はインタビューの当日に体調を崩してしまい、この会合を欠席したため註に留めることにするが、小学生のインフォーマントが説明するところによれば、ある小学生の誕生日に同級生が集まる際には、誕生日の子どもの両親が集まった同級生の全員分のネットカフェの代金を渡し、ネットカフェで遊ぶような実践がある。

＊7　この理論は、沿海地区経済発展戦略や国際大循環理論など、一九八〇年代以降の中国の改革開放路線を踏襲するものである（西村・国分 2009: 160-74）。

＊8　農民工に関する文献は数多くあり、またそれを論じる立場も様々であるが、まず、農民工問題の大きな口火を切ったものとして、陳桂棣と春桃の著作（陳・春 2004=2005）や秦尭禹の著作（秦 2005=2007）が参考になる。研究書としては本文でも引用しているが厳善平の諸著作（厳 2007, 2010）、及び埋橋孝文らの著作（埋橋・于・徐（編著）2012）を挙げておくことができる。

＊9　本註以下、本文として続く文章は、近年の「ゲーム中毒」に関する報道や議論を批判的に検討しつつ、韓国のゲーム文化の歴史を概略的に示した拙論（平田 2018）の記述を部分的に修正したものである。なお、そこでは、第II部第7章で詳述する韓国のオンラインゲーム文化の変遷の中で生み出されたゲーム中毒について、中国ではまったく違う文脈からゲーム中毒に注目する必要があることを示した。

＊10　事実、筆者が台北市政府にこの数値を問い合わせに行ったところ、担当局員から未登録のネットカフェが存在することについて、念を押された。

＊11　台湾政府の規定では、このような漫画喫茶的な店舗は、定義上網咖に含められない。ただし、本書が定義するネットカフェには、十分に当てはまるものである。

＊12　この点については、第II部第8章で上海のネットカフェを論じる過程で、註として改めて触れる。

第5章　ケアの実践者／対象者とネットカフェ

＊1　あえてブギスの中心部に限定すれば、本書で定義するネットカフェは二〇一一年時点で一店舗しか存在しなかった。さらにブギスの北西のモスクが立ち並ぶアラブ人街にまで範囲を広げてももう一店舗増えるのみである。他方で、ブギスの西端のベンクーレン・ストリートの北側には、三店舗のネットカフェが立ち並び、ここまで含めるとブギスのネットカフェは合計五店舗に上ることになるが、この三店舗は位置的な関係で言えば、どちらかと言えば第II部第11章で詳しく見るリトル・インディアに近い場所にあり、客層やその利用方法からしても、こちらに属するものと考えた方がよい。

＊2　このことについて、彼女があまりシンガポールのことを知らなかっただけなのではないか、と訝しげに思う人もいるかもしれない。だが、このような認識は、なにも彼女一人に限ったものではない。というのも、あるネットカフェの店主に「こんなところに来るよりも、ブギスのネットカフェの方が綺麗で、客がいっぱいいる」というかたちで、ブギスでの調査を勧められたからだ。

＊3　なお、香港のネットカフェについて論じる第II部第10章で、私たちはネットカフェで移民労働者が画面の向こうにいる家族に向かって歌を歌うような事例を確認する。現象としては同じく「ネットカフェで顧客が歌を歌う場面」ではあるものの、両者の意味はもちろん大きく異なっている。

＊4　HDB住宅の一階は、管見の限り、次のような利用様態に弁別される。(1)居住区で埋め尽くされている、(2)吹き抜けになっ

ておりＨＤＢ住宅の住人たちへの生活案内や注意が掲示される共有スペースとして利用されている、(3)住人に対するサービス施設（例えば、生活用品などを売る雑貨屋や小さな医療施設、ホーカーズ（フードコート）、談話スペースなど）が入っている。本註以下の本文で説明するＨＤＢ居住区のネットカフェは、これらのうちの(3)に属するものである。

第6章　現代メディア技術の問いとネットカフェ

＊1　逆に、電圧低下が起これば、ＣＰＵの性能は下がりパソコン自体が動作不良を起こすことになる。

＊2　加えて、多くの山間部（人口）を持つ国家も、インフラの普及コストは高いと考えられる。ここではこれらのことについて、これ以上立ち入って考察することは控えるが、序章でも触れたとおり、情報化に関する各地域の様々な地理的条件とその社会的条件に関する研究は、今後も継続的に実践されるべきである。

＊3　バンコクのネットカフェの総数についてあらかじめ言っておけば、かなりの数にはのぼるものの、ソウルやマニラには及ばないと推察できる。

第7章　誰がためにゲームはある

＊1　その他の「방」としては、「PS2 방」や「Wii 방」といった、家庭用ゲーム機とそのソフトが用意され、そこに親しい人が集まってゲームを楽しむというものも存在する。

＊2　韓国の通貨危機の背景については諸説あるが、文京洙（文 2015: 190）に従えば、(1)クローニー・キャピタリズム（身内資本主義）と呼ばれる財閥大企業の体質、(2)レームダックと化した金泳三政権の危機の先送り、(3)九〇年代の金融グローバル化と金融自由化措置などが挙げられ、既存の社会体制の問題点を変革せずに、「グローバル化に対応する競争力こそが最優先課題とみなされる」ようになり「農作物の市場開放や労働者のリストラによる合理化がすすめられた」（文 2015: 188-9）。文の結論としては「金泳三政権の「世界化」プロジェクトは、グローバル化への韓国なりの主体的な対応を意味したが、それは、明らかに先進国への無理な背伸びをともなうものであった」（文 2015: 190-1）ということになり、広い意味での危機の背景としては、このようなまとめに対して大きな異論はないように思われる。

＊3　KC氏の出身地は、京畿道の道庁所在地である水原市であり、水原駅からソウル駅までは各駅停車でも約六〇分で到着するソウル近郊である。

＊4　ここでのe-スポーツの定義については、註6を参照のこと。

＊5　ただし、「それ以前にも韓国にはネットカフェはあった」とKC氏は述べている。だが、「ダイヤルアップで回線速度も遅く、簡単なゲームしかできなかったため、それほど広がりを見せなかった」という。それゆえ、日本のネットカフェが個別ブースを導入することによって、それ以前とは劇的に異なるものになってしまったことと同じように、韓国ではアジア通貨危機とIMFからの支援による社会構造の変革によって、ネットカフェがそれ以前とはまったく違うものになってしまったと言うことができる。

＊6　とはいえ、もちろん他のジャンルのオンラインゲームがまったくなされなくなったわけではない。実際、ここまでに説明してきた様々なオンラインゲームについて、その技術を競い合うものとしてのe-スポーツは、FPS部門のみならず、RTS部門、MOBA（RTSのチーム戦）部門、格闘ゲーム部門、スポーツ部門、パズル部門など、様々なジャンルのゲームが総合されている。

＊7　なお、特定の利用環境にインセンティヴを付加するという、ここで確認した韓国のオンラインゲームの集金システムについては、日本の現代のソーシャルゲームでも用いられているという点で注目に値するものである。

＊8　ここでの学縁とは、社会的評価の高い大学を出ることによって、例えば学校の「同窓会」のような関係性の内側に入ることができ、そのことが後の人生における社会関係資本となるような事態のことである。なお、韓国社会の情報化とそこで生み出されている様々なネットワーク（コミュニティ）が、このような縁故主義に対して与える影響については、金相美の実証研究（金 2011）が参考になる。

＊9　なお、本文でも引用した有田は、自身の実証的検討を踏まえた上で、韓国の学歴社会について、それを構成する韓国の人々の学歴取得、および職業的地位の獲得への意欲の要因を「金銭的便益のみによって説明するのは困難」であり、「ホワイトカラー職と非ホワイトカラー職との間の威信格差」（有田 2006: 284）が韓国において極めて大きい事実を考えれば、「職業に付随する諸条件のうち、社会的威信の獲得」（有田 2006: 285）の方がその要因として重視されるべきである、という結論を導いている。ここでの社会的威信とは、「ひとびとに高く価値付けられる職業に就くことで他者からの高い評価を得ること――少なくとも地位の低さゆえに他者からないがしろにされないこと」（有田 2006: 285）である。

以上の議論を踏まえれば、KE氏が公務員試験のための受験勉強を続けている理由として、一言「両親の期待には応えたいけど……」と漏らしたことは、自身と自身の「家族」に対する社会的威信の獲得の期待を背負っているものとして合点のいく回答だと理解できる。

その半面、この回答が反語によって結論が濁されているということは、彼が社会的威信の獲得の期待を背負うことに限界を感じ始めているということを示してもいるように思われる。実際、彼は「迷惑な客」について、「酔っぱらった挙句、キーボードの押し心地で文句を言う人」だと答え、「一般人なのに、プロと同じようなこだわりを持っているんだ」と語った上で、そのような人々を一般化しつつ、「そういう区切りがつけられないことが悪くて、彼らは大体〔公務員試験に〕落ちるんだよ」と語った。このような一般化の是非はここでは措くが、この回答から明らかなことは、KE氏がすでに公務員試験の受験生の立場から受験生の傾向性を判断する立場へと自然に推移してしまっているということであり、彼が公務員試験のための受験競争から半ば降りてしまっていることであるように思われる。

＊10　実際、禹と朴は、人口のソウルへの集中を起点とする、韓国における与党・野党を問わない中央重視・地方軽視の政策提言とその実践を踏まえた上で（禹・朴 2007=2009: 203-8）、「現在の二〇代にはいったんはソウルに引っ越して、考試を受けるのが、最適の戦略なのである。そうでなければ、地方に二〇代が残って自力で生活できる戦略は〔あるだろうか〕？　現在、韓国の政治マーケティングには彼らを代弁できる人はいない。それなら、すでに首都圏に住んでいる二〇代は？　彼らにとっても「最適な戦略（best reply）」はそれほど変わらないだろう」（禹・朴 2007 = 2009: 209-10）と論じている。

＊11　高齢者やホームレスのような人々が、ときおり地域のネットカフェを訪れることは、本節の最初に紹介した高速バスターミナル駅付近でネットカフェを営業していたKD氏の店舗でも起こっている。彼に従えば、「高齢者の方々は、例えばパソコンゲームの花札をやったり、ときにはオンラインゲームをしたりもする」といい、「ホームレスのような人たちは、やっぱりここがバスターミナルなので、冬には寒さをしのぐために訪れることもある」のだと説明した。

＊12　なお、京畿道の安山には、加山デジタル団地をはるかに凌ぐ規模の中国人街が形成されている場所があり、そこには中国人向けのネットカフェが多数存在する。

＊13　尹敬勲は、KI氏のような市井の人々に対する韓国の社会教育・生涯教育について、「学習者個々人の自由な選択を尊重する生涯教育政策の形態」と「平等な教育内容・機会を保障する社会教育政策の形態」（尹 2010）が併存し、それらのいずれかが時流に応じて強調されてきた歴史的展開を批判的に検討している。

＊1　しかし中国にとっての「近・現代」とは何か。例えば、中華民国（台湾）の歴史は中国のどこに、どのように位置付けられるべきかについては多くの議論がありうるだろう。実際、二〇一八年現在でも、台湾の正式な首都は「南京」にあり、次章で中心的に触れる台北は「中央政府所在地」なのだから。

＊2　中国における格差の問題を教育の観点から論じたものとしては、園田茂人の論考（園田 2008）、および園田と新保敦子がなした研究（園田・新保 2010）が参考になる。また、現代中国における「メディア」のあり方とその背景に潜む格差の問題の問題を考えるにあたっては、渡辺浩平（渡辺 2008）、山谷剛史（山谷 2008）、遠藤誉（遠藤 2011）らの諸著作を参照のこと。

＊3　ただし、ネットカフェ利用者に話を聞くと、そのように思われていない場合もある。このことについては、本註以下の本文で簡単に触れる。

＊4　もちろんここまでの議論、さらにはソウルのネットカフェについて論じた前章を経由した本書においてさらに問われるべきは、ここでの「様々な人々」がどのような人々であり、それらの人々がどのようにネットカフェを利用しているのかである。

＊5　なお、二〇〇九年の時点で、復旦大学の周辺には無料の Wi-Fi が備えられた上で、日本の漫画やアニメのポスターが貼られ、さらに繁体字に翻訳された漫画の単行本を自由に手に取ることができるような喫茶店が存在した。

この店舗自体は「ネットカフェ」とは言い難いため、ここでは註で触れるに留めるが、次に指摘するような点において、この店舗は注目に値する。まず、⑴提供されているサービスがネットカフェに組み込まれていないことをもって、上海の娯楽の機能分化の一例としてこの店舗を解釈しうること、次に、⑵繁体字に翻訳された漫画の存在から、この店舗は日本のメディアコンテンツを介した中国と台湾の間の文化交流の事例として解釈できること（事実、店員の説明するところによれば、これらの漫画は台湾から流れてきたものである）の二点である。本書では、中国における娯楽提供のあり方の問題という文脈から、⑴とも関係する日本のメディアコンテンツの受容について、本章第3節で改めて取り上げる。また、⑵については、台湾のネットカフェを論じる次章で改めて確認される。

＊6　このデータを見る場合にもっとも注目されるべきは、ネットカフェの店員の学歴の低さではなく、学歴を重ねた人々が徐々にネットカフェで働き始めていることのように思われる。この点については、中国における高学歴ワーキングプアに関する問題を論じた廉思の書籍が、状況を知る上で役に立つ（廉 2009=2010）。

＊7　以下の議論は、拙論（平田 2016）の中国に関する節を加筆修正したものである。

＊8　本章では、人口密度、円周的な都市形成のあり方、および交通網の展開の観点から、北京を構成する一六区を操作的にそれぞれ、北京中心部（東城区・西城区）、北京近郊（朝陽区・豊台区・石景山区・海淀区）、北京郊外（門頭溝区・房山区・通州区・順義区・昌平区・大興区）、北京農村部（懐柔区・平谷区・密雲区・延慶区）に分類した。

ここで「操作的に」と断った理由は、現実には近郊と郊外を厳密に区分することが難しいからである。例えば、本書でネットカフェが集中する場所として挙げた苹果園駅周辺は石景山区に位置し、それゆえ北京近郊に属することになる。そして、本註以前の本文で述べたとおり駅の東側（北京の中心部の方）はすでに団地群が立ち並び、幹線道路（五環線）に近づくにつれビルも目立ち始めるが、二〇一二年時点でも駅の西側は未だ十分な開発がなされているとは言い難い。

なお、北京の流動人口について、西城区、朝陽区、海淀区での調査をもとに、その生活実態を明らかにしたものとして、沈千帆の論文が参考になる（沈（主編）2011）。

＊9　この数値に改装や再開発分が含まれてはいないことには注意する必要がある。他方、このような土地開発の規模を示すために日本の例を挙げておけば、多摩ニュータウン全体の住宅市街地開発事業および土地区画整理事業によって開発された土地面積が二八八四haである（八王子市 2018）。

＊10　他方、次のような事例は、むしろ日本と中国の共通点を示すものであると言えるかもしれない。天津のあるネットカフェの店員が説明するには、自身が勤務するネットカフェに、地方から出稼ぎにきた若者が訪れたが、まったく風呂に入らず、それゆえひどい悪臭を発していた。だが、本当にどうしようもなくなるまでみんな我慢して「無視」を決め込んだ（が、最終的には風呂に連れて行った）という。

＊11　それゆえ、パソコンをオンラインゲームのために使いたい出稼ぎ労働者にとっては、居住環境がそもそも自らにとって十全なインターネット・パソコン環境ではないということになり、そのような人々は必然的にネットカフェに向かうことになる。なお、北京における地方からの出稼ぎ労働者の空間的移動のあり方と居住空間の問題について、人文地理学の観点から分析を行い、彼ら／彼女らの生活環境の厳しさを明らかにしたものとしてはR・リウの研究（Liu 2015）がある。

＊12　例えば、コンテンツ所有者が、コンテンツ配信に伴う広告を媒介として間接的に収入を得ることができる仕組みをオンライン上で実現することができるとすれば、コンテンツ自体は「無料」で配信することも可能だろう。

第9章　郊外化する店舗とその裏側

＊1　特に台湾の民主化以降二〇〇〇年初頭までの、——なお、本書はメディア技術を対象とするものであるため、一九八八年一月一日の台湾における「新規新聞発行禁止」の解除を、その端緒に据えてみたいと考えるが——、台湾と中国との間の政治的な駆け引きと、台湾というナショナル・アイデンティティとの間の問題については、若林正文の著書（特に第7章以降）に詳

しい（若林 2001）。

＊2　二〇〇一年以降、台湾の輸出総額に占める電子部品の輸出額は、二〇一一年の微減を除いて、継続的にその割合を伸ばしている。具体的には、二〇〇一年に約一六・六四％であったものが、二〇一五年には約三〇・一一％にまで増加している（Ministry of Finance 2001-15）。

＊3　この一〇区は、もともと新北が台北県であったときに「市」と称されていた。

第10章　移民の歌と託児所

＊1　なお、エスニシティの観点から見れば、フィリピン系、インドネシア系の人々が香港の総人口に占める割合は、二〇〇六年でそれぞれ一・六四％（計一一万二四五三人）、一・二八％（計八万七八四〇人）、二〇一一年でそれぞれ一・八八％（計一三万三〇一八人）、一・八九％（計一三万三三七七人）となる（Census and Statistics Department 2001-11）。

＊2　ただし、裏を返せば、このことは、無線インターネット機器を持たない人々がインターネットに接続することは非常に困難であるということを意味する。また、これらの機器を購入するインセンティヴが働かない人々も存在する。この点については、本註以下の本文で改めて論じることになるだろう。

＊3　香港警察の六総区と行政区分上の香港一八区の境界線は完全には合致しない（例えば、香港国際空港のある赤鱲角およびそれに近隣する大嶼山は、行政区分上は他の島々と共に離島区に属するが、香港警察の六総区においては、新界南に属する）。表3の面積に関わる数値は、行政区分上示された面積を、香港警察の六総区に操作的に適用したものである。

＊4　例えば尖沙咀駅周辺のネットカフェで、簡体字版のＯＳが用いられているものも二店舗存在した。ただし、そのうちの一店舗はＯＳが英語と簡体字の選択制になっており、後にこのネットカフェのパソコンは、英語版のＯＳに統一された。この事実は、このネットカフェの主要顧客が段階的に英語を利用できる者のみになっていったことを示しているように思われる。他方、銅羅灣のネットカフェで英語版のＯＳが用いられている場合もあったが、それもごく僅かである。

＊5　ただし、前章の台湾の事例とも関連するが、インドネシア出身のケア・ギバーやＤＷ／ＤＨのネットカフェ利用者は、後に確認するフィリピン出身のＤＷ／ＤＨのネットカフェ利用者に比べて、管見の限り圧倒的に少なかった。その理由については、第Ⅰ部第5章第1節でベトナム人移民労働者のためのネットカフェが台湾で発見できなかったことを敷衍させて考えることができるように思われる。

＊6　なお、彼女たちの最低賃金は、毎年僅かずつではあるが上昇傾向にあり、二〇一二年九月には三七四〇ＨＫＤから三九二〇ＨＫＤに、以降二〇一三年九月には四〇一〇ＨＫＤに、二〇一四年九月には四一一〇ＨＫＤに、二〇一五年九月には四二一〇ＨＫＤにそれぞれ引き上げられた（The Government of the Hong Kong Special Administrative Region 2012, 2013, 2014, 2015）。

＊7　この数字は、筆者が香港の電気街であるGolden Shopping Centerでフィールド調査を行った際のおおよその価格帯であるが、香港におけるＩＴメディアに関する総合雑誌の『E-zone』でも、同年のパソコンの値段について同様の価格が提示されている（E-zone 2011）。

＊8　具体的な調査を行っているわけではないが、おそらくこのことは、現代における「移動する人々とスマートフォン」という文脈になったとしても妥当するように思われる。

＊9　なお、二〇一四年二月に、火事などの不慮の事故に対するネットカフェの安全性の問題、そしてそのような問題に対する規制に含まれる一六歳以下の若者のネットカフェ利用のあり方について法制審議会が開催され、その結果、香港のネットカフェは（備えられているパソコンが五台以下の場合を除き）娯楽用ゲームセンターに対する規制（Department of Justice 1993）が適用されるかたちで、ライセンス制になった（Legislative Council Panel on Home Affairs 2014）。一八ヶ月の移行期間の後に実施されているこの規制による代表的な変更点は、一六歳未満の子どもが、平日午前一二時から午前八時まで、休日は午前二時から午前八時までの間、ネットカフェに入店することができなくなるというものであるが、それでも台湾における若者のネットカフェ利用に対する規制に比べて比較的緩やかなものである。

第11章　多民族国家と統合という課題

＊1　このような勢いで増加する非住民外国人と、そのような人々を受け入れるシンガポールの課題については、Ｂ・Ｓ・Ａ・ヨーとＷ・リンの研究（Yeoh and Lin 2012）が参考になる。

＊2　もちろん、ここに中華系の人々に対する「優遇」処置を見るのはそう難しいことではない。例えば、明石純一はこのような状況について、エスニックバランスを取り続けようとするシンガポール政府の政策を読み取っている（明石 2011: 168）。

＊3　このように説明する理由についてさらに補足しておけば、まず、多民族国家シンガポールを構成する三大民族のうちの一つであるマレー系の人々については、二〇〇〇年と二〇一〇年を比較した場合、シンガポール出身のマレー系の人々の人口増加が一番大きい（四万八〇六三人）が、その増加率は一・一一倍に留まる。さらに、同期間のマレーシア、インドネシア出身の

マレー系の人々の人口増加は、わずか八六五人に留まり、マレーシア出身のマレー系シンガポール住民に至っては、むしろ人口が減少している。それゆえ、二〇〇〇〜二〇一〇年の間のシンガポール住民全体の増加率である一・一七倍に、マレー系の人々の増加率は追い付いておらず、シンガポール住民全体に対するマレー系シンガポール住民の割合は、この一〇年間で減少している。

他方で、三大民族のうちの一つのインド系の人々に焦点を当てれば、南インド出身の人々の増加傾向は言うに及ばず、マレーシア出身のインド系の人々が、二〇〇〇〜二〇一〇年の間に一万五三一七人から二万四八三人に増加しており、インド系の人々の増加の一翼を担っている。さらに、シンガポール出身のインド系シンガポール住民の人口増加数は三万五〇八六人、増加率としては一・二一倍となり、このグループもシンガポール住民全体の増加率を上回っている。結果、この一〇年間のインド系シンガポール住民の増加率は一・四五倍となり、シンガポール住民全体に対するインド系シンガポール住民の割合が上がっている。

最後に、中華系の人々については、二〇〇〇〜二〇一〇年の間の、シンガポール出身以外の中華系シンガポール住民の人口増加数を足し合わせれば一五万五二九人となり、シンガポール出身の中華系シンガポール住民の増加数である一六万七七〇九人とほぼ同数になる。ただし、中華系シンガポール住民がシンガポール住民全体に占める割合は、二〇〇〇年の時点で七七・一一％と非常に大きかったため、この人口増加数でも増加率としては一・一三倍に留まる。よって、人口増加数としては多民族を圧倒する数値でありながら、シンガポール住民全体に対する中華系シンガポール住民の割合は、この一〇年間で減少する結果となっている。本書で、シンガポールの人口増加を支える「中華系の人々の増加」という言明は、全体の割合としての低下を踏まえた上でのものである。

＊4　以下の議論は、拙論（平田 2016）のシンガポールに関する節を加筆修正したものである。

＊5　ただし、リトル・インディアのネットカフェには、一店舗だけ最新のパソコンを備えたネットカフェが存在する。そこには数少ないゲームユーザーが集まり、価格も一時間あたり三ＳＧＤとなっている。

＊6　シンガポールでは、外国人労働者の月収に応じて、細かく労働ビザの種類が分かれていた。以下でもいくつかの労働ビザの種類に言及するため、二〇一一年七月時点でのそれらの種類と金額的な条件を記しておけば、以下のとおりある。

(1) P1 Pass ―― 月収が固定給で八〇〇〇ＳＧＤ以上
(2) P2 Pass ―― 月収が固定給で四〇〇〇〜七九九九ＳＧＤ
(3) Q1 Pass ―― 月収が固定給で二八〇〇〜三九九九ＳＧＤ

ここまでが、一般的に雇用パスと呼ばれ、熟練労働者として扱われるのに対し、以下の二つのカテゴリーは中級熟練労働者ないしは非熟練労働者に発給され、これらのパスの所持者は、家族をシンガポールに呼ぶことができなかった。

(4) S Pass —— 月収が固定給で二〇〇〇～二七九九ＳＧＤ
(5) Work Permit —— 月収が一九九九ＳＧＤ以下

なお、各種労働ビザの金額的条件やカテゴリーはしばしば改変さる。実際、二〇一二年一月からは、二〇一〇年の経済状況の好転を受けて、P2 Passが四五〇〇ＳＧＤ以上、Q1 Passが三〇〇〇ＳＧＤ以上という規定に変わったが、二〇一六年時点ではこのような細かい区分自体がなくなっている。

ともあれ、以上のことは、シンガポールにおいて、外国人労働者が非常に不安定な立場にあることを示すものだろう。加えてこれらの諸条件は、二〇一一年時点では、P1、P2、Q1、S Passが所持できれば、そこから転職が自由に可能となるシンガポール永住権の獲得への可能性を開き、同時にWork Permitしか受けることができない人々を、永住権獲得の可能性から締め出すという役割も果たしてきたと言える。

＊7　また、このことと関連して、ラッキー・プラザには、美容院とネットカフェが同店舗として経営されているものも存在する。

＊8　本書ではＨＤＢ住宅から疎外されるネットカフェと移民労働者たちについて論じてきたが、鍋倉聰はＨＤＢ居住区域で起こる人種別の差異化とシンガポール政府の進める（差異を踏まえた上での）標準化について丁寧に議論した上で、ＨＤＢ居住区の共同廊下などでシンガポール住民たちが多人種的な近隣関係を形成する「再」差異化という実践と、老朽化したＨＤＢ住宅がシンガポール政府によって再開発されることでそのような実践が寸断される「再」標準化の関係を見取っている（鍋倉 2011）。

＊9　このような外国人ＤＷ／ＤＨに対する視線については、ランが台湾の外国人家事労働者に同様の視線が向けられていたことを指摘している（Lan 2003: 142）。

第12章　英語と電圧安定器

＊1　ただし、失業率が一〇％を割った二〇〇五年に、統計上の「失業」の定義が変更になったため、厳密には「失業率が下がっ

た」と言えるかどうかは疑問である。

＊2　フィリピン人が海外に出稼ぎ労働に向かう経済的背景については、槇太一の論文（槇 2009）が詳しい。

＊3　加えて、ＯＦＷの立場は、フィリピンとその送り出し国との間の関係に左右されることが大きく、そのような点でもＯＦＷは不安定である。例えば二〇一一年に入ってからも、国際関係の問題から、ＯＦＷの海外生活の継続を危うくするような事件に発展したものが二件存在する。

まず、サウジアラビアとの間で、ＤＷ／ＤＨの最低賃金を定める交渉が難航し、サウジアラビアがフィリピン人ＤＷ／ＤＨやインドネシア人ＤＷ／ＤＨの受け入れを中断するという事態に至った（AFP 2011）。

また、二〇一一年の二月には、台湾との間で、現代のメディア技術の展開と台湾に固有の政治的・経済的・社会的背景とが複雑に絡み合った問題が起こり、ＯＦＷがその犠牲者となりかける事態に及んだ。

ことの発端は、国際携帯電話を用いた、日本で言うところの「オレオレ詐欺」の組織の構成員が、フィリピン国内で逮捕されたことである。その組織は中国人と台湾人で構成されており、フィリピンは中国との規定を遵守するかたちで、すべての容疑者の身柄を中国に引き渡した。そのことに対して、台湾政府は、自国民を自分たちの法廷で裁くということ、――そのことが台湾の「自治」の根拠となる――、が侵害されたものとして、フィリピン政府を批判し、台湾に在住するＯＦＷの数を制限することを念頭に置くような交渉に出た。

なお、このような問題はＯＦＷのみに限ったものではなく、外国人移民労働者の送出国と受入国の間にはつきものである。例えば、ランはＳＡＲＳ問題が発生したときに、タイ政府と台湾の間に摩擦が起き、そのことがタイからの移民労働者の渡航を禁止する措置にまで展開したことを伝えている（Lan 2006: 41）。

＊4　この区画の利用方法はもう一つあり、それは本章第2節で詳しく触れることになる。

＊5　それゆえ、彼女の店は、フィリピンのネットカフェにしては珍しい二四時間営業である。

＊6　この点については、中東のＩＳＰ（Internet Service Provider）の値段の高さから、ネットカフェが現地のパソコンやインターネットの展開に重要な役割を果たしたことを示すＤ・ウィーラーの報告（Wheeler 2004）、そして彼女の考察を受け、ネットカフェが中東の若者たちや、安い賃金で働く東南アジア出身の移民労働者のパソコン・インターネット環境を補塡する機能を持っていることを指摘したＢ・ウォーフとＰ・ビンセントの論文（Warf and Vincent 2007: 94）がある。

＊7　むろん深夜という場合、ヨーロッパにいる家族との会話という状況も否定できないが、中東にいるフィリピン人とヨーロッパにいるフィリピン人とでは、人数に大きな開きが見られる。なお、ヨーロッパ、とくにイタリアに移住するフィリピン人の携帯電話の利用方法に関する研究としては、長坂格の研究（Nagasaka 1998, 2003）が詳しい。

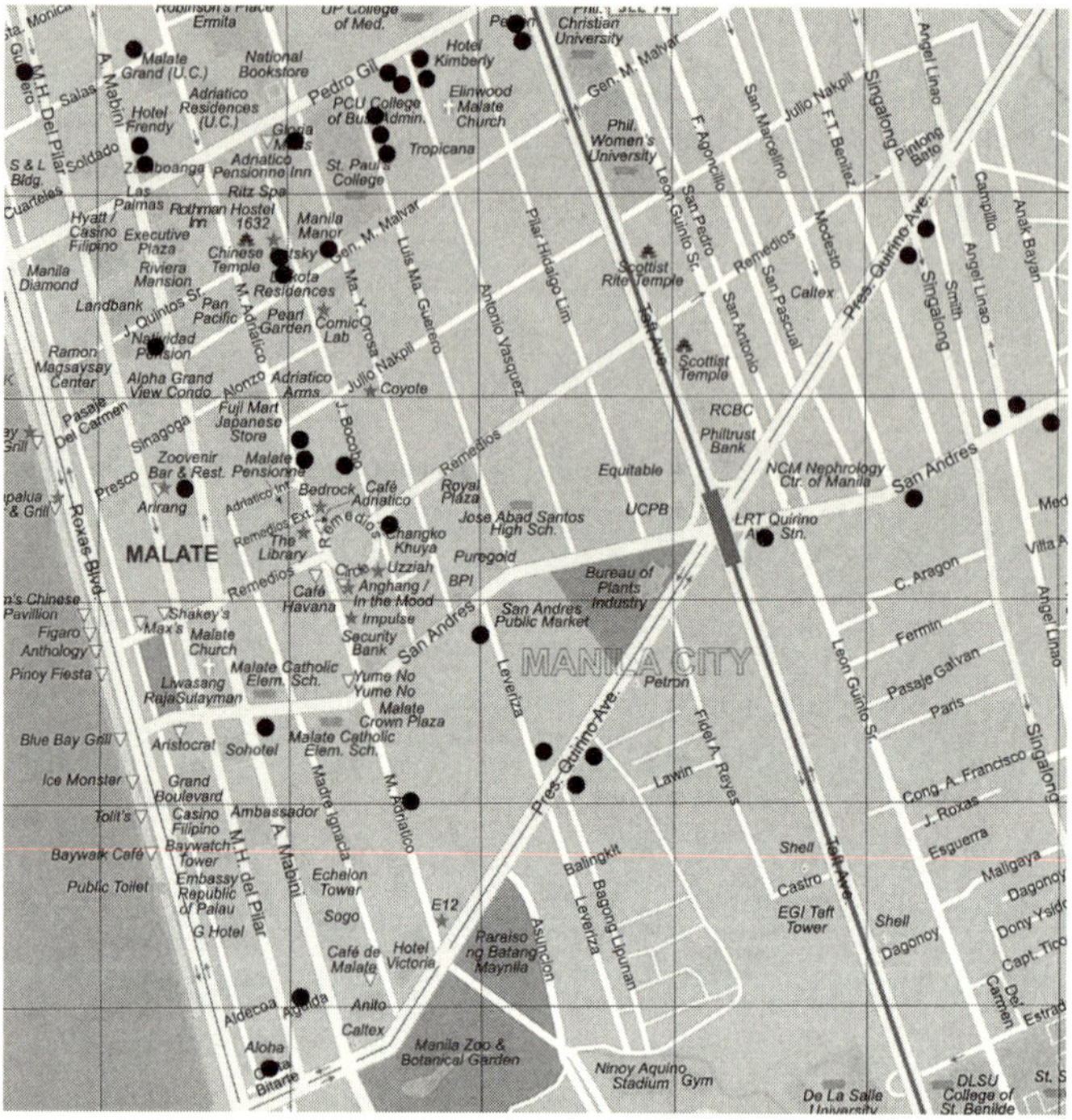

エルミタ・マラテ付近のネットカフェ（Jersey *et al.* 2007: 102）

＊8　このようなＯＦＷの「活躍」について、フィリピン政府が「New Economic Hero」として賞賛し、国民がＯＦＷとして海外に働きに出ることを推進してきた功罪については、Ｏ・ｄ・グズマンの論文を参照のこと。彼女はそこで、ＯＦＷがもたらす経済的な見返りに対して、法整備を含めた社会保障が未整備であったことを指摘している（Guzman 2003）。また、槇は海外からの送金がフィリピンの経済発展に及ぼす影響について、先行研究を丁寧にレビューしつつ、その展望を人的資本の蓄積に求めていること（槇 2009: 92）は、本註以下の本文の議論の展開との関係で重要である。

＊9　むろん、ソウルのネットカフェが林立する場所として、公務員試験のための予備校街と考査院の存在を確認してきた本書からすれば、韓国人語学留学生が集う場所に韓国人向けのネットカフェができ、加えて一人一人は短期であったとしても、継続的に韓国人の若者がフィリピンで生活をすることが確実であるならば、そのようなネットカフェがチェーン店化することは、それほど不思議なことではないと言えるだろう。

　そして、ここまでの議論から改めて想起されるべきは、韓国の若者たちが置かれた社会的状況とネットカフェとの関係である。つまり「英語のスキル習得」という文脈において、鷺梁津の状況がフィリピンで再現されているのである。

＊10　マラテは、マニラ市におけるもう一つのネットカフェ集中地域となっており、ＬＲＴキリノ駅を中心とする一㎢強には、三八店舗のネットカフェが存在する（右の図を参照）。

＊11　なお、このような状況は、規模は違うものの、フィリピンにおける他の大学の近辺にも見られる。例えばケソン市にあるフィリピン大学ディリマン校の構内には、数件のネットカフェとコピー店のみが入った、言わば「大学生の作業のための建物」が存在していた。そして、ディリマン校の東側を南北に走るカティプーナン・アベニューには、ディリマン校の少し南に位置するアテネオ・デ・マニラ大学との間に、主にオンラインゲームを提供するネットカフェが八店舗並んでいた。

＊12　なお、国際連合児童基金（United Nations Children's Fund, UNICEF）の報告では、フィリピンのセブの「個室」を備えたネットカフェにおいて、北米やヨーロッパの男性たちに一五歳の子どもが「もし裸を見せてくれたらお金を送る」と言われ、実際に見せたところ本当に金銭が送られてきた、という事例が紹介されている（UNICEF 2008）。

＊13　また、ランの台湾における調査によれば、英語のスキルをめぐって、フィリピン人ＤＷ／ＤＨが、同じようにＤＷ／ＤＨの競争相手として働くインドネシア人の「教育のなさ」を指摘する際のメルクマールとして、英語のスキル不足をレッテル張りに利用するという事例が紹介されており（Lan 2003: 148）、その原因について、彼女たちを雇う新中間層の台湾人のステレオタイプ的なものの見方に存すると結論付けている。つまり、フィリピン人は「賢いけれど始末に負えない（unruly）」、そして、インドネシア人は「愚鈍（stupid）だけれど従順」という台湾人が持つステレオタイプを、フィリピン人ＤＷ／ＤＨが自身のうちに内化し、英語のスキルという観点から、インドネシア人ＤＷ／ＤＨを自分たちの下位に位置付けようとする、ということである（Lan 2003: 148）。

実際、筆者はシンガポールでの調査において、同じような体験をした。それは次のようなものである。筆者が「アジアの色々な国と地域のネットカフェを出入りしながら、その利用方法を調査している」という研究目的を、フィリピン出身のＤＷ／ＤＨに伝えた上でインタビューを行い、それが終わった後、時間を取らせたことについてお礼を言うと、逆に彼女の方から「いいえ、ほんとに楽しかったから。で、他にはどんな国の人にインタビューをしているの？」と尋ねられたため「インドネシア人やインド人、その他もろもろの国の人がネットカフェにいますよね」という回答をしたところ「インドネシア人へのインタビューは大変だったでしょう。英語が聞き取りにくいから」という感想を漏らした。この言葉は、文脈的にはこれまでの筆者の調査の労をねぎらう言葉だったのだが、複雑な思いでその場を立ち去らざるをえなかった。

なお、ランも指摘していることであるが、このようなレッテル張りについては、Ｒ・Ｓ・パレーニャスがヨーロッパで行った調査においても同様のことが指摘されている（Parreñas 2001: 174-9）。以上のような問題は、ネットカフェに関する調査とは直接の関係を持たないため註に留めることにするが、仮にネットカフェで民族や人種の混交などが起こる場合には、今度はパソコンのスキルやインターネットとの向き合い方に対するレッテル張りや分断が発生する可能性は、本章でも確認したとおり十分にあり、このような点で本書は移民・移動研究の末席の位置を占めていると言える。

＊14　バランガイとは、フィリピンの最小行政区画単位のことであり、割り当てられた各地区の「平和と秩序（Peace and Order）」をもたらす機能を備える行政主体の意味もある。それゆえ、その構成員であるバランガイ・メンバーは、子どもたちが集まり、ときには問題も起こる地区内のネットカフェの場所をよく知っており、実際、筆者がマリキナ市で調査を行ったときも、ちょうど町の見回りをしていたある地区のバランガイ・メンバーに出会い、彼らが町のネットカフェの案内を引き受けてくれた。

＊15　海外への出稼ぎで得た収入をもとにして、自国でネットカフェを開業するというライフコースは、フィリピンに限られるものではない。ラヴァル大学教授のD・ベランジェ氏の示唆によれば、ベトナムにおいても同じような事例が見られるという。

＊16　ＡＣＭＩはシンガポールにあるカトリック系ＮＧＯ団体で、外国人家事労働者の生活保障や法的保護、スキルアップコースの開設や情報提供を行っている。小規模ビジネス企業コースとは、スキルアップのためのコースの一つだと推察される。

＊17　もちろん、エドナが中古パソコンを買ったのはフィリピンという可能性もある（そしてその可能性は非常に高い）。だが、仮にそうだとすれば、彼女の置かれた環境はより厳しいものであったことになるだろう。なぜなら、二〇一一年の時点で、マニラでは中古パソコンを大体八〇〇〇ＰＨＰで購入することができ、それはシンガポールの中古パソコン相場の八〇％程度の価格だからである。ちなみに、参考までに述べておけば、ＰＩ氏が二〇一一年七月に導入した新品のデスクトップパソコンの価格はモニタを含めて一台二万ＰＨＰであり、自らのネットカフェの開店のために改築・塗装などにかけた費用は八万ＰＨＰである。

＊18　ただし、ＰＢ氏もまた、彼女の妹を自分のネットカフェの店員として雇い入れていることは、付言されておいてよい。つまり、彼はＯＦＷとはなっていないものの、家族の将来を支えるＯＦＷと同じ役割を担っているのである。

第13章　ガラス張りの空間と恥

＊1　日本でもすでに二〇〇三年の段階で、タイ国家警察によって、一五歳未満の子どもが午後六時以降ネットカフェを利用しないよう、時間規制を設けるための法律が検討され始めたことが報じられている（『読売新聞』東京夕刊　二〇〇三年三月一二日）。

この報道によれば、ネットカフェは食事ができて安全という理由から、両親が子どもをネットカフェに預けっぱなしにするケースが増えているが、子どもたちはゲームにふけり、薬物まで使用している例があるという。

だが、本書のここまでの議論を踏まえれば、この報道はある程度までは正しく、ある程度からはかなりミスリーディングである。まず、このような実践が台湾の安親班のようなネットカフェの利用方法であることを確認した上で、薬物使用の可能性は確かにあるが、おそらくは相当限定的な状況であり、一般化して論じることができるかは不明だと指摘しておかなければならないだろう。また、韓国のネットカフェを論じた際にも指摘したことであるが、子どもたちはゲームにふけっていることは確かだが、それは仲間たちとの遊びにふけっているだけだという可能性もある。

＊2　これらの大学付近にネットカフェが集まっているのとは対照的に、タイの有名国立大学であるタマサート大学の周辺には、どのような範囲を「周辺」と捉えるかによるものの、ネットカフェはまったく存在しないと言ってよい。とはいえ、このような状況を説明することはそれほど難しくない。なぜなら、タマサート大学の周辺は、王宮や歴史的寺院、官公庁などが立ち並んでいるという点で、そもそもネットカフェを開店するにあたっての立地が悪いからである。

＊3　なお、二〇一五年に行ったフォローアップ調査では、この数は半減していたが、その理由を推し量ることは容易である。それは多くのバックパッカーがスマートフォンを持つようになり、安価なプリペイドSIMを保持することができるようになったからである。現在では、バンコクでは空港のみならず、コンビニエンスストアなどでもこのようなSIMカードを手に入れることができる。

＊4　本章の文脈からすれば、観光客の言語別の割合を示すべきところであるが、この統計で掲載されているデータが地域別の数値のみであるため、あくまでも参考値として確認されたい。また、この統計の方針として、アジアとオセアニアが合算された値が提示されているため、オセアニアの英語圏であるオーストラリアやニュージーランドの数値を加えることができれば、別の結果が導かれる可能性があることも、併せて付記しておく。

＊5　ただし、英語版のOSが利用されているそもそもの理由として、海賊版のOSを用いたパソコンによってネットカフェが経営されているケースも存在することは確かである。この点については、どの程度海賊版が普及しているかを実測することが困難であるという点で、註に付すに留める。

＊6　冒頭で参照したタイ国家統計局の調査では、ネットカフェの経営者に対して「店員の技術力や経験不足を感じることがあるか」という質問を行っている。その結果は「そう感じることはない」が八八・二%、「感じることがある」が一一・八%という結果であった（National Statistical Office of Thailand 2008）。この統計では、店員の教育水準については調査しておらず、どの程度のスキルや経験をもって経営者が「おおむね満足」と感じるかは地域によって異なることが想像できるが、少なくとも不満を

持つ経営者が圧倒的に少ない上記の結果は、本章の議論に対する傍証の意味を持つだろう。

＊7　なお、ＭＢＫセンターについて付け加えておけば、それはタイ雑貨屋、電気製品売り場、土産物屋のみならず、様々な娯楽施設、例えば映画館、ボーリング場、カラオケ、ゲームセンター、さらにはフードコートも備えるような複合ショッピングモールである。それゆえ、二〇一一年の時点でそこに存在したネットカフェも、これらの一部をなすサービス業であったと考えられてしかるべきである。

＊8　タイ語の"ting tong"は、英語の"crazy"に相当する形容詞であり、「正気の沙汰ではない」という意味から「(何らかのものに)夢中になって」のような意味、あるいは「(特定の誰かに) 惚れて」という意味までを含む。実際の「ラブ・レター」の内容も、このような多様な解釈を許すものであることをＴＧ氏から確認したことをもって、ここでは「クレイジー」という語を、そのまま用いている。

＊9　ここで挙げた書物以外で、特にインターネットの普及も念頭に置きながら、バーガールたちと外国人男性旅行客との間の親密的かつ経済的な関係を微視的に分析したものとして、市野沢潤平の著作（市野沢 2003）がある。市野沢は自らの行ったフィールド調査から、ネットカフェがゴーゴーバー（バーガールたちが働くバー）の近辺に林立し、そこでは本節で確認してきたような「翻訳サービス」が行われていること、またそのようなネットカフェ利用がバーガールたちの生業を成立させるにあたって、徐々に重要性を増していることを論じている（市野沢 2003: 229-30）。

＊10　では、携帯電話（スマートフォン）を用いる場合は、このような問題は発生しないのだろうか。換言すれば、バーガールたちは携帯電話（スマートフォン）というメディア技術の進歩を享受することができるだろうか。この点に関して、市野沢は「通信インフラの急速な改善により、バーガールと顧客が互いに関係を保つ上での距離の障害はかつてに比べてずいぶん小さくなり、「両者の関係が長期化する傾向が明らかになっている」（市野沢 2003: 230）と説明している。

ただし、――このことは、ネットカフェとは直接関係がなく、またネットカフェの外の立ち話として行われた会話によるものであるため、註に留めることにするが――、筆者が会話をしたバーガールのＴＨ氏は、「スマートフォンのメッセージ機能は使えない（役に立たない）し、インスタント・メッセンジャーやＳＮＳは最悪だ」と語っていた。その理由は「別に長く付き合いたいと思っていない人からもメッセージはずっと送られてくるし、メッセンジャーやＳＮＳはログインした瞬間に何百人もの「友達」からほとんど間をおかずに"Hello, how are you?"が送られてきちゃうから」である。それゆえ彼女は「もうここ最近、ＳＮＳやメッセンジャーは使っていない」という。

市野沢の言葉を転用しながらこの状況を説明すれば、彼女は顧客との距離の障害の除去と顧客との関係の長期化を容易にするメディア技術を手に入れた結果、顧客から物理的な距離を取り、顧客との関係を切断する自由を失ったのだと言えるだろう。

そのとき、彼女が置かれた社会的・経済的状況という問題がメディア技術の利用のあり方に回帰し、メディア技術の可能性は縮減されることになるのである。

*11　近年の代表的なものとしては、バーガールのライフヒストリーを丁寧に追い、彼女たちがいかにしてバーガールに「なる」のかを考究した青山薫の著作（青山 2007）、また青山の著作でも主要な先行研究として扱われ、売春に従事する女性労働者たちを「社会的な死」という概念を用いて分析したJ・オコンネル・デイビッドソンの労作（O'Connell Davidson 1998）、そして観光産業の展開と性産業の進展というマクロな視点からの分析枠組みを提供することで、これらの著作の出現を準備したと言ってよいT‐D・トゥルンの研究（Troung 1990）などが挙げられる。

*12　もちろん、「バンコクへの憧れ」のような志向を持っていたところに売春斡旋が舞い込んだといった事例も存在し、先行研究ではそのような志向が悪用された人身売買と呼ぶべき事例も紹介されているが、総じて彼女たちがかなり貧しい生活を送っていたことが、バーガールへと至る大きな要因の一つであることが示唆されている。

*13　なお、ここまでに論じてきた章との関係で、タイにおけるネットカフェと言語（英語およびタイ語）の問題に、別の側面から考察を開くこともできる。例えば、少し古いデータになるが、アムネスティ・インターナショナル（Amnesty International 2005）の試算によれば、タイにはおよそ一五〇～二〇〇万人のミャンマーからの移民労働者が存在し、タイ国内でいわゆる3Kと呼ばれる職業に従事している。だが、少なくとも筆者のバンコクにおけるネットカフェ調査ではミャンマーの人々は発見できず、またどのネットカフェ経営者／店員も、ミャンマー出身の人々の存在に言及することはなかった。

このような事態について、ここでは、台湾におけるベトナム人向けのネットカフェがほとんど発見できなかったことと同型の問題、すなわち英語とタイ語が用いられるバンコクのネットカフェにおいてマイノリティとなる人々の存在が見出しにくくなるという構造的問題、さらにはミャンマーという世界的に見てもパソコン・インターネットの普及率が低い国といった複合的な要因が絡む問題があることを提起し、今後の課題としたい。

終　章　比較研究

*1　このことは、現代のオンラインゲーム中毒への対策のような場面を想定すれば、むしろ無理なく理解できるように思われる。

*2　ただし、日本のネットカフェにおいて、このような利用方法がそれほど主要ではないことをうかがい知ることもできる。実際、JF氏は先の言葉に続けて、日本のネットカフェのオープン席に並べられたパソコンについて、いくつかの不満を述べている。

それは、ときどき「キーボードの爪が立たないのが嫌だし、マウスのスクロールが回らないこともある」というものである。そして、ネットカフェには「ＵＳＢ接続のゲームパッドが置かれていることがあり、店員と仲良くなったら使わせてもらえる」ものだという。

＊3　なお、ここで論じられた韓国と中国の比較については、差異よりもむしろ共通点の方を指摘する人々がいても不思議ではない（実際、韓国の通貨危機から、すでに二〇年の月日が流れたのだから）。そしてその際、共通の問題となるのは、やはり歴史性を伴った不平等なのである。

＊4　詳述はしないが、ケアすべき対象をある場所から遠ざけるという場合にも、ここで論じたことと同様の理路が成立するように思われる。

＊5　なお、デリダの歓待という概念については、Ｊ・Ｇ・モルツとＳ・ギブソンを編者として、移民や難民の社会に与える問題と歓待の概念および実践との関係がまとめられた書籍（Molz and Gibson 2007）がある。また、Ｊ・スティルの書籍（Still 2011）は、デリダの歓待についての論考に対する、良い参考書であると言える。

＊6　加えて、歓待論の泰斗であるＲ・シェレールは、歓待という実践が何より「管理」、そして「監視（可視性）」への抵抗であったことを、次のように論じている。

> 歓待は、当然ながら、全体主義体制による管理〔contrôle〕から逃れようとする。歓待を与える方も、歓待を受け取る方もそうである。全体主義体制は内部からの追放者、あるいは被追跡者を生み出すのであり、そのため彼ら／彼女らはどこかに避難所〔asile〕を見つけなければならない。あらゆる歓待の行為は、国家の独裁に対する抵抗の行為となる。理性国家は、こうした行為を許容するわけにはいかず、自らの諸制度〔ses institutions〕から歓待の行為を排除する。念頭に置かれるべきは、全体主義体制の今日的な様式のみではない。ずっと古くからそのような傾向は存在し、可視性という政治原理から社会構成体を合理化するあらゆる試みに付随してきた。
>
> (Schérer〔1993〕2005: 23-4=1996: 23)

＊7　ただし國分は、彼の歓待に関する議論の中で、場所の変容をめぐる問題については言及していない。この点に関しては、本註以下の本文で論じる「すれ違い」のような概念も含め、歓待に関するより理論的な研究の過程において、稿を改めて論じることにしたい。

あとがき

自身の執筆した著作について、何らかの言葉を後付けのようなかたちで述べることは、存外に難しい。また、本書は学術研究書としてはかなり異例の体裁をとっていることからも明らかだが、フィールド調査の中で出会った私自身のエピソードが、議論を進める原動力となっている部分もあり、調査の中で得たほぼすべての経験が、各部各章各節にちりばめられる構成となっている。そのため、本書の中に含めることができなかった逸話や人々との出会いなどとして、ここに提示できるものはない。

また、私としては、この研究を実施している最中から気付いていたことではあったが、「このような学術研究書を執筆する自分自身が何者であるのか」ということに関して、本当に未規定になってしまったと感じている。

例えば、ネットカフェのマッピング調査を行っている際には、ある研究者からは「生粋のフィールドワーカーですね」と言われたこともあれば、「手法としては人文地理学者ですね」と評されたこともある。あるいは、この調査が中心的に行われていた際に研究員として勤務していた「京都大学グローバルＣＯＥ　親密圏と公共圏の再編成をめざすアジア拠点」の同僚であったある研究者からは「本当にこのグローバルＣＯＥの名前（親密圏と公共圏）のとおりの現代メディア研究をやってるよね」と声をかけてもらったこともある。

むろん、調査対象に照準を合わせれば、貧困研究、都市研究、農村研究、移民・移動研究、ジェンダー論、比較社会学、メディア論……、など様々な研究分野を横断するかたちで、アジアのネットカフェで起こっていることを、ある程度学問として成り立たせながら描写し分析することを試みてきたとも言える。それが成功しているとすれば、という条件付きで、私はおそらくどのような者でもありうるのだろうが、失敗している可能性も極めて高く、その場合、私はどのような者にもなりえていないのだと思われる。

このように執筆にまつわることを想起すれば、アジアのネットカフェはどのような者にもなりえていない私を、そのようなものとして、迎え入れてくれるものだったと思わずにはいられない。だとすれば、歓待に関する若干の考察をもって結論としている本書が、そのような結びになるのも無理はなかったことになるだろう。私がアジアのネットカフェのありさまを記述すればするほど、この概念に収斂していくことは必定だったのではないか、と今はそのように考えている。

それゆえ、ここで最初に謝辞を捧げたいのは、アジアのそれぞれの大都市、その中にあるネットカフェ、そこで私に出会ってしまったばかりに、数時間分のネットカフェの料金を無駄に使ってしまったかもしれないインフォーマントの方々、多忙の折、私の質問に答えてくれたネットカフェの店員の方々、そしてこのような調査を支えてくださった研究協力者や通訳補助の方々である。

これらの方々については、逐一名前を挙げることはしない。何より歓待という場における名指しは、条件付きの歓待を導くものだからだ。よって、本書を著すことによって、一人だけ名前を出すことになった私が言うべきことは、これらの方々は、仮に私が訪問者ではなかったとしても、私になしてくれたものと同等のものを、他の人にも与えていただろうということ、そして私が謝辞を捧げた瞬間に「そんなことを言う必要はない」とおっしゃってくださる方々だったということである。

他方、本書を著すにあたっての学恩は数えきれないほどである。本書のもとになった博士学位請求論文の主査を務めてくださった吉田純先生は、先のグローバルCOEでアジアを放浪している私をつねに温かく見守ってくださる存在であった。もし吉田先生がいらっしゃらなければ、学問分野としてはどこにも行き先のなさそうな私の論文の断片は、私の書棚かHDDに断片として残されたままであった。

博士学位請求論文の副査を務めてくださった、伊藤公雄先生、高橋由典先生、柴田悠先生からは、私の至らぬ論文に対する的確なコメントとアドバイスをいただいた。本書が当時と比べて何らかの「進歩」があるとすれば、それは私の力ではなく、ひとえに先生方のおかげである。

前出のグローバルＣＯＥのリーダーであった落合恵美子先生には、すでに長い感謝のメールを書き送ったこともあるが、改めてこのような向こう見ずな調査研究が一応の完成となったことについて、先生が果たされた役割の大きさと、先生にご提供いただいたネットワークの広さを強調しつつ、感謝の言葉に代えたい。松田素二先生には、私がグローバルＣＯＥ研究員として勤務している間、本当に様々なご助力をいただいた。日本語を使うことができないインターネット・パソコン環境から、松田先生が送ってくださった一通の短い英語のメールを、私は生涯忘れることはない。

また、私の師と呼ぶべき三人の先生に対しても、ここで改めて言及しておきたい。まず、大澤真幸先生には、私が大学院生として先生の研究室に所属している頃から現在に至るまで、「考える」ということをその身をもって示してくださっていることに、心から尊敬の念を抱いている。倉本香先生には、私が学部生の頃に「読解する」ということを教えてくださり、研究者としての基盤を作っていただいたことに感謝している。最後に、作田啓一先生には、先生が主催されていた有志の学術研究会である「分身の会」にお招きいただき、私はそこで学者としてのあり方を学ぶことができた。わけても、私にとっての先生は、「改めて考えなおす（再考する）」ということの意義と価値、そして喜びを示してくださる方だった。私が生前の作田先生からいただいた最後の宿題は歓待概念の再考であるが、本書をその端緒として、これまでと同様に持ちかえって改めて考えなおそうと、今、心から思うことができるのは、私が知る作田先生がそのような態度を尊ぶ方だったからである。私が現在、まがりなりにも大学の教員として学生たちに何かなしえていることがあるとすれば、それらはすべてこの三人の先生から譲り受けたものである。

右に挙げた先生方の他にも、本書の調査がなされている際に私を支えてくださった旧大澤研究室、吉田・高橋研究室の先輩や後輩、グローバルＣＯＥの関係者の皆さま、「分身の会」の皆さま、また博士学位請求論文から本書の執筆に至る間、快適な研究環境をご提供いただいている群馬大学社会情報学部の同僚の方々にも一言お礼を述べておきたい。

本当にありがとうございました。

また、本書の出版にあたっては、担当編集者の平原友輔氏に大変お世話になった。様々な限界を超えてしまいながら、なお伴走していただいたご恩は、すでにもう返すことができないほど膨れ上がってしまっているため、一言お詫びと感謝を申し添えます。

最後に、私の家族にも感謝の言葉を伝えておきたい。特に両親には、私がアジアをめぐっている間に、様々な苦労をかけたと思う。そして、私の甥姪たちには、調査の合間に伯父が書き送る絵葉書を受け取ってくれてありがとう、と記して伝えておきたい。妻の加奈には、論文執筆のたびに世話をかけっぱなしであるが、今後ともよろしくお願いします。

二〇一八年一二月三日

平田知久

初出一覧

本書は、二〇一六年一〇月に京都大学大学院人間・環境学研究科に提出された、筆者の博士学位請求論文『東アジア・東南アジアにおけるインターネットカフェの比較社会学』を元に執筆されたものである。以下に示す初出論文は、博士学位請求論文に採録した時点で部分的に加筆修正を行っている。さらに、本書の執筆にあたっては、この論文では各国／各都市のネットカフェを全11章として論じたものを、全II部15章構成へと変更しつつ、大幅な加筆修正を行ったため、より詳しい初出を本書の15章にそれぞれ対応させると、かえって視認性に乏しい一覧となる。

また、本書で大きく初出論文に負っている部分については、逐一註で指示しておいた。よって、ここでは対応関係はあえて示さず、さらに文献表との重複を厭わず、本書の議論に直接関係する論文について、年代順に初出を記載することにする。

平田知久, 2007,「M・フーコーにおける現代性 modernité と現在性 actualité ——歴史を書く方法としての——」『ソシオロゴス』Vol. 31, pp. 40-61.

———, 2008,「サドのマルチカルチュラリズムについて」『生存学研究センター報告』Vol. 4, pp. 279-98.

———, 2010,「貧困のリアリティとその課題——ネットカフェ難民を捉える視座をめぐって」『Int'lecowk』Vol. 65, No. 2, pp. 18-20.

Hirata Tomohisa, 2011, "Being Quiet in Internet Cafes: Private Booths and the Isolation of Net Cafe Nanmin," *Journal of Socio-Informatics* Vol. 4. No. 1, pp. 41-8.

———, 2012, "Singing Immigrant Song for a Child or Becoming the Father of a Baby Who Is Gonna Crawl: Internet Cafes and the Statuses of 'Migrants' in Japan and Hong Kong," *GCOE Working Paper Next Generation Research* 92, 17p.

———, 2013a, "The Price of Using the Internet without Shame: 'Bar Girls' in Bangkok and the Internet Café as Infrastructure." *Proceedings of the 5th Next-Generation Global Workshop*, pp. 353-62.

——, 2013b, The Double Digital Divide and Social Inequality in Asia: Comparative Research on Internet Cafes in Taiwan, Singapore, Thailand, and the Philippines," in M.Ragnedda and Glenn, W.Muschert (eds.) *The Digital Divide: The Internet and Social Inequality in International Perspective*, New York: Routledge, pp. 285-96.

——, 2016,「アジアを移動する人々とネットカフェの風景」佐藤卓己編『岩波講座 現代——第9巻 デジタル情報社会の未来』東京：岩波書店, pp. 233-57.

——, 2017,「インターネットカフェという場所——マニラ首都圏の事例からみるつながりの課題」秋津元輝・渡邊拓也編『せめぎ合う親密と公共——中間圏というアリーナ』京都：京都大学学術出版会, pp. 191-214.

——, 2018,「ゲームをめぐる「世論」の形成と韓国のインターネットカフェ——世論とメディアを考えるために／前に」『二〇一八年 第二四回日韓国際シンポジウム デジタル／サイバー空間における「世論」——その問題状況、研究の最前線——』pp. 90-103.

また、本書の執筆、およびその基底となった研究調査の過程では、以下の研究助成を受けた。記して感謝する。

京都大学グローバルＣＯＥ次世代公募研究「東アジア諸国におけるＩＴメディア環境の展開と親密圏・公共圏の変容」（二〇〇八年度）

日本学術振興会科学研究費補助金若手研究（スタートアップ）→研究活動スタート支援「東アジア・東南アジア諸国におけるインターネットカフェの社会史と比較社会学」（二〇〇九～二〇一〇年度・課題番号 21830052）

京都大学グローバルＣＯＥ次世代公募研究「東アジア諸国におけるインターネットカフェの社会史に関する比較研究」（二〇一一年度）

京都エラスムス計画 国際研究機関派遣「アジアの二重のデジタル・ディバイドとインターネットカフェにおける社会実践に関する研究」（二〇一一年度）

日本学術振興会特別研究員奨励費「アジアのインターネットカフェをめぐる移動と歓待の比較社会学」（２０１３～２０１４年度・課題番号 13J07647）

なお、本書の出版にあたっては「平成三〇年度京都大学総長裁量経費人文・社会系若手研究者出版助成」を受けた。こちらも記して感謝したい。

平田 知久（ひらた　ともひさ）
1979年生まれ。2008年、京都大学大学院人間・環境学研究科博士後期課程研究指導認定退学。博士（人間・環境学）。京都大学大学院文学研究科研究員（グローバルCOE）などを経て、現在、群馬大学社会情報学部准教授。著作に、"The Double Digital Divide and Social Inequality in Asia: Comparative Research on Internet Cafes in Taiwan, Singapore, Thailand, and the Philippines"（M. Ragnedda and G. W. Muschert（eds.），2013, *The Digital Divide: The Internet and Social Inequality in International Perspective*. Routledge）、「アジアを移動する人々とネットカフェの風景」（佐藤卓己編『岩波講座 現代――第9巻 デジタル情報社会の未来』岩波書店、2016年）、「インターネットカフェという場所――マニラ首都圏の事例からみるつながりの課題」（秋津元輝・渡邊拓也編『せめぎ合う親密と公共――中間圏というアリーナ』京都大学学術出版会、2017年）などがある。

ネットカフェの社会学
――日本の個別性をアジアから開く

2019年3月22日　初版第1刷発行

著　者――――平田知久
発行者――――依田俊之
発行所――――慶應義塾大学出版会株式会社
〒108-8346　東京都港区三田2-19-30
TEL〔編集部〕03-3451-0931
〔営業部〕03-3451-3584〈ご注文〉
〃　03-3451-6926
FAX〔営業部〕03-3451-3122
振替 00190-8-155497
http://www.keio-up.co.jp/
装　丁――――耳塚有里
印刷・製本――萩原印刷株式会社
カバー印刷――株式会社太平印刷社

Printed in Japan　ISBN978-4-7664-2590-1

事項索引

凡例　1. （）は「同じもの」の言い換え、もしくは言葉を部分的に追加する場合に用いた。
2. ／はある事項と対になる別の事項とを「あるいは」として示す場合に用いた。
3. ［］は事項に関わる地域名や国名を追記する場合に用いた。

【日本語】

ア行

カ行

サ行

マ行

ラ行

ワ行

【アルファベット】

A

B

C

D

E

F

G

H

I

L

M

人名索引

参考文献・資料

参考文献（日本語）

愛みち子，2009，『香港返還と移民問題』東京：汲古書院.

———，2010，「中国からの不法移民――香港への密航を中心に」『ICCS 現代中国学ジャーナル』Vol. 2, No. 1, pp. 324-30.

青山薫，2007，『「セックスワーカー」とは誰か――移住・性労働・人身取引の構造と経験』東京：大月書店.

明石純一，2011，「シンガポールの移民「マネジメント」」，安里和晃（編著）『労働鎖国ニッポンの崩壊――人口減少社会の担い手はだれか』東京：ダイヤモンド社，pp. 167-78.

阿部彩，2011，『弱者の居場所がない社会――貧困・格差と社会的包摂』東京：講談社.

雨宮処凛，2008，『怒りのソウル――日本以上の「格差社会」を生きる韓国』東京：金曜日.

新居耕治，2011，「台湾の学童保育「安親班」共働き支える」『日本経済新聞』2011 年 2 月 27 日.

有田伸，2006，『韓国の教育と社会階層――「学歴社会」への実証的アプローチ』東京：東京大学出版会.

生田武志，2005，『〈野宿者襲撃〉論』京都：人文書院.

———，2007，『ルポ 最底辺――不安定就労と野宿』東京：筑摩書房.

市野沢潤平，2003，『ゴーゴーバーの経済人類学――バンコク中心部におけるセックスツーリズムに関する微視的研究』東京：めこん.

一色正春，2011，『何かのために――sengoku38 の告白』東京：朝日新聞出版.

伊藤守・花田達朗，1999，「「社会の情報化」の構造と論理」小島和人編『講座社会学 8 ――社会情報』東京：東京大学出版会，pp. 139-237.

岩田正美，2007，『現代の貧困――ワーキングプア／ホームレス／生活保護』東京：筑摩書房.

———，2008，『社会的排除――参加の欠如・不確かな帰属』東京：有斐閣.

埋橋孝文・于洋・徐荣（編著），2012，『中国の弱者層と社会保障――「改革開放」の光と影』東京：明石書店.

内田樹，2008，『街場の教育論』東京：ミシマ社.

SE 編集部（編著），2010，『僕らのパソコン 30 年史――ニッポン パソコン クロニクル』東京：翔泳社 .

遠藤誉，2008,『中国動漫新人類――日本のアニメと漫画が中国を動かす』東京：日経BP社.
――――，2011,『ネット大国中国――言論をめぐる攻防』東京：岩波書店.
王文亮，2006,『格差で読み解く中国社会』京都：ミネルヴァ書房.
――――，2009,『格差大国 中国』東京：旬報社.
大澤真幸・吉見俊哉・鷲田清一（編），2012,『現代社会学事典』東京：弘文堂.
大橋昭一，2015,「アクターネットワーク理論の進展過程――物質主義志向的アクターネットワーク理論を中心に――」『経済理論』No. 379, pp. 41-62.
金相美，2011,『韓国における情報化と縁故主義の変容』京都：ミネルヴァ書房.
木村忠正，2001,『デジタルデバイドとは何か――コンセンサス・コミュニティをめざして』東京：岩波書店.
木下節子他，2007,「駅周辺の不特定多数利用施設を中心とした結核感染――都市結核問題の観点より――」『結核』Vol. 82, pp. 749-57.
黒田茂夫，2009,『街の達人 7000 でっか字 東京 23 区便利情報地図』東京：昭文社.
黒羽幸宏，2010,『神待ち少女』東京：双葉社.
厳善平，2007,『農村から都市へ――一億三〇〇〇万の農民大移動（叢書 中国的問題群 7)』東京：岩波書店.
――――，2010,『中国農民工の調査研究――上海市・珠江デルタにおける農民工の就業・賃金・暮らし』東京：晃洋書房.
玄武岩，2005,『韓国のデジタル・デモクラシー』東京：集英社.
合田美穂，2014,「外国人家事労働者が香港に与える影響――社会、家庭、国際関係への影響を中心に―」『環境と経営』Vol. 20, No. 1. pp. 23-34.
國分功一郎，2002,「歓待の原理――クロソウスキーからフーリエへ」『Résonances』Vol. 1, pp. 41-8.
佐藤俊樹，［1996］2010,『社会は情報化の夢を見る――［新世紀版］ノイマンの夢・近代の欲望』東京：河出書房新社.
鈴木大介，2008,『家のない少女たち――10 代家出少女 18 人の生と性』東京：宝島社.
園田茂人，2008,『不平等国家中国――自己否定した社会主義のゆくえ』東京：中央公論社.
園田茂人・新保敦子，2010,『教育は不平等を克服できるか（叢書 中国的問題群 8)』東京：岩波書店.
田中千一，2003,『アミューズメント革命 インターネット・まんが喫茶を発明したのは私です』東京：星雲社.
谷口洋志・朱珉・胡水文，2009,『現代中国の格差問題』東京：同友館.
田畑暁生，2005,『地域情報化政策の事例研究』東京：北樹出版.
太郎丸博，2004,「社会階層とインターネット利用――デジタル・デバイド論批判」『ソシオロジ』Vol. 48, No. 3, pp. 53-66.
中谷和義，2005,「先進国の「夫」探せ――比レイテ島、ネットカフェに少女ら殺到、13 歳

も「結婚」」『読売新聞』2004年5月5日.
鍋倉聰，2011,『シンガポール「多人種主義」の社会学——団地社会のエスニシティ』京都：世界思想社.
西村成雄・国分良成，2009,『党と国家——政治体制の軌跡（叢書 中国的問題群1)』東京：岩波書店.
濱野智史，2014,「情報化——日本社会は情報化の夢を見るか」小熊英二（編著）『平成史【増補新版】』東京：河出書房新社，pp. 431-66.
平田知久，2005,「反有機化された身体とその喜悦を巡って——後期フーコーの一視座軸」『現代社会理論研究』Vol. 15, pp. 232-43.
————，2007,「M・フーコーにおける現代性 modernité と現在性 actualité ——歴史を書く方法としての——」『ソシオロゴス』Vol. 31, pp. 40-61.
————，2008,「サドのマルチカルチュラリズムについて」『生存学研究センター報告』Vol. 4, pp. 279-98.
————，2010,「貧困のリアリティとその課題——ネットカフェ難民を捉える視座をめぐって」『Int'lecowk』Vol. 65, No. 2, pp. 18-20.
————，2016,「アジアを移動する人々とネットカフェの風景」，佐藤卓己（編）『岩波講座 現代 第9巻——デジタル情報化社会の未来』東京：岩波書店，pp. 233-57.
————，2018,「ゲームをめぐる「世論」の形成と韓国のインターネットカフェ——世論とメディアを考えるために／前に」，日本マス・コミュニケーション学会2018年日韓シンポジウム実行委員会『2018年 第24回日韓国際シンポジウム デジタル／サイバー空間における「世論」——その問題状況、研究の最前線——』pp. 90-103.
深谷野亜，2008,「父親の育児関与」，深谷昌志（編）『育児不安の国際比較』東京：学文社，pp. 159-99.
富士グローバルネットワーク，2010,「複合カフェ」『2010年版 サービス産業要覧』東京：富士経済グループ.
槙太一，2009,「OFW，海外送金とフィリピンの経済発展」『京都学園大学経済学部論集』Vol. 19, No. 1, pp. 79-96.
松永真理，2000,『iモード事件』東京：角川書店.
水島宏明，2007,『ネットカフェ難民と貧困ニッポン』東京：日本テレビ放送網株式会社.
文京洙，2015,『新・韓国現代史』東京：岩波書店.
山谷剛史，2008,『新しい中国人——ネットで団結する若者たち』東京：ソフトバンク クリエイティブ.
湯浅誠，2005,『あなたにもできる！ 本当に困った人のための生活保護申請マニュアル』東京：同文館出版
————，2007,「「ネットカフェ難民」調査、その意義と限界」『賃金と社会保障』No. 1453, pp. 42-4.

――――, 2008, 『反貧困――「すべり台社会」からの脱却』東京：岩波書店.
尹敬勲, 2010, 『韓国の教育格差と教育政策――韓国の社会教育・生涯教育政策の歴史的展開と構造的特質』岡山：大学教育出版.
吉田純, 2000, 『インターネット空間の社会学――情報ネットワーク社会と公共圏』京都：世界思想社.
若林正丈, 2001, 『台湾――変容し躊躇するアイデンティティ』東京：ちくま新書.
渡辺浩平, 2008, 『変わる中国 変わるメディア』東京：講談社.

参考文献（外国語）

Attwell, Paul, 2001, "The First and Second Digital Divides," *Sociology of Education*, Vol. 74, No. 3. pp. 252-9.
Bauman, Zygmunt and Lyon, David, 2012, *Liquid Surveillance: A Conversation (Conversations) 1st Edition*. Cambridge; CB: Polity.（=2013, 伊藤茂訳『私たちが、すすんで監視し、監視される、この社会について』東京：青土社.）
Bourdieu, Pierre, 1979, *La distinction: Critique social du jugement*. Paris: Minuit.（=1990, 石井洋二郎訳『ディスタンクシオンⅠ・Ⅱ――社会的判断力批判』東京：藤原書店.）
Burrell, Jenna, 2012, *Invisible Users: Youth in the Internet Cafés of Urban Ghana*. Cambridge; MA: The MIT Press.
陳桂棣・春桃, 2004,『中国农民调查』北京：人民文学出版社.（=2005, 納村公子・椙田雅美『中国農民調査』東京：文芸春秋.）
Chen, Wenhong, and Wellman, Barry, 2004, "The Global Digital Divide: Within and between Countries," *IT&Society*, Vol. 1, Issue 7, pp. 39-45.
최우웅 (ed.), 2010,『서울 1:10,000 도로지도（ソウル 1:10,000 道路地図）』서울：성지운화사.
Choi Byung-il, 2000, *Digital Divide in the APEC: Myth, Realities and a Way Forward*. Seoul: Korea Institute for International Economic Policy.
Costa, Sergi, 2007, *Cybercafes. Surfing Interiors*. Barcelona: Loft Publications.
大輿出版社股份有限公司, 2011, *新版台北市地圖街道王*. 台北：大輿出版社股份有限公司.
Deleuze, Gilles and Guattari, Félix, 1980, *Mille plateaux: Capitalisme et schizophrénie 2*. Paris: Minuit.
Derrida, Jacques, 1997, *Cosmopolites de tous les pays, encore un effort!*. Paris: Galilée.
Derrida, Jacques and Dufourmantelle, Anne, 1997, *De l'hospitalité: Anne Dufourmantelle invite Jacques Derrida à répondre*. Paris: Calmann-Lévy.
Ehrich, Richard, S. and Walker, Dave, 2000, *Hello My Big Big Honey!*. San Francisco; CA: Last Gasp.
Evers, Hans-Dieter and Gerke, Solvay, 2004, *Closing the Digital Divide: Southeast Asia's Path towards a Knowledge Society, (Working Papers on Contemporary Asian Studies No. 5)*. Scania, Sweden: The Center for East and South-East Asian Studies, Lund University.
E-zone, 2011, *TAB.PC Contents #681*. 北角；香港：香港經濟日報有限公司.

Foucault, Michel, 2001, *Dits et écrits II: 1975-1988*. Paris: Quarto Gallimard.

Hannam, Kevin, Sheller, Mimi and Urry, John, 2006, "Editorial: Mobilities, Immobilities and Moorings," *Mobilities*, Vol. 1, No. 1, pp. 1-22.

Hirata, Tomohisa, 2013, "The Double Digital Divide and Social Inequality in Asia: Comparative Research on Internet Cafes in Taiwan, Singapore, Thailand, and the Philippines," Massimo Ragnedda and Glenn W. Muschert (eds.), *The Digital Divide: The Internet and Social Inequality in International Perspective*. New York: Routledge, pp. 285-96.

Hjorth, Larissa and Chan, Dean (eds.), 2009, *Gaming Cultures and Place in Asia-Pacific*. Oxford: Taylor & Francis

Huhh, Jun-Sok, 2009, "The "Bang" Where Korean Online Gaming Began: The Culture and Business of the *PC Bang* in Korea," Larrisa Hjorth and Dean Chan (eds.), *Gaming Cultures and Place in Asia-Pacific*. Oxford: Taylor & Francis, pp. 102-16.

International Organization for Migration (IOM), 2013a, *World Migration Report 2013: Migrant Well-being and Development*. Genova: International Organization for Migration.

———, 2013b, *Country Migration Report: The Philippines 2013*. Genova: International Organization for Migration.

International Telecommunication Union (ITU), 2009, *Measuring the Information Society: The ICT Development Index 2009*. Geneva: Place des Nations.

———, 2010, *Measuring the Information Society: The ICT Development Index 2010*. Geneva: Place des Nations.

———, 2011, *Measuring the Information Society: The ICT Development Index 2011*. Geneva: Place des Nations.

———, 2012, *Measuring the Information Society: The ICT Development Index 2012*. Geneva: Place des Nations.

———, 2013, *Measuring the Information Society: The ICT Development Index 2013*. Geneva: Place des Nations.

———, 2014, *Measuring the Information Society: The ICT Development Index 2014*. Geneva: Place des Nations.

———, 2015, *Measuring the Information Society: The ICT Development Index 2015*. Geneva: Place des Nations.

Jersey, Ariel, D. *et al.*, 2007, *Ez Map Metro Manila Street Guide*. Angeles City, Philippines: United Tourist Promotions.

Jin, Dal, Yong, 2010, *Korea's Online Gaming Empire*. Cambridge; MA: The MIT Press.

Kagami, Mitsuhiko, *et al.* (eds.), 2004, *Information Technology and Policy and the Digital Divide: Lessons for Developing Countries*. Cheltenham; GR, Northampton; MA: Edward Elger.

Kumar, Deepak, 2006, *Information Technology and Social Change: A Study of the Digital Divide in India*.

Jaipur, India: Rawat Publications.

Lan, Pei-Chia, 2003, "They Have More Money but I Speak Better English!: Transnational Encounters between Filipina Domestics and Taiwanese Employers," *Identities: Global Studies in Culture and Power*, Vol. 10, pp. 133-61.

————, 2006, *Global Cinderellas: Migrant Domestics and Newly Rich Employers in Taiwan*. Durham & London: Duke University Press.

Latour, Bruno, 1987, *Science in Action: How to Follow Scientists and Engineers Through Society*. Cambridge; MA: Harvard University Press.（=1999, 川崎勝・高田紀代志訳『科学がつくられているとき――人類学的考察』東京：産業図書.）

————, 1991, *Nous n'avons jamais été modernes: Essai d'anthropologie symétrique*. Paris: La Découverte.（=2008, 川村久美子訳『虚構の「近代」――科学人類学は警告する』東京：新評論.）

————, 1999, *Pandora's Hope: Essays on the Reality of Science Studies*. Cambridge; MA: Harvard University Press.（= 川崎勝・平川秀幸訳『科学論の実在――パンドラの希望』東京：産業図書.）

Law, John, 2008, "Actor-Network Theory and Material Semiotics," Bryan S. Turner (ed.), *The New Blackwell Companion to Social Theory, 3rd Edition*. Oxford: Blackwell, pp. 141-58.

Law, John and Singleton, Vicky, 2005, "Object Lessons," *Organization*, Vol. 12, No. 3, pp. 331-355.

Lévy, Pierre, 1995, *Qu'est-ce que le virtuel?*. Paris: La Decouverte.（=2006, 米山優訳『ヴァーチャルとは何か？』東京：昭和堂.）

廉思, 2009, *蚁族：大学毕业生聚居村实录*, 广西：广西师范大学出版社.（= 2010, 関根謙監訳,『蟻族――高学歴ワーキングプアたちの群れ』東京：勉誠出版.）

Liu, Ran, 2015, *Spatial Mobility of Migrant Workers in Beijing, China*. Basel: Springer International.

O'Connell Davidson, Julia, 1998, *Prostitution, Power and Freedom*. Cambridge; CB: Polity.

Mol, Annemarie and Law, John, 1994, "Regions, Networks and Fluids: Anaemia and Social Technology," *Social Studies of Science*, Vol. 24, pp. 641-71.

Molz, Jennie, Germann and Gibson, Sarah (eds.), 2007, *Mobilizing Hospitality: The Ethics of Social Relations in a Mobile World*. Hampshire: Ashgate.

Nagasaka, Itaru, 1998, "Kinship Networks and Child Fostering in Labor Migration from Ilocos, Philippines to Italy," *Asian and Pacific Migration Journal*, Vol. 7, Issue 1, pp. 67-92.

————, 2003, "Cellular Phones and Philippino Transnational Social Fields," *Pilipinas*. Issue 40, pp. 44-54.

National Statistics Office, 2005, *Special Release No. 153: Educational Characteristics of the Filipinos*. Manila: National Statistics Office.

O'Regan, Michael, 2008, "Hypermobility in Backpacker Lifestyle: The Emergence of the Internet Café," Peter M. Burns and Marco Novelli (eds.), *Tourism and Mobilities: Local Global Connections*. Wallingford: CABI, pp. 109-32.

Parreñas, Rhacel, S., 2001, *Servants of Globalization: Women, Migration, and Domestic Work*. Stanford; CA: Stanford University Press.

Periplus Publishing, 2006, *Periplus Singapore Street Atlas 3rd* Revised. Vermont: Periplus Publishing Group.

Periplus Editions, 2009, *Bangkok Street Atlas 1st* Edition. Singapore: Berkeley Books.

Prateepchaikul, Veera, 2011, "Tablet Computers Are Fine if Our Kids' Stomachs Are Full," *Bangkok Post*, July 26th, 2011.

秦尭禹, 2005, *中国民工調査*.（=2007, 田中忠仁・永井麻生子・王蓉美訳『大地の慟哭――中国民工調査』東京：PHP.）

Quibria M., G., *et al.*, 2002, *Digital Divide: Determinants and Policies with Special Reference to Asia (ERD Working Paper Series No. 27)*. Manila: Asian Development Bank.

Quismundo, Tarra, 2010, "English Blamed for Poor Literacy," *Philippine Daily Inquirer*, September 24th, 2010.

Salvador, Tony, Sherry, John, W. and Urrutia, Alvaro, E., 2005, "Less Cyber, More Café: Enhancing Existing Small Businesses across the Digital Divide with ICTs," *Information Technology for Development*, Vol. 11, No. 1, pp. 77-95.

Schérer, René, [1993] 2005, *Zeus hospitalier*. Paris: Armand Colin.（=1996, 安川慶治訳『歓待のユートピア』東京：現代企画室.）

Sen, Amartya, 1985, *Commodities and Capabilities* (*1st* ed.). Oxford: Elsevier Science Publishing.（=1988, 鈴村興太郎訳『福祉の経済学――財と潜在能力』東京：岩波書店.）

沈千帆（主編）, 2011,『北京市流动人口的社会融入研究』北京：北京大学出版会.

Still, Judith, 2011, *Derrida and Hospitality: Theory and Practice*. Edinburgh: Edinburgh University Press.

Sun, Helen, 2010, *Internet Policy in China: A Field Study of Internet Cafés*. Lanham; MD: Lexington Books.

Sunstein, Cass, 2001, *Republic.com*. New Jersey: Princeton University Press.（=2003, 石川幸憲訳『インターネットは民主主義の敵か』東京：毎日新聞出版社.）

Truong, Thanh-Dam, 1990, *Sex, Money, and Morality: Prostitution and Tourism in Southeast Asia*. London: Zed Books.

Tseng, Shu-Fen, and You, Yu-Chin, 2013, "The Digital Divide in China, Hong Kong and Taiwan: The Barriers of First Order and Second Order Digital Divide," Massimo Ragnedda and Glenn W. Muschert (eds.), *The Digital Divide: The Internet and Social Inequality in International Perspective*. New York: Routledge, pp. 147-64.

Urry, John, 1990, *The Tourist Gaze: Leisure and Travel in Contemporary Societies*. Thousand Oaks; CA: Sage.（=1995, 加太宏邦訳『観光のまなざし――現代社会におけるレジャーと旅行』東京：法政大学出版局.）

――――, 1995, *Consuming Places*. New York: Routledge.（=2003, 吉原直樹・大澤善信監訳『場所を消費する』東京：法政大学出版局.）

————, 2000, *Sociology beyond Societies: Mobilities for the Twenty-First Century*. New York: Routledge.（=2011, 吉原直樹監訳『社会を越える社会学——移動・環境・シチズンシップ〔新版〕』東京：法政大学出版局.）
————, 2003, *Global Complexity*. Cambridge; CB: Polity.（=2014, 吉原直樹監訳・伊藤嘉高・板倉有紀訳『グローバルな複雑性』東京：法政大学出版局.）
————, 2007, *Mobilities*. Cambridge; CB: Polity.（=2015, 吉原直樹・伊藤嘉高訳『モビリティーズ——移動の社会学』東京：作品社.）
禹皙熏・朴権一, 2007,『88 만원 세대：절망의 세대에 쓰는 희망의 경제학』서울：레디앙.（=2009, 金友子・金聖一・朴昌明訳『韓国ワーキングプア 88 万ウォン世代——絶望の時代に向けた希望の経済学』東京：明石書店.）
Vila, Noelia, A., and Fraiz Brea, José A., 2012, "Use of Web 2.0 in the Audiovisual Series," Anna M. Gil-Lafuente, Jaime Gil-Lafuente and José M. Merigó-Lindahl (eds.), *Soft Computing in Management and Business Economics Volume 2*. Berlin, Heidelberg: Springer Verlag, pp. 45-59.
Wallerstein, Immanuel, 1974, *The Modern World-System: Capitalist Agriculture and the Origins of the European World-economy in the Sixteenth Century*. San Diego, Tokyo: Academic Press.
萬里地圖制作中心, 2011,『香港大地圖 2012』鰂魚涌；香港：萬里機構・萬里書店.
Warf, Barney and Vincent, Peter, 2007, "Multiple Geographies of the Arab Internet," *Area*, Vol. 39, No. 1, pp. 83-96.
Wheeler, Deborah, L., 2004, *The Internet in the Arab World: Digital Divides and Cultural Connections*. Amman: Royal Institute for Inter-Faith Studies.
World Tourism Organization (UNWTO), 2012, *Compendium of Tourism Statistics: Data 2006-2010 2012 Edition*. Madrid: World Tourism Organization.
中国地図出版社, 2010,『新版：北京新视野地图册』北京：中国地図出版社.
中国互連网上网服務営業場所行業協会, 2013,『2012 中国网吧市场年度报告』北京：中国互連网上网服務営業場所行業協会.
————, 2014,『2013 中国互联网上网服务行业年度报告』北京：中国互連网上网服務営業場所行業協会.
中華人民共和国文化部, 2011,『2010 中国网吧市场年度报告』北京：中華人民共和国文化部.

オンライン資料（日本語）

AFP/Yi, Beh Lih, 2011,「香港の外国人メイド、永住権裁判で勝訴」『AFP BB News』2011 年 10 月 2 日.
http://www.afpbb.com/articles/-/2832028
————, 2013,「香港の外国人メイドに永住権認めず、最高裁で当局が逆転勝訴」『AFP BB News』2013 年 3 月 25 日.
http://www.afpbb.com/articles/-/2935695

Asus, 2018,「Marks in History: ASUS マザーボード」
http://www.asus.co.jp/About_ASUS/about_asus_history_MB/
Internet Watch, 2006,「リネージュIIの不正アカウント5万件を凍結、NCジャパンが対策強化」
http://internet.watch.impress.co.jp/cda/news/2006/04/13/11639.html
NPO自立生活サポートセンター・もやい，2010,『「インターネット端末利用営業の規制に関する条例」に関する要望書』
http://www.labornetjp.org/news/2010/1270806179424staff01（レイバーネット内）
株式会社ランシステム，2016,「会社概要——沿革」
http://www.runsystem.co.jp/com_history.html
環境省，2012,『騒音に係る環境基準について』
http://www.env.go.jp/kijun/oto1-1.html
警視庁，2010,『インターネット利用端末営業の規制に関する条例』
http://www.keishicho.metro.tokyo.jp/about_mpd/keiyaku_horei_kohyo/horei_jorei/in_cafe_jorei/index.files/internetcafe_jobun.pdf
————，2016,『条例制定の経緯、条例の目的』
http://www.keishicho.metro.tokyo.jp/about_mpd/keiyaku_horei_kohyo/horei_jorei/in_cafe_jorei/in_cafe_joreikeii.html
厚生労働省（職業安定局），2007,『住居喪失不安定就労者等の実態に関する調査報告書』
http://www.mhlw.go.jp/houdou/2007/08/dl/h0828-1n.pdf
総務省，1996-2000,『通信利用動向調査（世帯編）』
http://www.soumu.go.jp/johotsusintokei/statistics/statistics05b1.html
総務省 e-Gov, 2015,『風俗営業等の規制及び業務の適正化等に関する法律』
http://elaws.e-gov.go.jp/search/elawsSearch/elaws_search/lsg0500/detail?lawId=323AC0000000122
————，2016,『旅館業法』
http://elaws.e-gov.go.jp/search/elawsSearch/elaws_search/lsg0500/detail?lawId=323AC0000000138
内閣府（首都直下地震帰宅困難者等対策協議会事務局），2011,『帰宅困難者対策の実態調査結果について～3月11日の対応とその後の取組～』
http://www.bousai.go.jp/jishin/syuto/kitaku/2/pdf/4.pdf
日本複合カフェ協会，2016,「日本複合カフェ協会——設立趣旨」
http://www.jcca.ne.jp/syushi.php
東京都，2014,『平成24年経済センサス - 活動調査報告（産業横断的集計　東京都概況）——統計表第2表 産業小分類、従業者規模（11区分）別民営事業所数及び男女別従業者数』
http://www.toukei.metro.tokyo.jp/ecensus/kzsensuska/2012/ka12ta0200.xls
東京都（福祉保健局），2018,『住居喪失不安定就労者等の実態に関する調査報告書』http://

www.metro.tokyo.jp/tosei/hodohappyo/press/2018/01/26/documents/14_02.pdf
八王子市，2018，「市政情報――多摩ニュータウン」
https://www.city.hachioji.tokyo.jp/shisei/001/006/001/002/p009656.html
楊英賢・伊藤宗彦，2004，「台湾パソコン産業の発展要因の分析――産業集積の形成に関する研究――」，神戸大学経済経営研究所『Discussion Paper Series (Japanese)』，No. J60. 22p.
http://www.rieb.kobe-u.ac.jp/academic/ra/dp/Japanese/dpJ60.pdf

オンライン資料（外国語）

AFP, 2011, "Saudi Arabia Bans Filipino, Indonesian Maids," *Inquirer.net*, June 30th, 2011.
http://globalnation.inquirer.net/5097/saudi-arabia-bans-filipino-indonesian-maids-2
Amnesty International, 2005, *Thailand: The Plight of Burmese Migrant Workers.*
https://www.amnesty.org/download/Documents/84000/asa390012005en.pdf
Arts Council Korea (The Korean Culture and Arts Foundation), 2004, *Curatorial Statement for the Korean Pavilion of the 9th Venice Biennale: City of the Bang.*
http://www.korean-pavilion.or.kr/04pavilion/e_2004_02.htm
Audit Commission, 2013, *Provision of GovWiFi Service.*
http://www.aud.gov.hk/pdf_e/e60ch08.pdf
Bank of Thailand, 2011, *Inflation Report July 2011.*
http://www.bot.or.th/Thai/PressAndSpeeches/Press/News2554/n2654e.pdf
北京市規画自然資源委員会，2014-5, *土地变更调查统计―― 2009-2013年度北京市土地利用现状汇总表.*
http://ghgtw.beijing.gov.cn/col/col1929/index.html
北京市人民政府，2005-14, *北京市统计年鉴 2005-2014.*
http://zhengwu.beijing.gov.cn/sj/
Bureau of Labor and Employment Statistics, 2008, *2007 Yearbook of Labor Statistics.*
https://psa.gov.ph/yearbook-labor-statistics/2007
Census and Statistics Department, 2001-11, *Interactive Statistics.*
http://www.censtatd.gov.hk/hkstat/interactive/index.jsp
————, 2010, *Speech by Mr H. W. FUNG, Commissioner for Census and Statistics at the Press Conference on 29 July 2010: Announcing the Hong Kong Population Projections 2010–2039.*
http://www.censtatd.gov.hk/FileManager/EN/Content_1170/pop_proj_09based_speech_e.pdf
————, 2012, *Women and Men in Hong Kong Key Statistics 2012 Edition.*
http://www.statistics.gov.hk/pub/B11303032012AN12B0100.pdf
————, 2013, *Hong Kong Monthly Digest of Statistics December 2013: The Fertility Trend in Hong Kong, 1981 to 2012.*
http://www.statistics.gov.hk/pub/B71312FA2013XXXXB0100.pdf

China Internet Network Information Center (CNNIC), 2012, *Statistical Report on Internet Development in China, January, 2011.*

http://cnnic.com.cn/IDR/ReportDownloads/index_1.htm

Commission on Filipinos Overseas, 2000, *Stock Estimate of Overseas Filipinos as of Dec. 2000.*

http://www.cfo.gov.ph/images/statistics/stock_estimate/Stock-2000.pdf

———, 2010, *Stock Estimate of Overseas Filipinos as of Dec. 2010.*

http://www.cfo.gov.ph/images/statistics/stock_estimate/Stock-2010.pdf

Constitutional and Mainland Affairs Bureau, 2015, *The Basic Low of the Hong Kong Special Administrative Region of the People's Republic of China.*

http://www.basiclaw.gov.hk/en/basiclawtext/images/basiclaw_full_text_en.pdf

Department of Justice, 1993, *Amusement Game Centres Ordinance.*

https://www.elegislation.gov.hk/hk/cap435

———, 1997a, *Immigration Ordinance.*

https://www.elegislation.gov.hk/hk/cap115

———, 1997b, *Offences against the Person Ordinance.*

https://www.elegislation.gov.hk/hk/cap212

Directorate-General of Budget, Accounting and Statistics Executive Yuan, Republic of China, 2011a, *Women and Men in R. O. C. (Taiwan) Facts and Figures version 2011.*

http://ebook.dgbas.gov.tw/public/Data/331314281471.pdf

———, 2011b, *Statistical Yearbook of the Republic of China (2010).*

http://ebook.dgbas.gov.tw/public/Data/33716344453.pdf

———, 2012, *Report on the Survey of Family Income and Expenditure, 2011.*

http://ebook.dgbas.gov.tw/public/Data/33111585053.pdf

Fredrickson, Terry, 2011, "The Tablet Giveaway Explained," *Bangkok Post,* August 18th, 2011.

http://www.bangkokpost.com/learning/easy/252357/the-tablet-giveaway-explained

———, 2012, "Tablet Batteries (Barely) Included," *Bangkok Post,* September 3rd, 2012.

http://www.bangkokpost.com/learning/learning-from-news/310564/tablet-batteries-barely-included

GovHK, 2016, "GovWiFi Locator and Premises List."

http://www.gov.hk/en/theme/wifi/location/index.htm

Guzman, Odine, de, 2003, "Overseas Filipino Workers, Labor Circulation in Southeast Asia, and the (Mis) management of Overseas Migration Programs," *Kyoto Review of Southeast Asia Issue 4: Regional Economic Integration.*

http://kyotoreview.org/issue-4/overseas-filipino-workers-labor-circulation-in-southeast-asia-and-the-mismanagement-of-overseas-migration-programs/

Home Affairs Bureau, 2007, *LCQ4: Internet Computer Services Centres.*

http://www.hab.gov.hk/file_manager/en/documents/publications_and_press_

releases/20071024lcq4_other_e.pdf
————, 2009, *LCQ12: Regulation of Internet Computer Services Centres.*
http://www.hab.gov.hk/file_manager/en/documents/publications_and_press_releases/LCQ12_EN.pdf
————, 2011, *Youth Exchange Session on Regulation of Cyber Cafes.*
http://www.hab.gov.hk/file_manager/en/documents/publications_and_press_releases/201100126_Youth_CC_EN.pdf
Hong Kong Police Force, 2011, "'A' Department (Operations & Support)."
http://www.police.gov.hk/ppp_en/01_about_us/os_os.html
Hongladarom, Soraj and Entz Achara, 2003, *Turning Digital Divide into Digital Dividend: Anticipating Thailand's Demographic Dividend.*
http://pioneer.chula.ac.th/~hsoraj/web/DemDividend.pdf
Housing and Development Board, 2011, "Ethnic Integration Policy & SPR Quota."
http://www.hdb.gov.sg/cs/infoweb/residential/buying-a-flat/resale/ethnic-integration-policy-and-spr-quota
IDC, 2011, "IDC Press Release: PC Market Records Modest Gains during Fourth Quarter of 2010, According to IDC," *IDC.*
http://www.businesswire.com/news/home/20110112006665/en/PC-Market-Records-Modest-Gains-Fourth-Quarter
ilovepcbang, 2008,「과거의 명성을 잃은 PC 방 밀집지역, 신림동（過去の名声を失った PC 방密集地帯、新林洞）」
http://www.ilovepcbang.com/?mod=news&act=articleView&idxno=4323&sc_code=&page=&total=
————, 2011,「아이라브 PC 방 2011 년 10 월호 발송 데이터（I Love PC 방 2011 年 10 月期の発送リスト）」
————, 2016,「아이라브 PC 방 2016 년 9 월호 발송 데이터（I Love PC 방 2016 年 9 月期の発送リスト）」
http://www.ilovepcbang.com/?mod=html&act=event&code=event1
Internet World Stats, 2005, *Monthly News Letter: Internet Growth 2000-2005.*
http://www.internetworldstats.com/pr/edi008.htm
————, 2007, *Monthly News Letter: The 2006 Year-End Stats.*
http://www.internetworldstats.com/pr/edi026.htm
————, 2016, *World Internet Usage and Population Statistics June 30, 2016.*
————, 2018, *Surfing and Site Guide: Internet World Stats.*
http://www.internetworldstats.com/surfing.htm
Korea National Statistical Office, 2007,『2006 년 기준 사업체기초통계조사 잠정결과（2006 年基準事業基盤統計調査結果 暫定版）』

http://kostat.go.kr/portal/korea/kor_nw/2/8/3/index.board?bmode=download&bSeq=&aSeq=53919&ord=2

———, 2008,『2007 년 기준 사업체기초통계조사 잠정결과 (2007 年基準 事業基盤統計調査結果 暫定版)』
http://kostat.go.kr/portal/korea/kor_nw/2/8/3/index.board?bmode=download&bSeq=&aSeq=61051&ord=2

———, 2013,『인구총조사 : 2010 년 행정구역 기준 인구 추이 (1975-2010) (国勢調査 : 2010 年行政区域の基準人口の推移 (1975 ～ 2010))』
http://kosis.kr/statHtml/statHtml.do?orgId=101&tblId=DT_1TS2001&conn_path=I3

———, 2016,『국내인구이동통계 : 시군구별 이동자수 (1970-2011) (国内人口移動統計 : 市郡区別移動者数 (1970 ～ 2011))』
http://kosis.kr/statHtml/statHtml.do?orgId=101&tblId=DT_1B26001_A01&conn_path=I3

Legislative Council Panel on Home Affairs, 2014, *Administration's Paper on Licensing Control of Internet Cafés: Regulatory Control over Internet Computer Services Centres and Other Places of Entertainment Installed with Game Machines.*
http://www.legco.gov.hk/yr13-14/english/panels/ha/papers/ha0217cb2-841-5-e.pdf

Lucky Plaza, 2018, "About Us."
http://www.luckyplaza.com.sg/about-us/

Macworld Staff, 2006, "Inside Apple's iPod Factories," *Macworld*, June 12th and 14th, 2006.
http://www.macworld.co.uk/mac/news/?newsid=14915

Ministry of Finance, 2001-15,『貿易統計資料查詢』
http://web02.mof.gov.tw/njswww/WebProxy.aspx?sys=100&funid=defjsptgl

Ministry of Gender and Equality and Family, 2013,『청소년매체이용및유해환경실태조사 : 업소 이용경험 _PC 방 이용 동반자 (青少年のメディア利用と有害環境実態調査 : 店の利用経験 _PC 방に共に行く人)』
http://kosis.kr/statHtml/statHtml.do?orgId=154&tblId=DT_MOGE_1540002359&conn_path=I3

Ministry of the Interior, 1994-2010, *Monthly Bulletin of Interior Statistics: 1-3 Immigrant and Emigrant.*
https://www.moi.gov.tw/files/site_stuff/321/1/month/m1-03.xls

———, 2001-10, *Yearly Bulletin of Interior Statistics: 7.03 Foreign Residents.*
https://www.moi.gov.tw/files/site_stuff/321/2/year/y07-03.xls

Ministry of Land, Infrastructure and Transport, 2016,『지적통계 : 행정구역별・소유구분별 국토이용현황 (2009-2015) (地積統計 : 行政区域別・所有区別の国土利用状況 (2009 ～ 2015))』
http://kosis.kr/statHtml/statHtml.do?orgId=116&tblId=DT_MLTM_5408&conn_path=I3

Ministry of Manpower, 2010, *Speech at the 1st Foreign Domestic Workers Day.*
http://www.mom.gov.sg/newsroom/speeches/2010/speech-by-mr-lee-yi-shyan-minister-of-state-for-trade--industry-and-manpower-at-the-1st-foreign-domestic-workers-day-05-december-2010-400-

pm-ntuc-auditorium

————, 2014, “What Is a Fixed Monthly Salary?”

http://www.mom.gov.sg/faq/employment-pass/what-is-a-fixed-monthly-salary

National Statistical Office of Thailand, 2008, *รายงานผลการสำรวจ การให้บริการของร้านอินเทอร์เน็ต พ.ศ. 2551（2008年のインターネットカフェ調査の結果）*.

http://service.nso.go.th/nso/nsopublish/service/survey/interCafeRep_51.pdf

————, 2010, *The 2010 Population and Housing Census: Bangkok; Executive Summary.*

http://web.nso.go.th/en/census/poph/2010/data/bkk_1_Executive.pdf

National Telecommunications and Information Administration（NTIA）, 1999, *Falling Through the Net: Defining the Digital Divide.*

http://www.ntia.doc.gov/legacy/ntiahome/fttn99/contents.html

Ogg, Erica, 2010, “Apple, Dell, HP Looking into Foxconn Factory Suicides,” *CNET*, May 26th, 2010.

http://news.cnet.com/8301-31021_3-20006010-260.html

Ongamenet, 2016,「OGN 연혁（OGN の歴史）」

http://program.interest.me/ongamenet/ongamenet/2/Contents/View

Philippines Daily Inquirer, 2011, *Filipino Maid Wins Hong Kong Landmark Case.* Inquirer.net, October 1st, 2011.

http://globalnation.inquirer.net/14209/filipino-maid-wins-hong-kong-landmark-case

Philippine Oversea Employment Administration（POEA）, 2011, “POEA Answers Frequently Asked Questions（FAQ）of Returning OFWs（Balik-Manggagawa）（BM）Processing.”

http://www.ofwguide.com/article_item-1593/POEA-Answers-Frequently-Asked-Questions--FAQ--of-Returning-OFWs--Balik-Manggagawa----BM--Processing.html

————, 2014, *2010-2014 Oversea Employment Statistics.*

http://www.poea.gov.ph/ofwstat/compendium/2014.pdf

Philippine Statistics Authority, 2014, *2014 Yearbook of Labor Statistics.* Manila: Philippine Statistics Authority.

https://psa.gov.ph/yearbook-labor-statistics/2014

————, 2015, *2015 Yearbook of Labor Statistics.* Manila: Philippine Statistics Authority.

https://psa.gov.ph/sites/default/files/YLS2015.pdf

植根法律網，2009,『臺北縣資訊休閒業管理自治條例』

http://www.rootlaw.com.tw/LawArticle.aspx?LawID=B020300000000100-1011225

Singapore Children’s Society, 2005, *Protection of Children in Singapore: An Overview.* Singapore: Singapore Children’s Society.

https://www.childrensociety.org.sg/resources/front/template/scs/files/child_protection.pdf

Singapore Department of Statistics, 2001a, *Census of Population 2000 Statistical Release 1: Demographic Characteristics; Basic Demographic Characteristics.*

https://www.singstat.gov.sg/-/media/files/publications/cop2000/census_2000_release1/excel/t1-7.xls

————, 2001b, *Census of Population 2000 Statistical Release 1: Demographic Characteristics; Country of Birth.*
https://www.singstat.gov.sg/-/media/files/publications/cop2000/census_2000_release1/excel/t8-13.xls

————, 2010, *Census of Population 2010: Advance Census Release; A6: Resident Population by Place of Birth, Ethnic Group and Sex.*
https://www.singstat.gov.sg/-/media/files/publications/cop2010/census_2010_advance_census_release/excel/ta6.xls

————, 2011a, *Census of Population 2010 Statistical Release 1: Demographic Characteristics, Education, Language and Religion; Full Report.*
https://www.singstat.gov.sg/-/media/files/publications/cop2010/census_2010_release1/cop2010sr1.pdf

————, 2011b, *Census of Population 2010 Statistical Release 2: Households and Housing; Full Report.*
https://www.singstat.gov.sg/-/media/files/publications/cop2010/census_2010_release2/cop2010sr2.pdf

————, 2016, *Population Trends 2016.*
https://www.singstat.gov.sg/-/media/files/publications/population/population2016.pdf

————, 2018a, *Singapore Standard Industrial Classification SSIC 2015: 2-Way Correspondence Table Between SSIC 2015 and SSIC 2010.*
https://www.singstat.gov.sg/-/media/files/standards_and_classifications/industrial_classification/ssic2015-2010ctr.xls

————, 2018b, *Services Survey Serie: Information & Communications Services; Table 1 Key Indicators by Industry Group in Information & Communications Services.*
http://www.tablebuilder.singstat.gov.sg/publicfacing/downloadLink.action?key=8685cf7cfd088d3e217b6867958cfaa7766bbd59

Singapore Police Force, 2017, *Public Entertainment: Licensing Conditions; PE Establishment Licence Appendix 4.*
https://www.police.gov.sg/-/media/spf/files/e-services/appendix_4_guidelines_on_application_to_operate__computer_games_centre_v2.pdf

————, 2018, *Public Entertainment: Licensing Conditions; PE Establishment Licence Appendix 11.*
http://www.police.gov.sg/-/media/spf/files/e-services/appendix_11.pdf?la=en

臺北市法規查詢系統，2015，『臺北市資訊休閒業管理自治條例』
http://www.laws.gov.taipei/lawsystem/wfLaw_ArticleContent.aspx?LawID=P04C1004-20150914&RealID=04-03-1004

Taiwan Network Information Center (TWNIC), 2014, *A Survey on Broadband Internet Usage in Taiwan:*

A Summary Report May 2014.
http://www.twnic.net.tw/download/200307/20140820d.pdf
The Government of the Hong Kong Special Administrative Region, 2007, *New Measures on Obstetric Services and Immigration Control Announced (with Video).*
http://www.info.gov.hk/gia/general/200701/16/P200701160184.htm
———2011, *Press Releases June 1, 2011: Minimum Allowable Wage and Food Allowance for Foreign Domestic Helpers.*
http://www.info.gov.hk/gia/general/201106/01/P201106010151.htm
———, 2012, *Press Releases September 19, 2012: Minimum Allowable Wage and Food Allowance for Foreign Domestic Helpers to Increase.*
http://www.info.gov.hk/gia/general/201209/19/P201209190326.htm
———, 2013, *Press Releases September 30, 2013: Minimum Allowable Wage and Food Allowance for Foreign Domestic Helpers to Increase.*
http://www.info.gov.hk/gia/general/201309/30/P201309300438.htm
———, 2014, *Press Releases September 30, 2014: Minimum Allowable Wage and Food Allowance for Foreign Domestic Helpers to Increase.*
http://www.info.gov.hk/gia/general/201409/30/P201409300619.htm
———, 2015, *Press Releases September 30, 2015: Minimum Allowable Wage and Food Allowance for Foreign Domestic Helpers to Increase.*
http://www.info.gov.hk/gia/general/201509/30/P201509300635.htm
The Guardian, 2014, "Google Reinforces Undersea Cables after Shark Bites," *The Guardian*, August 14th, 2014.
https://www.theguardian.com/technology/2014/aug/14/google-undersea-fibre-optic-cables-shark-attacks
Tourism Bureau, 2012, *2011 Survey Report on Visitors Expenditure and Trends in Taiwan.*
https://admin.taiwan.net.tw/FileDownLoad/FileUpload/eb8b709b-b8d5-4d18-b1cc-ab659dfff842.odt
Tsai, Joseph, 2011, "Motherboard Shipments of Taiwan Players from 2006-2011," *Digitimes.*
http://www.digitimes.com/NewsShow/NewsSearch.asp?view=Search&DocID=VL000000000000000000000000001145&query=MOTHERBOARD+SHARE (Limited Access)
United Nations Children's Fund (UNICEF), 2008, *At a glance: Philippines; Youths Drawn into Online Sexual Exploitation in the Philippines.*
http://www.unicef.org/infobycountry/philippines_46852.html
United for Foreign Domestic Workers' Rights, 2011, "Domestic Workers Excluded from the Wage Hike in Taiwan."
http://ufdwrs.blogspot.com/2011/01/domestic-workers-excluded-from-wage.html

United Nations, Department of Economic and Social Affairs, Population Division, 2015, *World Urbanization Prospects: The 2014 Revision.*
https://esa.un.org/unpd/wup/Publications/Files/WUP2014-Report.pdf
United States Census Bureau, 1997, *Computer and Internet Use in the United States: October 1997.*
https://www.census.gov/data/tables/1997/demo/computer-internet/p20-522.html
———, 2018, *International Data Base: International Programs.*
https://www.census.gov/data-tools/demo/idb/informationGateway.php
World Bank, *1995-2014, International Tourism, Receipts (% of Total Exports).*
http://api.worldbank.org/v2/en/indicator/ST.INT.RCPT.XP.ZS?downloadformat=excel
———, 2010, *Data: Personal Remittances, Received (% of GDP).*
http://api.worldbank.org/v2/en/indicator/BX.TRF.PWKR.DT.GD.ZS?downloadformat=excel
———, 2011a, *Migration and Remittances Factbook 2011 Second Edition.* Washington DC: The International Bank for Reconstruction and Development/The World Bank.
http://siteresources.worldbank.org/INTLAC/Resources/Factbook2011-Ebook.pdf
———, 2011b, *International Tourism, Receipts (Current US$).*
http://api.worldbank.org/v2/en/indicator/ST.INT.RCPT.CD?downloadformat=excel
Yeoh, Brenda, S., A. and Lin, Weiqiang, 2012, *Rapid Growth in Singapore's Immigrant Population Brings Policy Challenges.*
http://www.migrationinformation.org/Profiles/display.cfm?ID=570
中時電子報，2011，「網咖 = 安親班？　包吃包玩 店員成保姆」2011 年 8 月 18 日
https://www.youtube.com/watch?v=at7FbjgnQJQ
中華人民共和国国家統計局，2013，『2012 年全国农民工监测调查报告』
http://www.stats.gov.cn/tjsj/zxfb/201305/t20130527_12978.html
———, 2016,『2015 年农民工监测调查报告』
http://www.stats.gov.cn/tjsj/zxfb/201604/t20160428_1349713.html
中華人民共和国国務院，2014，『国务院关于进一步推进户籍制度改革的意见』
http://www.gov.cn/zhengce/content/2014-07/30/content_8944.htm
中華人民共和国政府网，2017，「网友留言——严管乡镇网吧，保护农村未成年人」
http://www.gov.cn/zhuanti/2017-01/10/content_5158519.htm

データベース

聞蔵 II（朝日新聞）
毎索（毎日新聞）
ヨミダス歴史館（読売新聞）
法令データ提供システム（e-Gov）